Christian-Wilhelm Haken

**Die Geschichte der Königlich Preußischen Residenzstadt Köslin**

seit ihrer vor fünfhundert Jahren erlangten städtischen Einrichtung

Christian-Wilhelm Haken

**Die Geschichte der Königlich Preußischen Residenzstadt Köslin**
*seit ihrer vor fünfhundert Jahren erlangten städtischen Einrichtung*

ISBN/EAN: 9783742897374

Hergestellt in Europa, USA, Kanada, Australien, Japan

Cover: Foto ©ninafisch / pixelio.de

Manufactured and distributed by brebook publishing software (www.brebook.com)

Christian-Wilhelm Haken

**Die Geschichte der Königlich Preußischen Residenzstadt Köslin**

Versuch
einer
## Diplomatischen Geschichte
der Königlich Preußischen Hinterpommerschen Immediat- und vormaligen
Fürst-Bischöflichen Residenzstadt

# Cößlin

~~~~~~~~~~~~~~~~

seit ihrer

vor fünfhundert Jahren erlangten

Städtischen Einrichtung

entworfen
von

## Christian Wilhelm Haken

Stadteigenthumspredigern zu Jamund.

───────────────────────────────

*Continuent superi plans, jubilata, favore*
*Gaudia, successusque novis successibus addant.*
CLAVDIANVS.

───────────────────────────────

Lemgo
in der Meyerischen Buchhandlung. 1765.

Einem

Hochedlen und Hochweisen

# Magistrat

als Patronen der Jamundschen Kirche

wie auch

## sämtlichen Einwohnern

hohen und niedern Standes

der guten Stadt

# Cößlin

widmet und übergiebet diese Schrift
aus dem zärtlichsten Gefühl
reiner Ehrfurcht, Hochachtung, Liebe und Freundschaft,
zum öffentlichen Zeugniß
der Mitfreude über das Wohl dieser Stadt, die GOtt so ofte als
einen Brand aus dem Feuer errettet
und ihr jetzt

eine fünfhundertjährige Jubelfreude

aufbehalten
zum dauerhaften Denkmaal
der redlichsten Dankgeflissenheit
für alle von ihr genossene Gutthaten, Freundschaft, Liebe
und Zutrauen

mit dem aufrichtigsten Wunsche

daß GOtt das liebe Cößlin in der andern Hälfte seines Jahrtausendes
unter den Schatten seiner Flügel nehmen
Heil, Segen, Wohlergehn über dasselbe in allen Ständen ausbreiten
und besonders sein Wort rein und lauter darin erhalten wolle,
daß Liebe und Treue sich einander begegnen,
Gerechtigkeit und Friede in seinen Mauren sich küssen

in angelegentlicher Empfehlung
zu fernerm Wohlwollen und Freundschaft
derselben
treuer Fürbitter

C. W. H.

## Vorrede.

Geehrter Leser,

Cößlin hat von Anfang meines Hierseyns, das ist seit 1749, so viel unverdiente Achtung, Vertrauen und Liebe gegen mich blicken lassen, daß ich mich der strafbarsten Gleichgültigkeit schuldigen müste, wenn ich weniger Gegenliebe gegen diesen guten Ort empfände, als mein Herz wirklich fühlet. Es konte mir daher nicht anders als recht sehr erfreulich seyn, wie ich etwa vor drey Jahren, bey Durchblätterung der Geschichte unsers Vaterlandes, mit Achtsamkeit bemerkte, daß mir das Glücke vorbehalten wäre, Cößlin in der Jubelkrone

eines

## Vorrede.

eines halbtausendjährigen Alters prangen zu sehen, wenn anders die göttliche Vorsehung mich das 1766ste Jahr erreichen ließe. Ich entschloß mich zugleich, bey diesem merkwürdigen Zeitpunct ein öffentliches Denkmaal meiner achtungsvollen Gesinnung durch Entwerfung der Geschichte dieser Stadt aufzurichten.

Die Neigung gegen Cößlin machte mir diesen Entschluß sehr leichte; aber die Ausführung desselben war nicht so leichte. Man versuche es, so wird man die Schwierigkeiten erfahren, welche dergleichen Arbeiten begleiten. So schwer es erst hält die alten Urkunden aufzutreiben, so mühsam sind sie hernach zu lesen und zu verstehen. Die Beyhülfe anderer Schriften ist hiesiger Orten auch nicht so zu haben, als man wünschet, und ihre Herbeyschaffung verursachet nicht geringe Mühe und Kosten. Selbst die Wahl der Materien macht bey einer Stadtgeschichte viel Bedenklichkeiten. Man stehet immer in der Verlegenheit für die Einwohner zu wenig und für die Auswärtigen zu viel zu sagen. Inzwischen meine Arbeit ist, GOtt Lob! fertig, die Schwierigkeiten sind überwunden, und ich würde sie nicht berühret haben, wenn ich nicht wüste, daß es Leute giebet, die altklug genug sagen können, wie es seyn solte, aber nicht wissen, ob es auch allemal so werden kan.

Es gehöret immer ein eigenes Genie zu dergleichen Arbeit, und es gehöret zugleich die Verbindung recht glücklicher Zeitumstände mit dazu, wenn das emsigste Genie nicht ermüden sol.

## Vorrede.

Ob ich Geschick gehabt eine Arbeit dieser Art auszuführen, muß die Zeit lehren und das Publicum entscheiden. In so ferne aber das Genie eine Neigung und anhaltende Betriebsamkeit bey einer Sache anzeiget, kan ich immer selbst sagen, daß ich mir den Genuß meiner Nebenstunden nicht angenehmer zu machen weiß, als wenn ich den stillen Umgang der Musen in meiner Einsamkeit suche, wobey die Geschichte meines Vaterlandes ein nicht geringes Theil meines Vergnügens ist.

Alles dies aber würde noch keine Cößlinsche Geschichte gebohren haben, wenn ich mich nicht in so glücklicher Verbindung mit mancherley Vortheilen gesehen hätte, die viele nicht haben werden. Ich habe Freunde gehabt und noch mehr gefunden, welche so edel ihre Hand zu Beförderung meiner Absichten geboten, daß ich freylich zu wenig thue, wenn ich ihnen hier öffentlich danke, es aber desto angelegentlicher thue, da dies das einzige ist, so mir zu thun übrig bleibt.

Daß ich bey Cößlin selbst anfange, so hat mir der gründlich gelehrte und sehr verdiente Hr. Burgemeister Nodt, besonders zu Erläuterung der Rechte und Freyheiten der Stadt, der geschickte Hr. Protonotarius und Archivarius Schultz, der Hr. Referendarius Schweder, wie auch der Hr. Senator Stiege, allemal eine Willfärigkeit und Güte blicken lassen, ohne welche gewiß meine Arbeit sehr mangelhaft würde geblieben seyn.

Der würdige Hr. Regierungsrath Löper, der Jüngere, war,

## Vorrede.

war, als Cößlin sich seiner noch erfreuete, der erste, der mich zu dieser Arbeit recht angelegentlich aufmunterte, und vielfach dabey unterstützte, ja durch seine Gewogenheit habe ich das Glück erlanget in die Bekantschaft des berühmten Hrn. D. Oelrichs zu gerathen. Dieser für das Aufnehmen der Wissenschaften, und sonderlich der märkischen und pommerschen Geschichte, so eifrig bemühte Gelehrte hat mir bey diesem Werke Proben der Gefälligkeit blicken lassen, welche wir seinen Charakter ewig liebenswürdig machen.

Mit gleicher Hochachtung nenne ich den Hrn. Kammerherrn von der Osten, den Hrn. Hofgerichtsrath von Heydebreß auf Parnow, den Hrn. Prof. Hanov in Danzig, den Hrn. Pastor Wachs in Colberg, den Hrn. Burgemeister Vanselow in Plate, lauter Patrioten, welche zu edle Seelen haben, als daß Neid, Bequemlichkeit oder Stolz sie gegen die Ehre ihres Vaterlandes unempfindlich machen könte.

Durch ihren Unterricht, Einsichten, Beyträge und Darreichung nöthiger Hülfsmittel ward ich in den Stand gesetzt, daß ich gegen Ostern 1764 mit meiner Arbeit bald zum Schlusse eilen konte. Mittlerweile hatte ich mir von dem Hrn. Burgemeister Helwing zu Lemgo einen Entwurf seiner S. 265 f. zu lesenden merkwürdigen Lebensgeschichte ausgebeten, da Cößlin die Ehre hat auf diesen würdigen Mann stolz zu seyn. Ich erhielte von ihm nicht nur, was ich suchte, sondern sein zu edlen Empfindungen gewohntes Herz fühlte auch in dieser Ferne eine rühmliche Liebe seines Vaterlandes, daß er sich sogleich freywillig entschloß,

zur

## Vorrede

zur Ehre seiner Vaterstadt diese meine Geschichte in Verlag zu nehmen, und hat sein Versprechen so rühmlich erfüllet, daß ich gewiß weiß, Cößlin wird zu der Danksagung mit einstimmen, die ich ihm hiemit öffentlich und verbindlich abstatte.

Ich habe ihn gebeten, und er war es willens, dieser geringen Arbeit eine Vorrede vorzusetzen: eine mir nicht vortheilhafte Beysorge aber, in den ungegründeten Verdacht zu fallen, als wenn er dadurch dieses sein Verdienst nur anpreisen und hoch anrechnen wolle, hat seinen Entschluß geändert und mir nichts mehr übrig gelassen, als ihm das Wort aus dem Munde zu nehmen, seine patriotische Empfindungen gegen Cößlin, seine aufrichtige Wünsche für das dauerhafte Wohl dieser guten Stadt, seine Hochachtung und Liebe für alle in derselben befindliche Bluts- und Gemüthsfreunde, besonders aber die Ehrfurcht bekant zu machen, welche sein Herz noch mit den dankbarsten Empfindungen belebet, wenn er sich Sr. Hochwohlgebohrn des Hrn. Vicepräsidenten von Eichmann erinnert. Alle die väterlichen Ermahnungen, fruchtbaren Ermunterungen, und der vortheilhafte Rath, zu welchem sich dieser große Gönner öfters gegen ihn herab gelassen, sind ihm noch so rührend, daß er sich selbst nicht getrauet, die Regungen seiner Dankbarkeit in ihrer vollen Stärke schildern zu können.

So schwach werde ich nicht seyn, meine eigene Arbeit in dieser Vorrede zu loben: aber das unterstehe ich mich zu behaupten, wenn wir mehr Stadtgeschichte von Pommern hätten, so würde unsere pommersche Historie lange so wüste nicht mehr

## Vorrede.

aussehen, als sie, fast zum Spott der Ausländer, noch bis die‐
se Stunde ist. Woher komt das? Man hat das Haus zu bauen
angefangen, ehe man die einzelnen Theile bearbeitet hat.
Cramer und Micrälius sind unsere Lichter, und sie verdienen es,
denn nachdem des Hrn. v. Schwarz Staats‐und Kirchengeschichte
von Pommern vor ihrer Geburt gestorben, haben wir keine
bessere. Würden sie aber nicht mehr gethan haben, würden
sie uns nicht brauchbarer und zuverläßiger geworden seyn,
wenn sie in Specialgeschichten mehrere Vorarbeiter gehabt hät‐
ten? O möchte ich so glücklich seyn, durch mein geringes Bey‐
spiel andere aufzumuntern, sich um die Geschichte der Oerter,
wo es ihnen wohl gehet, näher zu bekümmern, damit
wir nach und nach eine urkundliche Nachricht mehrerer
pommerschen Städte erhielten. Zum reichwerden ist es nicht,
das kan mir ein jeder auf mein Wort glauben: es gewähret aber
immer eine labende Zufriedenheit, wenn man seine Zeit zu an‐
derer Vortheil nützet. Redliche und uninteressirte Absichten er‐
halten immer ihre Belohnung, sie komme, wenn sie wolle.

Die Quellen, woraus ich geschöpfet, sind gröstentheils an‐
gezeiget, und werden vielleicht nicht getadelt werden. Eins
muß ich noch erinnern: Wir haben noch keine Schriften, welche
die Cößlinsche Geschichte erläutern, außer der, welche wir un‐
ter Hr. Jänken S. 223. N. 4. bemerket haben, und außer einer
handschriftlichen sogenanten historischen Samlung, welche der
seel. Hr. Joh. David Wendland J. V. Cand. nachgelassen, und
auf der Schwederschen Bibliothek nebst seinen andern wenigen
Büchern verwahret wird. Hr. Zachariä beziehet sich in seiner

### Vorrede

Nachricht von der Rathsschule zu Cößlin einige mal darauf, und ich habe das Werk, durch Vorschub des schon gerühmten Hrn. Reverend. Schweders, auch nachgesehen. Es hat mir zweyerley Dienste gethan: einmal bin ich dadurch an manche kleine Umstände der Cößlinschen Geschichte zur nähern Untersuchung derselben erinnert worden; fürs andere habe ich mir zu Nutze gemacht, was er aus den Cämmereyregistern genommen, welche er haben konte, und mir nicht zu Diensten gestanden. Sonst kan ein jeder beide Arbeiten vergleichen, so wird er finden, wie weit sie verschieden sind, und ein jeder, der das Werk kennet, wird diese Vergleichung nicht einmal nöthig haben.

Ich bescheide mich inzwischen gar zu gerne, daß noch vieles in meiner Arbeit seyn wird, das nähere Erläuterungen, Zusätze und Verbesserungen nöthig hat, ich habe auch S. 313. schon damit den Anfang gemacht, es ist aber nicht nöthig jetzt ein mehreres hinzu zu thun. Was sich sonst findet, und andere bemerken, darum ich einen jeden werthen Freund und Forscher bitten wil, kan immer nachgeholet werden. Denn wo anders die göttliche Vorsehung es genehmiget, bin ich willens, noch einige Fortsetzungen nachzusenden, wenigstens wird unter angezeigter Bedingung 1766 die erste folgen, darin ich sonderlich der Nachwelt die feyerliche Begehung unsers Jubelfestes und das Andenken des alsdenn lebenden Cößlins aufzubehalten entschlossen bin.

Mein Wunsch, welchen ich S. 313. geäußert, ist mir ehe, als ich gedacht, erfüllet worden, indem Sr. Wohlgeb. der Hr.

## Vorrede.

Regierungsrath Löper, der ältere, mir eine würklich Cößlinsche Münze von Silber, vier Gran schwer, geschenket haben, die ich künftig näher beschreiben und in einem Kupferstich der Welt vor Augen legen will. Hier statte ich diesem so großen Kenner der Pommerschen Alterthümer, als großen Gelehrten und Menschenfreunde dafür öffentlich den verbindlichsten Dank ab, und bitte einen jeden, wenn er etwas zur nähern Aufklärung der Cößlinschen Geschichte beytragen kan, mir solches zukommen zu lassen, wer mich kennet, wird wissen, wie gerne ich wieder diene.

Die Kentniß der Pommerschen Münzen verdiente wohl eine eigene nähere Untersuchung, und ich wünschte, daß sich jemand dieser mühsamen Arbeit unterziehen möchte. Doch ich wünsche vielerley, und vielleicht immer zu viel: könte ich nur das glücklich wünschen, daß diese meine Arbeit den Beyfall der Kenner erhielte, mich deucht, das kan und sol ein jeder Schriftsteller wünschen und suchen, oder lieber gar nicht die Feder in die Hand nehmen. Jamund den 16 Febr. 1765.

Christian Wilhelm Haken.

Inhalt

# Inhalt.

I Abtheilung liefert eine topographische Beschreibung der Stadt Cößlin.
  I Cap. Vom Alterthum, ersten Anbau und Bewidmung der Stadt S. 3-20.
  II Cap. Von der innern Einrichtung und Anlage der Stadt S. 21-29.
  III Cap. Von den Gegenden um die Stadt S. 30-46.

II Abtheilung enthält eine Nachricht von der bürgerlichen Verfassung der Stadt Cößlin.
  I Cap. Von der innern Einrichtung dieser bürgerlichen Gesellschaft S. 49-62.
  II Cap. Von der Stadt Rechten und Freyheiten S. 63-83.
  III Cap. Von den Stadtgütern S. 84-97.
  IV Cap. Nachlese einiger Vorfälle, welche in das Schicksal der Stadt einen Einfluß gehabt S. 98-134.

III Abtheilung erzählet die gottesdienstliche Verfassung der Stadt Cößlin.
  I Cap. Von der gottesdienstlichen Verfassung zur Zeit des Pabsthums S. 137-150.
  II Cap. Cößlinsche Kirchengeschichte seit der Reformation S. 151-178.
  III Cap. Von den zu Cößlin befindlichen Kirchen und Hospitälern S. 179-194.
  IV Cap. Von der Cößlinschen Schule S. 195-227.
  V Cap. Von dem Jure Patronatus über die Kirche, Schule und Hospitäler S. 228-234.

IV Abtheilung von gelehrten und sonst merkwürdigen Cößlinern S. 237-312.
Zusätze und Verbesserungen S. 313. 314.

## Verzeichniß

derjenigen Urkunden, die in diesem Werke ganz abgedruckt sind.

1214 H. Bogislaf schenket dem Kloster Belbug das Dorf Cossalitz im Lande Colberg S. 9.

1266 Fundations Privil. der Stadt Cößlin von B. Herman Gr. von Gleichen, deutsch S. 11. lateinisch S. 13.

1274 Desselben zweytes Privilegium S. 19.

1287 Desselben drittes Privilegium S. 19.

1310 Vergleich zwischen dem Magistrat und Kloster zu Cößlin S. 144.

1313 B. Heinrich confirmirt der Stadt den Ankauf des Dorfs Gorband ꝛc. S. 37.

1337 Die Cößliner schließen mit dem Jascho von Schlawin eine Convention in den Zwistigkeiten, so sie mit dem Bischof und den Colbergern haben, neutral zu seyn S. 105.

1368 Tyme Vlemings Vergleich, mit dem Magistrat wegen der Schulen S. 230 f.

1447 B. Hennings Bestätigung des zwischen Colberg und Cößlin unter B. Siegfried errichteten Friedens S. 106.

1459 B. Henning ertheilet der Stadt das Privilegium de non euocando. S. 66.

1582 H. Casimir bittet den Rath mit Frau und Kindern zu Gaste S. 60.

1591 H. Casimir bittet die Stadt um Wildpret S. 81.

1691 Churfürstliche Declaration wegen der freyen Rathswahl S. 73.

1760 Capitulation zwischen dem Graf Tottleben und dem Major Benkendorf wegen Uebergabe der Stadt Cößlin S. 117 f.

Die

Die
erste Abtheilung
liefert
eine topographische Beschreibung
der Stadt
Cößlin.

---

Haec est, exiguis quae finibus orta tetendit
Longaevam ad famam, parvusque a sede profecta
Disperfit, celebrata, manus ——      ——
                          CLAUDIANUS.

---

## Das erste Capitel.
# Vom Alterthum, ersten Anbau und Bewidmung der Stadt.

Darin kommt vor
§. 1 - 6. Eine Untersuchung des Alters der Stadt.
§. 7. 8. Wie die Stadt aus Caminische Stift gekommen.

§. 9. Bischof Hermannus veranlasset den Anbau der Stadt.
§. 10 - 15. Desselben Privilegium zum Anbau der Stadt, nebst dessen Erläuterung.
§. 16. 17. Weitere Bestätigung dieses Privilegii.

### §. I.

Ohne mich in eine unfruchtbare Untersuchung der Ableitung und Bedeutung des Worts Cößlin einzulassen, welches doch nur auf ungewisse Muthmaßungen hinauslaufen würde (*), wird es nöthiger seyn, sich um das wahre Alter dieser Stadt zu bekümmern, und zu sehen, ob die ihr zugelegten fünfhundert Jahre, seit dem sie eine Stadt hat können genennet werden, den gehörigen Grund und Richtigkeit haben. Wir glauben unsern Zweck am besten zu erreichen, wenn wir anführen, so wol was fälschlich

I. Abſch. Topographiſche Beſchreibung der Stadt Cößlin.

lich zur Behauptung eines höhern Alters dieſer Stadt beygebracht wird, als auch, was man dabey zugeben kan und muß.

(**) Höher darf man es auch nicht nehmen, was Micrälius in der Vorrede zum II. B. ſeines Pommerlandes S. 87. in Anſehung der Ableitung des Namens Cößlin anführet. Etwas wahrſcheinlicher möchte es ſeyn, wenn wir Cuſſalin, wie es vordem immer geſchrieben ward, mit Cuzalin, deſſen Helmoldus gedenket, für Worte von einerley Urſprung hielten, und die Bedeutung in der ſlaviſchen oder wendiſchen Sprache ſuchten: allein da machen uns wieder die Abſchriften des Helmoldus ungewiß; bald ſagen ſie, es heiße auf deutſch Hägersdorf, bald Hogersdorf, (ſ. die bangertſche Ausgabe des Helmoldus S. 140, 1. 141, 2. 151, 2. 160, 13.) daß man mit der Anwendung ſo weit vom Ziel entfernet bleibet, als Helmoldi Cuzalin von unſerm Cößlin unterſchieden iſt, denn jenes lag an der Trave, gerade gegen Segeberg über, an der weſtlichen Seite in Stormarien, und führte hernach den Namen Högelsdorf.

§. 2.

Man will Cößlin ſchon zu Anfang des zwölften Jahrhunderts, und zwar ums Jahr 1107 in den Geſchichten antreffen, und berufet ſich desswegen auf den Dlugoſſus, welcher in ſeiner polniſchen Chronik ad a. 1107, nach der vollſtändigen Leipziger Ausgabe von 1711. col. 362. nachdem er von der großen Gnade des Herzogs in Polen Boleslai Krzywouſty gegen die überwundenen Albenſer oder Belgarder geredet, alſo fortführet: „Durch welche großmüthige Gnade, die er gegen „die Ueberwundenen blicken ließ, mehr Städte ſein eigen ge„worden. — Dieſe Menſchenliebe machte es, daß die Commen„danten und Vornehmſten der Städte Goldberg, Camin, Wo„lin, Coſſomin und anderer, die diſſeits des Meeres liegen, „dem Boleslaus mit anſehnlichen Geſchenken entgegen gin„gen, ihm ihre Städte übergaben, und ſich zu einer beſtändi„gen Treue und Unterwerfung verbindlich machten (*).“ Auf dieſen Grund bauen nun Schöttgen (**) und Micrälius (***), indem ſie für Coſſominenſium, Coſſinenſium leſen, und behaupten, daß Cößlin ſchon 1107 eine anſehnlich feſte Stadt, wie Belgard, Colberg, Camin und Wollin geweſen.

(*) Des Dlugoſſus Worte ſind dieſe: Qua quidem magnitudinis ſuae in devictos clementia, plures Pomeranorum ciuitates cepit — Is pietatis affectu effecit, vt Goldbergenſium, Camineuſium, Wolineuſium, COSSOMINENSIUM & aliarum,

eis

Cap. I. Von deren Alterthum, Anbau und Bewidmung. 5

cis mare sitarum, ciuitatum primores & praefecti cum amplis donis Boleslaum adirent & plenam vrbium suarum deditionem facerent, adstringentes se in illius subiectione fideliter permansuros.
(**) Im alten und neuen Pommerl. S. 595. not. (d)
(***) Im alten Pommerl. B. II. S. 143.

§. 3.

Ich will hiebey zufördersst anmerken, daß Dlugossus seine Nachricht aus einem Schriftsteller genommen, welcher an 228 Jahr vor ihm gelebt hat, nemlich aus dem Boguphalus, Bischof zu Posen, dessen polnische Geschichte der Herr von Sommersberg seinen Scriptoribus rerum Silesiacarum einverleibet, woselbst sie sich Tom. II. befindet, und man fol. 32. folgende Stelle lieset: „Boleslaus hat allen Gnade „wiederfaren lassen, und es haben sich die Commendanten der „Städte Solibrig, Camin, Veolmin, Cosome u auch an„derer stark befestigten Plätze ihm demüthig unterworfen (*)" Diesem folgt auch ein viel neuerer, nemlich Henelius von Hennenfeld, welcher in seinen Annalibus Silesiacis in oben angezogenem Sommersbergischen Werke fol. 225. die pommerschen Städte Bialogrod, Colberga, Camenum, Velinavia und Coßmin anführet.

(*) Die eigenen Worte des Boguphalus sind folgende: Boleslaus omnibus ignouit & sua sponte tam Solibrigensium, quam Caminensium, Veolmiensium, Cosomensium & aliarum munitissimarum vrbium praesides se illi obsequibse prostrauerunt.

§. 4.

Hier muß nun gleich einem jeden bedenklich fallen, warum Coßomin immer gleich nach Wollin gesetzet wird, es ist fremde und unbegreiflich, warum obgenante Schriftsteller, da sie bey Belgard oder Colberg angefangen, und der natürlichen Lage ihrer zu benennenden Oerter bis Wollin gefolget, von da einen Sprung zurück nach Cößlin thun sollen, ich halte demnach vielmehr höchst wahrscheinlich dafür, ihr Coßmin sey das ehedem so berühmte Großwin, welches in der Gegend von Anklam gelegen, und jetzt nicht mehr vorhanden ist, indem es 1183 von den Dänen und Rügianern zerstöret worden.

Anmerk. Das Unwahrscheinliche in dem Vorgeben, als wenn Coßomin mit Cößlin einerley sey, wird dadurch vermehret, daß ersteres unter die munitissimas vrbes gezählet wird, und man doch in der Bekehrungsgeschichte des Bischofs Otto nir-

6   I. Abth. Topographische Beschreibung der Stadt Cößlin.

gend findet, daß, ob er gleich nach Colberg und Belgard gelanget, er Coßomin berühret habe, welches gewiß geschehen wäre, wenn in dieser Gegend munitissima vrbs, die man mit Colberg und Belgard vergleichen können, wäre befindlich gewesen. Cosmin ist so viel als Großwin, dafür redet die allerhöchste Wahrscheinlichkeit, bis das Gegentheil durch andere Gründe erwiesen wird, als dieser etwa seyn möchte, daß ein ausländischer Schriftsteller, mit seiner Verstümmelung eines Namens, dem Worte Cößlin näher, als dem Worte Großwin getreten sey.

§. 5.

Hier muß ich nun sogleich einem Einwurf begegnen, den man mir dabey machen wird. Man wird sagen: Als im Jahr 1107 der König von Dännemark Niclas, und Herzog Boleslaf aus Polen, Pommern mit vereinigter Macht bekriegten, und jener mit den Inseln Usedom und Wollin, dieser aber mit dem Hinterpommern, und größtentheils Vorpommern, jenseit der Oder, fertig geworden, so seyn, nach dem Bericht unserer Scribenten, ihre Anschläge zwar gewesen Großwin auch unter ihre Herrschaft zu bringen; es habe aber der dazwischen gekommene Friede mit den beyden jungen Fürsten in Pommern diesen Ort damals gerettet, folglich könne er unter den Eroberungen dieses Herzogs nicht mit benennet werden. (Vergl. des Hrn. von Schwarz Geograph. der m. Z. S. 292. und Schött. A. und N. Pommerl. S. 375. f.) Ich will den Bericht unserer Schriftsteller nicht in Zweifel ziehen, die haben es aber auch besser wissen können, als ein Bischof in Posen, dem man den Fehler, welcher in Ansehung seiner sehr klein ist, leicht vergeb'n kan, daß er eine Stadt unter die bezwungenen Städte rechnet, auf welche man das Schwert schon gezücket hatte, die solchem Schicksal aber nur durch einen Glücksfall entgangen war, wovon er als ein Ausländer nicht alles so genau erfahren mögen. — Wie ungewiß überhaupt die Nachrichten der polnischen Scribenten für die Geschichte unsers Vaterlandes sind, siehet man genugsam daraus, daß sie keinem Ort den rechten Namen geben. Ihre ganze Erzählung sieht ausländisch aus, und verräth genugsam, daß sie ihre Nachrichten vom Hörsagen hergenommen.

§. 6.

Diese Stellen also, welche wir bisher angeführet haben, müsten
noch

**Cap. I. Von deren Alterthum, Anbau und Bewohnung.**

noch viel deutlicher ins Licht gesetzet werden, wenn man daraus für das höhere Alter der Stadt etwas beweisen wolte, und es würde geschehen, wenn man sich auf eine einzige sichere Urkunde beziehen könte (*), denn das bloße Zeugnis eines ausländischen Geschichtschreibers (**), der dabey Merkmaale seiner Ungewisheit verräth, und der höchst wahrscheinlich einen ganz andern Ort, als Cößlin, im Sinne führet, wird hier nicht, sehr in Anschlag kommen. — Doch will ich nicht behaupten, daß Cößlin 1266 und also vor 500 Jahren auf einen ganz leeren Platz erbauet worden und zwar aus dem Grunde, weil man sich auf ein glaubwürdiges Document berufen kan, und die Nachricht eines sonst bewährten Geschichtschreibers demselben zu statten komt. Ich will bey dem letzten anfangen, es ist solcher Isaac Pontanus, den auch Rango in origg. Pom. S. 65. anführet: Dieser erzählet L. VI. Rer. Dan. ad an. 1188. daß damals einige Städte angeleget und erbauet worden, unter welche er gar deutlich unser Cößlin mitzählet, seine Worte sind folgende: Inter oppida, quae anno statim sequente (1188) de nouo & e fundamentis apud Pomeranos a Theutonibus (***) excitari coepta memorantur Gulnovia Vreheda Anclamum Uckermunda Pemkovia Brusovia itemque in extremis Pomeranis, Slothovia, Cottwizinum Coslinum aliaque (†). Hier siehet man schon ein Cößlin, es wird auch eine Stadt genant, weil es zur Zeit, da Pontanus lebte, wirklich eine Stadt war, allein es ist 1188 höchstens nicht weiter, als zu einer Burg gedieen, und hat die dabey gelegene Burgwyke bald die Gestalt eines Dorfs, oder Fleckens, gewonnen. Man siehet solches aus der Urkunde, darauf ich mich gleich Anfangs bezogen habe: sie ist von a. 1214, darin heist unser Cößlin villa Cossalitz und Herzog Bogislaf II. schenkte solches dem Kloster Belbug (††).

(*) Micräl. in der Vorr. zum II. B. seines Pommerl. G. 87. beruft sich zwar auf Briefe, die damals schon vor 500 Jahren und also im XII Jahrhundert sollen geschrieben seyn, darin unsers Cößlins Erwähnung geschehe; Ich zweifle aber, ob er in seiner Rechnung so recht glaubensfest gewesen, daß nicht ein Gedächtnisfehler etwa ein Jahrhundert zu viel gesetzt. Ehe wir dergleichen Briefe sehen, können wir unsere Meinung nicht widerrufen, denn aber soll es zur Steur der Wahrheit gerne geschehen.

(**) Eben so wenig wirde daher Hartknoch de Rep. Polon. L. I. c. VI. §. 7. für das Jahr 1107 anzuführen seyn. Er schreibet: Mornø Sanguiboro duce Pomeraniae
ipsa

I. Abſch. Topographiſche Beſchreibung der Stadt Cößlin.

prima diuiſio Pomeraniae facta eſt inter filios eius quatuor. Vrtislaus & Ratiborus occidentalem Pomeraniam a Coslino & Chollenbergae radicibus ad Marchiam vsque & Mechlenburgum excurrentem occupauerunt. Man ſiehet aber offenbar, daß er die Grenzen beſtimmet, wie ſie zu ſeiner Zeit Merkmaale hatten, und nicht wie ſie juſt 1107 oder 1108 geheißen, ja wenn er es auch ſo verſtauden wiſſen wolte, daß nämlich damals Cößlin die Grenzfeſtung und bereits in rerum natura geweſen, hätte er es doch beweiſen müſſen, ehe wir ihn in praeſidium anführen können, pro auctoritate kan er nicht reden, da er viel zu neu iſt hierin ein Zeugnis abzulegen.

(***) Hierin kan ich dem Pontanus nicht beypflichten, ohne Zweifel hat er geglaubet, weil der Gollenberg die Grenze zwiſchen Vor- und Hinterpommern war, und die Deutſchen in Vorpommern ſich ſchon ſehr auszubreiten anfingen, ſie hätten mit ihren Colonien ſich damals ſchon bis hieher erſtrecket. Die Urkunden gedenken aber vor 1240 in dieſer Gegend noch keiner Deutſchen, und die Hiſtorie iſt dieſem Vorgeben durchaus zuwider, denn, als der vorpommerſche Fürſt Bogislaus I. mit Sambor und Meſtowin, Szubiſlai Söhnen, als Herren von Hinterpommern, in Mißhelligkeiten gerathen war, nahmen letztere dem erſtern, als er in dem Kriege mit den Dänen verwickelt war, Belgard und ein Theil der Neumark weg, darüber muſte Bogislaus aus Vorpommern, als der Krieg mit den Dänen ſich geendiget, auf die Erhaltung ſeiner Länder denken, und belagerte 1186 Belgard; die hinterpommerſchen Fürſten aber nahmen Hülfsvölker von den Polen, und weil Bogislaf ſich der Macht nicht gewachſen ſahe, ließ er den Hinterpommern Belgard, und machte mit ihnen Friede. — So hatten alſo die Hinterpommern oder Wenden dieſe Gegend in ihrem Beſitz, und ſich deſto feſter darin zu ſetzen, ſonderlich den Paß des Gollenberges zu decken, haben ſie 1188 nach Bogislai erfolgtem Tode dieß Cößlin hier erbauet; (Vergl. v. Eikſtädt Epit. annal. S. 33. ad a. 1188.) es iſt aber, aller Wahrſcheinlichkeit nach, nichts mehr, als ein Schloß nach damaliger Art geweſen, daher verſichert der Hr. von Schwarz, in ſeiner Geogr. m. B. S. 384. Not. (†) daß in Urkunden des Caſtri Coslin gedacht werde, ja in einer Urkunde von 1286 wird ein agger iuxta caſtrum namhaft gemacht, und 1287 ſchenkte B. Herrmann der Stadt campum caſtrenſem, woraus zu erſehen, daß damals die Nachricht von einem hier geſtandenen Schloß noch nicht erloſchen geweſen. — Bey dieſer Burg hat ſich nun Coſſaliz als eine Burgwyle nach und nach geſamlet, wie ſolches gemeinhin geſchahe, die Bewohner ſolcher Wyler waren Leute knechtiſcher Condition, welche die Burgdienſte verſehen muſten, und dagegen den Abnutz einiger Aecker genoſſen. — Dieß Schloß iſt aber nachhero, vermuthlich von den Vorpommern, zerſtöret, ſo ſchon vor 1214 geſchehen ſeyn muß, die Burgwyle Coſſaliz aber hat ſich erhalten, wozu hernach das Marienbild auf dem Gollenberge wol das meiſte beygetragen, als welches viele Pilgrim, und mit denſelben guten Verkehr und Nahrung in dieſe Gegend gezogen, wovon dieß Coſſaliz ſich merklich aufgenommen.

(†) Hiemit ſowol, als mit unſerer vorhergehenden Anm. (***) ſtimmet auch ein älterer, und zwar pommerſcher, Scribent überein. Es iſt ſolches der ehemalige Wolgaſtſche Rentmeiſter, Andr. Schomaker, welcher in ſeiner handſchriftlichen

Chro-

Cap. I. Von deren Alterthum, Anbau und Bewohnung. 9

Chronik, nach dem Exemplar, welches unsere Kirchenbibliothek besitzet fol. 52. rf. folgende Stelle hat: „ Mestwin, des ersten Subislai Sohn, bey dieses und „seines Vettern Sambori Zeiten, dieweil ihr Landt nach pommerscher Artt ge-„bawet war, fieng die Stette und Schlösser zu bawen angefangen: Schlothow, „Thoritz, Schluptzk itzo Stolp, Dursow, Neuen Cößlin." Das Neuen Cößlin bezieht sich vermuthlich auf das alte Cößlin, dessen Helmoldus gedenket. s. oben §. 1. (*).

(††) Die merkwürdige Urkunde davon hat uns der Hr. von Dreger, in seinem Cod. Diplom. S. 81. no. XLV. geliefert, und denen zu gefallen, welche dieß Werk nicht selbst besitzen, wollen wir sie gantz hieher setzen: Bugslaus Dei gratia Dux Pomeranorum, vniuersis tam presentibus, quam futuris in perpetuum, quoniam diuersi casus inopinate solent ex prolixo decursu temporum prouenire, consultum est, vt firmitate omnimoda roborentur que posterorum sunt memorie relinquenda.' Significatum ergo voluimus vniuersis, quod villam vnam que Cossalitz vocatur, iuxta Cholin, in Cholobergensi territorio constitutam, contulimus ecclesie sancti Petri de Belboch, cum omnibus suis pertinencijs, libere & tranquille perpetuis temporibus possidendam. Preterea quoscunque homines non pertinentes ad dominium nostrum vel fratris nostri Kazimari ad eandem villam induxerit possidendam, de omni exactione & seruicio damus eisdem hominibus libertatem. Huius itaque rei testes sunt Sigunius Episcopus Camynensis, Conradus prepositus & Capitulum Camiaense, Nicolaus prepositus Cholbergensis, de laicis, Johannes Nakowitz, Roszwarus, Szobemuzl. Hec ergo acta sunt presente & annuente fratre nostro domino Kazimaro. Datum Camin M°. CC°. XLII°. anno dominice incarnacionis, decimo Kalendas Nouembris.

§. 7.

Auf diese Weise kam Cößlin zuerst unter den caminschen Kirchensprengel und ward mittelbar dem bischöflichen Stuhl unterworfen: 1248 aber erhielt der Bischof Wilhelm diese gantze Gegend als ein Kirchengut, und zwar auf folgende Weise. Er hatte von sehr vielen Städten in Pommern die Zehenden zu heben, dabey aber mochte wol vieles vorgehen, das dem Landesherrn nicht anstund, deswegen entschloß sich der H. Barnim I. 1240 dem Bischof Conrad III. das Land Stargard einzuräumen und dagegen die Zehenden von 1800 Hufen Land von ihm zu Lehn zu nehmen (*). 1248 aber wurde die Sache wieder anders gefasset: H. Barnim nahm das Land Stargard wieder zurück, und trat dagegen dem B. Wilhelm seine Hälfte ab, die er an dem Lande Colberg hatte (**), die andre Hälfte besaß sein Bruder Wratislaf III. wie derselbe starb, erbte sie Barnim, und überließ sie gleichfals dem B. Herrmann, vielleicht aber wol mehr, weil es ihm der Bischof über den Kopf nahm,

I. Abſch. Topographiſche Beſchreibung der Stadt Cößlin.

als aus eigener Bewegung. Es dauchten ſich inzwiſchen die Biſchöfe bey dieſem Tauſch nicht ſicher zu ſeyn, deßfals trugen ſie bey den Marggrafen zu Brandenburg Johann I. und Otto III. darauf an, daß ſie, als Lehnherren (***) der Pommerſchen Herzoge den Tauſch genehm halten und beſtätigen muſten, ſolches geſchahe 1255.

(*) ſ. des Hrn. von Dregers Cod. Dipl. S. 205. n. CXXXI.
(**) ſ. ebend. S. 268. n. CLXXXII.
(***) Dieß wird von einigen noch ſehr geſtritten, ſ. des Hrn. Dähnerts Pom. Bibl. Th. III. St. 2. v. 1. S. 9. Die angezogene Urkunde aber beweiſet doch wenigſtens ſo viel, daß die Marggrafen die Lehnsherrlichkeit in Anſpruch genommen, der Biſchof ihnen darin Recht gegeben, und ſie dieſe Gerechtſame wirklich gehandhabet. — Der berühmte H. Doct. Oelrichs, mein verehrungswürdiger Gönner in Stettin, hat uns verſprochen, in ſeinen ans Licht zu ſtellenden Pom. Beyträgen, einen urkundlichen Erweis dieſer Lehnsverbindung des Hauſes Pommern an das Haus Brandenburg zu liefern, welchem Werke ein jeder mit Verlangen entgegen ſiehet.

§. 8.

Wie weit nun aber die Grenzen dieſes Landes Colberg ſich gegen Oſten erſtreckt, iſt ſo genau nicht zu beſtimmen, bis an den Gollenberg und Eventin ſind ſie gewis gegangen (*), gegen Mittag berührten ſie die Caſtellaney Belgard, und gegen Abend Cammin und Stargard.

(*) S. eine Urkunde von 1262. in des Hrn. von Dregers Cod. Diplom. S. 454. n. CCCXLIII. da ausdrücklich bedungen wird, als Svantipolcus dem Kloſter Bukow den bukowſchen See ſchenkte, daß des Camminſchen Biſchofs Leute zu Eventin mit Hamen und andern kleinen Netzen, nur nicht mit großen Garnen darin fiſchen ſollten, mithin hat der Biſchof wenigſtens ein Theil von Eventin mit beſeſſen.

§. 9.

Als nun der Biſchof Herrmann ſein biſchöfliches Gebiete ſo anſehnlich erweitert ſahe, ging ſeine erſte Bemühung dahin, ſich ſonderlich an der Grenze mit einem damaliger Zeit haltbaren Orte zu verſehen (*), und dazu ſchien ihm das Dorf Coſſalitz ſehr bequem zu ſeyn, daher er ohne Zweifel dem Kloſter Belbug dafür eine andere Vergütigung (**) gegeben (***) und zu dieſer ſtädtiſchen Einrichtung unſers Cößlins ward den 23 May, (x Cal. Jun.) 1266 durch Erteilung eines Privilegii der Anfang gemacht, welcher nun fünf hundert Jahre hindurch

Cap. I. Von deren Alterthum, Anbau und Bevölkerung.

durch für diesen guten Ort so glückliche Folgen gehabt, daß er bis auf diesen Tag eine der ansehnlichsten Landstädte in Pommern ist.

(*) Solches war jetzt um so viel nöthiger, da der preußische Orden schon anfing immer weiter um sich zu greifen, und, nach des tapfern Hrn. Svantipolt III. Tode, die Beysorge wegen eines feindlichen Einfals immer größer wurde. Vergl. Micräl. B. II. S. 180. 181.

(**) Dieß war dem B. Herrmann nichts neues, gleich im ersten Jahr seiner Regierung, nämlich 1252 vertauschte er dem Kloster zu Bälbug den Zehenden und 82 Hufen zu Meßen, im Pyritzischen Distrit, gegen die Dörfer Brodnia Blatekow und Parsow in terra Colbergensi, weil er diese Gegend gerne in einem Distrikt unmittelbar beherrschen wolte, ohne Zweifel hat er es auch so mit Cossaliz gemacht. s. von Dreger in Cod. Dipl. S. 336.

(***) Es wird dieß auch daher wahrscheinlich, weil gleich drey Jahre hernach, nämlich 1269, in der Bestätigungsurkunde, welche der gütige H. Barnim I. dem Kloster Bélbug, auf alle ihm von seinem Vater Bogislao II. von seinem Vaterbruder Casimiro, von seiner Großmutter Anastasia und von seinem Enkel Wartislao geschenkte oder verkaufte und namentlich bezeichnete Güter, ertheilet, kein Cossaliz, oder auch nur ein ähnlicher Name, außer dem, was wir gleich sagen werden, mehr vorkomt, welches nothwendig geschehen seyn würde, wenn das Kloster damals den Ort noch gehabt hätte. Diese Urk. s. beym Dreger in Cod. Dipl. S. 548. n. CDXXXIX. und beym Rango, in origg. Pom. S. 163. — Beyde Abschriften sind aber etwas verschieden, unter andern heißt es: Præterea ius patronatus ecclesiarum Treptow & Cholin, (donauimus), dafür hat Rango Cholin. Ich ziehe aber die erste Lesart vor, und verstehe darunter Cößlin, vermuthend, daß als B. Herrmann dem Kloster das Dorf Cossaliz abgehandelt, er ihm doch das Jus patronatus darüber gelassen, von welchem es hernach an das hiesige Jungfernkloster mag gekommen seyn. Daß hier aber der Ort nicht mehr Cossaliz oder schon Cossalin, sondern Cholin heißet, mag daher rühren, weil man noch nicht recht erfahren, was der Bischof dem neuen Orte für einen Namen beygeleget, daher man ihm den Namen des Berges, daran er lag, mitler Weile gegeben hat, oder vielmehr die Capelle auf dem Berge gemeynet.

§. 10.

Ich will zuförderst obgemantes Privilegium des B. Herrmanni, dem Hauptinhalt nach, in einer deutschen Uebersetzung anführen, derselben in der Anmerkung eine richtige Copie des Originals beyfügen, und es in nachfolgenden Abschnitten erläutern. So lautet das Privilegium:

Wir Herrmann von GOttes Gnaden, der Cammihschen Kirche Bischof — Thun allen gegenwärtigen und zukünftigen

tigen Lesern hiemit kund, daß Wir dem Marquard und Hartmann die Stadt, welche wir Cussalin genant haben, zur Aufsicht und Verwaltung übertragen, und das auf nachfolgende Weise: Wir haben der Stadt 100 Hufen zugelegt, davon sollen 30 Hufen mit aller Freyheit diesen Aufsehern und ihren Nachfolgern beständig eigen seyn, überdem haben Wir gut befunden der Stadt 10 Hufen in dem Holz, welches den Namen Buchwald führet, zuzueignen. Auch geben Wir ihren Aufsehern die Freyheit, innerhalb ihrer Feldmark eine Mühle zu bauen, und erlauben der Bürgerschaft das nöthige Brennholz, Heuschlag und Fischerey, jedoch nur innerhalb ihrer Feldmark, außer derselben aber soll sie mit keiner Schleywade, oder andern großen Garnen fischen, mit kleinem Fischergeräthe aber, als Stoknetten und dergleichen, soll ihr solches frey stehen. Ferner schenken Wir der Stadt sechs Freyjahre, doch behalten Wir uns die Vogtey und Sendgericht, mit allen Rechten und Befugnissen, vor, wiewol Wir der Stadt den dritten Theil der Einkünfte überlassen wollen. Solte sich auch innerhalb der Stadtgrenzen ein Mangel an Bauholz finden, geben Wir ihr Erlaubnis, so lange die Freyjahre dauren, solches zu hauen, wo es anzutreffen ist. Wir wollen auch, daß sich die Stadt des Lübschen Rechts bediene, und ist jemand, der den gegenwärtigen zween Aufsehern der Stadt, in Beförderung ihres Anbaues, folgen will, der hat sich von Uns allen Beystand zu versprechen, den Wir solchem Unternehmen schuldig sind --- 1266. (*)

(*) Dieses Privilegium ist ursprünglich lateinisch abgefaßt, und komt auch schon in des Hrn. von Dreger Cod. Diplom. S. 499. n. CCCXCII. vor, wir wollen es aber, weil wenige dies Buch besitzen, hier nach dem Original ganz hersetzen:

In-

Hermannus Dei gracia Caminensis ecclesie episcopus, omnibus hanc sueram intuentibus salutem in eo, qui est omnium vera salus. Quum ea, que racionabiliter fiunt, oblivionis nubilo sepius obducuntur, per momenta temporum successura, ideo necesse est, vt talia scriptis & dictis testium roborentur, ne factum precedencium ignoret posteritas futurorum. Nouerint igitur presentes & futuri, quod *Marquardo* & *Hartmanno* civitatem, *Cussalin* vocatam, ad possidendum contulimus, sub hac forma. Centum mansos adiecimus ipsi ciuitati, de quibus mansis contulimus trigineta mausos, cum omni hbertate, ipsis possessoribus, ac eorum hæredibus perpetuo possidendos. Insuper decem mansos in silua, que *Borhwalt* vocatur dicte civitati duximus conferendos. Preterea, infra agros prefate cinitatis, concessimus possessoribus ipsius facultatem ædificandi molendinum, libertatem etiam dedimus ipsi ciuitati in lignis, pratis, piscacionibus, infra terminos agrorum, extra terminos vero cum *Slywant* & magnis retibus prohibemus eosdem piscari, cum minoribus autem instrumentis, videlicet *Stocknette* & huiusmodi piscandi eisdem ciuibus liberam concedimus facultatem. Amplius autem prefate ciuitati donantes libertatem sex annorum, nobis *advocaliam* & *iudicium* omni iuris plenitudine reseruamus. Preter tertiam partem, quam ad usum ciuitatis volumus pertinere. Si vero infra terminos agrorum esset carencia lignorum edificaliuum, potestatem eis dedimus, quousque durat libertas ipsius ciuitatis, secandi ligna, ubicunque possunt attingere illa. Jus etiam Lubecense predictam volumus habere ciuitatem. Quicunque voluerit sequi hos duos possessores ad possidendam ciuitatem nostram, illum prout tenemur, volumus libenter in omnibus promouere. Hujus rei testes sunt Dominus Henricus Comes de Kirchberghe, Dominus Henricus custos Caminensis, Dominus Gerhardus custos Colbergensis, Walterus, Gunterus, Hyldebrandus, Canonici Colbergenses, Thidericus advocatus s. Colbergh, Theodoricus quondam advocatus ibidem, & alii quam plures clerici & laici fide digni. Ut autem hec omnia firmitatem ac robur obtineant perpetuum presentem paginam exinde confectam nostri sigilli munimine iussimus roborari. Datum apud Ructeriam anno Domini M°. CC°. LXVI°. x. Kal. Junii Pontificatus nostri XII°. L. S.

### §. II.

Da dieses das Fundationsprivilegium ist, wird es nicht undienlich seyn, den Inhalt desselben etwas ausführlicher vor Augen zu legen. — Zuförderst, aber will ich zur Erläuterung eine Anmerkung hieher setzen, die schon der Hr. von Schwarz in seiner Diplom. Gesch. der pom. Städte schwed. Hoheit S. 23. f. und III. beyläufig gemacht hat. Es war bey Erbauung und Anrichtung der Städte in Pommern, wie aus den Jahrbüchern und Urkunden erhellet, dieser Unterscheid, daß zuweilen die Landesherrschaften und Besitzer des Orts gewissen Personen, mehrentheils Edelleuten, aufgaben, oder vergleichsweise mit ihnen übereinkamen, die Anbauung der Stadt zu besorgen, die sie alsdenn sofort mit Recht und Ländereyen bewidmeten, von welchen letzten sie jenen nicht nur eine gewisse Hufenzahl vereigneten, sondern ihnen auch als unmittelbaren Stiftern das Regiment der Stadt verliehen, die sich denn auch, in solcher Absicht, zu Stadtrecht darin zu wohnen begeben und häuslich niedergelassen haben. — Zuweilen aber ward es auch so gehalten, daß die Herrschaften, nach geschehener öffentlicher Bekantmachung ihrer Absichten, da oder dort eine Stadt anzulegen, es dabey bewenden ließen, bis sich an dem bestimten Ort eine genugsame Gemeine der Colonisten eingefunden hatte, die sie sodann mit städtischer Gerechtigkeit bewidmeten. — Auf die erste Art ging es mit Cößlin zu, da der Bischof Herrmann die beyden Männer Marquard und Hartman auctorisirte, durch Herbeyziehung allerhand Ankömlinge den Anbau der Stadt zu besorgen, auf eine schickliche Einrichtung derselben zu sehen, und hiernächst das Regiment der neuen Stadt zu führen.

§. 12.

Wer aber, und von was für Stande diese beyde Männer gewesen, läßt sich so genau nicht sagen, da aber in einer Urkunde von 1310 ein **Marquardus**, als Miles, vorkomt, so sind es, wenn anders daselbst dieser Marquardus gemeinet ist, sächsische von Adel gewesen. Diesen conferirt nun der Bischof Ciuitatem Cuſſalin vocatam ad poſſidendum, das heißt nichts anders, als, er bestellet sie zu Aufsehern der vorzunehmenden neuen städtischen Einrichtung, und zu dem ersten Stadtmagistrat, wobey er durch diesen offenen Brief feyerlich erkläret, daß der Ort nicht mehr den wendischen Namen **Coſſaliz**, sondern den besser deutsch klingenden Namen **Cuſſalin** führen, und Civitas (*), das ist eine Landesvestung, werden soll. — Es würde widersprechend seyn, wenn man aus den Worten: Ciuitatem Cuſſalin vocatam ad poſſidendum contulimus, schließen wolte, der Bischof hatte ihnen eine schon da gewesene Stadt, die den Namen Cuſſalin geführet, zum Besitz eingeräumet, da das ganze Privilegium sich damit beschäftiget, dem Orte erst animam & ſpiritum zu geben, das ist, alle die wesentliche Stücke beyzulegen, die zu einer städtischen Einrichtung gehören, daher wir mit Recht die Worte als eine feyerliche landesherrliche Erklärung ansehen, daß der Ort eine Landesvestung werden, und den Namen Cuſſalin führen sollen, dergleichen feyerliche Begünstigungen in solchen Fällen damaliger Zeit nicht

nicht nur üblich, sondern auch nothwendig waren. Man vergleiche hiemit des Hrn. von Schwarz Dipl. Gesch. S. 35.

(*) Ueber das Wort Civitas sind sich die Herren Gelehrten noch nicht einig, ob es einen befestigten, oder offenen Ort bedeute. Micräl. in f. Pom. B. VI. S. 417. saget: *Oppidum voci int maiotes, quod manimentis & moenlis clausum NON est, Civitas vero . . habet.* Hingegen der Hr. von Schwarz, in seiner Diplem. Gesch. S. 16. versichert, daß oppidum und castrum einerley Bedeutung hätten, folglich Oppidum, und nicht Civitas, einen befestigten Ort bezeichne. — Ich will aber zuförderst gerne glauben, daß dieser Unterscheid von den bischöflichen Herren Notarien und Canzelisten, bey Anfertigung der Urkunden, nicht allemal beobachtet, oder auch wol zuweilen umgekehrt worden, wenn ich aber doch einen wirklichen Unterscheid dieser Worte annehmen soll, will ich lieber dem Micrälius, als dem Hrn. von Schwarz Recht geben, denn ich nehme des leztern eigene Meinung an, daß Burgenses solche Bürger bedeute, die in festen Städten wohneten, in einem Privilegio aber, welches die Herzoge Bogislaf IV. Barnim IV. und Otto I. der Stadt Stettin gegeben, und welches Hr. von Schwarz e. d. S. 36. selbst angeführet, heißt es ausdrücklich: *Quod omnes, qui concivium a consulibus ejusdem obtinuerunt Civitatis debent esse Burgenses veri, legitimi, pleni;* so haben also burgenses in civitate gewohnet, und es ist gewiß, daß civitas eine Landesvestung bedeutet, die ihren Einwohnern den Ehrentitel der BurgenSium beyleget. Noch deutlicher bestätigen Micrälii Meynung die urkundlichen Worte, welche er am angeführten Orte beybringet, wie sich nämlich die Marggrafen Mühe gegeben, vt Oppidum Stolpe incrementum recipiat, vt civitas fiat, das ist bald wie Horaz saget, *oppida coeperunt munire & ponere leges.* Oppidum heisst also ein unbefestigter Ort, Civitas hingegen eine Landesvestung. Wofern dieses Wort, welches zu vermuthen, mit Bedacht in dieß Privilegium setzen lassen, so hat er eben dadurch feyerlich erklären wollen, daß diese bisherige Villa nunmehro eine Civitas, oder Grenzvestung, werden sollte, welche Erklärung der Stifter neuer Städte allerdings erfordert wurde, daß er sie inzwischen in dem zweyten Privilegium nur Oppidum nennet, kan ex incuria Notarii oder daher geschehen seyn, weil Cößlin 1274 noch keine Planken oder Mauren hatte, folglich wirklich nichts mehr, als Oppidum, oder ein offener Ort war. So bald inzwischen Cößlin nur einiger maßen einer *civitati*, oder haltbarem Orte, ähnlich sahe, hießen die Einwohner in dem dritten Privilegio von 1287 schon burgenses, welches hernach in Urkunden, die sich etwas bestimmt ausdrucken wollen, öfters vorkomt.

§. 13.

Weil nun eine Stadt unmöglich aus lauter Professionisten ohne allen Ackerbau und Viehzucht bestehen (*), vielweniger zu einem rechten Aufnehmen gelangen kan, wenn nicht mit liegenden Gründen angesessene Leute darin vorhanden sind, so legte der Bischof gleich 100 Hufen Land

zu

zu Cößlin, doch mit dem Bedinge, daß die beyden Aufseher dieser Entreprise und ihre Nachfolger 30 davon besitzen sollen (**), und damit es der Stadt nicht an Holzung fehlen möchte, wurde ihr in dem Buchwalde ein Revier, so groß als 10 Hufen austragen (***), vereignet. Und diese Immobilien besitzet die Stadt als eine Immediatstadt, welche jura Statuum zu genießen hat, steuerfrey, wie darin die Resolution des H. Borgislai XIV. d. Stettin den 27 Febr. 1628 ausdrüklich disponiret. Wie groß aber ein Mansus sey, davon giebt Carl du Fresne in s. Glossl. lat. med. aevi W. Mansus Nachricht, er sagt: Es sey ein Stük Aker von 12 Morgen, welches so viel als 36 Schfl. Aussaat kleine Maß betragen würde, und würden also diese Hufen einer Hakenhufe am nächsten kommen (†).

(*) Wem dieß kleinstädtisch vorkomt, den mag ein recht großstädtischer Burgemeister eines beßern belehren. Agricultura inter res omnes, ex quibus aliquid acquiritur, nihil melius, nihil vberius, nihil homine libero dignius Cic. L. I. Offic.
(**) Diese 30 Hufen sind den beyden Aufsehern, nicht zum persönlichen Eigenthum, sondern, in so ferne sie den ersten Stadtmagistrat vorgestellet haben, vereignet, und ist dieß also der allererste Fond zu Anlegung eines Ærarii civitatis gewesen. — Vielleicht sind diese 30 Hufen das Land, welches hernach zu dem so genanten Rothenkruge geleget worden.
(***) Es kan auch seyn, daß die Absicht des Bischofes dabey gewesen, es solte sich die Bürgerschaft noch zu den 100 Hufen, schon urbaren Ackers, 10 Hufen im Buchwalde ausraden, und zu sädigen Aker machen, da denn die Stadt für einträglicher gehalten das Holz und Mast zu erhalten, welches in der Folge ein recht glücklicher Einfall gewesen.
(†) Die Hakenhufe ist wol das älteste Feldmaß, schon in einer Urkunde von 1239 beym Dreger findet man, daß der Uncorum Erwähnung geschiehet, welches nichts anders, als Hakenhufen, bedeuten kan. Nachhero kamen die Häger- und Landhufen auf, zwey Hakenhufen machen eine Landhufe, und zwey Landhufen eine Hägerhufe. Die Churfürstl. Vermessungsinstruction b. Cöln an der Spree den 12 Jun. 1667 verordnet: Die Landmesser sollen 300 Kreuzquabrat, oder gevierte Ruthen auf einen Morgen, und 60 Morgen auf eine Häger- 30 auf eine Land- und 15 Morgen auf eine Hakenhufe meßen s. Stryk, de matric. Pom. vlter. c. II. n. 10.

§. 14.

Hiernächst wird diesen beyden Aufsehern des Anbaues dieser neuen Stadt auch die Freyheit ertheilet, jedoch nur innerhalb ihrer Feldmark, eine Mühle zu bauen, und obgleich solche anzulegen und zu besitzen da-

ma-

Cap. I. Von deren Alterthum, Anbau und Bewidmung.

maliger Zeit ein landesherrliches Regale war, so hat sich der Bischof doch nichts davon ausbedungen, sondern alle Einkünfte der ersten Mühle der Stadt gelassen, deren Aufnahme ihm so sehr am Herzen lag, daß er ihr nicht nur innerhalb ihrer angewiesenen Grenzen die ganze freye Holzung und Wiesenbau, sondern auch die damaliger Zeit so hochgeschätzte Fischerey ganz frey überließ, so gar, daß sie, auch noch außerhalb demselben, mit kleinem Fischergeräth ihrer Nothdurft rathen konten. — Das vornehmste aber, was er zum Aufnehmen dieser Stadt that, war eine sechsjährige Contributionsfreyheit (*), ja noch mehr, die Erlaubniß, innerhalb diesen Freyjahren ihr Bauholz, wenn es ihnen in ihrem Bezirk daran fehlen solte, zu fällen, wo sie es am besten antreffen würden.

(*) Dies bezog sich sonderlich auf die sogenanten Orbäre, Orbede oder Bedemünze, wovon Rhetius in einer eignen Dissertat. de antiquissima germanicarum ciuitatum pensione vulgo Orbede am ausführlichsten gehandelt hat. — Diese uralte Contribution wurde eigentlich in recognitionem domini & proprietatis entrichtet, vor dem Gebrauch des Geldes bestand sie in allerhand Lebensmitteln, und bedeutet das Wort Orbäre so viel als eine Einbörung oder Einbebung gewisser Abgaben, die man zu samlen pflegte, daher sie den Namen exactio precaria, oder Orbäde, Bedemünze, erhalten, in den adlichen Städten heißt sie der Junkerthaler. Sie wurde nach dem Hufenstande eingerichtet, daher ließen sich einige Städte privilegiren, daß ihre Hufen nicht durften nachgemessen werden, damit die Orbede nicht erhöhet würde, s. beym Dreger die Urk. von 1242. S. 221. n. CXLIII. Nach Verlauf der Cößlinschen Freyjahre muste die Orbede mit 50 Gulden entrichtet werden, doch wurde sie bey schweren Zeiten auch wol erlassen, wie 14n. B. Magnus that. Als die schwere sundische Münze auskam, forderten die Bischöfe die Orbäre in solchem Gelde, darüber entstunden viele Dispute, und Cößlin zerfiel deswegen einigermaßen mit dem B. Martin Carich, da er aber 1521 in Noth war, muste die Stadt ihm solche voraus bezahlen, dagegen versprach er, sie bey dem alten Münzfuß zu lassen, ob nun auch gleich sein Nachfolger B. Erasmus 1528, zusamt dem ganzen Domkapitel 1529, der Stadt die Versicherung gab, solche niemals zu erhöhen, stehet sie doch heutiges Tages auf 50 Rthl. die jährlich auf Nicolai an die Landrenthey eingesandt werden. Als das Bischofthum seculariret und dem Herzogthum incorporiret wurde, suchten die Stiftsstände sich davon los zu machen, in dem Landtagsabsch. aber vom 11 Jul. 1654. §. Ob auch wohl — wird, nachdem von Erlassung der Bischofspächte gehandelt worden, dieser Punct also gefaßet: „Daß „man aber auch die Bedemünze (precariam exactionem) sub praetextu qualitatis „ecclesiasticae, aufzuheben bitten thut, darin können Wir der Stände petita „nicht deseriren, theils daß die Beedemünze nunmehr keinen Respect auf die „Geistlichkeit hat, sondern eine weltliche Hebung ist, daß dergleichen Reditus „Uns, als weltlichen Obrigkeit, nicht allein in Pommern, sondern auch andern

C un

I. Abth. Topographische Beschreibung der Stadt Cößlin,

„unsern Landen, ohne Widerrede, entrichtet werden, und uns also eine solche „Nachlassung zur nachtheiligen Consequenz gereichen würde, sondern es müssen „dieselben, nach wie vor, abgetragen werden, womit die incorporirten Stände „auch zufrieden seyn." Diese Orbärgelder sind aber von den zwey Dritteln geistlicher Brüche, die alle Jahr auf Trinitatis eingeliefert werden müssen, wohl zu unterscheiden, wie wir davon unten in der II. Abth. im II. Cap. §. 8. mehrere Nachricht ertheilen werden.

§. 15.

Nur eins hat sich der Bischof vorbehalten, nämlich die Vogtey und das Sendgericht, oder die weltliche und geistliche Gerichtsbarkeit und Rechtspflege, mit allen davon fallenden Einkünften, wiewol auch dergestalt, daß er den dritten Theil davon zum Besten der Stadt widmen wolle, die sich, wie viele andere pommersche Städte, des lübschen Rechts bedienen solte. -- Wir werden, wenn wir von den Rechten und Freyheiten der Stadt handeln, diesen Abschnitt in der II. Abth. im II. Cap. §. 3 = 8 ausführlich erläutern, dahin wir hier den Leser verweisen.

§. 16.

So war denn nun das Werk angefangen, und ein Glück für die Stadt, daß ihr gütiger Stifter und Wohlthäter noch über 20 Jahr bey ihr lebete, denn dadurch geschahe es, daß sie zu einem schnellen Wachsthum gediehe, weil er alles beytrug, was solchen befördern konte. Gleich nach acht Jahren war die Stadt schon so volkreich, daß sie mehr Mühlen brauchte, deswegen ihr der Bischof die Freyheit ertheilte, die kleine Rodesse (\*) in die jetzige Mühlenbach zu leiten, und bedung sich nur nach 6 Freyjahren die Hälfte der Einkünfte aus, welche diese neu anzulegende Mühlen abwerfen würden (\*\*). – Selbst sein Sterbensjahr machte dieser wohlthätige Bischof unserm Cößlin durch eine neue Schenkung unvergeßlich, er gab nämlich der Stadt den campum castrenlem, oder Burgacker, außer 8 Hufen, die er vor sich behielte, und außer noch 10 Hufen, die er dem Jungfernkloster vereignete, mit Verstattung gemeinschaftlicher Hütung (\*\*\*). Vergl. I. A. III. C. §. 2. (\*).

(\*) Es ist zu vermuthen, daß man sich von der Leitung der Rabösse in die Mühlenbach damals mehr versprochen, als der Erfolg gewähret, denn man findet nicht, daß neue Mühlen dadurch in Gang gekommen, und heutiges Tages weiß man nicht den Namen mehr von dieser Sache, noch den Ort anzugeben, wo sie ihren Lauf gehabt. Ein alter Grenzreceß mag uns davon noch eine dunkle Nach-

#### Cap. I. Von deren Alterthum, Anbau und Bewidmung. 19

Nachweisung geben, darin heißt es: „Anfangs gehet die Grenze aus der Mühlenbeke bey der Brügge, da die Robusche das Fließ in die Mülenbeke einfält, die Rabusche entlant, bis an die Brügge vor Cretmin, von der Brügge „dieselb Radusche entlant, bis an den Ort, quer unter dem Borne, so auf dem „Augustinischen Felde ist, da die vier Grenzen zusammen kommen ꝛc. 1315 war sie inzwischen doch von dem Betracht, daß der Bischof Heinrich dem Kloster einige Ländereyen inter fluuios Roduge & Raduske anwieß.

(c°) Da die Privilegia des B. Hermanni für Cößlin so ungemein interessant sind, wird es mir erlaubt seyn, solche hier nach den Originalen ganz beyzusetzen. Wem es zu mühsam ist, das Mönchslatein durchzulesen, der kan diese Zeilen um somehr überschlagen, da wir den Hauptinhalt im Hypo selbst schon angezeiget haben, man muß inzwischen an mehr, als eine Art Leser, gedenken. So lautet B. Hermanni zweytes Privilegium:

*Hermannus* Dei gracia Camminensis ecclesie Episcopus omnibus in perpetuum: Cum ea que fiunt sub tempore, simul cum tempore transeant & labantur, expedit, ut acta presencium scripture testimonio ad noticiam peruenient futurorum, & sic posteris omnis dubietatis scrupulus & malignandi materia precludatur, hinc est, quod Nos notum esse cupimus tam presentibus quam futuris, quod nos perhabito maturo consilio indulsimus & licenciauimus dilectis nobis *consulibus* ac ciuibus vniuersis *opidi* nostri *Cussalin*, educendi & deducendi in propriis laboribus & expensis fluuium, qui dicitur *Paruus Rodosse* vsque in stagnum *Jamene*, & in eodem fluuio edificandi & construendi molendina ac alia commoda, tam nobis ac ipsis vtilia, his adjectis condicionibus, quod media pars prouentuum, seu reddituum ipsorum molendinorum, ac aliarum vtilitatum, que in dicto fluuio fieri poterunt, a loco, quo eductus fuerit vsque in stagnum *Jamene* predicto *opido*, & alia media pars integraliter nobis cedat, Preterea dedimus eisdem libertatem solutionis a festo beati Martini nunc venturo, ad sex annos proxime subsequentes. Ne igitur in posterum super his dubium eueniat presentes literas nostri sigilli munimine fecimus roborari, Datum Werbnae anno Domini M°. CC°. LXXIIII°. in die purificationis beate Marie virginis.

(L.S.)

(d°) Davon sind die Worte des Privilegii folgende:

In Nomine Domini Amen. *Hermannus* Dei gracia Camminensis ecclesie Episcopus, omnibus in perpetuum. Que geruntur in tempore, ne sequantur naturam temporis firmari solent testibus & priuilegiis literarum. Hinc est, quod notum esse volumus vniuersis, tam presentibus, quam futuris, quod Nos habito consilio *campum castrensem burgensibus* nostris in Cussalin, cum omni iure, fructu & vtilitate, siluis & lignis, pratis & omnibus pertinenciis, ad ius & proprietatem ciuitatis eiusdem perpetuis temporibus possidendum, *octo* mansis exceptis, quos nostris vsibus reseruamus, & *decem* mansis similiter aliis exceptis, quos sanctimonialibus ibidem degentibus perpetuo dedimus possidendos, ita tamen quod in his mansis & pascuis, sicut & aliis pascuis ciuitatis, tam sanctimonialium, quam *burgensium* pecora pascantur communiter, libere sine rixa. In -uius rei testimonium presens scriptum nostri sigilli munimine fecimus roborari. Tester huius sunt honorabilis vir Dominus Johannes Decanus, Henricus Thesaurarius, Witzlaus

C 2                                                                                              eccle-

I. Abth. Topographische Beschreibung der Stadt Cößlin.

ecclesie Camminensis Canonici, Johannes custos, Theodoricus, Hartwicus Canonici ecclesie Colbergensis. Preterea nobilis vir Otto comes de Ebirstein, Pane Sventze Castellan Stolpensis, Dluidlevus de Stetzen milites, & alii quam plures fide digni tam clerici, quam laici. Acta sunt hec in Colberghe & datum ibidem anno Domini M . CC°. octuagesimo septimo, tertio Kalendas Maji.

(L. S.)

§. 17.

Aus angeführten Documenten erhellet also, daß die Stadt ihre Rechte und Freyheiten so viel hundert Jahre her iustiss'mo titulo besessen, um so vielmehr, da gedachte Privilegia von den nachfolgenden Bischöfen und Landesherren von Zeit zu Zeit nicht nur bestätiget, sondern auch erweitert worden, wie davon die Urkunden noch alle vorhanden sind, nämlich:

Bischof Jaromari Privil. von 1291, welcher der Stadt auch die Freyheit einräumet im Gollenberge Holz zu fällen, um ihre Brücken und andere Stadtgebäude davon zu errichten.
= Petri von 1298.
= Heinrichs von 1313, welcher der Stadt den Gollenberg und 8 Hufen Dorfland schenket.
= Friedrichs von Eichstädt von 1331, welcher ihr das Dorf Jamund zu eigen giebet.
= Johannis, der sie 1353 mit dem Jamundschen See belehnet.
= Magni von 1410.
= Sigfr. Bock von 1422.
= Henning Iwen von 1447.
= Martini de Fregeno von 1480.
= Benedicti von 1486.
= Martini Carith von 1498.
= Erasmi Manteufels von 1522.
= Bartholomäi Svaven von 1545.
= Martin Weyhers von 1552.
Herzog Johann Friederichs von 1568.
= Casimirs von 1574.
= Franzen von 1604.

Cap. I. Von deren Alterthum, Anbau und Bewidmung.

Herzog Ulrichs von 1619.
= Bogislaf XIV. von 1623.
Churfürst Friedrich Wilhelms von 1668.
König Friedrich I. von 1699.
= Friedrich Wilhelms von 1714.
= Friedrich II. von 1740.

## Das zweyte Capitel.
## Von der innern Einrichtung und Anlage
### der Stadt.

Hier wird Nachricht ertheilet werden
§. 1. Von den Mauern.
§. 2. Von den Wällen, Thürmen und Graben in und um der Stadtmauer.
§. 3. Von den Thoren.
§. 4. Von den Gassen.
§. 5. Von den Wasserleitungen.
§. 6. Von der regulairen Bauart.
§. 7. Vom Rathhause.
§. 8. 9. Vom Schlosse.
§. 10. Vom Stadthofe.

### §. 1.

Wir haben nunmehro gesehen, auf was Weise der Anfang zum Anbau unsers geliebten Cößlins gemacht worden, nun müssen wir den Ort selbst etwas näher betrachten, und da kommen zuförderst ihre Mauren vor, die noch heutiges Tages ihren Erbauern Ehre machen. Anfänglich wurde die Stadt, nach damaliger Gewohnheit, nur mit Planken, oder Pallisaden umgeben, welches aus einer Urkunde von 1286 gar deutlich zu ersehen ist: weil aber solche nicht dauerhaft und sicher genug waren, schritte man 1292 zu dem großen Werke, sie mit Mauren zu umziehen, woraus man schon schließen kan, wie schnell die Stadt sich aufgenommen, da sie in einem Alter von etwa 26 Jahren schon ein solches Unternehmen wagen dürfen. Man errichtete zu dem Ende vor

allen

allen 3 Thoren überhaupt 7 Ziegelscheunen. Bürger und Edelleute, die in der Stadt wohneten, trugen das Ihrige mit Arbeit und Anspannung dazu bey: das Werk ging aber doch etwas langsam von statten, 1310 war man so weit damit gekommen, daß nur noch die Ecke, wo das Kloster stand, offen war. Man hatte allerhand Zwistigkeiten mit den Klosterjungfern. Unter andern wolte man sie grausamlich zu einer beständigen Obstruction verdammen, und ihnen keinen Ort vergönnen, wo sie ihren jungfräulichen Leib ausleeren konten, endlich ward die Sache dahin verglichen, daß sie dieser Wohlthat zu genießen einen Nachtwächter besolden solten, bey welcher Gelegenheit sie sich auch verstunden, so weit ihr Kloster ging, die Mauer mit aufzuführen, doch geschahe es Bedingungsweise, wo es andrer Orten gebräuchlich sey, daher man nicht gewiß weiß, ob sie treulich gehalten haben, was sie in der Augst versprochen, vermuthlich ist das Werk dieses, oder nächstkommendes Jahr zu Stande gekommen, daß es also eine Arbeit von ohngefehr 20 Jahren gewesen. (Die Urk. s. unten III. Abth. I. Cap. §.6. (**).)

§. 2.

Der Umfang der Mauer beträget etwa 2600 Schritte, und hatte 46 Weichhäuser, so wol diese, als die Mauer selbst, waren anfangs weit höher, nach dem 1718 erfolgten Brande aber wurden sie etwas abgenommen, und die Steine den Neubauenden verkauft, zu gleichem Zweck wurde auch der hohe so genante Gefangenthurm, welcher sich am Ende der kleinen Baustraße befunden, 1722 demoliret, wovon man 28850 Mauersteine verkaufte, außer einigen Tausenden, welche zu den Cämmerey Gebäuden verbraucht wurden. Der Pulverthurm am Ende der Papenstraße stehet noch, doch wurde 1730 auch ein groß Theil davon abgenommen, und ein neues Dach darauf gesetzet. So wie nun diese Mauren und Thürme zur Vertheidigung der Stadt angeleget waren, so wurden sie auch mit Wällen und Graben umzogen. Jetzt sind die Wälle mehrenteils abgetragen, die Graben aber und Teiche ausgetroknet und zu Wiesen gemacht. Ehedem waren sie tief und fischreich, welches man ex Statutis Cöslinensibus de 20. 1666. art. 34. siehet, da es heißt: „Kein „Börger schall in den verbadenen Diken bogendorischen und nigendorischen „Fischen, ane Verlöf des Börgermeisters, by dem högesten. „Sie bringen
jetzo

jetzo inzwischen mehr, als alle diese Fische ausgemacht haben, und zur Vertheidigung würden sie doch wenig beytragen.

§. 3.

Die Stadt hat drey Thore, daß auf der Bergstraße das vierte gewesen, ist eine Fabel, weil man so wenig Nachricht, als sonst ein Merkmaal davon findet, zu geschweigen, daß es überflüssig seyn würde, da das Mühlenthor alle die Wege eröfnet, die man hiedurch hätte nehmen können. — Alle drey Thore, nämlich das Hohe Thor, das Neue Thor, das Mühlen Thor, sind vormals auch viel höher gewesen, als wir sie jetzo sehen, das Hohe Thor wurde 1722 abgenommen, 1731 wieder unter Dach gebracht und zum Stokhause aptiret. Das Mühlenthor muste 1722 gleichfals daran, und wurde 1731 wieder ausgebauet, das Thor beym Mühlenmeister ist 1724 aufgeführet. 1731 machte man sich auch an das Neue Thor, und lieferte es das folgende Jahr wieder in dem Stande, darin es jetzo zu sehen ist. Es wurde das daselbst befindliche Vorderthor, nachdem es seit 1500 gestanden, 1725 bis auf den Grund weggebrochen, es war dieß ganz gewölbet, und 20 Sparren lang, auf demselben eine große Stube, in welcher die Schützengilde ihre Zusammenkunft hielte, 1714 brauchte man solche zum Spinnhause. Die Wachbuden vor den drey Thoren wurden 1724 aufgeführet, die steinerne Brücke aber vor dem Neuen Thor 1725 und 1726, das Hohe Thor und Mühlen Thor war auch damit versehen, jetzt aber ist, nachdem die letzte bey kurzer Dauer 1760 eingestürzet, 1762 eine starke hölzerne Brücke vor dem Mühlenthor wieder errichtet worden.

§. 4.

Die Gassen der Stadt, so wie sie jetzo nach dem Brande angeleget sind, kan man nicht besser als aus einem Grundriß kennen lernen, den ich als ein Titelkupfer beygefüget habe, nur merke ich an, daß die Stadt vorher in folgende 4 Quartire getheilet war: es gehörten

Zum I. Quartir

Die Neuthorsche Gasse,
Die große Baustraße,

Die

Die Ritterstraße,
Die kleine Baustraße,
Die Roßgarten Gasse,
Die Mühlenstraße.

### Zum II. Quartir
Die Maur Gasse,
Die Schloßgasse,
Die Badstüberstraße,
Die Bergstraße.

### Zum III. Quartir
Die Junker Gasse, (*)
Die Schmorrenhäger Straße, (**)
Die H. Geist Gasse.

### Zum IV. Quartir
Die Hochthorsche Straße,
Die Böttger Gasse,
Die kleine Papenstraße,
Die Fleischscharren Gasse,
Die große Papenstraße,
Die Stifts Gasse.

Als man aber 1754 eine neue Feuerordnung entwerfen wolte, und diese alte Eintheilung unrichtig und unbequem fand, wurde sie verändert, und also feste gesetzt:

### Das I. Quartir
Nimt seinen Anfang vom Neuen Thor, geht die Neuthorsche Straße zur linken Hand hinauf, schwenket sich auf dem Markte in gerader Linie zur linken Hand der kleinen Baustraße, bis an die Mauer herunter, dazu wird auch gerechnet, was vor dem Neuen Thore befindlich ist.

### Das II. Quartir
Nimt seinen Anfang an der Mauer zur östlichen Seite der kleinen Baustraße, gehet selbige herauf, schwenket sich auf dem Markte ostwärts

Cap. II. Von deren innern Einrichtung und Anlage. 25

wärts in die Badstüberstraße, und zur rechten Hand herauf bis an die Bergstraße, zu selbigem gehöret alles vor dem Mühlenthor, was bis an die Mühlenthorsche Trift linker Hand lieget.

### Das III. Quartir

Nimt seinen Anfang beym hohen Thor, gehet das Markt hinauf bis an die Mühlenstraße, und begreifet die Bergstraße auf beyden Seiten, die Schmorrenhäger und H. Geist Gasse, dazu wird alles das mitgerechnet, was vor dem Mühlenthor bis an die Mühlenthorsche Trift rechter Hand lieget.

### Das IV. Quartir

Nimt seinen Anfang am hohen Thor, gehet die westliche Seite der hohenthorschen Straße hinauf, schwenket sich auf dem Markt das Rathhaus vorbey, gehet die neuthorsche Straße durch bis ans neue Thor, und gehöret zu selbigem alles, was vor dem hohen Thor belegen ist.

(*) Die Junkergasse hat zweifels ohne den Namen von den Hofjunkern und Hofbedienten, welche zur Zeit, als die Pommerschen Herzoge hieselbst residirten, in dieser Straße hauptsächlich ihre Wohnung gehabt, weil sie so nahe am Schloß befindlich ist.
(**) In dieser Gasse soll das erste Bürgerhaus von einem Namens Schmorrenhagen erbauet seyn, und daher die Gasse ihren Namen bekommen haben.

### §. 5.

Recht was vorzügliches bey Cößlin sind die schönen Wasserleitungen, welche die Stadt mit lebendigem Wasser versorgen. Ehedem hatte man nur ordentliche Brunnen mit Grundwasser: die im Gollenberge entspringende Quellen aber, welche das schönste Wasser liefern, machten, daß die Stadt schon lange darauf dachte, solches in ihren Ringmauren zu haben, es blieben aber an 100 Jahre hindurch unthätige Wünsche. Als aber die Stadt durch göttliches Verhängnis 1718 in die Asche geleget wurde, um sie aus ihren Ruinen desto schöner wieder hervorzubringen, wurde 1724 auch dieser Vorzug, lauter lebendiges Wasser in der Stadt zu haben, ihr zugewandt, welches aber 1737 erst zur Vollkommenheit gediehe, als der königl. Ober=Teich=Inspector von Suchodollcz, und der Conducteur von Morstein, das Werk auf eine ganz neue Art anlegten. Friederich Wilhelm, dieser gnädige, dieser großmüthige Monarch, dieser Vater unsers Vaterlandes, wurde dabey ein rechter Vater für Cößlin. Wir werden unten Proben der königl. Milde gegen diese Stadt anführen, welche die Nachwelt in Erstaunen setzen, und alle redliche Cößliner verpflichten, noch täglich seine königliche Asche zu segnen. — Bloß zu diesen Wasserleitungen schenkten Sr. Maj. der Stadt 2862 Rthlr. 17 gr. 5 pf. wozu noch an 400 Rthlr aus der Servidcasse genommen wurden, daß das Werk überhaupt auf 3260 Rthlr. 23 gr. zu stehen kam. — Zwey große nach gutem Geschmak angelegte Bassins, mit wasserspeienden Adlern, zieren den schönen viereckigten und geraumen Markt, und sind zur Seiten der Statüe des obgenannten großen Königes, von welcher unten ein mehreres vorkommen wird, angebracht, und fast in allen Straßen liefern kleinere Bassins den Bürgern das nöthige Wasser, so gar ist solches zur größten Bequemlichkeit in einige Häuser geleitet. Es komt dasselbe fast eine Virtelmeile vom Gollenberge aus einer unvergleichlichen Quelle her, daselbst wird es in große Wasserbehälter gesamlet, von hieraus aber in Röhren, die unter dem Acker fortgehen, bis in die Stadt geführet. Die Receveurs oder Wasserbehälter sind eigentlich dazu angeleget, daß es in Feuersnoth der Stadt nicht an Wasser fehle, ob diejenigen Grund haben, welche behaupten, daß das Wasser dadurch an seiner ersten Güte etwas verliere, kan ich nicht entscheiden. — 1757 wurden die Bassins auf dem Markte von Grunde aus neu gemacht, daß sie also jetzt in gutem Stande sind.

### §. 6.

Ich will so gleich einen neuen Vorzug dieser guten Stadt vor vielen andern Städten anführen, und das ist ihre ganz regulaire Bauart, welche bey ihrer neuen Aufführung beobachtet worden. Nicht nur die Straßen sind schnurgerade und symmetrisch angelegt, sondern auch alle Häuser, die, so weit die Hauptstraßen gehen, zwey Stockwerke haben, unter ein gebrochenes holländisches Dach gebracht, welches der Stadt ein unvergleichliches Ansehen giebet, zumalen die Häuser mehrentheils einförmig abgeputzt, und oben mit gleich weit entfernten Schornsteinen versehen sind, daher des Seccevritii Ausspruch, nach welchem er der Stadt pulcra tecta beyleget, jetzt erst in seiner vollkommensten Richtigkeit erscheinet.

§. 7.

Cap. II. Von deren innern Einrichtung und Anlage.

§. 7.

Die vornehmsten öffentlichen Gebäude in der Stadt sind das Rathhaus und das Schloß, von beyden müssen wir das nöthigste auch beybringen. — Wenn eigentlich das allererste Rathhaus gebauet worden, davon hat man keine Nachricht, nur glaubt man, nach einer alten Tradition, daß es, mit Vergünstigung des Bischofes, 1308 bey Schließung der Ringmauer geschehen sey. Dieses allererste Rathhaus brante 1504 mit der Stadt gänzlich ab, worauf bey Wiederaufbauung der Stadt ein neues mitten auf dem Markte errichtet wurde. (*) 1690 zierte man daßelbe mit einem Thurm, Schlaguhr und Feuerglocke, es waren an demselben an einer Seite fünf Krambuden, wofür der Cämmerey die Miethe anheim fiel, unter dem Rathhause der Rathsweinkeller, hiernächst die Burse, welche noch 1591 ein Gerichtsort war. Zur Zeit des kaiserlichen Einfals diente sie zur Hauptwache, wurde aber ganz verwüstet. Wie sie nachhero wieder hergestellet war, brauchten die Schützen-Gewandschneider- und Brauergilden solche zu ihrer Zusammenkunft, doch muste sie kurz vor dem lezten Brande wieder zur Hauptwache dienen. Nicht weit von der Burse waren noch einige Cämmereybuden, in deren einer der Raths-Apotheker wohnete, und endlich der Brodscharren, die Stadtwaage, die kleine Wache, nebst einem schönen gewölbten Keller. Dies ansehnliche Rathhaus fiel nun 1718 in die Asche, und mit ihm fast das ganze Stadtarchiv, und die schöne schwedersche Bibliothek, die auf dem großen Saale befindlich war. Nachhero ward bey neuer Anlage der Stadt gut befunden, den Markt ganz frey zu laßen, deswegen kaufte die Cämmerey 1720 das einzige am Markt noch stehen gebliebene Wolfische Haus, nebst dem halb abgebranten Ramelowschen Hause, ließ alles niederreißen, und bauete das gegenwärtige Rathhaus. Es hat vor dem Eingange sechs Schwiebogen, und unten die Hauptwache, oben aber sind die Land-und Rathsstuben, nebst dem Archiv. Unter dem Flügel nach der Kirche hin die Fleischscharren, wie in der Hochthorschen Straße die Brodscharren. An der Fronte ist das in Stein gehauene Stadtwapen eingemauret.

(*) Ueber dem Eingange der Rathsstube war auf einer schwarzen Tafel folgende Denkschrift zu lesen: Quisquis Senator curiam officii causa ingrederis, ante hoc

I. Abth. Topographische Beschreibung der Stadt Cößlin.

astum privatos affectus omnes abiicito, iram, vim, odium, amicitiam, adulationem, reip. personam & curam suscipito, nam vt aliis, aut aequus, aut iniquus fueris, ita quoque DEI judicium exspectabis & sustinebis.

### §. 8.

Von dem Rathhause wenden wir uns zu dem Schloß. Es stehet daßelbe auf der Stelle, wo ehedem das Jungfernkloster gewesen ist, wie denn auch bey eingeführter Reformation die Klostergüter und Einkünfte demselben beygeleget sind. Das Kloster wurde damals verlassen, es hatte 1541 schon keinen Probst noch Capellane mehr, sondern die ältesten Klosterjungfern führten noch, so gut sie konten, die Verwaltung desselben, veräuserten oder so nach gerade, was sie los werden konten, bis sie endlich gar ausstuben, und das Kloster so baufällig wurde, daß es den Einfall drohete. Weil nun den pommerschen Herzogen, als Bischöfen zu Cammin, die Stadt Cößlin zur Hofhaltung sehr genehm war, so entschloß sich Herzog Johann Friederich 1568 daselbst ein Schloß zu bauen, dem zu folge wurde nun das alte Kloster gänzlich abgebrochen, weil man aber den Schutt nicht wohl lassen konte, wolte der Herzog ein Loch durch die Mauer brechen, und hinter derselben einen Wall davon schütten lassen: der Magistrat aber hielt solches bedenklich und setzte sich auf's äußerste dawider, die Sache kam auch nicht eher zum Stande, als bis der Herzog einen Versicherungsschein von sich gab, das Loch, so lange es offen wäre, mit einem Thor des Nachts zu verschließen, und es hernach auf seine Kosten wieder zumauren zu lassen. Als aber der Herzog mitten im Bau begriffen war, bekam er 1575 die stettinische Regierung, und überließ die Ausführung dieses Werks seinem Nachfolger Casimir (*), dieser brachte es zur Vollkommenheit, und richtete hieselbst seine Hofstatt an. 1582 bauete er über dem fürstlichen Gemach einen Thurm mit einer Schlaguhr. Der folgende Herzog und Bischof Franz legte in dem Fürstengarten ein Lusthaus und eine Rennebahn, nach dem Ringe zu laufen, an, daß dergestalt dies Schloß der Stadt zur wahren Zierde gereichte (**).

(*) Dieser Herzog erbauete auch das Lustschloß Casimirsburg, welches er nach seinem Namen nante. Das Dorf Vaß, bey welchem es angeleget wurde, gehörte anfänglich dem Kloster Dargun, von welchem es 1513 der Bischof Martin Carith kaufte. s. v. Eichstädt ad a. 1173.

(**) Ueber=

Cap. II. Von deren innern Einrichtung und Anlage.

(**) Überhaupt stand Cößlin zu den Zeiten, als die pommerschen Fürsten daselbst ihr Hoflager hatten, in seinem völligen Glanz, und sahe sich öfters mit der Gegenwart gekrönter Häupter beehret. Sonderlich ist die Pracht sehr groß gewesen, als der Herzog Ulrich 1619 im Julio den Churfürsten von Brandenburg Johann Siegmund dieselbst zu Gaste gehabt.

§. 9.

Bey dem Schloß blieben nun auch die zum Kloster vormals gehörige Dörfer: Augustin, alten Belz, Cretemin, Dersentin, Conikow, Lübbetow, Neuksenz, Roggezow, Schwessin und Vangerow. Diese müssen gegenwärtig, theils ihren eigenen Verwalters, theils bey dem Ackerwerke in Cößlin, zu Hofe gehen, wozu auch noch Labus gehöret, welches der Herzog vermuthlich kaufweise an sich gebracht, und dies heißt das Cößlinsche Amt. Jetzo ist solches mit dem Vasteramte verbunden, dazu folgende Dörter gehören: Alt und Neu Banzin, Vast, Bornhagen, Baurhufe, Klein Streiz, Poppenhagen, Sorembom, Schreitstaken, Wolfshagen ein Ackerhof in Todenhagen, etwas in Groß- auch etwas in Klein Möllen.

§. 10.

Ehedem hatte die Stadt auch einen besondern so genanten Stadthof, bey welchem die Jamundschen Bauren zu Hofe gingen, der administrirende Cämmerer aber die Einkünfte berechnete, wobey denn der Magistrat gewisse Landungen und Wiesen, an statt der Besoldung, nutzete. Nachdem aber 1715 alles auf ganz andern Fuß gesetzet wurde, daß nämlich ein jeder derer Rathsverwandten sein fixum Salarium erhalten solte, so wurden die Grundstücke verpachtet, mithin war der Stadthof überflüssig, und wurde deswegen 1734 an des k. preußl. Obristen Hrn. Michael von Schweders Erben verkauft. Diese fundirten auf dem Platz das so genante schwedersche Stift, worin Witwen und Fräuleins der schwederschen Familie verforget werden solten, doch stehen auch vier Präbenden der Lewschen Familie zu. Es ist ein gar schönes Gebäude, nur schade, daß es an einem so abgelegenen Orte gerade hinter den Kirchthurm zu stehen gekommen. Auf einem besondern Zimmer ist jetzt die Bibliotheca Schwedero-Lewiana befindlich. Es wird unten Abth. IV. davon umständliche Nachricht ertheilet werden.

## Das dritte Capitel.
# Von den Gegenden um die Stadt.

Hier findet man Nachricht
§. 1. Von den Flüssen bey der Stadt.
§. 2. Von dem Stadtacker.
§. 3‐9. Von dem Gollenberge.
§. 10. 11. Vom Buchwalde.
§. 12‐16. Vom Hünenberge.
§. 17. Von den Karpenteichen.

### §. 1.

Es ist zu bewundern, wie Micrälius, als ein geborner Cößliner, in seinem Pommerl. B. VI. S. 421. schreiben können: Cößlin liegt an der Nesebach, welche sie zu unterschiedlichen Korn, Schneide, Walk= und andern Mühlen gebrauche (*, da die Nesebache, oder vielmehr Nest= bache (**) von der Wisburschen Mühle herkomt, bey der Cluß vorbey gehet, und zwischen Labus und Wusseken in den Jamenschen See fällt. Die Bach, welche er im Sinne gehabt, heißt die Mühlenbach, sie komt aus dem boninschen See und fält zwischen Jamund und Puddemsdorf in den Jamenschen See (***). Jene Nestbache aber macht die Scheide an der östlichen Seite des cößlinschen Eigenthums, und ist noch ein Ver= gleich zwischen Jürgen Kleist, Erbsassen auf Zanow und Crolew, 1498 vor= handen, darin zwischen ihm und der Stadt feste gesetzet wird, daß kein Theil ein Wehr in dieser Bache anlegen, oder der andre Theil Macht ha= ben soll, es de Facto auszureißen, welches auch noch 1718 von Seiten des Magistrats wirklich verübet worden, als die Bulgrine hieselbst ein Wehr angeleget hatten. — Was von der Roddsse zu sagen gewesen, ist schon oben in der I. Abth. im L Cap. §. 16. Anm. (*) beygebracht.

(*) Eben diesen Irrthum heget auch Friedeborn in s. Beschr. der St. Stettin B. I. S. 17. So falsch dieses ist, so falsch ist es auch, daß dieser Fluß den Jamen= schen See mache, als welcher sein Wasser noch aus zwey andern Bächen, und unzählich vielen kleinen Bornläufen empfängt.

(**) Die

Cap. III. Von den Gegenden um die Stadt.

(**) Die Nestbach komt aus den Seidelschen Bergen her, gehet, nachdem sie einige Bernläufe eingenommen, zwischen dem vangerowschen und wisburschen Holze nach der wisburschen Mühle herunter, von da nach der Cluß. Gegen Gorband nimt sie das kleine Fließ, so von Rattek komt, und die janowschen Mühlen treibet, in sich, und fließt so in den Jamenschen See. Von der Labuser Grenze an, bis an die Marggrafenspot, welche da ist, wo Maslow und Wißburg grenzen, gehöret der halbe Strom der Stadt Cößlin, er macht sich sonderlich durch seine außerordentlich schöne Lachsforellen schätzbar, solche werden eingemacht und weit und breit verschickt. Man hat zuweilen welche von acht bis zehn Pfund schwer gefangen.

(***) Sie treibt sieben Mühlen, die Obermühle, die Lohmühle, die Stadtmühle, die Schneidemühle, den Kupferhammer, die Walkemühle und die Niedermühle. Vor der Stadt formiret sie den Mühlenteich, dieser wurde 1709 durch besonders dazu verfertigte Prame gereiniget, wozu J. M. der König 100 rthl. aus der Accisecasse gaben, die Bürgerschaft aber weder mit Dienst noch Gelde dazu beytreten durfte. Sonst war auch ehedem auf der Mühlenbach ein Wehr, welches laut Vergl. B. Siegfrids von 1431 die Stadt und das Jungfernkloster zu gleichen Theilen hatte. Aus diesem Grunde fischte vorzeiten das Amt auch in der Mühlenbache, gerieth aber nachhero mit dem Magistrat darüber in Zwistigkeit, und dieser ließ 1617 das Wehr ausreißen, zumalen das Amt zu Reinigung der Bache nicht beytreten wolte, machte inzwischen fortdaurende Ansprüche auf den Aalfang bey der Obermühle. Wie die Sache darauf 1621 gefasset worden, will ich mit der Anmerkung einer alten rathhäuslichen Handschrift hinzusetzen: "Den Aalfang in der Mühlenbach, so aus dem wißburschen See fleust, gehöret und ist zuständig, vms ander Jahr, E. E. wolw. Rath der Stadt Cößlin, auch von den Hrn. Beamten allhie am 3 Mart. 1621 im Bescheid erteilet, worin dem Müller zu Roggelow, Joach. Banslowen, auferlegt die Aalkaste zu räumen, die Spracer aufzunehmen, zu eröfnen und also zu halten, damit E. E. Rath der Aalfang nicht gehemmet, oder, durch was Wege es geschehen kan, unterschlegt werde. Ist auch ein Schein unter des Rentmeisters Hinrich Scheunemanns Hand vorhanden, daß der Schulz von Bonin vom obersten Wehre vom alters ij tunn, ohne das nedderste davon ij Tunne gegeben." Nachhere sind die Obermüller vereibet und haben dem Magistrat und Amte die Aale berechnen müssen. s. rath. Acta Brgm. und Rath zu Cößlin, contra das Dorf Labus wegen angemaßten Fischens auf dem Coßl. See.

§. 2.

Was den Stadtacker anbetrift, so ist leichte zu erachten, daß derselbe innerhalb 500 Jahren theils eine ganz andere Eintheilung, theils ansehnliche Vergrößerung bekommen. Anfangs wurden der Stadt von B. Hermann 100 Hufen, nachhero 1287 der Burgacker beygeleget. So gar die 8 Hufen, welche sich damals der B. Hermann davon noch vorbehalten, schenkte ihr der B. Heinrich Wachholt 1313 noch dazu, daß

## I. Abth. Topographische Beschreibung der Stadt Cößlin.

daß nur die 10 Hufen abgingen, welche dem Kloster vereignet waren, und die jetzo dem Amtsackerhofe beygelegt sind (*). Weil aber damals noch viel Busch und Holz in dieser ganzen Gegend gewesen, so hat man sich durch Ausroden ganzer Felder immer mehr Acker gemacht. Wie bald solches geschehen kan, davon geben unsere neu angelegte Dörfer das beste Beyspiel ab, sonderlich getrauete ich mich von den so genannten Würdeländern (**), deren 197 sind, und denen noch zum Theil so genannten Rade auch den Stadtwiesen zu behaupten, daß solche auf diese Art der Stadt zu Theil geworden. Die auf den Würdeländern befindliche so genante Kickel Rysen sind noch offenbare Denkmaale der vorigen Wildnis, so hieselbst anzutreffen gewesen, daher man wegen Ueberfluß des Holzes nicht eher, als 1594 an Torf gedacht, welcher damals zu allererst hinter der Roggezowschen Brücke auf dem so genanten schwarzen Dyck gestochen worden.

(*) Im J. 1337 ward von dem B. Friederich von Eichstädt, wegen der nach dieser Schenkung entstandenen Grenzirrungen, ein eigener Grenzreceß errichtet, welcher die Scheide zwischen Lübzelow, Dersentin, Roggezow und Cößlin bestimmet, und weil nach dem Privil. von 1287 die Klosterjungfern gemeinschaftliche Hütung mit der Stadt erhielten, so trieben sie ihr Vieh vor den gemeinen Stadthirten, das Stadtvieh aber beweidete auch das Roggezowsche Feld und Holz. Jetzt ist das Schloßvieh separiret, und muß nicht weiter, als bis auf die Brücken und den Gollenberg kommen. 1712 den 14 Octob. ist verglichen, 1) daß der Ackerhof nicht mehr Vieh austreiben soll, als er aus wintern kan, 2) daß er keinen Acker zur Weide dreisch liegen lasse, und Gänse nur zur Nothdurft halte. Auf die Würdeländer muß das Amtsvieh gar nicht kommen.

(**) Das Wort Würdeland, halte ich, komme von dem alten gothischen Worte Wärd her, welches so viel als Wacht heißet, wovon das Wort: warten, bewahren und das französische Guarde abzuleiten ist. Würde oder Wärdeland, ist ein solches Land, das in Gefahr gestanden von der Stadt Eigenthum abzukommen, und durch wachsame Vorsicht, der Stadt zum Besten, bewahret oder beschirmet worden, nicht in fremde Hände zu gerathen, denn diese Würdeländer hatte ein gewisser Graf Otto von Eberstein, der in der Genealogie der II. heißt, für sein Geld ausroden lassen und in Besitz genommen, zu welcher Zeit sie den Namen der Overschläge führeten, weil sie über den angewiesenen Stadtacker überschlugen. Es war dies ein gar ansehnlich Revier, und die Stadt sahe von je her schel dazu, konte aber, weil der Graf beym Bischof wohl stand, nicht viel sagen, endlich wurde 1313 die Sache so gefasset, daß die Overschläge, deren Grenzen das Borgland, Gorband, Jamen, Pudmersdorf und Streitz angegeben werden, der Stadt für 270 Mark Laufweise anheim fielen. Man weiß gar nicht, was man in der Urkunde unter den Overschlägen sonst verstehen

Cap. III. Von den Gegenden um die Stadt.

hen soll, da der Name ganz erloschen ist: die Grenzen aber, welche angegeben werden, sagen deutlich, daß die gesamten Würdeländer, und so genanten Lütken und Radewiesen darunter zu verstehen sind, welches für 270 Mark Land genug ist, vielleicht aber hat man auch nur die Rabungskosten damit bezahlen wollen.

### §. 3.

Jezt werden meine Leser ein Herz fassen mit mir auf den Gollenberg zu gehen, welcher wegen seiner ehemaligen Heiligkeit und Gottlosigkeit den Auswärtigen das gröste Denkmaal von Hinterpommern gewesen ist. — Er führet in den alten Urkunden den Namen Cholin, auch de Bergtho dem Cholin, desgleichen unser lewen Fruwen Berg, und ist das äußerste Ende der carpatischen Gebirge, die sich durch Großpolen nach Ungarn und Siebenbürgen bis ans schwarze Meer erstrecken. Auf demselben, und zwar auf der höchsten Spitze desselben, die jezo der Fahnenberg heißet, stand eine Capelle zu Ehren der Jungfrau Maria erbauet, welche vermuthlich zu der Zeit schon da gewesen, als Cöslin noch ein Dorf war, worüber anfänglich das Kloster zu Belbug das Ius patronatus behalten, bis das Kloster zu Cöslin gestiftet worden, und dasselbe an sich gebracht. s. oben I. Abth. Cap. I. §. 9. Anm. (**). In dieser Capelle befand sich ein wunderthätiges Marienbild, welches aber vor denen, die auf dem Revekol einem Berge bey Schniolssin, und einem Berge bey Pollnow einen großen Vorzug hatte, so daß Pabst Gregorius die Pilger sehr oft hieher verwies. Die Geschichte von einem Paul Bulgrin aus Wusseken, der 1415 von St. Jacob in Spanien hieher verwiesen worden, und mit Fluchen gesaget: daß er denn nicht über 400 Meilen reisen dürfen, indem er den Ort vor der Thür und sehr oft seines Vaters Ochsen daselbst gehütet hätte, ist aus dem Cramer und Micräl bekant genug. Die Rudera der Capelle sind noch neulicher Zeit bey Ausbrechung vieler Maur- und Grundsteine sichtbar gewesen. Sie hatte 4 gemauerte Pfeiler mit ihren Zwickbogen, und kurz vor der Reformation, nämlich 1513, ertheilte noch Pabst Leo X. dem Kloster wegen dieser Capelle und anderer Immunitäten Confirmation.(*).

(*) Weil der ganze Gollenberg der Stadt gehörte, (s. unten §. 8) so maßte sich der Magistrat auch ein Recht an der darauf befindlichen Capelle an, daher, als 1431 das Kloster die verfallene Kirche repariren, den Kirchhof aber mit einer Bewährung versehen wolte, konte B. Siegfried demselben solches nicht anders, als mit Rath und Willen des Magistrats erlauben. Es scheinet gar, daß, weil diese Capelle dem Kloster ein großes einbrachte, der Magistrat aber ein sehr wachsames Auge darauf hatte, daß es nicht zu reich werden solte, er die Wiederherstellung dieser Capelle anfänglich ganz zu hindern gesucht, bis er sich auf Zureden des Bischofes erst bequemet solches zu gestatten.

§. 4.

Sonst diente der Thurm dieser Capelle den Seefahrenden zum Merkzeichen, indem des Nachts eine brennende Laterne auf demselben ausgehangen wurde, die in einem polirten Becken einen großen Wiederschein gab, welches nachhero noch gestohlen worden. Als 1532 in dieser Gegend das Licht des Evangelii aufging, hörte auch dieser Aberglaube auf, und die Capelle wurde, weil sie der Stadt zu entlegen war, abgebrochen. Man hat noch eine Antiquität aus derselben (*), nämlich ein Crucifix, so jetzo in der großen Kirche über dem Tuchmachergestühl hänget, und ehedem über dem Altar gestanden. Dies hat ein alter Tuchmacher Namens Simon Bohm, der 1585 erst gestorben, in seinen Gewehrsam bekommen, von dem es sein Sohn Carsten geerbet, der es hernach der Tuchmacherzunft verehret, die 1665 ihren Stuhl damit gezieret.

(*) Eine merkwürdige Antiquität befindet sich auch in unsrer Kirchenbibliothek, nämlich ein Crucifix, welches so glücklich zerbrochen ist, daß man deutlich die Röhren sehen kan, durch welche der rothe Saft nach den Augen und Wunden des Erlösers vermittelst eines gedruckten Schwammes geleitet worden, um den gemeinen Mann dadurch zu walfahrten anzulocken.

§. 5.

Vermuthlich sind die beyden von Kupfer sauber gearbeiteten und stark verguldeten Monstranzen, welche einsmals ein Kuhhirte, als er im Gollenberge Heide hacken wollen, unweit dem Hüterborn an einem Birken Stubben gefunden, auch aus dieser Capelle. Sie werden noch auf dem Rathhause verwahret, und haben, ohngeachtet sie wol 200 Jahre in der Erde gelegen, doch keinen Schaden genommen.

§. 6.

Seit 1667, und also beynahe hundert Jahren her, haben die Schüler zu Cöß-

**Cap. III. Von den Gegenden um die Stadt.**

Cößlin, ich weiß aber nicht, durch was für Veranlassung, die Gewohnheit gehabt, auf diesem Berge, wo die Kirche gestanden, einen großen Baum mit einer Fahne aufzurichten, welches so oft, als die alte umgefallen, und zuletzt noch 1741 wiederholet worden, daher der Berg den Namen Fahnenberg erhalten. Vielleicht gehöret die ganze Cerimonie zu den frommen Erfindungen der Alten, den Kindern einmal einen vergnügten Tag zu machen (*), die Aeltern aber damit zu erfreuen, daß ihre Kinder dabey einige Reden gehalten. Der Baum pflegte mit viel hundert eingeschnittenen Namen der Reisenden gezeichnet zu seyn.

(*) Ich erinnere mich, daß in der belgardschen Schule die Kinder Wermuth zusammen bringen, und solche hernach als ein Geschenk an die Vornehmsten der Stadt herumtragen musten, die ihnen dafür eine Erkäntlichkeit gaben. Das konte wol auch keine andere Absicht haben. Es geschahe alle Jahr zu Ende der Hundestage, und wie es erkläret wurde, solte es ein Sinnbild von der Bitterkeit des Schulstandes seyn.

§. 7.

Daß viele vom Gollenberge erzählte Mordgeschichte Fabeln gewesen, bin ich gar nicht in Abrede: sie aber alle dafür auszugeben, getraue ich mich auch nicht zu behaupten, ich halte vielmehr dafür, daß diese Gegend im X und XI Jahrhundert ein rechtes Raubnest zu Wasser und zu Lande gewesen, und mögen sich in dem dickverwachsenen Gollenberge wol solche Banden aufgehalten haben, die den Reisenden auf ihr Leben und Güter gelauret, wozu das Raubschloß Jomsburg (*) großen Vorschub gethan.

(*) Von diesem Jomsburg hat der berühmte Hr. von Schwartz 1735. eine eigene Abhandlung geschrieben, welche den Titel führet: *Alberti Georgii Schwarzen eloq. in Academ. Gryph. regii Prof. Commentatio critico-historica de Joms-Burgo Pomeraniae Vandalo Succicae inclyto oppido* — Ich stimme der Hauptsache nach dem Hrn. Verfasser bey, daß diese ehemalige Heldenschule der Norderwelt, und diese Niederlage der vornehmsten Seeräuber und Freybeuter, nicht bey Wollin, sondern in hiesiger Gegend zu suchen sey: ich glaube aber, das rechte Schloß Jomsburg habe auf dem so genanten Langenberge, zwischen Cößlin und Jamund, gelegen, und dies Jamund, oder wie es vordem ausgesprochen wurde, Jamen oder Jomen sey die Burgwyke dieses Schlosses, der frische See aber der Hafen der Freybeuter gewesen, welches alles wahrscheinlicher wird, wenn die geographische Unrichtigkeiten, die der Hr. von Schwarz

E 2 durch

durch Verführung unserer pommerschen Charten begangen, erst verbessert sind. Ich habe solches in einer Abhandlung gethan, die ich einer von mir verfaßten Nachricht von den Predigern zu Jamund seit der Reformation vorgesetzet, und zum Andenken und Vergnügen meiner Nachfolger in unserer Kirchenbibliothek beygeleget habe.

## §. 8.

Ehe ich den so berühmten als verrufenen Gollenberg verlasse, muß ich noch sagen, wie derselbe ein Eigenthum der Stadt geworden. — Es hatte die Bürgerschaft anfänglich kein weiteres Recht daran, als was ihr B. Jaromar in dem Privilegio von 1291 ertheilet, nemlich so viel Fichtenholz zu hauen, als sie zu den öffentlichen Stadtgebäuden nöthig hatte, weil solches auf der cößlinschen Feldmark nicht zu haben war(*). Dies enthielt aber noch kein Dominium Fundi, solches erlangte sie 1313 auf folgende Weise: — Der caminsche Bischof wolte seinen Kirchensprengel gerne so weit erstrecken, als er immer konte, maßte sich demnach auch Gorband mit an, und hatte solches, nebst einem Theil des Waldes, einem Edelmann, Namens Reimer Scalipe zu Lehn gegeben, daher B. Jaromar die Freyheit Bauholz zu fällen der Stadt nicht weiter einräumen konte, und einräumete, als der Wald ihm zuständig war, und nicht diesem Scalipe gehörte. — 1295 aber ward dem guten Bischof ein Querstrich gemacht, daß seine angemaßte Kirchspielsgrenze Noth litte, denn es starb der lezte hinterpommersche Fürst Mestovin II. Dieser hatte auf Anrathen seiner Landstände sein Land dem Könige in Polen Primislao II. vermacht, wie aber die vorpommerschen Fürsten Boleslaus IV. und Otto I. H. Barnims I. Söhne, und mit ihnen nachhero auch die Rügianer und Holsteiner, sich lange darum gestritten, und mit den Polen gebalget hatten, fiel der Woywode und Erzcanzler Peter Schwenz von den Polen ab, und nahm zur Abrechnung gethaner Vorschußgelder Hinterpommern für sich ein (s. Micrl. B. II. S. 184.). Dieser maß nun seine Grenze von der Weichsel an bis an den Gollenberg, als welcher unter Svantibors Söhnen 1108 zur Grenzscheide zwischen Vor- und Hinterpommern bestimmet war, solchergestalt behauptete er sich auch noch Gorband. Hier wuste sich der Bischof keinen andern Rath, als daß er sich hinter

Cöß-

Cap. III. Von den Gegenden um die Stadt.

Cößlin steckte, daß die Stadt Gorband käuflich an sich bringen solte, damit es auf diese Art wieder unter die Jurisdiction des Bischofthums käme. Das geschahe auch, Peter Schwentz verkaufte 1308 sein Gorband an Cößlin, und der B. Heinr. Wachbolt war darüber so vergnügt, daß er sothanen Kauf nicht nur feyerlich bestätigte, sondern der Stadt auch zu einem neuen Ankauf der Oberschläge verhalf (s. oben §. 2.) und welches das Beste war, ihr zugleich sein Theil, so er diesseit Gorband an dem Gollenberge hatte, ganz zum Eigenthum schenkte, bloß daß er die Jagd sich vorbehielte (**). Sothane Schenkung hat W. Friederich von Eichstädt 1337 der Stadt feyerlich bestätiget (***).

(*) Die Worte des Privileg'i sind diese: Damus consulibus & civibus in Cussalyn, dilectis nostris licentiam secandi ligna in silua, que dicitur *Bergete, ubicunque ad nos pertinet* ad *blankas* (Planken) pontes construendos & alia edificia necessaria civitatis, pro municione civitatis, cum alibi non habeant, ubi possint lignorum conuenienciam inuenire.

(**) Ich halte, es werde, gewiß nicht allen, doch einigen Lesern darum zu thun seyn, die Urkunde ganz zu lesen, sie lautet nach dem Original also:

In nomine domini amen. Heynricus dei gracia caminensis ecclesie episcopus universis presencia visuris salutem in omnium saluatore.

Ne ea, que geruntur in tempore simul cum lapsu temporis euanescant, necesse est ea scriptis authenticis perhennari. Noscat igitur nacio, tam presentis temporis, quam futuri, quod nos ad amputandam dissensionis materiam, que iam dudum versa est inter nobilem virum dominum Ottonem comitem de Everstein & suos heredes ex una, & inter consulum ac ciuium uniuersitatem nostre ciuitatis Cusselin parte ex altera, pro quibusdam terminis, siue metis, qui *Oversblag* dicuntur in volgari, empcionem quandam constituimus & ordinauimus inter ipsos de consilio discreto: um ita videlicet quod predicti consules & dicte ciuitatis nostre ciues dabunt predicto domino Ottoni comiti de Everstein, suisque heredibus *ducentas & sepinaginta marcas denariorum stanicalium* & ciues antedicte ciuitatis nostre terminos, qui *Overstblag* dicuntur, sicut sepedictus Otto comes cum suis heredibus haÄenus habuit, cum omnibus fructibus, quos ab iisdem habere potuit, obtinebunt. Methe autem horum terminorum circa partes, *Borchland, Chorband, Jamele Euddemerstorp & Strefsnitz* terminamur. Preterea, tenore presencium, publice profitemur, quod prefate ciuitatis nostre Cusselin consules partem seu villam dictam *Chorband* cum omnibus suis pertinenciis utilitatibus, seu distinctionibus, prout *Reymarus Schalipe* dictus quondam miles eandem partem *Chorband* ab ecclesia nostra caminensi iure pacifice possederat feudali a nobili viro domino dicto *Schwensen* de nostro consilio iuste emcionis titulo emerunt, de qua nihilominus emcione ecclesie nostre caminensi & toti terre nostre generabatur utilitas & profectus. huius autem Chorband distinctiones taliner sunt distincte: a palude, que *Kickrr* dicitur usque in Chorbande, palude Chorband usque ad riuulum Nest ascendendo usque ad distinctiones ville Wissebur, de distinctionibus ville Wissebur usque ad distinctiones ville Lubbetow, de Lubbetow usque ad distinctiones ville

I. Abſch. Topographiſche Beſchreibung der Stadt Cößlin.

Derſentia ſunt diſtinſte, quicquid autem in his diſtinſtionibus videlicet montibus, collibus, paſcuis, lignis, paludibus cum omnibus utilitaribus intra iacentibus exciverit delle comitati noſtre Cuſſelen cum unanimi conſenſu noſtre eccleſie caminenſis capituli appropriauimus & preſentibus appropriamus ipſorumque emcionem predictam nihilominus ſtabilimus, venacionem quoque ferarum omnium, videlicet ceruorum, caprealorum, leporum aliarumque ferarum omnium nobis & noſtris ſucceſſoribus reſernamus exhibentes, ne quiſpiam in diſtinſtionibus memoratis venacionem aliquam vel alicuius generis venacionis formam audeat exercere. Nos vero conſiderantes diuerſa beneficia predeceſſoribus noſtris nobis a prediſtis noſtre ciuitatis ciuibus in Cuſſelin exhibita cum etiam pre ceteris diverſas paſſi ſunt tribulaciones, nam quaſi in fine terre noſtre ſunt poſiti, proprietatem dictorum terminorum omnium, ſimul & proprietatem octo manſorum, qui *Borchland* dicuntur cum conſenſu diſti capituli noſtri memoratis ciuibus in Cuſſelin donauimus & preſentibus duximus condonandum. Huius rei teſtes ſunt honorabiles viri dominus Hildebrandus prepoſitus, dominus Fredericus theſaurarius, dominus Hermannus de Allenkerken cantor, dominus Fredericus de Egſtede, dominus Johannes de Starſe dominus Nicolaus comes de Guzcowe, dominus Johannes de Wachholt, dominus Raymarus de Wachholt, dominus Wizlaus canonici noſtre eccleſie caminenſis nec non nobilis vir dominus Hermannus comes de Everſten, Tesmarus de Bonin, Tezen de Strachmyn Lubbe Glaſenap Andreas, Paulus & Mattheus milites Fridericus de Rarvin, Stephanus de Karkowe, Swantus de Bonin & Viko de Bevenhauſen armigeri ac uniuerſitas conſulum in Cuſſelin & quam plures alii fide digni in cuius euidenciam ſingulorum preſentem literam exinde confectam noſtro & eccleſie noſtre caminenſis ſigillo fecimus communiri. Datum Camin anno domini M. CCC. XIII. In die purificationis beate Marie virginis glorioſe.

(L.S.)      (L.S.)

(\*\*\*) *Verbis*: quicquid ergo extra metas ciuitatis noſtre Cuſſalyn iam prelibatas exciterit & quicquid a finibus *Labus* aſcendendo fluuium *Neſt* per medium quod vulgo dicitur *myshfromes* usque ad locum, qui dicitur *Margrevenſpek* in intermedio continetur, tam montem, quam Siluam, cum agris cultis & incultis, nemoribus, paludibus, collibus & mericis & omnibus utilitatibus prefate noſtre ciuitati Cuſſalyn appropriauimus & appropriamus, & in huiusmodi eandem ciuitatem ac duces ipſius in perpetuum plena gaudere volumus libertate.

§. 9.

Dies war nun ein vortrefliches Geſchenk für die Stadt, hauptſächlich wegen des unvergleichlichen Holzes von allerhand Gattung, Maſt, Weide und Streuung. Ob der Gollenberg Mineralien in ſich enthalte, hat man zur Zeit noch nicht entdecket (\*), ohngeachtet 1754 deshalb eine eigene Unterſuchung angeſtellet wurde. Sonſten aber findet man in demſelben ſchöne Walker = auch Okererde, verſchiedene heilſame Kräuter und Wurzeln, das Kraut, auf welchem um Johannis die kleinen Würmer

Cap. II. Von den Gegenden um die Stadt.

befindlich sind, welche, wie die Cochenille färben, eine Menge Blaubeeren, welche der A. mit zu Nutze kommen, allerhand Wildpret, und die schönen Wasserquellen, welche Cößlin den großen Vortheil geben, den wir oben I. Abth. Cap. II. §. 5. mit mehrerm berühret haben (**).

(*) Man versichert inzwischen einhellig, daß ehedem ein Eisenhammer hieselbst gewesen, und der große Fichtwald daher noch den Namen des Hammerwaldes führe. Einige salzburgische Bergleute haben ehedem versichert, daß der Berg reich genug an Mineralien seyn möchte, der baldige Mangel des Holzes aber und die vielen Quellen würden den Ertrag sehr herunter setzen. Jetzt ist man im Werke, an der so genannten Waldbeke eine Papirmühle anzulegen.

(**) Man theilet den Gollenberg ein in den Hammerwald, Spreinsberg, den Landwey, die Königswiese, Lütkehorst und den Zickel, dieser ist nunmehro ausgerodet, und zwey neue Dörfer daselbst angeleget. Der Hammerwald aber hat 1758 und 1762 durch einen entstandenen Brand sehr gelitten, ohne was die Russen in diesem und andern Wäldern Schaden gethan.

§. 10.

Wir wenden uns jetzo zu dem Buchwalde, daß derselbe gleich anfangs 1266 der Stadt von B. Herrmann geschenket sey, ist schon oben gesaget, und siehet man wohl, daß, da er 10 Hufen Maaß davon abgetreten, er mehr darin müsse besessen haben: ich zweifle aber, ob das, was jetzo wirklich die Stadt besitzet, noch zehn Hufen oder 150 Morgen ausmachen dürfte. — Er ist reich an Eichen und Birchen, und daher trägt e zuweilen treffliche Mast. Diese wird der Cämmerey nicht, wie andere Masting, berechnet, sondern gehöret der Bürgerschaft (*), welches Vorrecht sie durch ein Iudicatum vom 15 Nov. 1681 erlanget hat, und welches in dem Reglement wegen Administrirung der Cämmerey, Charlottenb den 12 Jun. 1712. §. 30. Punkt II. bestätiget worden. An obiger Mastfreyheit hat der Magistrat, die Prediger und Schulbedienten und der Eigenthumsprediger zu Jamund, nach Maßgebung des Urbarii von 1712, auch Antheil.

(*) Diese hat sich in sothanem Vorrecht auch jederzeit behauptet, nur 1708 und 1709 wurde die Verfügung gemacht, daß die Mast, wegen einiger Bürgerschulden, dem Magistrat zugeschlagen wurde, um solche dadurch abzurechnen.

§. 11.

Zu Ende des vorigen und Anfang dieses Jahrhunderts hatte die Stadt

I. Abſch. Topographiſche Beſchreibung der Stadt Cößlin.

Stadt wegen des Buchwaldes einige Anfechtung, denn der Jagdrath und Fiſcal Calbius verſchwendete alle ſeine Rechtsgelehrſamkeit, ihn derſelben zu entreißen. — Wir wiſſen, daß B. Herrmann 21 Jahr nach dem erſten Privilegio, darin er der Stadt C. Manſos und X. Manſos in ſilua, quæ Bochwald vocatur, zugeleget, ihr auch noch das Borchland mit einer Ausnahme von 18 Hufen geſchenket, (welches hernach B. Heinr. Wachholt 1313 nicht nur beſtätiget, ſondern demſelben auch noch die 8 Hufen zugeleget, die damals B. Herrmann ſeinem Nutzen vorbehalten, daß nur die 10 Hufen daran fehleten, die dem Kloſter eingeräumet waren). Dieſen Campum caſtrenſem oder Borchland verbolmetſchete Hr. Calbius durch Bochwald quaſi Borchwald, und wolte dem Könige ein Revier von 18 Hufen darin erweislich machen, welches ſo gut war, als ihn ganz und drüber nehmen. Zwar ſchien dies lächerlich zu ſeyn, aber auch von lächerlichen Dingen konte ehedem ein Proceß aus einem Jahrhundert ins andere, nemlich von 1690 bis 1706 geführet werden, bis endlich die löbl. Juriſtenfacultät zu Tübingen ſich erbarmen, und in einem Gutachten vom 20 April 1706 durch hundert ſchreckliche Allegata erweiſen muſte, daß Hr. Calbe Wald und Feld nicht zu unterſcheiden gewuſt, wobey es denn auch gelaſſen worden, und die Stadt in dem ruhigen Beſitz dieſes Buchwaldes geblieben iſt. Aber auch die Dorfſchaft Jamund machte, da ihr durch die Rodungen und Anlegung der neuen Dörfer die Weide ſo ſehr eingeſchränkt wurde, 1754 neue Anſprüche auf den Buchwald, ſandte einige Deputirte an den Hrn. von Schwarz nach Greifswalde, um Gründe ihrer Prätenſion ausfündig zu machen, berief ſich auf eine uralte Freyheit, daher im Buchwalde noch der eine Ort die Jamundſche Heide hieße, und was ſonſt beygebracht wurde, verlangte desweigen wenigſtens das Compaſcuum darin, es iſt aber alles auf dem alten Fuß ſtehen geblieben.

§. 12.

Weil Micrälius B. II. S. 130. des Hünenberges bey Cößlin Erwähnung thut, ſo muß ich um der Vollſtändigkeit der Geſchichte willen meine Leſer jetzt auch dahin führen. Es wird aber ſchwer ſeyn, ihn erſt aufzuſuchen. Er liegt am Traurnicht hinter den Schuſter Garhäuſern,
beym

**Cap. III. Von den Gegenden um die Stadt.**

beym Schusterteich, und hat ihn 1660, laut Verlaßbuch, ein Schuster von E. E. Rath gekauft und zum Garten gemacht. Micrálius will daraus beweisen, daß Hunnen in dieser Gegend gewesen sind: wenn wir aber keinen andern Beweis davon hätten, so würde dieser sehr schwach seyn, da in Vorpommern, ja selbst in Meklenburg und Holstein, wie mir ein vornehmer und gelehrter Freund versichert hat, Hünengräber angetroffen werden, wohin doch gewiß keine Hunnen gekommen sind. Daß Hinterpommern ehedem unter der Hunnen Botmäßigkeit gewesen, lehret die Geschichte, und wir würden an vielen Dingen zweifeln müssen, wenn wir so glaubwürdige Zeugnisse, als hievon übrig sind, verwerfen wolten.

§. 13.

Ich will, um mehrern Lesern, als denen, die sich mit der Geschichtskunde befassen, deutlich zu werden, die Gelegenheit berühren, bey welcher unser Vaterland diese fremde Gäste gesehen hat. — Es war in der ersten Hälfte des XI Jahrhunderts, als Kaiser Otto III. die revoltirenden Slaven in Pommern wieder zum Gehorsam brachte, weil solches aber mit Hülfe der Polen geschahe, und er einen neuen Abfall befürchtete, erlaubte er dem Könige von Polen Boleslao I. mit dem Zunamen Chrobry, sich ihm die Pommern zu unterwerfen, und, als ihr nächster Nachbar, ein wachsames Auge auf sie zu haben. Die Slaven aber fühlten zu dieser Unterwerfung und neuen Unterthänigkeit keinen Beruf, daher, als sie sahen, daß die Polen ihnen nicht mochten gewachsen seyn, entzogen sie sich, ihnen den aufgelegten Tribut abzuführen. — Dies war der nächste Weg zum Kriege. — Man hatte aber damals noch die schon sehr alte Gewohnheit, den Ausgang des Krieges durch einen Zweykampf ausgewählter Personen von beyden Seiten zu entscheiden. Als nun auch hier beyde Parteyen darauf compromittirten, war kein Pole, der sich dazu verstehen wolte: ein ungarischer Prinz hingegen, der sich am polnischen Hofe aufhielte, erbot sich den Kampfplatz zu betreten. Wer von

F Sei-

Seiten der Pommern so herzhaft gewesen, melden die Geschichtschreiber nicht, aber das, daß leztere den kürzern gezogen. Bela also, so hieß dieser ungarische Prinz, trug den Sieg und mit demselben zugleich des Königs in Polen Tochter, nebst dem ganzen Hinterpommern, davon. Dies geschah 1026. (s. *Bonfin Rer. Hung. Dec. II. L. II. p. 134*) So stand also unser Vaterland unter ungarischer Bothmäßigkeit. — Bela beherrschte es 35 Jahr souverain, verließ es aber, als er 1061 die ungarische Krone bekam, und die Pommern nahmen die Gelegenheit in Acht, das aufgebürdete fremde Joch wieder vom Halse zu schütteln, daher sie wider ihren eigenen Herrn zu Felde zogen.

§. 14.

Man kan leicht erachten, daß, da die lieben Pommern dem Bela gar zu sehr aus Noth unterthan waren, sich dieser Prinz nicht ohne eine gute Armee, die sie im Zaum halten konte, bey ihnen werde befunden haben: und waren es auch nicht alle gebohrne Ungarn, die er bey sich hatte, so hießen doch alle seine Soldaten mit einem gemeinen Namen Hunnen. Das Land war also mit Hunnen besetzt. — Ein Soldat, dem eine rebellische Nation zur Aufsicht anvertrauet ist, braucht alle Gelegenheit sich ihr furchtbar zu machen, und eine Nation, die solche Hüter um sich hat, heget eine innern und unauslöschlichen Haß gegen dieselbe. Was war natürlicher, als daß der Name der Hunnen den Pommern etwas gräßliches und verhaßtes war, dieser innere Haß schilderte sie demnach der Nachwelt unter dem fürchterlichsten Bilde, das nur möglich war. Hörner und Krallen waren zu unwahrscheinlich, aber die Riesengestalt war schiklicher. — Die Hunnen waren also Riesen, denen keiner widerstehen konte. — Freylich sind sie wol gute große, vierschrötige Kerle gewesen, aber ein Riese war doch zu groß. Aus dieser Sage rühret es her, daß Hünen und Riesen einerley Bedeutung haben, und daß ein Hunne der Nachwelt so was verhaßtes wurde, daß, wenn man jemanden eine unschikliche Handlung beymessen und schimpflich von ihm reden

Cap. III. Von den Gegenden um die Stadt. 43

reden wolte, so sagte man *Hunus fuit*, darin das saubere Wort Hunzfot noch seinen Ursprung findet. Ja, wenn man ein großes Grabmaal antraf, darin eine ganze Familie begraben lag, wie solches bey den Heiden gebräuchlich war, so hieß es ein Hünengrab. — Wie bald kan sich aber nicht eine Sage über die Grenzen ausbreiten, daher findet man die Benennung der Hünengräber, wo niemals Hunnen hingekommen sind.

§. 15.

So gewiß es inzwischen ist, daß nicht allemal Hünen daselbst gewesen sind, wo man uns Hünengräber, oder Hünenberge weiset, so wenig will ich doch gerade zu leugnen, daß nicht vielleicht dieser Hünenberg wirklich von ihnen den Namen führe. — In Hinterpommern sind sie gewesen, warum auch hier nicht? Und warum hier nicht vorzüglich, da der Gollenberg und die hier so wild verwachsene Gegend ihre Gegenwart desto nothwendiger machte, damit nicht in derselben sich ein Haufen Rebellen zusammen rotten, und ihnen auf eine nachdrükliche Art den Weg zeigen möchte. Es wäre dies so viel leichter gewesen, da das Schloß Jomsburg, dessen wir schon gedacht, dazu vortreflichen Vorschub würde gethan haben. Dies ist um diese Zeit zerstöret, und wer hat es zerstöret? Ohne Zweifel die Hunnen, denen es so gefährlich und nachtheilig seyn konte. Val. von Eichstädt sagt uns, daß sie am Traurnicht ein verschanztes Lager gehabt, das ist aber da, wo der Hunenberg befindlich ist, und war ihnen nöthig, weil diese Gegend die allergefährlichste war. Es kan also gar wohl seyn, daß dieser Berg von ihnen seinen Namen führte.

§. 16.

Man darf zugleich nicht aus der Acht lassen, daß hier, wie Micrälius am angeführten Orte, und eine einstimmige Tradition, berichtet, ehedem ein Horn, ein Schwert und große Knochen ausgegraben worden. Ersteres ist noch da, und läßt sich alle Nacht in der Hand des Nachtwächters

ters hören. Es ist von einem Metall, welches man noch nicht recht kennen will, 3 Ellen langgewesen, jetzt ist es etwa zwey, und trägt viele kupferne Flicken, die sein hohes Alter verlängern sollen. Doch meynen auch noch einige, es sey im Gollenberge gefunden. --- Das Schwert ist 1718 auf dem Rathhause im Brande verloren gegangen, die Klinge davon ist 49 Zoll lang und sehr breit gewesen (*). Auf der einen Seite hat gestanden: Succo me fecit; auf der andern: Bruno me portauit. Dieser Umstand der lateinischen Sprache macht mirs am wahrscheinlichsten, daß es von Hunnen herrühret, denn die Slaven würden sich wol ihrer Muttersprache bedienet haben. — Was aber die großen Knochen anbetrift, so wolte ich fast glauben, daß man diesem großen Helden Bruno, der hieselbst begraben gelegen, sein Paradepferd (**) beygesellet, welches zum Pomp ihrer Begräbnisse gedienet, und bey einigen Völkern noch nach Annahme der christlichen Religion gebräuchlich gewesen (***).

(*) Obgleich dies Schwert schön ansehnlich genug gewesen, so kan es doch noch eben keinen Riesen verrathen, wenn man zugleich erwäget, daß die Alten ihr Seitengewehr oberhalb der Hüfte, fast unter dem Arm, gegürtet, da denn eine vierschuhige Klinge für einen sechs Fuß langen Kerl so sehr zu lang nicht ist. Ueberdem waren, wie überhaupt die Waffen der Alten, also sonderlich ihre Schwerter viel größer als heut zu Tage. Tacitus sagt ausdrüklich L. I. Hist. c. 79. von den Sarmaten: Gladios praelongos utraque manu regunt. Heutiges Tages siehet man im Kriege mehr auf hurtige Wendungen, damals aber am meisten auf derbe Schläge. Ein Streitkolben würde jetzo wenig Dienste thun, und damals war er eine brauchbare Rüstung.

(**) Daß die Alten mit ihren Todten zugleich Pferde verbrant, oder begraben, davon ist mehr als ein Zeugnis anzuführen. (Vergl. Joh. Georg Keyßlers Antiq. sel. Septent. & Celt. S. 168 f.) Von den Preußen erzählt uns Cromer L. III. Rer. Pol. corpora defunctorum cum pretiosissima quaque & clarissima vestium, Equorum & armorum supellectili, cremabant. Daßelbe bezeuget auch Duisburg P. III. c. 5. (Vergl. Hartknoch in f. A. u. N. Preußen S. 186) Daher hat man auch ohnlängst in einem Grabhügel in Preußen, auf dem Gut Breitenstein, noch halb verbrante Pferdeknochen angetroffen (s. Erl. Preußen Band III. S. 412. 423.) Man hatte aber nicht nur das Verbrennen, sondern auch

auch das Begraben im Gebrauch; daher heist es in einem alten Privil. welches Jacobus, ein lüttichischer Archidiaconus und päbstl. Gesandter, den alten Preußen gegeben: Promiserunt Prussi quod ipsi & haeredes ipsorum in mortuis *comburendis vel subterrandis* cum *equis*, siue hominibus vel cum armis, seu vestibus vel quibuscunque aliis rebus pretiosis vel etiam aliis quibuscunque ritus gentilium de caetero non seruabunt. --- Nicht aber die Preußen allein haben dergleichen Gewohnheit gehabt. Tacitus de mor. germ. c. 27. §. 1. 2. sagt solches auch von den Deutschen: Funerum nulla ambitio id solum observatur ut corpora clarorum virorum certis lignis crementur, quorundam igni et *equus* adiicitur. Es sind etwa 30 Jahre, so wurde zu Karwin, einem adlichen dem Gen. von Platen zugehörigen Gute, ohnweit Belgard, ein Grabhügel entdecket, und in demselben, außer andern Sachen, auch ein Huseisen gefunden, welches ebenfals ein Ueberbleibsel eines seinem Herrn beygesellt gewesenen Pferdes seyn kan. — Wenn Tacitus saget, daß vornehmen Leuten dergleichen Begräbnisse nur zu Theil geworden, so kan man leichte schließen, daß es mit dem Herrn Bruno auch schon etwas hat sagen sollen. Ich glaube, er habe unter dem Bela die Hunnen commandiret, und vielleicht haben einige Benennungen gewißer Orten, die wir in Urkunden antreffen, ihren Ursprung von ihm herzuleiten, als z. E. ponti Brunonis das heutige Braunsforth im wedelschen Kreise s. Urk. von 1248 beym Dreger S. 268. überhaupt vergl. Hachenbergs Germ. med. S. 414.

(\*\*\*) Insgemein muß man merken, daß, je vornehmer jemand war, desto größer machte man vorzeiten sein Grabmaal. Wer nun gewohnt war das Grab nicht länger als den Körper zu sehen, der schloß aus solchem langen Grabhügel auf die künftige Auferstehung eines Riesen, und dies ist der alten Sage, daß die Hunnen Riesen gewesen, ungemein zu Hülfe gekommen. Ein großes Grab ein Hünengrab. Enakskinder musten hier schon liegen, und andere wuste man doch nicht anzugeben.

## §. 17.

Zum Beschluß dieses Capitels will ich noch berühren, daß man vormals auch zwey Karpenteiche bey der Stadt gehabt, in welchen man die Speisekarpen, aus den drey Teichen bey Maskow, zum Verkauf aufbehalten, welches Geld der Cämmerey berechnet worden. Der eine hieß der runde Teich, der andere die Molde. Außerdem waren noch zwey Teiche, die Schweinegrund, und der Traurnicht, oder wie einige aussprechen wollen, Traunicht, weil er so nahe an dem schreklichen Hünenberge gelegen. — Wie gings jenen armen Leuten, als sie mit den Hünengräbern spielten? Es kamen hübsch Gespenster.(s. beym Micrál Buch II. S. 130) Bey Roggezow hat man auch eine Eisgrube.

# Die zweyte Abtheilung

enthält

eine Nachricht von der bürgerlichen Verfassung

der Stadt

# Cößlin.

---

Impia iam dudum condemno filentia, quod te
[COSLINVM] infigne
Moribus, ingeniisque hominum, praeternumque senum,
Non inter primos memorem,
AUSONIUS.

---

## Das erste Capitel.
## Von der innern Einrichtung dieser bürgerlichen Geselschaft.

Hier wird zu handeln seyn
§. 1. 2. Von der Zahl der Einwohner.
§. 3. Von der Garnison.
§. 4. 5. 6. Von dem Gewerbe der Stadt, sonderlich ihrer ehemaligen Schiffahrt.
§. 7. Von der Gewandschneiderzunft.
§. 8. Von der Brauergilde.
§. 9. 10. Vom Magistrat.
§. 11. Von den Gemeinherren.
§. 12. Vom Feldgericht.
§. 13. Von Classification der Bürgerschaft.
§. 14. Von den Stadtordnungen.

### §. 1.

Wir wollen vom grösten Haufen anfangen, und erstlich von der Bürger Zahl und Gewerbe, nebst ihren vornehmsten Gilden, und hernach von der Stadtobrigkeit, und den dahin gehörigen Sachen handeln.

### §. 2.

Cößlin schließet in seine Ringmauer, wenn alles gebauet wäre, etwa 470 bis 480 Feuerstellen ein, jetzo sind derselben wirklich 450 (*) und daneben etwa 30 unbebaute wüste Stellen. — Wenn ich nun annehme,

50    II. Abth. Von der bürgerlichen Verfassung der Stadt Cößlin.

nehme, daß nur der dritte Theil dieser Feuerstellen doppelt mit Familien besetzet seyn möchte, so würden sich etwa 600 Familien darin befinden, außer den 8 Compagnien Garnison, welche auch an 1000 Personen ausmachen. In alten Zeiten waren in Cößlin viel weniger Feuerstellen (**), die Wohnkeller (***) mit eingerechnet, demohnerachtet erweisen die Kirchenbücher, daß damals jährlich mehr Kinder getauft worden, als jetzo (†). Man kan aber die Ursache davon leichte errathen: damals zerstreute der Soldatenstand die Familien noch nicht so sehr, als heutiges Tages, der Bürger wohnte in einer weitläuftigen Gelegenheit, er lebte mehr von dem Ackerbau, als jetzo, sein Sohn blieb bey ihm, es häufte sich Familie an Familie, und die Lebensart damaliger Zeiten erlaubte weit eher, als jetzo, daß mehrere unter einem Dache wohnen konten. — Heutiges Tages, da der miles perpetuus eingeführet ist, gehet ein groß Theil der bürgerlichen Familien mit demselben, und von seinem väterlichen Wohnsitz ab: der Raum aber, der dadurch gemacht wird, ist durch die Garnison ausgefüllet, mithin kan die Zahl der gebornen Bürgerkinder nicht so groß als vormals seyn, wo alles Bürger, und gar kein Soldat in der Stadt befindlich war. — Nichts desto weniger ist Cößlin so volkreich, als nach heutiger Verfassung irgend eine Landstadt ihrer Größe seyn kan.

    (*) Nämlich 141 Häuser, 87 ganze, 38 halbe Bursen, 89 ganze, und 85 halbe Buden.
    (**) Der seel. Stifts Superint. Pet. Eoling berechnet 1590, in seinen Collectan. MS. 375 Feuerstellen. — Kurz vor dem dreyßigjährigen Kriege, in so ferne er diese Gegend betroffen, nämlich 1625, waren laut Landschafts-Register 448 Feuerstellen, nämlich 189 Häuser, 229 Bursen und 30 Keller, dies aber verminderte sich in den trübseligen Zeiten dergestalt, daß man 1665 bey Untersuchung der Contribution gewahr wurde, wie nicht mehr, als 281 bewohnte Häuser in Cößlin noch übrig geblieben, 61 lagen in ihren Ruinen, und von 119 waren die leeren Plätze zu zählen. — Nach der Zeit aber erholete sich die Stadt wieder, daß 1718, kurz vor dem Brande, 367 Feuerstellen, und etwa 105 wüste Stellen darin befindlich waren. — Hier aber ging nach dem Brande eine ganz neue Abtheilung der Wohnplätze vor sich, und kam die Zahl derselben in das Verhältnis zu stehen, als wir es heutiges Tages sehen, und oben angegeben haben.
    (***) Man wundert sich, wie es zugehe, daß vordem so viel Wohnkeller in Cößlin seyn können, da jetzo fast kein einziger Keller das Jahr über ohne Wasser ist. Mir kommt es aber wahrscheinlich vor, daß, nachdem die ehemaligen Brunnen,

Cap. I. Von der innern Einrichtung dieser bürgerlichen Gesellschaft. 51

nen, welche das Wasser an sich zogen, bey Anlegung der Wasserkünste verschüttet, und so viel Wasser von auswärts hergeleitet worden, sich das eigenthümliche Grundwasser nun mit Macht zu den Kellern dränge.
(†) Das besonderste dabey ist, daß auch Sterbensläufte keinen besondern Unterscheid darin gemacht. — 1585 sturben 1400 Menschen an der Pest, nun sind dies Jahr zwar nur 81 Getaufte, welches aber wol daher rühret, weil viele Schwangere sich der Contagion halber wegbegeben, im folgenden 1586 Jahre sind schon wieder 126 Kinder geboren, so doch steiget die Zahl heutiges Tages niemals. — Ein gleiches bemerket man im dreyßigjährigen Kriege. Hunger und Pest, welche 1629. 1630. 1631. wüteten, konten es nicht hindern, daß 1632 nicht schon wieder 109 Getaufte gezählet wurden. Nach der Zeit hat sich die Zahl derselben immer vermindert, daß man selten über hundert komt. 1610 waren den 11 Marz einmal 334 Communicanten.

§. 3.

Wir haben vorher der Garnison gedacht, ehe wir also weiter gehen, das Gewerbe der Stadt zu berühren, müssen wir erst von derselben ein paar Worte beybringen, zumalen sie in die Nahrung der Bürgerschaft einen großen Einfluß hat. — ( s. unten §. 4. Anm. (*) ) Ein fortdaurendes Standquartir Königl. Preuß. Trouppen ist hieselbst erst seit der glücklichen Regierung König Friederich Wilhelms, das ist seit 1713, eingeführet, und zwar wurde diese Gegend den Regimentern angewiesen, die damals vom Rheinstrom und aus den Niederlanden zurücke kamen, solche waren eines theils Dragoner des Regiments Obrist Andreas Rouvignac du Veyne, welche der Obrist von der Wensen (*) commandirte. Die Gemeinen lagen auf den Dörfern herum, der Stab aber in Cößlin, das dauerte so lange, bis die Stadt abbrante, da bekam Wensen das Regiment selbst, und sein Standquartir wurde nach Belgard verleget. — Zu gleicher Zeit aber, als Wensen hier lag, stand hier auch der Gen. Friedrich Wilhelm von Grumbkow mit 12 Compagnien Infanterie, davon jede 53 Mann stark war, in Garnison, dieser blieb auch nach dem Brande hier. Als er aber den 18 Merz 1739 mit dem Generalfeldmarschalscharakter die Welt verließ, bekam dies schöne Regiment sein würdiger Schwager, der Herr Obrist August von der Chevallerie Baron de la Motte. Nachdem aber derselbe 1748 als Generallieutenant das Gouvernement von Geldern und das Garnisonbataillon von Löcher übernahm, so folgte ihm der Generalmajor

major, Herr Adam Friedrich von Jaet. Es erhielte aber derselbe im Jul. 1756 mit einem Jahrgelde und Generallieutenantscharacter seinen Abschied, und das Regiment wurde in demselben Monate dem jetzo verehrungswürdigen Chef, nämlich Sr. Excell. Herrn Heinrich von Manteufel, damaligen Generalmajor, jetzigen Generallieutenant der Infanterie, und Ritter des schwarzen Adlerordens, anvertrauet. — Es wird hoffentlich nicht unangenehm seyn, hier ein paar Worte von der Stiftung dieses schönen Regiments zu sagen. Es wurde zuerst 1694 aus einem Bataillon des Lottumschen Regiments, so jetzt Garde zu Fuß ist, errichtet. — Dies Bataillon stand damals in Ungarn, und der Obrist Balthasar Friedr. von Sydow ward der Commandeur desselben. Als es 1702 in Sold der General Staaten gehen solte, wurde es auf obgenante 12 schwache Compagnien nach holländischem Fuß gesetzet: wie es aber 1713 zu Hause kam, muste es 2 Compagnien an das Döhnhoffsche Regiment abgeben. 1714 setzte es der König auf 10 Compagnien nach Preußischem Fuß, und gab ihm auch 10 Fahnen, da vorher die 12 Compagnien nur 2 Fahnen hatten. — Jener niederländische Feldzug pflanzte ihm bey Oudenarde 1708 die schönsten Lorbern des Sieges, und erwarb ihm das Lob eines so großen Generals, als Marlborough war. — Nachhero haben die Siege bey Soor, Lowositz, Prag, Torgau und Freyberg, so wie die Schlacht bey Collin, und die Scharmützel bey Moysberg, Neustat in Oberschlesien und Jauernick es seinem Könige so beliebt gemacht, daß er es schon längst seine Pommersche Garde zu nennen gewohnt gewesen.

(*) Es giebt, wie in der christlichen, also auch in der politischen Welt gewisse Marodeurs, das sind Leute, welche unter dem Schein, neue Götter zu verkündigen, einen Mischmasch wahrer und falscher Nachrichten, die sie als besondere Geheimnisse im Finstern herumschleichen lassen, zusammen haufen, um dadurch das Publicum zu allerhand falschen Aussichten und Vorurtheilen zu verleiten. — Den christlichen Marodeurs hat man schon öfters ihre falsche Waare abgenommen, es mag mir aber erlaubt seyn, hier an einem Exempel zu zeigen, daß man auch den politischen Hausirern nicht alles für Gold bezahlen, und ihre Geheimnisse nicht immer als Evangelia annehmen dürfe. - - Es schleicht unter uns eine Schrift herum, welche den düstern Titel führet: Geheimnisse zur Erläuterung der Geschichte unserer Zeit 1761, und billig den Denkspruch führen solte:
Horrendas canit ambages, antroque remugit,
Obscuris falsa involuens. —

S.

Cap. I. Von der innern Einrichtung dieser bürgerlichen Gesellschaft. 53

S. 195. setzet der Verfasser auch folgende Nachricht unter seine Geheimnisse: "K. Friedrich Wilhelm vermehrte seine Trouppen ansehnlich, und vertauschte einsmals 12 Gesäße von japanischem Porcellan gegen ein Dragonerregiment, welches der König von Polen abdanken wolte. Der Oberste Wensen bekam es, und man nante es nachher nur das Porcellanregiment. Dies ist, mit Erlaubniß, ein doppeltes Mährchen, das erste hat die Unwissenheit und das andere die Spottsucht gebohren. — Es ist falsch, daß die 600 Dragoner und Cürassir, welche der König August 1717 unserm Könige schenkte, dem Obristen Wensen gegeben worden. Es erhielt sie der Generalmajor von Wutenow, und wurden der Fuß zu dem gegenwärtigen Schorlemmerschen Regiment, welches bey hohen Friedberg gewesen, ob es von Porcellan gewesen. — Es ist auch falsch, daß dies Regiment durch einen abgeredeten Tausch gegen 12 Porcellangefäße an den König von Preußen überlassen worden. Dieser Monarch machte dem König von Polen, aus nachbarlicher Achtung und Freundschaft, ein sehr kostbares Präsent, nicht nur von ausserordentlich schönem Porcellan, sondern auch einem vollständigen Börnsteincabin., und viel andern einer königlichen Hand würdigen Sachen. Hiergegen wolte nun August seine Aufmerksamkeit gleichfals beweisen, und weil er wuste, daß der Herr ein grosser Liebhaber von schönen Leuten war, schenkte er ihm diese 600 Mann, welche sich glücklich hielten, in den Dienst eines solchen Monarchen zu treten, da ihr Herr ihrer Dienste nicht ferner nöthig hatte. s. Gesch. der K. Preuß. Reg. S. 121. 130.

§. 4.

Das Hauptgewerbe der Stadt war anfänglich wol der Ackerbau und Viehzucht, denn daß der herumgelegene Stadtacker gut sey, und viele ernähren könne, braucht keines weitern Beweises, als daß man sagt, in Cößlin ist ein Kloster gewesen; die Mönchen und Nonnen wuchsen, wie die Erdschwämme, nicht gerne an magern, sondern fetten Gegenden. — Mit der Zeit aber ward der Ackerbau mehrentheils denen, die sich auf den Vorstädten ansetzten, überlassen, und in der Stadt samleten sich desto mehr Handwerker und Künstler (*). Der Handel insonderheit fand hier zeitig seinen Flor, wozu aber das meiste beytrug, daß Cößlin mit kleinen Fahrzeugen grossen Handel zur See trieb (**). Es hatte dies damaliger Zeit allerdings schon etwas zu sagen (***). Die Fahrzeuge, deren sich unsere Cößliner bedienten, waren Schuten, womit sie nach Schweden, Dännemark, Lübek, Stralsund, Danzig ꝛc. fuhren. In einer Kundschaft sub fide Notarii, da Benedictus Zarnen, gewesener Capellan des Jungfernklosters in Cößlin, und nachheriger Pastor zu

Arnhausen, wegen gepflogener Freundschaft und gehaltener Einigkeit und Gerechtigkeit zwischen dem Probst gedachten Klosters und dem Rath zu Cößlin den 2 Febr. 1574 abgehöret worden, findet man davon gute Nachrichten, ich will folgende Stelle daraus hersetzen.

„Von der Sngelation sagt ehr, daß sich etliche Bürger zu Cößlin der Schiffahrt oder Sngelation bey seinen Zeiten, wie die alten vor seinen Zeiten gethan, mit Fleiß gebraucht, und davon ihre Narung gehabt, und gedenket Ihm vor dem großen Storme, alse er ein Junge war, daß vor dem Thore zu Cößlin eine Schute gebauet wart, von Ulrich Zarten und Otto Vierktorpe, beyde Bürgermeister, und Clawes Parmn Radtsherr, die ihre Schiffer war, die liße die Schuthe auf sey Wagen Raden und virzig Pferden bis an den Jamenschen Sehe führeren, und wie ihnen die Mittel Are ufm Wege zubrochen war, namen sie eine Paur age, die trug die Schuthe ihres Gefallens, wohin sie wollen, denn man kaufte zu der Zeit eine tonnen hoinnngsemns sieben Orte, und konte sie zu Lübek geben uhm achte Gulden, wie denn Ern Benedictus selbst auch einmal mit Butzken, welcher zum Diepe gewonet, biß in Dennemarken uf den Heringfanck gesiegelt, auch gedenket Jhm wohl, daß der alte Hanß Goltschmidt vom Diepe ab und abgesiegelt (†). Hanß Litzkow pflag mit Jacob Kalande auch siegeln und ist Zebbelin, der zum Neste gewonet, und einen Knuethen von acht Laden gehabt, Ihre Schipper geweßt. Thomas Bandeke plag mit Hanß Litzkowen auch siegeln, brachten wider zurügge Osem und Stein Kruesken, Stunden Gleser, hölzerne Pantoffeln, Wand und dergleichen Waren, auch Trawen, Salz, damit die Fischer ihre fißwaren begabeten. So ward auch das Salz in der Stad verkauft, wenn es die Bürger nur zu kaufe kriegen konten."

(*) Der Grund davon liegt darin, daß die Stadt mit Garnison versehen worden, denn wenn wir annehmen, daß zum Militairstande 1000 Mann gehören, und den Abgang der Beurlaubten dadurch vergüten, daß wir die Officiertractamente und Revüezeit nicht mitrechnen, sondern auf 1000 Mann nur monatlich 2 rthl. für jeden zum Traćtament ansetzen, so siehet ein jeder, daß dadurch 24000 rthl. jährlich zum Verkehr der Stadt kommen, und es ist ganz begreiflich, wie dadurch mehrere als vormals Gelegenheit gewinnen, ihre Nahrung ohne Akerbau und Viehzucht zu haben.

(**) Der Auslauf der Fahrzeuge geschah durch das Tief, und der frische See

die=

Cap. I. Von der innern Einrichtung dieser bürgerlichen Gesellschaft. 55

dienete gleichsam zum Hafen. Allein das laufende Tief war damals nicht an dem Orte, wo es jetzo ist, sondern mehr ostwärts, zwischen Deep und Last. So lange der Strand noch mit Holz bewachsen war, erhielt es Fahrwasser, weil dieses die Stürme aus Westen abhielt, daß es nicht versanden konte: wie aber das Holz, wovon man noch Stubben weit in der See antrift, weggehauen war, riß der große See nicht nur in den Strand, sondern versandete auch das alte laufende Tief. Daher bey einem entstandenen Sturm der frische See den 26 Nov. 1690 mit Gewalt an dem Orte durchbrach, wo jetzt das laufende Tief noch befindlich und der Fischerey und Handlung höchst nachtheilig und unbequem ist.

(***) Daß die Schiffahrt in Cößlin schon was sagen wollen, kan man auch daraus abnehmen, daß dieselbst noch eine Nicolai Capelle befindlich ist, denn die Zeit des Aberglaubens zählte die Beschirmung der Handlung und Schiffahrt zu dem Departement des h. Nicolaus, daher die Städte, welche irgend einigen Vortheil von dieser Handthierung zu gewarten hatten, so, wie heutiges Tages ganz Rußland, darauf bedacht waren, die Gunst dieses nutzbaren Patrons durch äußerliche Verehrung zu erhalten. (s. Ambros. Novib. Fracci Fastos Sacros L. XII. fol. 162. b.) So machten es auch die Cößliner, die Nicolai Capelle liegt am Jamundschen Wege, der nach der See führet, und war so gleich bey der Hand, denen, die sich dahin begeben wolten, zur Verrichtung ihrer Andacht zu dienen.

(†) Die Fischer auf Dep und Nest handelten in Compagnie mit den Cößlinschen Bürgern, und pflegten gegen Erlegung eines Hafenzolls auch wol von Rügenwalde mit ihren Waaren abzusegeln, nachhero aber mit denen, so sie wieder zurük brachten, daselbst auch wieder einzulaufen, erst Markt zu halten, und denn die übrigen nach Cößlin zu bringen, womit aber die Stadt nicht wohl zufrieden gewesen.

§. 5.

Bey so vortheilhaften Fortgange des cößlinschen Handels, in Betrieb der Schiffahrt, muste die Stadt öfters den Neid und Unwillen anderer Seestädte erfahren. — Wir werden unten einige Händel und Balgereyen erzählen, die sie mit den Colbergern mehrentheils dieserwegen gehabt. Rügenwalde und Stolpe sahen auch darum scheel, und wolten den cößlinschen Bürgern ihre Hafen verbieten, es war aber unbillig, denn die Cößliner waren mit dieser Freyheit bewidmet, und Colberg, als eine Stiftsstadt, hätte wenigstens das Privilegium Bischofs Marini de Fregeno von 1480 mehr respectiren sollen, denn darin heißt es mit klaren Worten:

„Dat ze ere Ghuder oppe eren Stranden moghen quit vnnd brigh

sche

schepen to Water yn vnnd vth. Vnde wyllen den von Colberghe myt den Ersamen von Cößlyn nicht entwey holden edder entwey bringhen."

Allein Colberg war vor diesem Privilegio deswegen mit Cößlin über den Fuß gespannet gewesen, und behielt deswegen auch nachhero noch immer ein kleines wider die Cößliner (*). Diese mochten nach Colberg oder Rügenwalde kommen, so wurden ihnen ihre Fahrzeuge beschlagen, und es kam die Sache unter B. Martin Carith zur großen Klage. Dieser aber sprach wider die Cößliner, und erlaubte ihnen nichts mehr, als ihre überflüßigen Fische mit bloßen Fischerboten zu verfahren, und sich höchstens so viel Waaren mitzubringen, als sie nothdürftig allein gebrauchten, aber durchaus keinen Handel damit zu treiben, wie solches das Arbitrament (**) von 1510 besaget. Die Cößliner aber kehrten sich nicht viel daran, daher kam es 1573, unter dem Herzog und B. Johann Friederich, von Seiten der Colberger, Rügenwalder und Stolper, zur neuen Klage: es besagen aber die zu Rathhaus befindlichen Acten, daß Cößlin sein Recht so nachdrüklich erwiesen, daß es bis auf diese Stunde dabey geschützet worden, wie denn der Cämmerer Joh. Anselius, und Cämmerer Martin Coch 1630 noch Schiffe in der See und beym Tief ein Packhaus gehabt, welches beym Einfall der Kaisserlichen nur zerstöret worden.

(*) Als Cößlin 1504 abbrante, sandten die Colberger den Bürgern drey Last Bier, ließen ihnen aber sagen: "Jrbe Bürger wolten di Sigellation gebrauchen in der colbergschen Hafeninge aus und einschiffen und nichts dazu helfen, auch nicht die Hense gewinnen, des solten sie sich enthalten, oder mücht Jren geweret werden." Dies war für abgebrante Leute, deren Nahrung und Gewerbe allen möglichen Vorschub erfoderte, ein seltsames Compliment, welches sich zum Trunk der Fröllichkeit nicht sonderlich schickte.

(**) Man gab damals dem Burgemeister Peter Valerian schuld, daß er ohne des Magistrats Wissen in dies Arbitrament gewilliget, weil die Fischer die Faublung am meisten an sich zogen, und das Beste erst in Rügenwalde, und was man da nicht wolte, in Cößlin verkauften. Er aber wolte solches nie auf sich kommen lassen, und die Stadt hat jederzeit aufs feyerlichste dawider protestiret. (s. unten Cap. II. §. 12)

## §. 6.

Gegenwärtig, da die Cößliner auf andere Weise ihre Nahrung im Handel, Künsten und Professionen genugsam finden können, machen sie

aus

Cap. I. Von der innern Einrichtung dieser bürgerlichen Gesellschaft. 57

aus der Schiffahrt nichts, außer daß neuester Zeit einige Versuche damit angestellet worden, welche aber der Mangel eines Hafens sehr kostbar macht. — Von Professionisten ist hier eine hinreichende Anzahl, und von vielen ist das Amt hier niedergesetzet, zu welchem die Belgarder, Rügenwalder und aus andern Städten sich bekennen und halten müssen. — Unter den Bürgern sind ansehnliche Zünfte und Gilden, welche der Stadt Ehre und Nutzen bringen, darunter zähle ich vorzüglich die Schützen, Gewandschneider und Brauergilde, von welchen beyden lezten wir noch ein paar Worte zu sagen haben.

§. 7.

Die Gewandschneiderzunft hat ein hohes Alter. 1448 war dies Collegium schon im Stande, ein Capital von 30 Mark Pf. Finkenogen Münze, gegen 3 Mark jährlicher Renten, auszuleihen. Es ist eigentlich ein Handlungscollegium, und die angesehensten Bürger und Magistratspersonen haben sich um die Aufnahme in daßelbe beworben. — Es hat unter sich allerhand heilsame Conclusa abgefaßet: als 1646 ist feste gesetzet, daß, wenn ein College der Zunft mit Tode abgehet, dessen hinterlaßne Witwe, so lange sie im ledigen Stande bleibet, aller Freyheiten und Hebungen der Zunft fähig bleiben soll. 1663 ist bewilliget dem Conrector jährlich 4 fl. als ein Stipendium zufließen zu laßen, und deswegen der Pfarrkirche 80 fl. Capital auf immer abzutreten, doch mit dem Vorbehalt, daß, so lange die Stelle unbesetzt bleibet, gedachte 4 fl. der Zunft, als Patrono Legati, zur freyen Bestimmung, anheim fallen sollen. Auch den Studirenden hat diese löbliche Zunft unter die Arme zu greifen gesucht, zu dem Ende hat sie ein Capital von hundert Rthlr. ausgesetzt, wovon die Zinsen ein Stadtkind, und vorzüglich eines Zunftverwandten Sohn, 3 Jahre genießen soll. Dies geschah vor 100 Jahren, nämlich 1666. Und 1723 ist beliebet, daß, wenn jemand das Stipendium 3 Jahre genoßen, und kein anderer da ist, dem es möge conferiret werden, derselbe es noch drey andere Jahre heben soll.

§. 8.

Die Brauergilde hat bey der Stadt ebenfals ein uraltes Herkommen, ob man gleich das Jahr ihrer Errichtung nicht bestimmen kan. — Vor

H

zwey

zwey hundert Jahren, nämlich 1566 gab ihr der Magistrat besondere Statuta, die, nachdem sie von den damaligen Alterleuten genehmiget worden, 1569 den 2 Nov. des H. Johann Friederichs Bestätigung erhalten. Im J. 1664 wurden diese Statuta revidiret, und mit Zuziehung E. E. Raths nach den damaligen Zeitumständen eingerichtet, worüber Friederich Wilhelm hochsel. Ged. den 7 März 1664 aufs neue die Confirmation ertheilte. Die Einkünfte der löblichen Zunft werden zum Theil ad pios usus verwandt, so giebt z. E. noch Art. 6. die Zunft jährlich der Pfarrkirche 4 Rthlr, und jeder angehende Zunftverwandte, vermöge churfl. Declarationbescheides vom 16 Jul. 1675 auch 4 Rthl. nebst 8 Lßl Stuhlgeld ein für allemal. 1663 ward dem Conrector eine jährliche Zulage a 6 fl. ausgesetzt. Nach Art. 25. aber ist es ein sehr löbliches Institut, daß von der Gilde ein Vorrath Korn soll gehalten werden, um, im Fall der Theurung, der Armuth gegen einen billigen Preis damit unter die Arme zu greifen. Nach Art. 27. kommen von den Strafgeldern der Stadt zwey Drittel zum Besten, und ein Drittel fällt nur an die Lade. Auch für Studirende hat diese löbliche Zunft Sorge getragen, und 1619 bey der Cämmerey zu Cößlin 200 Rthlr in perpetuum bestätiget, wovon die Zinsen einem studirenden Stadtkinde, wenigstens drey Jahr, sollen gereichet werden, doch, wie billig ist, daß eines Gildeverwandten Sohn einem fremden in der Hebung vorgehe.

§. 9.

Das Stadtregiment haben nach Gewohnheit damaliger Zeiten ohne Zweifel die beyden Aufseher bey Anlegung der Stadt, Marquard und Hartmann, zuerst besorget. Man findet daher schon in dem zweyten Privileg. B. Herrmanns von 1274, daß der Burgemeister dieser Stadt Erwehnung geschiehet. — Anfänglich wurde das Magistratscollegium, welches den allgemeinen Namen der Consulum führte, in Proconsules, Camerarios und Consules eingetheilet, welche letztere die Senatores waren. Die Proconsules wählte der Rath, die Camerarii wurden von den Burgemeistern gekoren, letzteres aber ist 1607 aufgehoben, und diese Wahl dem ganzen Magistrat beygeleget. -- Das Magistratscollegium ist sich an Mitgliedern nicht allemal gleich gewesen, nach einer

Cap. I. Von der innern Einrichtung dieser bürgerlichen Gesellschaft. 59

ner Urkunde von 1311 werden uns 2 Proconsules, 2 Camerarii und 8 Consules namhaft gemacht, 1582 zählte man gar 24; und 1617 waren ihrer 18. — Jetzo bestehet das Collegium aus einem Consule dirig. welcher zugleich die Policeysachen zu versehen hat, aus einem Consule judice, welcher zugleich Syndicus ist, aus einem Cämerer, und 6 Senatoren, wovon einer zugleich Stadtsecretair ist. — Eine alte Punctation von 1607 erzählet uns, daß vordem die Bürgerschaft ihren Magistrat allemal auf Neujahr herrlich bewirthet. Auf Ostern muste der Probst des Klosters jedem Rathsherrn ein gut Waitzelbrod geben, das war so groß, daß, wenn der Knecht es wegbrachte, so muste er es in einem über den Hals geschlagenen Handtuch. forttragen. (s. oben angez. Kundsch.) Wenn ein Rathsherr erwählet wurde, muste er den übrigen einen Schmaus geben. Solches wurde aber etwa 1550 abgeschaft und dahin disponiret, daß ein neuer Rathsverwandter einen silbernen Becher ad usum publicum verehren solte, dieser wurde als ein Nothschilling bey der Stadt angesehen, und hatte diese Anstalt 1628 den Nutzen, daß, als die Kaiserlichen von der Stadt so schwere Contribution expresseten, man von diesen Bechern 1064 Loth Silber umsetzte, und den Feind befriedigte. Das ist nachhero noch eine gute Zeit beybehalten, und auch beobachtet, wenn ein Senator Cämmerer, oder dieser Burgemeister wurde. Ja ein solcher Neuerwälter muste statt des ehemaligen Schmauses jedem Burgemeister 2 Rthlr. und jedem Rathsherrn 1 Rthlr geben, welches alles aber heut zu Tage wegfällt, indem statt dessen ein jedes neues Mitglied ein vierteljähriges Gehalt an die Recrutencasse entrichten muß, worunter aber die Sportuln nicht mit begriffen sind, daher haben dessen Erben nach seinem Tode auch wieder das Sterbequartal zu genießen(*).

(*) Man hatte in vorigen Zeiten auch die Gewohnheit, daß die Burgemeister und Cämmerer in der Rathsstube an einer besondern Tafel beym Fenster saßen, die Senatoren aber unterwärts an einem eigenen Tische. Dieses wurde 1716 von der damaligen rathhäuslichen Commission gänzlich abgeschaft, und noch mehr die Gewohnheit, daß den Senatoren öfters angesinnet wurde, in wichtigen Sachen Abtritt zu nehmen, und den Senioribus die Sach allein zu überlassen. Es sitzt daher heutiges Tages das ganze Collegium an einer Tafel, und alle Sachen werden in pleno tractiret, wobey ein jedes Mitglied vom untersten an bis zum obersten sein freyes Votum hat. s. Resol. vom 12 May 1713 und dem Comiss. besch. vom 14 Nov. 1716.

H 2 §. 10.

II. Abth. Von der bürgerlichen Geselschaft der Statt Cößlin.

§. 10.

Es sind von jeher recht angesehene und vornehme Männer im Rath gewesen, die alten Urkunden bewahren uns das Andenken folgender adlichen Geschlechter, nämlich der Belowen, Blankenburge, Bulgrine Damitzen, Glaßhagen, Güntersberge, Heydebrecks, Kanieken, Kleisten, Lewen, Manowen, Manteufel, Münchowen, Pedewille, Rameln, Schliefen, Schwedern, Vauchmine, Zarthen, Zastrowen ꝛc. welche alle unserer Stadt noch Ehre machen. --- Daß nicht zuweilen in einem Collegio aemulationes entstehen solten, ist so leicht nicht zu vermeiden: es gereichet aber Cößlin zum Ruhm, daß beym Magistrat von jeher auf Einigkeit unter sich, und ein gutes Vernehmen mit ihren Landesherren und der Bürgerschaft, gesehen worden, so, daß man bey der geringsten Hintansetzung des güldenen Denkspruchs: Concordia res parua crescunt, gleich Ernst und Schärfe gebrauchet, um größerm Uebel vorzubeugen (*).

(*) Dies erfuhr, etwa ums Jahr 1550, der Burgemeister Hans Graue, denn als derselbe seinem Collegen rüklings in den Bart gefallen war, muste er erfahren, daß man ihn aus dem Collegio stieß, und nicht eher wieder aufnahm, bis er 125 fl. Strafe erleget hatte. --- In was für Liebe und Achtung der hiesige Magistrat ehedem bey den Camminschen Bischöfen gestanden, zeigen verschiedene Urkunden, darin ihrer treuen Dienste und Gehorsams gedacht wird, deswegen Seccerrinus mit Recht sagen konte:
obsequioque studet placidus servire Senatus.

Es ist auch wol wehrt, daß man zum Beweis so gnädiger Gesinnung der Landesobrigkeit gegen den Magistrat folgendes fürstliche Schreiben an denselben hier aufbehalte:

**Von Gottes Gnaden Casimir Herzog zu Stettin Pommern, Bischof zu Camin ꝛc. ꝛc.**

Unsern Gruß zuvor. Erbare und Ersame Liebe getreuen Wir mögen euch gnediglich nicht vorhalten, daß Wir albier in unserm Guth Streitz Haußwerbung zu thun willens, datzu Wir denn etzliche benachbarte vom Adel, und andre gute Leute eingeladen, und insonderheit eure Persohnen auch gerne dabey wissen und sehen mögen, begeren derowegen gnediglich, Jr wollet euch nicht beschweeren, aufn negsten Donnerstag, am Tage der Himmelfardt unsers Herren Christi bey uns zu Streitz, bey früher Tageszeit, zusamt euren Hausfrawen und Kindern zu erscheinen, mit Uns frölig und guter Dinge seyn und vorlieb nehmen, was die liebe Gott alsden gnediglich bescheren wird, das wollen Wir Uns also gnediglich zu euch versehen und Jr thut Uns daran zu gnedigem Gefallen, in Gnaden zu erkennen. Datum Streitz den 16 May 1582.

Casimirus mpppia.

Cap. I. Von der innern Einrichtung dieser bürgerlichen Gesellschaft. 61

Noch zu churfürstlichen Zeiten war es im Gebrauch, daß die Landescollegia dem Magistrat den Titel gaben: Ehrenveste und Wohlweise Herren, und Freunde.

§. 11.

Zur Erhaltung guter Ordnung und Besorgung der Stadt Bestes sind auch die Gemeinsherren und Stadtältesten bestellet, welche in deliberationibus publicis Votum haben, und zwar hat B Martin Weyher in dem Vertrage vom J. 1553 ausdrüklich geordnet, daß der Magistrat ohne Erwägung, Wissen und Vorwort der Aeltesten, beyde der Gemeine und Gewerken nichts in wichtigen Sachen vornehmen soll. Vordem waren Duodecim Viri (*), vier aus der Gemeine, und acht aus den acht Gewerken, der Tuchmacher, Schuster, Schmiede, Schneider, Kürschner, Becker, Hakwerk, Cramwerk. — Im J. 1739 aber ist von S. K. M. verordnet, daß nur vier Männer, als einer aus der Kaufmanschaft, einer von der Brauerzunft, und zwey von den Gewerken, gehalten werden sollen, welche denn allemal erst Rüksprache halten müssen, man nennet sie heutiges Tages Virtelsmänner. Wenn ein neuer soll bestellet werden, wird solcher von den übrigen Virtelsleuten und Aeltesten dem Magistrat präsentiret, und von demselben erwählet, dieser hat dabey das jus reprobandi, rejiciendi, reformandi & confirmandi (s. Gemein und Gew. Acta). Die Bürgerschaft selbst ist nach den vier Quartiren in vier Compagnien abgetheilet.

(*) Auf einer 1750 aus dem Thurmknopf genommenen kupfernen Platte stand: *Christianus Wilcke duodecim Vir sculpsit.*

§. 12.

Hiernächst ist in Cößlin auch ein Feldgericht. Es bestehet solches aus zween Senatoren, und zween aus der Gemeine, welche theils auf die Sicherheit der Feldmarken sehen, theils alle dahin einschlagende Zwistigkeiten entscheiden, Aecker und Mast taxiren, und andere dergleichen Feld- und Weideangelegenheiten in Ordnung halten müssen.

§. 13.

Zu Vermeidung allerley Streitigkeiten, und sonderlich zu Bestimmung des Unterschiedes der Gebühren, welche den Predigern zu entrichten

ten sind, hat schon 1743 der Magistrat eine Classification der Bürgerschaft gemacht, welche E. Hohw. Kön. Consistorium auch zum Grunde geleget, als dasselbe 1748 auf Erfodern der K. hochpreßl. Regierung ein Leichenreglement zu entwerfen hatte. Nach demselben gehören

### Zum ersten Stande

Der Magistrat, Hofgerichts Bediente und Advocaten, wenn sie zugleich Bürger sind, Graduirte und Titulares, Gewandschneider, Apotheker, Eisenkrämer, und Brauer, so zugleich Kaufmanschaft treiben.

### Zum zweyten Stande

Die Brauer, so keine Kaufmanschaft treiben, Kramer und Nadler, Concessionarii auf die Braugerechtigkeit, Chirurgi und Bader, die Handwerker und Zünfte, Künstler, so nicht bey dem ersten Stande angeführet sind, als Maler, Goldschmiede, Uhrmacher ꝛc. Postillions, Bauleute, so eigen Acker und Häuser haben, Maurer und Zimmermeister, Schorsteinfeger, Posamentirer, Buchbinder und alle andere Meister, sie mögen hieselbst eine Zunft haben oder nicht.

### Zum dritten Stande

Die Handwerker, so in schlechten Umständen sind, Taglöhner, Bauleute, so keine eigene Häuser und Aecker haben, Gärtner, beweibte Handwerksgesellen, so eigen Feuer und Heerd halten, Handwerksgesellen, Aftsticker und alles Gesinde.

#### §. 14.

Zulezt muß ich noch der guten Stadtordnungen (Statutorum) gedenken, welche E. E. Rath mit Einwilligung der Gemeine und Gewerke 1516 in 46 Artikeln abgefasset hat. — Diese sind nachhero zweymal, ohne Benennung des Jahres, erweitert, und das erstemal auf 85, das leztemal aber auf 144 Artikel ausgedehnet. Nachdem sie darzwischen 1666 revidiret worden, sind sie nur auf 70 Artikel stehen geblieben. — So hat die Stadt auch ihre Policeyordnungen vom J. 1603. 1621. 1684. und vom 14 Nov. 1702.

Die Statuta der Bauleute sind den 12 April 1686 revidiret, und den 14 May d. J. publiciret, auch von der Churfl. Regierung den 27 Aug. 1688 confirmiret. Man findet, daß bereits 1622 eine Bauordnung gewesen.

Die neueste Feuerordnung ist vom 29 März 1754.

Das

## Das zweyte Capitel.

# Von der Stadt Rechten und Freyheiten.

Hier wird Nachricht ertheilet
§. 1. Von dem Stadtsiegel und Stadtzeichen.
§. 2. Von den Jahrmärkten.
§. 3-8. Von der Gerichtbarkeit der Stadt.
§. 9. Von der freyen Rathswahl.
§. 10. Von der Stadt Rang auf allgemeinen Landtagen.
§. 11. Von der Straubgerechtigkeit.
§. 12. Von dem Rechte der Schiffahrt.
§. 13. 14. Von dem Rechte zu fischen.
§. 15. 16. 17. Von der Jagdgerechtigkeit.
§. 18. Vom Recht der Zehenden.
§. 19. Von der vormaligen Münzgerechtigkeit.

### §. 1.

Wir verknüpfen mit dem Vorhergehenden sogleich eine Anzeige von den Rechten und Freyheiten unsers wehrten Cößlins. — Zuerst wollen wir des Stadtsiegels und Wapens gedenken. Es hat die Stadt anfänglich ein Siegel gebrauchet, welches eine Kirche mit einem offenen Schwiegbogen vorstellet, in demselben präsentiret sich ein Bischof mit dem Krumstabe, den er in der linken Hand hält, umher stehet: Secretum ciuitatis Cuſſelin. — Ich habe bey Durchsehung der Originalurkunden bemerket, daß man seit 1333 bis 1440 neben diesem noch ein kleineres Siegel gebrauchet, welches den Johannskopf in einer Schüssel vorstellet, die einen Fuß hat, und die Figur im Profil präsentiret. Nach 1440 habe ich das alte große Siegel nicht mehr angetroffen, und man weiß, daß es lange Zeit verloren gewesen, bis man es 1718, bey Abräumung des abgebranten Rathhauses, wieder gefunden. — Gegenwärtig stellet das Stadtsiegel und Stadtwapen noch einen Johannskopf in einer Schüssel vor: aber anders, als das vorige. Denn hier siehet man einen Zirkel, welcher die Schüssel bezeichnen soll, und in demselben erscheinet das Haupt Johannis von forne. Um den Zirkel stehet: Secretum civitatis Cuſſlin. — Dies Pettschaft ist von reinem Silber, und 1550 ausgestochen. — Der Jo-

II. Abth. Von der bürgerlichen Verfassung der Stadt Cößlin.

Johannskopf soll nicht etwa einen Schutzpatron der Stadt bezeichnen, sondern weil die camminsche Cathedralkirche in honorem sancti Johannis geweihet war, und daher den Täufer Johannes im Siegel führte, so ist Cößlin, als der ersten Grenzstadt des Bischofthums, das Haupt Johannis zugeeignet, welches nichts mehr anzeigen soll, als daß Cößlin eine bischöflich camminsche Stiftsstadt sey, denn es haben die Städte ihre Schutzheiligen nicht im Wapen geführet, sondern man siehet, daß die nicht stiftisch sind, alle den Greif aufzeigen, so wie die märkschen Städte einen Adler führen. — Uebrigens bedienet sich die Stadt des rothen Wachses (*). Vermuthlich hat B. Jaromar der Stadt das erste Siegel cum priuilegio cerae rubrae gegeben (**), denn daß unter dieses Bischofs Regierung die Stadt zuerst das alte Siegel empfangen, schließe ich höchstwahrscheinlich daraus: Es hat dasselbe zur rechten und linken Hand des Schwiebogens noch zwey Schildlein, in dem einen zur Rechten stehet ein Löwe, in dem zur Linken ein Greif. Lezteres, urtheile ich, soll anzeigen, daß es ein pommersches Bisthum sey, und ist in honorem Patroni Episcopatus angenommen, ersteres aber soll das Fürstl. Rügische Wapen bezeichnen, denn es ist bekant, daß B. Jaromar ein Fürst zu Rügen gewesen, und also einen Löwen im Wapen geführet. Die älteste Urkunde, darunter ich dies Siegel angetroffen, ist von 1289, welches die Sache noch mehr zu bestätigen scheinet. — In gemeinen bürgerlichen Angelegenheiten bedienet sich die Stadt dieses Zeichens

L

(*) In einer Urkunde von 1377 habe ich das mittlere Siegel in weiß Wachs abgedruckt angetroffen, dessen Ursache ich nicht entscheiden kan. An einer andern Urkunde von 1498 erscheinet es zwar in roth Wachs, welches aber in grün eingedrückt ist.

(**) Dies kan schon bey Seremans Leben geschehen seyn, indem Jaromar 7 Jahr lang dessen Coadjutor gewesen, und sonderlich die politica besorget.

§. 2.

Zur Beförderung der Nahrung, des Handels und der Bequemlichkeit in Städten dienen ungemein die Jahrmärkte, deren zählet nun Cößlin jährlich zwey Krammärkte und vier Viehmärkte. Der

Cap. II. Von der Stadt Rechten und Freyheiten. 65

Der erste Krammarkt heist der Oelmarkt, und wird den Sonnabend vor Invocavit gehalten (*).
Der zweyte Krammarkt fällt auf Mariä Geburt den 8 Sept. ein.

\* \*

Der erste Viehmarkt Donnerstag vor Fastnacht.
Der zweyte Viehmarkt den dritten Tag vor Mariä Verkündigung.
Der dritte Viehmarkt den dritten Tag vor Mariä Geburt (**).
Der vierte Viehmarkt am Tage aller Heiligen (***).
Ehedem wurden auch auf einigen Dörfern Märkte gehalten, S. K. M. Friederich Wilhelm aber fanden 1733 für gut solche in die Städte zu verlegen, so werden nun also die zwey Baster Märkte in Cößlin gehalten:
Das erste den Montag vor Pfingsten.
Das zwente den Dienstag vor Michaelis.
Außerdem ist wöchentlich alle Mittwoch und Sonnabend Markttag, darunter sonderlich die beyden Sonnabende vor Michaelis, welche der große und kleine Häger Sonnabend heißen, zahlreich besucht wird, weil alsdenn dem Landmann aus den Hagen frey stehet, seinen Saatroggen zu kaufen, da er außerdem vom Markte kein Korn kaufen darf.

(*) Der Name, Oelmarkt, rührt daher, weil vordem wegen angehender Fasten der meiste Verkehr auf diesem Markte mit Einkauf des Fastenöls geschahe, es ist sonst der beste Markt des ganzen Jahres.
(**) Mit diesem Markte ist seit 1756 durch einen Druckfehler des Calenders, da es heißen solte: 1) den dritten Tag vor Mar. Geb. ein Irthum vorgegangen, denn es ward angesetzt: 3) den Tag vor Mar. Geb. welches seither so gelassen worden, daher man gemeiniglich drey Tage hinter einander eine Art von Viehmarkt siehet.
(***) Diesen Markt hat der Herzog und B. Casimir 1599 der Stadt aus besondern Gnaden nachgegeben.

§. 3.

Daß Cößlin gleich bey seiner Stiftung von B. Herrmann mit dem Lübschen Rechte bewidmet worden, ist schon oben I. Abth. Cap. 1. §. 15. berühret, und dieses also in bürgerlichen Sachen das Fundamentalgesetz der Stadt (*). Nach demselben und den dazu gekommenen Statutis handhabet nun der Rath die Gerechtigkeit in dem Ober- und Untergericht,

J wel-

II. Abth. Von der bürgerlichen Gesellschaft der Stadt Cößlin.

welches zu verwalten ihm Iure emtionis zustehet. — Wir müssen die Sache aus ihrem ersten Grunde erzählen. — Man erinnere sich, was wir schon oben I. Abth. Cap. I. §. 15. aus dem Fundationsprivilegio angemerket haben, daß sich nämlich B. Herrmann die Advocatiam & judicium cum omni juris plenitudine, als ein Regale, vorbehalten, wobey er jedoch versprochen, der Stadt ein Drittel von den Gefällen und Sportuln zu überlassen. Diese Gerichtspflege verwaltete nun der Bischof per advocatos (Gerichtsvögte) und stand bey denselben das höchste und siebeste Gericht, jenes an Hand und Hals, nach welchem alle Criminalsachen konten entschieden und bestraft werden, dieses beschäftigte sich mit Civilsachen, und geringen Geld- oder Gefängnißstrafen. — Diese Advocati hatten die Freyheit, daß sie nicht allemal an dem Orte ihrer angewiesenen Rechtspflege sich aufhalten durften, wie denn auch zuweilen über mehr Oerter zugleich nur ein Gerichtsvogt war. Daher geschahe es, daß sie öfters die Parten an den Ort, wo sie sich aufhielten, vorluden, und diesen dadurch mancherley Beschwerlichkeit und Kosten verursachten, wenn dieses nicht seyn solte, muste ein besonderer Freybrief, de non euocando, darüber ertheilet werden, und auch diesen erhielt Cößlin generaliter unter B. Henning, dem die Stadt sehr zugethan war, 1459 (**), nachdem es schon in casu speciali, wenn wegen des von den Jaschonen gekauften halben Jamenischen Sees Contradiction vorfallen solte, von B. Johanne 1353 ein gleiches Vorrecht erhalten hatte.

(*) In wie weit eigentlich die pommerschen Städte von solcher Bewidmung mit lübschen Rechte Gebrauch machen solten, davon kan man die lesenswürdige Anmerk. nachsehen, welche der H. D. Oelrichs in seiner pomm. jurist. Biblioth, S. 78. davon gemacht hat.

(**) Da dies Privilegium in der Folge ein Licht giebet, wollen wir es ganz hieher setzen :

„Wy Henningus van Gades gnaden byssccop tho Camin bekennen, vnde betugben in dissseme vnsem breue, dat wy hebben angheseen mennigben truwen Dynst, den de vnse leue gheitruwen Borgbemester, Radtmanne, Werk vnde menheyt vnser Stadt Cußlin vns vnde vnser kerke tho Camin vaken vnde mennighwane gbedban hebben, vnde noch in tbokamenden Tyden obon moghen, vnde besundergben vme alsodane Hulpe vnde Byftandt ohe zee vns nbu an de negesten gesecht vnde lauet hebben, by vns vnde vnser kerke tbu bliuende, dat wy vnde vnse kerke tbu Camin van den vnsen tbu Colberge vnuorwaldigbet bliuen vnde vnuor-drucket, so hebbe wy zee begnadet, vnde bogunstiget, dat Wy eder vnse

Cap. II. Von der Stadt Rechten und Freyheiten. 67

officiale zee edder niomede van en, van vnses ambachtes wegben, edder om welker ander anfprake edder thofeggenden willen ohe vor vnfe officiale edder welk ander hee sy, geeftlik edder werlik tho en, edder eynen van en mochte hebben willen edder fcholen butent laden, citeren edder tho rechte efschen, werrt zake, dat wy, vnse officiale edder vnf der Jake entliken boeten, flagbe tho en edder eynen van en hadde edder kregben, de schal vnse official binnen Cuſſlin mechtigh wesen tho richtende vnde scholen dat gentzliker vor em zoken. So hebben vnst de vorbenomiden Borgbemefter, Stadt, merk vnde menheyt gelauet, vnsem officiali vnde zynen nakamelinghen vaste vnde bulpflik byftandt tho obonde, datb eyne Jewelke moghe scheen wat recht ys. Ifft denne alzodane anfprake vor vnsem officiale nicht kunde flaten edder ent sleghen werden edder wol van em appelleren vnde eyn ordel schelden wolde ohe schal appelleren tho vnst vnde vnst der Jake entliken boeten. Des tho groter tuchnisse vnde Irkantnisse hebbe wy laten vnse secrete myt withstop bengben vor dissen apen breff de gheuen vnd screuen yst vp vnse Slatt Cotlin Anno Domini mcdlix an de dagbe bonifacii des hilgbes Biſſtopeß.

### §. 4.

Es mochten aber die hocherleuchteten Herren Rechtspfleger mit Berechnung ihrer Sportulcaſſe dem guten Bischof nicht allerdings Genüge leiſten (*), deshalb ergrif derselbe das Mittel, seine sich vorbehaltene Advocatie an zween angesehene Männer zu Cößlin Herrmann Cossebaden und Arnd Fretern Sen. succeſſiue zu verpfänden. Dies war eine Gelegenheit, daß der Magistrat selbst, unter des ihm so verpflichteten B. Hennings Regierung, die Advocatie, gegen Erlegung eines Kauf- oder Pfandschillings von 1200 Mark Finken Ogenpenninge, an sich brachte (**), mit Bedingung einer vorläufigen einjährigen Aufkündigung, im Fall es einem oder andern Theil anders belieben würde. — In gedachtem B. Hennings wiederkäuflichen Contract, Dienſtags vor Himmelfahrt 1464, heißt es mit nachdrüklichen Worten:

„Dat vnsse lewe getruwe Burgemeiſter vnd Rathmanne vnſſer Stad Cußlin in Kraft vnde macht diſſes vnſſes apenen Brewes deſe Vogedie, met aller erer thobehoringu vnde Anvalle, mit dem hogeſten vnde Sudeſten, vnde met allem rechte, an Hand vnd Halß, bruken sall."

(*) Es fehlete ohnedem den Herren Bischöfen, sonderlich um dieſe Zeit, öfters an der Kleinigkeit des Geldes, und was noch schlimmer war, auch an Credit. B. Siegfried war dem Kloſter Marienkron vor Rügenwalde 200 Mark Finken Ogenpenning (eine Summa von etwa 50 fl.) schuldig. Dieſes Geld ſolte auf Mar-

Martin 1424 bezahlet werden, und ob es gleichwol schon um Margarethen war, wolte das Ebrw. Kloster ihm doch nicht eher trauen, als bis er eine Cautionsnotul von sich stellete, darin es recht wohlklingend lautet:

„Dat wy hebben verzettet de erbaren vnsse leuen ghetruwen Borghermeystere vnud Radmanne vnzer Stad Cusselin vor twehundert mrl vinken penninghe, de vns hest ghelegben de prior van des klosters wegben der cartusere tho Rugenwolde :c."

So muste also Cößlin dafür gut sagen, und dieses ließ sich wieder mit dem Schloß Cörlin, mit Massow, Bewenhusen und der colbergschen Mühlenpacht Caution machen, worauf es bereits mit den Colbergern einige Gelder haften hatte.

(\*\*) Doch muß die Stadt vorher schon einmal im Besitz der Vogtey gewesen seyn, denn in dem Privil. B. Magnus von 1410 heißt es:

„Dat wy zee wyllen laten by aller Rechtecheyt vnde Vryghept de zee hebben —— an dem werliken Rychte der Vogheyde also dat ghewesst is van oldes."

Es möchte denn seyn, daß dies nur von dem Drittel des Abnutzes der Vogtey zu verstehen wäre, welches B. Herrman sogleich der Stadt zugestanden. Doch sind dies dieselbigen Worte, welche in dem Privil. von 1480 gebraucht worden, da die Stadt im wirklichen Besitz der Vogtey gestanden, welches wir unten anführen wollen.

§. 5.

Hieraus folget nun, 1) daß die Vogtey ursprünglich vom Magistrat abgesondert gewesen. Daher sich sothaner Gerichtszwang in Criminal(\*) und Civilsachen nicht nur auf Bürger und Einwohner, in und vor der Stadt und auf den Eigenthumsdörfern, sondern selbst auf Magistratspersonen erstrecke, wenn nicht etwa specialis exemtio vorwaltet (\*\*). 2) daß die Stadt diese Gerechtigkeit titulo oneroso in Absicht des dafür gezahlten Pfandschillings besitze, womit aber die abzugebende zwey Drittel von den geistlichen Brüchen nicht zu vermengen sind, davon wir bald das nöthige sagen wollen, und 3) daß die Stadt diese Gerichtsverwaltung nun schon 300 Jahre in ruhigem Besitz gehabt, weswegen ihr solche auch in den nachfolgenden Privilegien bestätiget worden. B. Marinus de Fregeno setzt im Privil. von 1480 folgende Worte:

„Vnde wy scolen vnde wyllen zee laten by aller Rechtychert vnd Vrygheyt de zee hebben gehadt vnd noch hebben — an dem werliken Rechte (\*\*\*) der Vogheyde."

Wa-

Cap. II. Bon der Stadt Rechten und Freyheiten.   69

Womit er zugleich die Bestätigung des Privilegii de non euocando
verbindet:

„Unde wy edder unse Principal yffte unse official (†) scolen numande
uth Cosslin citeren van Borgheyn yffte Inwaneren."

(*) In Criminalsachen gehören vor das Stadtgericht alle und jede ob forum delicti
& apprehensionis. — Jedoch stehet demselben frey, ob es darin selbst erkennen,
oder, wenn es Bedenken findet, die Acten an das Criminalcollegium, zur Abfassung der Erkentnis, einsenden will. In beyden Fällen müssen Todesurtel, und
wenn auf Tortur oder Landesverweisung erkant wird, solche nach Hofe zur
Confirmation eingesandt werden.

(**) Zu den *Exemtis* gehören, die officii causa beym K. Hofgericht sich aufhalten,
oder sonst königliche Bedienungen behleiden, aber dabey nicht das Bürgerrecht
gewonnen haben. Ist letzteres, so stehet dabey dem Kläger die Wahl zu, ob
er sie beym foro exemtorum, oder beym Stadtgericht belangen wolle, und
müssen sie sich, in Ansehung des erlangten Bürgerrechts, vor demselben einlassen. Desgleichen gehören alle Processe, welche wegen liegender Gründe im cöslinschen Eigenthum sich entspinnen, ohne Unterscheid vor das Stadtgericht.

(***) Es wird hier nicht ohne Ursache die Vogtey das weltliche Recht oder Gericht genannt, zum Unterscheid der geistlichen Gerichtsbarkeit. Eben so lesen wir
in dem oben L Abth. Cap. I. §. 10. Anmerk. angeführten Fundationspriv. die
beyden Worte *Advocatia & judicium*, davon ersteres das weltliche, letzteres aber
das geistliche Gericht bedeutet. — Nun ist wohl zu merken, daß, als B. Henning
der Stadt die Advocatiam verpfändete, solches nur von der weltlichen Gerichtbarkeit, nicht aber von der geistlichen zu verstehen sey, denn diese hat er damals
als Bischof für sich behalten, und wurden in diesem judicio, oder geistlichen
Gerichte, die Sachen ex jure canonico entschieden.

(†) In weltlichen Sachen hatten die Bischöfe ihren Unterrichter, der hieß Principal, und in der geistlichen Jurisdiction einen, der hieß Official. Zuweilen
waren beyde Aemter in einer Person vereiniget: man konte aber ab officiali ad
principalem, und von diesem wieder ad Archidiaconum appelliren, welcher gleichsam als ein geistlicher Districtsrichter, wie im weltlichen ein Landvogt, anzusehen war.

§. 6.

Es machte zwar B. Erasmus einen Versuch, ob er die Vogtey
nicht höher als seine 1200 Mark Finkenogen nutzen könte, ließ desweegen
durch einen bestelten Gerichtsvogt, den Poppo Blankenborgen, die Vogtey berechnen. Weil aber derselbe wenig oder nichts zur Rechnung brachte, so wurde sie beym Rath gelassen, und dabey blieb es bis 1586, da forderte Herzog und Bischof Casimir von demselben eine Berechnung, was am

J 3                                                                                            Buß-

Brüchen und andern Gefällen eingekommen war, die denn auch eingesandt wurde, es blieb aber bey dem vorigen.

### §. 7.

Diese dem Rath zustehende Rechtspflege erhielte mit der Zeit den Namen des Nieder- oder Stadtgerichts, und bestand aus drey Rathspersonen, nämlich dem Gerichtsvogt, dem Stuhlrichter und Assessor. Sie wurden aus dem Rathscollegio ernant, und alle Jahr verwechselt, der Secretair aber, als die vierte Person, blieb beständig, und hatte kein Votum, wiewol auch zuweilen Secretarius Membrum Senatus cum voto war, alsdenn aber stellte der Secretair zugleich mit dem Assessor vor, und waren überhaupt nur drey Personen im Gerichte. --- Von den Strafgefällen wurden der Cämmerey zween Theile berechnet, den dritten Theil aber bekam der Gerichtsvogt mit seinen Assessoren loco salarii. Wie aber 1718 bey dem Rathhause überhaupt ein neuer Periodus entstand, und man anfing die Magistratspersonen auf einen gewissen Etat zu setzen, so fing man auch an die Strafgefälle zu streichen, und müssen selbige nunmehr, aller Gegenrede ungeachtet, der Cämmerey berechnet werden, diese aber dagegen die Gefängnisse und Instrumenta justitiae in wesentlichem Stande halten. Zu gleicher Zeit wurde auch ein Judex perpetuus mit Beylegung des Burgemeistertitels in der Person des seel. Herrn Kriegsrath Rackitts bestellet. Heutiges Tages bestehet das Stadtgericht aus dem Consule judice, welcher, nach vorgängiger Wahl E. E. Raths, von S. K. Maj. ein förmliches Patent auf diese Stelle erhalten, so sonst nicht geschehen, hiernächst aus zween Assessoren, die von dem Rath aus dem Collegio dazu ernant sind, und einem Secretair, welcher, gleich dem Justizburgemeister, von dem Landesjustizcollegio vereidiget wird, und beyde können in Rechtssachen nicht bey dem Magistrat, sondern unmittelbar bey dem Landesjustizcollegio belanget werden.

### §. 8.

Bisher haben wir also von der Advocatia, Vogtey, oder weltlichem Gerichte gehandelt, davon wird, nachdem darauf einmal der Pfandschilling erleget worden, dem Landesherrn nichts abgegeben, denn die Or=

Orbäre ist, wie oben I. Abth. Cap. I. §. 14. (*) bemerket worden, eine recognitio jurisdictionis territorialis. Mit den zwey Drittel aber, welche von den geistlichen Brüchen alle Jahr auf Trinitatis an die Landrentey einzusenden sind, hat es folgende Bewandnis:

Wir haben schon oben §. 5. Anm. (***) erinnert, daß der Bischof bey Verpfändung der Vogtey sich das Judicium (*) oder geistliche Jurisdiction als Bischof vorbehalten. Diese ließ er durch seinen Official verwalten, und zu dieser geistlichen Instanz wurden nach dem jure canonico auch die delicta carnis gezogen. Als nun schon die Vogtey beym Magistrat war, wurden dergleichen Fälle doch vom Official entschieden, wiewel in Ansehung des Stadtgerichts die Prävention statt hatte, so, daß, wer im Rügen dem andern zuvor kam, die Strafe zur Beute davon trug. Nachdem aber durch die Reformation vielerley Veränderungen vorfielen, so muste zu B. Martin Weyhers und H. Johan Friederichs Zeiten der damalige Statthalter Heinrich Normann auch erfahren, daß es mit dieser Einnahme nicht recht fort wolte, weil es ihm an aufmerksamen Officialen fehlte, die das praeuenire spielten. Er hielt demnach 1558 für rathsam, im Namen H. Johan Friederichs sich mit dem Magistrat zu vergleichen, daß dieser sämtliche Brüche berechnen und dem Landesherrn zwey Drittel davon entrichten solte. Der Magistrat nahm solchen Vergleich zwar an, jedoch sub protestatione, daß seiner Jurisdiction in praeuentione daraus kein Nachtheil erwachsen solte. -- Zu churfürstl. Zeiten suchte der Magistrat auch noch inter adulterium & scortationem zu distinguiren, und hielt sich nur verbunden, die zwey Drittel von ersterem Falle zu entrichten: allein es ward der Unterscheid für unzulänglich erkant, und man suchte dagegen die gänzliche Erlassung der zwey Tertien, welches aber wieder per Rescr. vom 27 Febr. 1714 abgeschlagen wurde. Nichts desto weniger unterblieb die wirkliche Einsendung bis 1742, da aber wurde die Sache mit neuem Nachdruk erörtert, und es kam 1744 bey der Kammer gar zum Proceß. Dieser endigte sich durch den den 28 Sept. 1745 ergangenen Revisionsbescheid, darin der Magistrat zur Berechnung und Einsendung dieser Gelder schuldig erkant wurde. — Ob man nun gleich, nach versäumten Fatalien, durch ferneres Suppliciren die Sache bey Hofe redressiren wol=

II. Abth. Von der bürgerlichen Geselschaft der Stadt Cößlin.

wolte, so ward doch weiter nichts erhalten, als daß per Rescr. vom 31. März 1746 die Berechnung rat. praeteriti zwar niedergeschlagen rat. futuri aber die Einnöhung der zwey Drittel von geistlichen Brüchen feste gesetzt wurde. — Hiebey ist es geblieben, und nunmehro durch Kammerverordnung veranlasset, daß diese zwey Drittel alle Jahr vor Trinitatis, mit einer auf Eid und Pflicht attestirten Specification, eingesandt werden müssen.

(*) Es hieß dies auch das Sendgericht, judicium Sendicum, welches Wort von Synodus herkomt. Schoettel in dem Büchl. von unterschiedlichen Rechten in Teutschland, erkläret es ,c. VI. S. 193. also: quae annale judicium ecclesiasticum, vbi in villis & pagis archidiaconi per officiales cognoscebant de illis criminibus, quae erant in anno illo denuncista & ad hanc iurisdictionem synodalem pertinebant.—S. 196. Feldschaden, Scheltworte, Schlägerey und andre Unthaten wurden ins Landgericht, alle Hauptrügen und Ungericht aber ins Halsgericht gewroget, was aber auf Feyertagen begangen und sonst wider die zehn Gebote geschahe, ward in den Send gerüget.

§. 9.

Hiernächst gebühret dem Magistrat auch das Recht der freyen Rathswahl, bey Abgang eines Membri Senatus ein neues zu ernennen und zu erwählen, wiewol die Wahlprotocolle von singulis unterschrieben eingesandt werden müssen. — Dieses Wahlrecht gebühret dem Magistrat 1) ex immemoriali consuetudine, 2) ex jure Lubecensi, 3) nach besondern Landesgesetzen (s. Landtags Abschd. vom 11 Jul. 1654. Rathhäusl. Reglement vom 12 Jun. 1712. General Patent von Confirm. der Privil. vom 24 Sept. 1740 (*)) 4) durch Special Verordnung auf Cößlin selbst, denn 1718 und 1723 hat die Regierung, und 1721 und 1740 die Kammer in ihrem nach Hofe abgestatteten Gutachten dahin concludiret, daß besonders Cößlin das Wahlrecht zuständig sey (**). — Was etwa darwider geschehen zu seyn scheinen möchte, ist salvo jure electionis geschehen (***).

(*) Hieher gehöret auch ein Bescheid, welchen Friederich I. 1693 bey Gelegenheit einiger Zwistigkeiten zwischen Rath und Bürgerschaft zu Pyritz ergehen ließ, darin es unter andern heißet:
„Den Magistrat aber nicht allein bey der freyen Wahl, als welche wir unsern Immediatstädten gnädigst concediret, sondern auch sonst wider alle Unbilligkeit jederzeit zu schützen."

Ein

Cap. II. Von der Stadt Rechten und Freyheiten.    73

Ein gleiches wird gedachtem Magistrat, in einem Commissionsreglement, d. d. Coln an der Spree den 15 Sept. 1699, mit folgenden Worten versichert: „Daß ihm die freye Rathswahl, wie allen pommerschen Städten, zustehe."

(**) Noch ganz neulich wurde die Veranlassung des Gen. Directorii und der Kammer, welche dem Wahlrecht des Magistrats, in einem gewissen Fall, zu nahe trat, per Rescr. vom 16 Oct. 1755 unmittelbar vom Hofe wieder aufgehoben.

(***) Davon kan folgende Declaration zu Zeugniß geben:
„Demnach S Churfürstl Durchl. U. G. Herrn Bürgern und Rath der Stadt Cößlin unterthänigst angesuchet, das wegen D. Kuels Rathswahl ergangene Rescript d. d. Cöln an der Spree den 17 Jun. 1690 dahin gnädigst zu declariren, daß hierdurch ihrer freyen Wahl in ferner vorkommenden Fällen nicht präjudiciret seyn solle, und dem höchstgedacht. S. Churf. Durchl. solchem der Supplicanten Suchen in Gnaden statt gegeben; als declariren Sie obbesagtes Rescript vom 17 Jul. a. p. dahin gnädigst, daß, wenn sich Supplicanten nach dem Inhalt desselben gebührend achten werden, dasjenige, so mit D. Kuel passiret, künftig ihres nicht nachtheilig seyn, und sie gleich andern Städten, nach hergebrachten Observanz bey dem Rechte der freyen Rathswahl gelassen werden sollen. Sign. Coln an der Spree den 7 Jan. 1691.
(L.S.)                           J. C. j. Anhalt.

### §. 10.

Cößlin ist eine Immediatstadt, und hat daher das Recht, die Landtage und andere das Land angehende Convente zu bereisen, da sie den Consiliis sessione & voto beywohnet. — In der Rangordnung des städtischen Corporis behauptet sie die fünfte Stelle. Ich will kürzlich die Gelegenheit berühren, bey welcher sie solche erhalten hat. Die stiftischen Städte hatten ehedem mit den herzoglichen keine Gemeinschaft, sondern es war das Stift Status in statu, wie aber das Bischofthum Camin, vermöge Osnabrükischen Friedens von 1648, ums Jahr 1653 dem Churhause Brandenburg von den Schweden abgetreten, secularisiret und als ein Fürstenthum dem Herzogthum Pommern incorporiret wurde, so besorgten die andern Städte um so mehr eine Kränkung ihres Vorgangs und Sitzungsrechtes, als schon Colberg unterm 3 Jul. 1647, bey der zu Stettin versamlet gewesenen städtischen Conferenz, durch ihren Syndicum D. Schwedern, in Ansehnng des Vorganges, wider Stargard und Greifenberg protestiret hatte.  Es reprotestirten demnach diese beyden Städte durch den stargardschen Syndicum Christ. Buteliuim sogleich dagegen, und Stolp so wol, als Treptow traten ihnen bey, und verbun-

K                              den

74　II. Abth. Von der bürgerlichen Geselschaft der Stadt Cößlin.

den sich in einer den 25 May 1653 zu Greifswald angestellten Conferenz, den stistischen Städten Colberg und Cößlin im geringsten nicht zu weichen, sondern vielmehr sich mit gemeinschaftlichem Rath, Bemühung und Kosten wider alles zu schützen, wenn ihr Vorgangs= und Sitzungsrecht auf irgend eine Weise solte angetastet werden. — Nun hätte dieser Präcedenzstreit Weiterungen veranlassen können, wenn nicht, auf dem 1654 zu Stargard gehaltenen Landtage, so wol zwischen Ständen von Prälaten und Ritterschaft, des Herzogs und Fürstenthums, in Ansehung des Directorii und Rangordnung, als zwischen den Städten, in Ansehung des Vorganges, auf Vermittlung der Churfürstl. Commissarien, dieser Streit, so viel die Städte betrift, dahin wäre geschlichtet worden, daß Stargard die erste — Colberg die andere — Stolp die dritte — Greifenberg die vierte — und Cößlin die fünfte Stelle — die übrigen pommerschen Städte aber ihre Stellen und Sitzung nach der Ordnung, wie sie solche vor Alters gehabt, unter sich haben und behalten solten. — Hiemit war Cößlin zufrieden, Colberg aber reservirte wider Stargard, Stolp wider Colberg, Treptow und Rügenwalde aber wider Cößlin fernern Erweis ihrer Befugnisse: nachdem aber solcher nicht erfolget ist, stehet Cößlin 112 Jahr (*) im Besitz dieses Rechtes (**). Die Folge aller pommerschen Städte kan man in Hildebrands Verz. der Hirten nach Gottes Herzen im obrigkeitlichen Stande S. 7. nachsehen, wo diese Sache ausführlich erläutert ist. Vergl. Rango in orig. pom. p. 138.

(*) Noch ganz neulichster Zeit hatte Cößlin Gelegenheit von diesem Rechte Gebrauch zu machen; denn, als sich etwa 1759 die Städte der Landrathswahl zu Stargard annahmen, und unmittelbar ins Cabinet Vorstellung thaten, unterschrieb Cößlin vor Treptow und Rügenwalde. — Wenn auch sonst dem städtschen Corpori von der vorsitzenden Stadt Stargard etwas zu communiciren ist, sendet sie es gemeiniglich erst an Cößlin, um es, als die erste nach den vorsitzenden Städten, den übrigen Magisträten bekant zu machen.

(**) Man hat Cößlin in zwiefacher Qualität zu betrachten, einmal in so ferne sie zu dem Corpore der pommerschen Städte gehöret, und zweytens, in so ferne sie wegen des Besitzes adlicher Lehngüter mit zur Pommerschen Ritterschaft gehöret. Im ersten Fall erscheinet die Stadt per Deputatos. — Auf allgemeinen Landtagen komt dies nicht mehr vor, weil dieselben nicht mehr gehalten werden. Bey Huldigungen aber ist den 19 Jun. 1715 von den Städten, unter Genehmhaltung der Huldigungscommission, beliebet und feste gesetzet, daß sämtliche Burgemeister von allen Städten beysammen, hinter ihnen sämtliche Cämmerer,

rer, und hinter diesen sämtliche Senatoren, jedoch nach Ordnung der Städte sich gestellen, und den Huldigungseid zusammen ablegen sollen. Die Abgeordneten aus Mittel der Bürgerschaft werden ohne Absicht auf den Fang der Städte, jedoch von den Magistratspersonen abgesondert, gestellet, und zugleich mit vereidiget. Im zweyten Fall sortiret Cößlin unter den Schlawischen Kreis, und erscheinet per Syndicum, welcher der Stadt Lehnträger ist. Dieser nimt bey der Huldigung unter der Ritterschaft nach Ordnung der Geschlechter, von denen, die Lehne herrühren, seinen Plaz, und finden dabey keine Deputati statt, denn der Syndicus muß den Lehneid abschweren. Und so ofte in der Person dieses Lehnträgers eine Veränderung vor sich gehet, muß der neue Syndicus, als angehender Lehnträger, die Lehne muthen. — Ehedem hatte der Magistrat zu Cößlin auch die Schlüssel zu der Stiftsstände gemeinen Schatzkasten, als aber zu churfürstl. Zeiten das Contributionswesen verändert, und eigene Steureinnehmer bestellet wurden, muste dies wegfallen. Gleichwol behielte Cößlin das Condirectorium beym Contributionswesen, und ließ solches durch seinen Syndicum verwalten, der also das Kreissyndicat als ein annexum seines städtischen Amts, iure ciuitatis, bekleidet, und dafür ein Gehalt von 60 Rthlr. genießet. — Man hat viel Versuche gemacht, sowol von Seiten der Stadt Colberg, als auch des ablichen Landraths, dieses Vorrecht der Stadt zu entziehen, diese aber bis auf gegenwärtige Stunde sich dabey geschützet.

§. II.

Wir wollen jezt ein paar Worte von der Strandgerechtigkeit der Stadt Cößlin sagen, wir nehmen aber dies Wort in diesem Abschnitt in seiner engsten Bedeutung, da es das Recht bezeichnet, über gestrandete Güter zu erkennen, zu disponiren und in gewissen Fällen Antheil daran zu nehmen (vergl. Schotteln von den alten teutschen Rechten c. XX) Aus einem Privil. B. Benedicti, welches Rango in origg. S. 331 f. liefert, ersiehet man, daß der Colberger Strandgerechtigkeit bis ans cößlinsche Nest gegangen, von hieran erwarb sich Cößlin dies Recht durch Ankauf des Strandes von den Jaschonen und Barthusewitzen, davon wir bald mehreres sagen werden, denn in dem 1353 desfals gezeichneten Kaufbriefe heißt es: Vendidimus litus, quod dicitur Strand — cum duabus partibus — omnis piscature fructus, vtilitatis dominii, & omnis juris superioris & interioris manus & colli, cum his que in Alto & Basso inter, super & subter terram apparent & sunt & in futurum fieri possunt. — Und obgleich schon in alten Zeiten die Landesherren diese Gerechtigkeit sich allein zuzueignen pflegten (s. v. Dregers Cod. Dipl. T. I. p. 556) so hat doch B. Johannes in der 1356 darüber ertheilten Confirfirmation desfals kein Wort erinnert, sondern schlechtweg die Stadt mit dem Strande und aller daran haftenden Gerechtigkeit feyerlich belehnet; daher wir sicher schließen, daß Cößlin sich dieses Rechts von Alters her, so wie Colberg, auch in seiner ehemaligen und von Bogislaf X gemilderten Strenge, bedienet. — Neulicher Zeit aber ist diese Strandgerechtigkeit in Untersuchung gezogen, und, nach eingegangener Relation, den 18 Sept. 1724 die Entscheidung dahin ausgefallen.

„Daß Magistratus in Sachen von gestrandeten Gütern sich keine Cognition oder Untersuchung anmaßen darf, sondern vorkommende Fälle, so bald sie ihm zur Notiz kommen, dem königlichen Amte anzeigen, auch, auf Erfodern, die unter seiner Jurisdiction wohnende Leute dem Amte sistiren muß, und bekommen die Stadt Unterthanen nach wie vor ihr Bergelohn (*)".

(*) Gleichwol behauptete sich vor wenig Jahren der Groß = Cantzler Herr von Cocceji als Erbherr auf Wussecken in einem gewissen Fall, durch rechtliche Erkäntnis in ungekränktem Gebrauch dieses Rechtes, welches der Stadt um so vielmehr in praeiudicium dienet, da dieselbe ihr Strandrecht von den Wussekischen Herren, Titulo emtionis, erhalten hat. — Ein paar Worte müssen wir noch von dem Börnstein sagen, welcher öfters auf dem Cößlinschen Straude gefunden wird. Er zeiget sich, wenn der Wind stark aus Norden stürmet, und mehr an dem Nesser als bepschen Ufer. Von selbst kemt wenig an Land, der meiste wird gekessert, sobald als der Nordwind sich durch Landwind abstillet. Die Beute gehöret, denen, die s: erhaschen, doch haben gewisse Leute in Rügenwalde und Stolp sich das Recht gepachtet, den An = und Vorkauf allein zu haben. Es giebt zuweilen Stücke von 11 bis 12 Loth, und 1749 wie auch 1764 war ein großer Segen, daß das Fischerlager Nest wol an 100 Pfund mocht erbauret haben. Man trift auch zuweilen große Stücke auf dem Lande an, wie ich denn vor wenig Jahren ein Stük in Handen gehabt, so ein Hirte am Gollenberge gefunden, das einer Hand groß und dicke war.

§. 12.

In der Strandgerechtigkeit gehöret in weiterm Verstande auch das Recht zur Schiffahrt und Fischerey. So viel davon hieher gehöret, soll auch kürzlich mitgenommen werden. Wir haben schon oben II. Abth. Cap. I. §. 4. 5. 6. erwähnet, daß Cößlin diese Handthierung vormals sehr stark getrieben, und wider alle Anfälle der benachbarten See = und Hansestädte sich dabey geschützet. Dieses Recht gründet sich ursprünglich auf den Ankauf des Strandes von den Jaschonen und Bar-
thu-

**Cap. II. Von der Stadt Rechten und Freyheiten.** 77

thusewitzen, welcher eine Uebertragung aller Gerechtsame in sich schloß. Weil aber der starke Gebrauch dieses Rechtes von andern Städten, sonderlich Colberg, in Widerspruch gezogen wurde, ließ Cößlin 1430 diese Befugniß mit klaren Worten in sein Privilegium rücken, die wir oben I. Abth. Cap. I. §. 5. schon angeführet haben, welches die nachfolgenden Bischöfe, selbst Martui Carith, der hernach Cößlin darin so sehr zuwider war, in ihren Privilegien wiederholet haben. — Nun ist zwar nicht zu leugnen, daß die Cößliner nicht weiter, als auf ihrem Strande, ab und anzufahren, laut dieser Privilegien, mochten berechtiget seyn; sie sagten aber, sie kämen auch in keine fremde Hafen, außer im Nothfall, wenn sie vor dem Sturm Land suchen müßten, es mochte aber allerdings etwas öfter geschehen, sonderlich da die depschen Fischer anfingen, ihren besondern dem allgemeinen Nutzen vorzuziehen, und in die nächsten Hafen einliefen, nicht blos sich zu bergen, sondern ihre beste Waaren erst abzusetzen. Dies machte der cößlinschen Handlung bey den benachbarten Städten gleich ein Aufsehen, und gab ihnen eine Gelegenheit, ihren anderweitigen Widerwillen gegen dieselbe (*) eine Farbe anzustreichen, und mit Beschlagung der Fahrzeuge unter dem Schein des Rechten dieselbe so viel möglich zu stören und zu hemmen, da solches dadurch nicht geschehen konte, daß man Cößlin das Recht zur Schiffahrt ganz absprechen mögen, worin sie sich noch bis auf diese Stunde behauptet hat.

(*) Es kam, außer dem eingebildeten Eintrag, den Cößlin in anderer Städte Nahrung thun solte, auch noch dieses hinzu, daß Cößlin nicht die Hänse gewinnen, oder sich zu dem hanseatischen Bunde begeben wolte (s. oben c. I. §. 5. (*¹) Man sahe aber von Seiten Cößlins genugsam ein, daß dieser ganze und weit gerühmte Bund von kleinem Nutzen, aber großen Kosten war, die man zum unmittelbaren Vortheil der Stadt besser zu brauchen wußte (vergl. H. Dähnerts Pom. Bibl. II. Th. S. 157.)

§. 13.

Aus dem Ankauf des Jamenschen Sees und des Strandes gebühret der Stadt auch das Recht auf beyden Gewässern zu fischen, und ob dieses gleich nicht von den Bürgern betrieben wird, so kan der Magistrat doch die Pächter dieser Fischereyen anhalten, die Stadt vorzüglich mit Fischen zu versorgen. — Bey Anlegung der Stadt sahe es um die Fischerey

sehr eingeschränkt aus. B. Herrmann ertheilte ihr zwar die Freyheit, daß die Bürger innerhalb ihren Feldmarken fischen könten, wo sie wolten: dies sagte aber nicht mehr, als daß sie in der Mühlenbach fischen könten, denn sonsten hatten sie innerhalb ihrer damaligen Feldmark kein fischbar Wasser. Das übrige, daß sie außerhalb derselben auch mit kleinem Fischergeräth ihr Heil versuchen möchten (s. oben I. Abth. Cap. I. §. 14.) war mit so viel Unbequemlichkeit verknüpft, daß es von selbst wegfiel, und was man von der Nodoise erwartete, wurden Träume. Selbst wegen der einzigen Mühlenbach bekam der Rath mit dem Kloster Zwistigkeiten, indem daßelbe auch ein Wehr darauf hatte, weswegen B. Siegfried sie gerichtlich vertragen, und zum gemeinschaftlichen friedsamen Gebrauch verweisen muste. -- (vergl. oben I. Abth. Cap. III. §. 1. (***))
Mit so wenig Fischen nun, als die Stadt hiedurch haben konte, wenn man auch die Stadtgraben dazu nimt, (s. oben I. Abth. Cap. II. §. 2.) war es ihr nicht möglich ihrer Nothdurft zu rathen, und daher ein Glück für dieselbe, als sie den Jamenschen See und den Strand käuflich an sich bringen konte, welches unten ausführlich wird erzählet werden.

### §. 14.

Hiedurch erhielt Cößlin nun die Ostsee und den frischen See zur Fischerey, ein Vortheil, dessen wenig Städte sich rühmen können, und der Cößlin so glücklich macht, zu allen Jahrszeiten allerhand Fische in angenehmer Abwechselung, und was das vorzüglichste ist, recht frisch, zu haben. Die Besischung dieser Gewässer haben die Nester und deepschen Fischer, wovon sie der Cämmerey ihre Auflagen entrichten müssen, wiewol auch den Jamundschen frey stehet mit einer Wade, zu ihrer Nothdurft, an ihrem Ufer zu fischen. Die Winterfischerey mit dem großen Garne auf dem Jamenschen See, nebst dem Aal- und Neunaugenfange im laufenden Tief, werden besonders verpachtet und der Cämmerey berechnet. Vordem musten solches die Jamundschen Bauren in Hofedienst verrichten, jezt aber wird alles von 6 zu 6 Jahren licitiret, und giebt gegenwärtig das große Garn 75 Rthlr Pacht, der Aal- und Neunaugensang aber 40 Rthlr. Man hat Exempel, daß mit dem großen

Garn auf einen Zug 50 bis 100 Tonnen Fische sind gefangen worden. Die Züge sind in dem Seebuch verzeichnet.

§. 15.

Die Privilegia B. Magni von 1410 und B. Marini de Fregens von 1480 verleihen der Stadt auch das Jus venandi oder die Jagdgerechtigkeit, wie sie solche von Alters gehabt, daher dieselbe solches auch Jahrhunderte hindurch geruhig besessen, deswegen in den Statutis von 1666 Art. 36. die Verordnung gemacht worden.

„Keiner soll, von Invocavit an bis Jacobi, mit Hunden oder Netzen jagen, rühren oder schießen, bey Strafe 10 fl. und soll von solcher Strafe derjenige, so einen betrift und anzeiget, die Hälfte zu genießen haben: Nach Jacobi aber stehet allen Bürgern, so an liegenden Gründen, oder stehenden Stöcken, auf 200 rthl. gesessen, bis Invocavit das Schießen und Jagen mit Hunden frey, andern aber, als Fremden, und denen, welche so hoch an Gütern nicht gesessen, ist es durchaus verboten."

Doch haben die hochseligen Bischöfe und Landesfürsten im Gebrauch gehabt, sich der Vorjagt zu bedienen, und, wie Pommern an das Durchl. Haus Brandenburg fiel, ist 1655 von den Beamten die Vorjagt unternommen worden, solches hat die Stadt, da es in Observanz gewesen, auch gerne geschehen lassen, ohne jedoch dabey onera & praestanda zu tragen, die ihr auch nicht zugemuthet worden. 1683 aber, da der Geheime Rath und Obristforstmeister Ulrich Christoph von Schwerin dem Magistrat die angesetzte Vorjagt intimirte, foderte er nicht nur freyen Unterhalt für sich, seine Leute, Pferde und Hunde, sondern auch so viel Handdienste, daß den Cößlinern angst und bange ward. Sie protestirten zwar heftig, musten aber thun, was er haben wolte. So ging es auch 1694, als der Obristforstmeister von Zanthier die Vorjagt hielte, das kostete der Cämmerey über 72 Rthl. wofür 2 Füchse und 2 Rehe gefangen wurden. Inzwischen hielt der Magistrat steif und fest auf sein Jus venandi, und schützte es wider den Amtshauptmann von der Osten, dergestalt, daß ihm solches, bey 10 Rthl. an die Cämmerey zu erlegen, verboten

boten wurde, wo er sich betreffen ließe: er schickte aber seinen Jäger Peter Tornow, den nahmen die Cößliner hübsch in Arrest, und ließen ihn nicht eher los, bis der Hr. Amtshauptmann durch einen Rievers vom 30 Jun. 1705 angelobte, daß er, wenn auch seine Bedienten sich solches unterfingen, die 10 Rthl. Strafe der Cämmerey erlegen wolte.

§. 16.

Sub Refer. den 15 Sept. 1727 erklärten S. Königl. Maj. allergnädigst: daß die Vorjagten und daraus entspringende Ausgaben nachbleiben, statt dessen aber ein gewisser Canon von jährlich 10 Rthl. an die Forstcasse entrichtet werden solten. — Dagegen aber stellte der Magistrat vor, daß dies der Cämmerey zu schwer fiele, angesehen die Jagt der Stadt wenig oder nichts einbrächte, weil hier durch das beständige Schießen der Garnison das Wild ganz verjaget würde. — Das hat gemacht, daß es noch lange dabey geblieben ist, und jetzt von selbst wegfält, da durch den Brand im Hammerwalde und die feindliche Invasion die Wildbahn gänzlich ruiniret ist.

§. 17.

Beynahe aber wäre Cößlin um seine ganze Jagtgerechtigkeit gekommen, als 1731 der Hr. Jagtrath Hering ihm solche, wenigstens im Gollenberge, durchaus streiten wolte. Er berief sich zuversichtlich auf des B. Heinrichs Privilegium von 1313 (s. oben I. Abth. Cap. III. §. 8. (\*\*)) darin sich derselbe bey Schenkung des Gollenberges die Jagt ausdrücklich vorbehalten, die also nunmehr als ein Regale refervatum dem Landesherrn zustünde. — Der Magistrat aber erwieß sein Recht aus längst verjährtem Besitz dieser Gerechtigkeit, aus dem alten Amts Urbario, darin nicht gedacht wird, daß die Jagt im Gollenberge dem Bischof priuatiue zustehe, sondern dem Kloster nur eingeräumet wird, nach Anzahl seiner liegenden Gründe, auf dem Stadtfelde gleich andern Bürgern zu jagen, und endlich aus einem Schreiben H. Casimirs, (\*), welcher den Magistrat bey einer gewissen Gelegenheit für ihn zu jagen anspricht, welches nicht wäre nöthig gewesen, auch nicht würde geschehen, wenigstens anders angetragen seyn, wenn der Bischof einen ausschließlichen Anspruch dar-

Cap. II. Von der Stadt Rechten und Freyheiten.

darauf gehabt hätte ꝛc. Hiedurch erhielt nun der Magiſtrat unterm 11 März 1737 den Regierungsbeſcheid: „daß Beklagte von der fiſcaliſchen Action zu liberiren und bey der Jagt zu ſchützen." Bey eingebrachter Appellation von Seiten des Hrn. Jagtraths gingen nun zwar hierauf die Acten nach Hofe, allein auch da erhielte der Magiſtrat unterm 28 Aug. 1738 dieſe obſiegliche Urtel:

„Daß Sententia a qua vom 11 Mart. 1737 zu confirmiren, indeſſen aber dem Oberforſtmeiſter frey bleibet, die Vorjagt nomine Regis, jedoch zu rechter Zeit, zu exerciren."

Auf dieſe Weiſe hat Cößlin noch bis auf dieſe Stunde das gegründete Recht, in ſeinem Eigenthum zu jagen, und kan ſolches, an wem es will, verpachten.

(*) Vielleicht thue ich einigen meiner Leſer einen Gefallen, wann ich dies Schreiben ſelbſt herſetze:

„Von Gottes Gnaden Caſimir Herzog zu Stettin Pommern ꝛc. Unſern Gruß zuvor. Erbare und Erſame liebe Getreue. Nachdem der hochgeborne Fürſt, Herr Bogislaff Herzog zu Stettin Pommern, unſer freundlicher lieber Bruder und Gevatter aufm nechſten Freytag auf unſerm Hauſe zu Cosſlin anzukommen und Uns freundlich zu beſuchen willens und entſchloſſen. Als begehren Wir gnediglich ihr wollet aufn nechſten Mitwoch und Donnerstag in den Coſſlinſchen Holtzungen jagen, und woferne mit Gottes Segen etwas an Wildpret gefangen wird Uns ſolches zu dieſer fürſtehenden Ausrichtung verehren und zuſchicken, worin ihr euch unbeſchwert bezeigen werdet, daran thut ihr Uns zu gnedigen Gefallen in Gnaden zu erkennende. Datum Caſimiersburg am 17 Julii Anno 91." Auf gleiche Weiſe hatte ſchon 1555 B. Mart. Weyher bey einem gewiſſen Fall den Magiſtrat in einem ſehr gnädigen Anſchreiben erſucht, ſeinem Amtman Jürgen Jannewitzen zu erlauben, daß er auf dem Stadtfelde jagen dürfe, wovon die Urkunde gleichfalls noch vorhanden iſt.

§. 18.

Cößlin hat auch von undenklichen Jahren her das Recht, bey Erbſchaftsgütern, die anderswohin abgeführet werden, den Zehenden zu fodern, ſo wie die Abzugsgelder bey Perſonen, die ihr Vermögen einer andern Jurisdiction unterwerfen wollen, oder das Jus Decimarum &. gabellae emigrationis. — Ich finde ſchon in einer Urkunde von 1491, daß der Magiſtrat bey der Vogtey zu Bublitz wider einen Bürger Klage erhoben, der ſein Vermögen ohne Abgabe des Zehenden heimlich aus der Stadt entführet, in welcher Sache ihm auch ein gewieriger Beſcheid ertheil-

II. Abth. Von der bürgerlichen Verfassung der Stadt Cöslin.

ertheilet worden. 1666 ward Art. 13. der Stadtstatuten dieserwegen festgesetzet:

„Ein jeder Bürger und Fremder, welcher von hier wegziehet, oder Erbschaft an andere Oerter holet, soll vorhero, und ehe er erlassen, oder die Erbschaft abgefolget wird, der Stadt von allen den Zehenden entrichten, und ein jeder Erbgeber und Nachbar, oder der sonsten das Erbe in Verwahrung hat, auf alle Fälle, bey dem regierenden Burgemeister sich anmelden, und auf seinen bürgerlichen Eid das Inventarium beybringen, und anzeigen, daß der Bürger wegziehen wolle, oder der Erbe gekommen sey, sein Antheil Erbes abzuholen, welcher solches nicht thun wird, oder etwas verschwiegen, so soll der Bürger und Erbgeber nicht allein willkürlich gestrafet, sondern auch den Zehenden doppelt abzutragen schuldig und was er verschwiegen verlustig seyn."

Bey diesem Rechte hat sich nun auch die Stadt in vielen anzuziehenden Fällen geschützet, wie denn S. K. M. Friederich Wilhelm hochsel. Gedächtniß solches Sub Refer. vom 8 May 1724 sämtlichen Immediatstädten allergnädigst confirmiret haben, doch ist ratione gabellae emigrationis die Sache Sub Refer. vom 13 Aug. 1723 dergestalt eingeschränkt, daß, wenn der Wegziehende nicht außer Landes gehet, solche cessiren soll.

§. 19.

Ehedem hat Cöslin, wie andere Städte, auch das Recht zu münzen gehabt. Man hatte vor dem Brande zum Andenken dieser Gerechtigkeit noch viele kleine Münze, die zu Cöslin geschlagen war und den Namen der Kickerlinge(*) führte, auf dem Rathhause verwahrlich beygeleget, welche jetzt aber verloren gegangen. — Das Münzhaus stand in der großen Papenstraße zur linken Hand, wenn man nach dem Pulverthurm gehet. Rathhäusliche Acten besagen, daß 1639 ein Bürger Namens Gabr. Papke dieses Münzhaus besessen und vermiethet. Nach 1653 aber ist es an dessen Gläubiger gekommen, und endlich gar ein-

Cap. II. Von der Stadt Rechten und Freyheiten.

eingefallen. Der Platz hat noch lange Zeit hernach der Mistphof geheissen, jezt aber ist er bebauet. Da nun inzwischen jus monetam cudendi Regale Principis geworden, fällt solches von selbsten weg.

(\*) Es scheinet das Wort Rickerling mit dem Wort Rickel, welches in den Urkunden Ricker geschrieben wird (s. oben I. Abth. Cap. III. §. 8. (\*\*)) in Verwandschaft zu stehen, wie aber, kan ich sagen, das aber glaube ich, daß es eine eigenthümliche Cößlinsche Münze gewesen, etwa den Finkenaugen ähnlich, wovon in Cößlin noch zwey Stück von einem werthen Freunde aufgehoben werden.

Von der Maßgerechtigkeit der Bürgerschaft in dem Buchwalde haben wir schon oben I. Abth. Cap. III. §. 10. das nöthige beygebracht. Von dem Rechte aber, so Cößlin an dem colbergschen Kloster hat, und von dem Jure patronatus, soll unten gehandelt werden.

Das

## Das dritte Capitel.
## Von den Stadtgütern.

Hier wird gehandelt

§. 1. Von Anlegung der Cämmerey.
§. 2. Von Vorband.
§. 3. Von Puddemsdorf.
§. 4. Von Jamund.
§. 5-7. Vom Jamenschen See.
§. 8. Vom Fischerlager Neft.
§. 9. Vom Fischerlager Derp.
§. 10. Von Maſtow.

§. 11. Von Momker und Stegelln.
§. 12. Vom Stadtkathen.
§. 13. Von den Caſen.
§. 14-17. Von den Mühlen.
§. 18. Von den Ziegelſcheunen.
§. 19. Von Schwerinsthal.
§. 20. Von Meyeringen.
§. 21. Von einigen Grüften.

§. 1.

Es ist unmöglich bey einer Commune, eine jede zum allgemeinen Besten nöthige Ausgabe durch Schatzungen oder Kopfgelder zu bestreiten, daher bey wohlbestellten Gesellschaften öffentliche Caſſen angeleget werden, der allgemeinen Nothdurft dadurch zu rathen, und durch die Vortheile, die ein ſolcher Schatz bey treuer und gewiſſenhafter Verwaltung abwerfen kan, die Laſten der Glieder einer ſolchen Geſellſchaft zu erleichtern. Es ſind daher in allen wohlbeſtallten Städten aeraria publica, wozu die Landesherrſchaften und die ganze Commune nach und nach gewiſſe Capitalien und Einkünfte geſchlagen, um daraus das Erfoderliche des gemeinen Beſtens zu aller Zeit zu beſtreiten. — Ein ſolches Aerarium publicum, oder, wie es gemeiniglich heißt, Cämmerey, iſt auch zeitig bey Cößlin angeleget. Wir haben gleich in dem oben I. Abth. Cap. I. §. 10. angeführten erſten Fundationsprivil. des B. Herrmans geſehen, daß er den erſten Anbauern der Stadt & corum heredibus 30 manſos, von den zuerkanten hundert Hufen, beſonders zugeeignet, welches man ſchwerlich anders wird verſtehen können, als daß ſie, welche damals den erſten Stadtmagiſtrat vorſtelleten, und ihre Amtsnachfolger (*) ſolche haben ſollen. Dies iſt alſo der erſte Cämmereyacker

Cap. III. Von den Stadtgütern.

acker geworden, wovon der Magistrat seine Besoldung genommen. — Ferner ob sich dieser gütige Bischof gleich die advocatiam & judicium cum omni iuris plenitudine vorbehalten, so hat er doch den dritten Theil des Abnutzes dieser Gerichtbarkeit vsui ciuitatis überlassen. — Von den Mühlen, die er ihnen zu bauen vergönnete, verlangte er gar nichts. — Kurz die Cämmerey erhielte in 26 Jahren so viel, daß man an die Aufführung der Mauren schon denken und 1308 das Dorf Gorband nebst den Overschlägen oder Würdeländern ankaufen konte. — Als aber der B. Friederich von Eichstädt der Statt das Dorf Jamund schenkte, ward die Cämmerey in die besten Umstände gesetzet, daß ex pixide ciuitatis beträchtliche Ausgaben bestritten und den Bedürfnissen der Stadt rühmlich konte gerathen werden. 1311 wird das erstemal in einer cößlinschen Urkunde der Cämmerer gedacht.

(*) Daß das Wort beredes dergleichen Bedeutung habe, siehet man aus einer Urkunde von 1294, da heißt es von der Pacht, welche der Müller gegeben: Omnia jura, que Johannes facere tenebatur *consulibus* in Cuslalin & *suis beredibus*. d.i. die nach und nach im Rath gefolget sind.

§. 2.

Zwey und vierzig Jahr war Cößlin alt, als die Cämmerey schon an Landgüter dachte und 1308 ihr erstes Gut Gorband kaufte. Die Gelegenheit dazu haben wir schon oben I. Abth. Cap. III. §. 8. ausführlich berühret. Der Kaufschilling war 100 Mark. Nun ist wol nicht zu muthmaßen, daß ein Gut, welches jetzt an 240 Rthlr. Einkünfte träget, anders, als nach der höchsten Mark, werde verkaufet seyn, diese enthielt 24 Schott, oder 16 Loth Silber, und gewährte etwa 8 Rthl. daß also die 100 Mark 800 Rthl. ausmachen, welches nach damaliger Zeit zwar viel Geld, aber doch billig war, und auch billig seyn muste, indem das Gut in sehr schlechten Umständen war, daß man es gegen vier Freyjahre erst ansetzen muste, um es wieder in Stand zu setzen. — Die Bestätigung dieses Kaufs, welche B. Heinrich 1313 ertheilet, haben wir oben I. Abth. Cap. III. §. 8. (**) der Länge nach eingerücket. — Gegenwärtig hat die Stadt in Gorband ein steuerfreyes Vorwerk und drey Bauren, welche drey zusammen ein und fünf viertel Landhufe versteuren und dabey zu Hofe gehen müssen, außerdem sind drey Cossaten.

86  II. Abth. Von der bürgerlichen Verfassung der Stadt Cößlin.

§. 3.

Nach Gorband nennen wir Puddemsdorf, oder wie es vormals geschrieben wurde, Buddemerstorp und Pudyperstorp. — Daß dieses Dorf 1313 schon gestanden, siehet man aus kurz vorher angezogener Urkunde, wenn es aber, und wie es ein Stadteigenthumsdorf geworden, davon schweigen alle unsere Nachrichten.  Das erstemal, da es unter den Stadt-gütern namentlich mit aufgeführet wird, ist in dem Privileg. B. Magni von 1410, und von da an zählen es die folgenden Privilegia immer mit darunter. — Es ist ein kleines Dorf, darin sind 5 Bauren, die aber alle fünfe nur zwey und ein viertel Landhufe versteuren, nebst 2 Cossaten, die gar wenig Land haben.  Sie musten ehedem zum Stadtkathen zu Hofe gehen, jetzt ist darin eine Veränderung getroffen.

§. 4.

Es hat aber mehr zu sagen, wenn wir Jamund unter den cößlin-schen Eigenthumsdörfern aufführen.  Jamund, oder wie es ehedem ge-schrieben ward, Jamen, Jamele, Jamenr, halte ich viel älter als Cößlin. Ich habe in dem Entwurf einer Urkund. Geschichte dieses Dorfs, wel-che unsere Kirchenbibliothek handschriftlich aufbehält, meine Gedanken dahin geäußert, daß Jamen oder Jome die Burgwyke zu dem alten Raubschloß Jomsburg gewesen (Vergl. oben I. Abth. Cap. III. §. 7. (*). Dies trift aber ins IX und X Jahrhundert, und wie das Schloß verstö-ret wurde, hielt sich Jamen, und gerieth auf die Weise, als wir oben I. Abth. Cap. I. §. 7. bemerket haben, mit dieser ganzen Gegend, an den Camminschen Bischof Friederich von Eichstädt.  Dieser löbliche und fromme Bischof war seiner lieben Stadt Cößlin so gut, daß er ihr das Dorf schenkte, ein Geschenk, welches einer Danksagung noch wol wehrt war (*).  Es ist ein Kirchdorf ohne Filial, über welches der Magistrat einzig und allein das Jus patronatus hat (**).  Ehedem waren 17 Voll-bauren und 14 Halbbauren darin: wie aber 1628 sechs Halbbaurenhöfe abbrauten, sind derselben Hufen andern 6 Halbbauren beygeleget, und be-stehet jetzt das Dorf aus 23 Vollbauren und 2 Halbbauren.  Hiernächst hat es 12 Cossaten, worunter drey sogenante Kruger und ein Freycossat gerechnet wird. Außerdem sind auf der Straße noch 16 Kathen für kleine Leute.

Leute. Diese 23 Voll- und 2 Halbbauren versteuren ein und zwanzig und drey und zwanzig vierzigtheil Landhufen, und kan die Cämmerey dies Dorf jährlich an 700 Rthl. berechnen.

(*) Gleichwol finden wir, daß man im Anfange so behutsam damit nicht umgegangen, als die Wichtigkeit dieses Geschenks wol erfodert hätte. Man mochte etwa zu Ankauf des Jamenschen Sees Geld gebrauchen, oder es war eine andere Gefälligkeit, die der Burgemeister Johan Fredeland der Stadt erwieß, kurz man belehnte ihn mit 14 Bauerhöfen in Jamund, und dieser brachte sie wieder an einen Paul Glasenapp, der sich Famulum nennet, und die Stadt hatte 1356 viele Mühe und Wunder, ihn wieder auszukaufen. Auch das Kloster hatte sich in Jamund schon einmal mit einer Pachthebung eingenistelt, es muste aber 1530 wieder abstehen.

(**) Dies gründet sich auf die Worte des Schenkungsbriefes, da es heißt: „Inspecta vtilitate & commodo dilectæ nostræ ciuitatis Cussalin, cujus prosperitatem & augmentum cordialiter affectamus, communi & unanimi consensu nostrorum omnium donauimus ad proprietatem pagum *Jament* cum omnibus sui attinenciis agris cultis & incultis pratis, pascuis, nemoribus & siluis, aquis, iuribus & iurisdictionibus & libertatibus, quibus hactenus ipsam ecclesiam nostram Camin noscitur habuisse perpetuis futuris temporibus possidendum, abdicantes a nobis, quicquid nobis competiis & competere potuit in eodem pago. —

(S. Epilc.)  (S. Capit.)

## §. 5.

Hiebey müssen wir zugleich der Jamenschen See gedenken, welche der Stadt in der Fischerey und zu Unterhaltung ihrer Fischerdörfer Nest und Deep so große Vortheile gewähret (*). Wir haben schon oben I. Abth. Cap. III. §. 8. angeführet, daß zu Anfang des XIV Jahrhunderts der Weywode Peter Schwenz sich Hinterpommern bis an den Gollenberg zugeeignet, und daher Gorband mit in Anspruch genommen, bis es ihm Cößlin wieder abgekauft. — Dieser Herr hatte, wie man aus einer Urkunde von 1308 ersiehet, drey Söhne, Jasko, Lorenz und Peter, welcher auch de Nowenburch genant wird, sonst hießen sie mit einem allgemeinen Namen Jasjones (**). Petern gehörte der halbe Jamensche See, wenn man sich in Gedanken eine Linie etwa vom Deep bis zum Labuser Seeberge ziehet, und der vererbte solchen an seine zween Söhne, die den Namen der Jaschonen beybehielten, und davon der eine miles & Dominus terrae Slauensis, der andere famulus & dominus terrae

Rügen-

## II. Abth. Von der bürgerlichen Verfassung der Stadt Cößlin.

Rügenwaldensis war. Diese hatten an einem angesehenen Cößlinschen Bürger Namens Joh. Spruth jun. einen guten Freund und Rathgeber, wie ihn denn schon ihr Großvater bey Verkauf des Dorfs Gorband zum Zeugen brauchet. Hinter den steckte sich der Magistrat zu Cößlin, und er ging den jungen Herren Jaschonen so lange nach, bis sie ihm den See verkauften, den die Stadt so gerne mit zu Jammund haben wolte. Denn höchstwahrscheinlich kaufte ihr Spruth in der Absicht, ihn auf eine gute Art an die Stadt zu bringen, daher ließ er sich in den Kaufbrief setzen, daß es ihm frey stehen solte, denselben wieder zu vererben, zu verschenken, zu verkaufen, und damit zu machen, was er wolte. Durch den erhielt also Cößlin dies nutzbare Stück seines Eigenthums (***). — Es kan inzwischen seyn, daß Spruth den See, so lange er gelebet, für sich allein genutzet, denn es verlaufen zwanzig Jahre dazwischen, ehe die Belehnung und Bestätigung des Bischöfl. Stuhls erfolget, 1353 aber ertheilte sie B. Johannes, und verknüpfte damit das Jus de non evocando, wenn deswegen Klage entstehen solte. Es konnte ihm dies auch nicht anders als sehr lieb seyn, da er sich so nach und nach der fremden Herren entlediget und sein Gebieth erweitert sahe.

(*) Ich muß hiebey erinnern, daß unsere gewöhnliche Charten den Jamenschen See und seine Figur ganz falsch vorstellen. Denn nach denselben sieht er nicht anders aus, als wenn er eine große Einbucht der Ostsee ins feste Land und ein Theil derselben sey, zudem wird er viel zu groß angegeben. Er ist ein süßes Wasser, hat einen schmalen Auslauf in die Ostsee, der Strand zwischen ihm und derselben ist etwa 500 Schritte breit, seine Länge ist etwas mehr als eine Meile, seine Breite aber verschieden, indem bey Labus und Puddemsdorf zwey Landspitzen hineingehen, zwischen welchen er am breitesten, und auf eine gute Viertelmeile zu rechnen ist. (Vergl. oben I. Abth. Cap. III. §. 7. (*).

(**) Bugenhagen B. III. S. 150. nennet sie Equites auratos d. i. Ritter, und macht Petern zum Herrn des Polnowschen, Jaskonen zum Herrn des Schlawischen, und Lorenzen zum Herrn des Rügenwaldischen Districts. Man muß also bey diesen Jaschonen ihre Woywodschaft und ihr Eigenthum wohl unterscheiden. Ihre Woywodschaft erstreckte sich über Pomerellen, und war ein Lehn der Krone Polen. Ihr Eigenthum aber, welches sie durch das Recht der Waffen erworben, waren obgenante drey Häuser, Polnow, Schlawe und Rügenwalde, unter welchem das ganze Hinterpommern bis an den Gollenberg stand. — Von diesen Jaschonen soll das heutige Geschlecht der Puttkammer herstammen s. Micral. B. VI. S. 368. f.

(***) Obgleich in den Kaufcontrakt nicht ausdrücklich des Strandes gedacht wird, so ist doch an dessen Mitverlauf um so viel weniger zu zweifeln, da solcher von dem

dem See nicht kan getrennet werden, und in B. Johannis Confirmation von 1353 ausdrücklich gesetzet wird, daß der See cum suis attinentiis verkauft worden. — Gleichwol muß das Antheil, welches das Basseramt und die Herrschaft zu Möllen, im Westerende, noch an dem Jamenschen See besitzet, damals in diesem Kauf nicht mit begriffen gewesen seyn, weil man gar nicht findet, daß die Stadt solches abgetreten, vielleicht aber kan der See mittler Zeit seine Grenzen weiter hieher ausgebreitet und der angrenzenden Herrschaften Land weggenommen haben, da sich denn dieselben dieses Theils der See mit Recht angemaßet. 1618 entstand wegen der Grenzscheide dieses so genanten Möllenschen Wassers zwischen den Damitzen und Schmielingen an einem, und dem Magistrat am andern Theil, ein Proceß, worin lezterer obtinirte, und erwies, daß das Möllensche Wasser am Winterwischgraben aufhöre, von da auf einen Pfal in der See gehe, von da auf einen andern Pfal, und von da auf eine Grund, zwischen dem Haverwarder und St. Georgenwarder, so eine Wiese ist, die ehedem zu St. Georgen Capelle in Cößlin gehöret hat.

### §. 6.

So hatte denn also die Stadt den halben See, wenn man, wie gesagt, eine Linie von dem alten laufenden Deep nach Labus ziehen möchte, die andere Hälfte ostwärts mit dem daran stoßenden Strande gehörte den Bulgrinen in Wusseken, welche von ihrem Stamherrn Barthus den Namen der Barthusewitzen angenommen. Man kan leicht gedenken, daß Cößlin keine Gelegenheit wird versäumet haben, auch die andere Hälfte dieses Sees an sich zu bringen, und welche Gelegenheit war besser, als diese, da die Herren Barthusewitzen viel schuldig waren, und mit Ehren zu melden, kein Geld hatten, hier ging es also auf den lieben See los. — Ihrer waren drey Linien, die an diesen See kamen, und zwey, nämlich Ulrich und Viko, entschlossen sich 1353 ihre Antheile der Stadt zu verkaufen; bey dem alten laufenden Deep, so ein wenig ostwärts dem heutigen Fischerlager Deep ist, fingen sie an. — Man muß aber zur Vermeidung aller Verwirrung sorgfältig merken, dies laufende Deep hieß von Alters und damals das Nest (*), auch riuulus und flumen Nest, muß daher mit dem Fischerlager Nest, so damals noch nicht gewesen, auch mit der Nestbache nicht verwechselt werden, welche ihren Namen daher erhalten, weil sie gerade über diesem alten laufenden Deep Nest genant in den See fällt, und auch in Urkunden fluvius, rivulus Nest genant wird s. I. Abth. Cap. III. §. 8. (**). (***). Dieses alte Nest gehörte schon zur Hälfte der Stadt, denn so weit ging ihr Theil, welches sie von den Jaschoneh ge-

gekauft hatte, von der andern Hälfte verkaufen ihr nun die Barthuse-
wißen zwey Drittel, und dann eben so viel auf dem ostwärts fortlaufen-
dem Strande bis an eine Bergspitze Hogehouet genant, so aber jetzt nicht
mehr da ist, und etwa beym Laie sich muß gefunden haben. Dieser
Strand sahe damals so arabisch nicht aus, als jetzo, er war breiter, mit
Holz und Wiesen besetzt, und an dem alten Nest waren Katen und Kruge,
welche noch lange hernach da gestanden (**). In allen diesen Stücken
erhielte die Stadt zwey Drittel, mit Befreyung von allen vormals darauf haftenden Beschwernissen, doch so, daß alles in Communion verblieb. Diesen Kauf hat B. Johannes 1356 feyerlich bestätiget.

(*) Als etwa im X Jahrhundert dieses laufende Deep denen Jomsburgern zum Aus-
und Einlauf ihrer Schiffe in den frischen See dienete, muß dieselbst ein Schleß
gestanden haben, welches diesen Paß, der ohnedem mit einer Brücke und
Fallschleuse versehen war, wider alle Gewalt deckte, daher findet man in alten Nachrichten, daß des Castri Nest Erwähnung geschiehet. (S. H. v. Schwartz
Geogr. S. 384.) Ja ich glaube, es sey dies das alte Saburgum, dessen die nord-
schen Scribenten Erwähnung thun, wenn sie das alte Jomsburg beschreiben.

(**) Eine alte rathhäusliche Handschrift hat uns folgende Nachricht aufbehalten:
„Es zeigen die alten Fischer zum Nest an, daß der Strand, welcher jetzo
das alte Tief genant, so tief gewesen, daß Schiffe haben durchgehen können.
Von beyden Seiten des Stromes sind Kruge gewesen, als ein Krug nach Möl-
lenwärts, so das schwerinsche Rechte, und der andere Krug auf der andern Seite, so
dem Rathe gehöret und das lübsche Recht gehabt. Wenn nun einer Uebelthat oder
Todschlag begangen, und so viel Zeit gehabt, daß er über den Strom kommen
können, so ist er sicher gewesen, und zwar so lange, bis von der Obrigkeit des
Kruges ein Befehl den Thäter zu extradiren ausgewirket worden.

## §. 7.

Nun blieb also noch ein Drittel des wussekischen Sees auf 93 Jahre
lang bey Wusseken, solches kam an einen gewissen Paul Bulgrin,
der war so gut und that, was seine Vorfahren gethan, und theilte sich
solches mit Cößlin, verkaufte also 1446 der Stadt ein Sechstel dieses
wussekischen Sees in alle den Stücken, Maalen und Grenzen, als es 1353
geschehen, folglich ist dasjenige, so Wusseken heutiges Tages hat, der
sechste Theil des ehemaligen Wussekischen Wassers, die vormalige Communion auf dem Strande aber hat aufgehöret, man findet zwar nicht,
wenn darin eine Aenderung getroffen worden, vermuthlich ist es nach
1617

**Cap. III. Von den Stadtgütern.**

1617 zu der Zeit geschehen, als die Herrschaft von Wusseken die Stadt aus Wusseken, Repkow und Kleist wieder ausgekauft, woselbst sie einige Bauerhöfe und gesamteHand am Kirchenlehn hatte (*). Dies konte nicht füglicher geschehen, als daß Cößlin seine fünf Sechstel für sich abmaß, und ein Sechstel für Wusseken besonders ließ, da denn der Scheidepfahl gesetzet worden, der heutiges Tages daselbst zu sehen ist.

(*) Zu Wusseken hatte die Stadt 5 Bauren, davon jeder drey Viertel einer Hägerhufe unter sich hatte, zu Kleist einen Bauren mit einer Hägerhufe, zu Repkow 2 Bauren, jeden mit einer halben Hägerhufe, nächst zwey Coßathen. — Bey der 1617 gehaltenen Kirchenvisitation war der Burgemeister Josua Engelbrecht und Senator Peter Moldenhawer, als Deputirte des Magistrats, zur Handhabung des Juris patronatus, zugegen, die Güter, welche die Stadt besaß, waren Henning Bulgrins Antheil. Es hat also die Stadt von alten Zeiten her schon ebliche Lehngüter besessen.

## §. 8.

Nebst dem Jamenschen See besitzet die Stadt auch das Fischerlager Nest, dieses ist ohne Zweifel nach Ankauf des Sees und Strandes von der Stadt erst angeleget, um den Vortheil der Fischerey desto besser zu nutzen. In den Privilegien habe es nicht eher als 1410 angetroffen. Vordem lag es näher an der Ostsee, als jetzo; wie aber 1552 durch einen gewaltigen Sturm das Fischerlager ganz ruiniret wurde, ist es näher an den frischen See wieder aufgebauet, und ein ähnlich Unglük zu verhüten, hinter demselben durch eingesetzte Weiden der Sand von Jahr zu Jahr aufgefangen worden, daß es jetzo hinter einem hohen Berge lieget. Es ist gegenwärtig mit recht wohlhabenden Leuten besetzet. 1628 waren laut Hufenmatricul 24 Kathen hieselbst; jetzt wird derselben nicht weniger seyn. An Aeckern hat es nichts, als seine Gärten, und die so schlecht scheinende, aber sehr nahrhafte, Straudweide. Es ist sein Revier auf ein und drey Fünftel Landhufe zu versteuren geschätzet, und seine übrige Prästationes fallen der Cämmerey anheim.

## §. 9.

Das Fischerlager Deep ist noch später angeleget, man findet es noch nicht in dem Privileg. von 1480 und 1498; doch muß es um diese Zeit entstanden seyn. In der Kundschaft, daraus wir oben II. Abth. Cap. I. §. 4. schon etwas angeführet haben, erzählet uns H. Jarnen, der gleichwol 1519 schon Capellan geworden, „daß er mit Butzken, welcher auf dem Diepe gewohnet, nach Dennemarken gefahren, und gedenke ihm wol, daß der alte Hans Goldschmid vom Diepe ab und abgesiegelt." Folglich muß in den Jugendjahren dieses Mannes dieses Fischerlager schon existiret haben. 1552 war es bey dem obgedachten großen Sturm 27 Kathen stark, bey welcher traurigen Gelegenheit es 6 Kathen einbüßete. Jezt aber ist es so verarmet und verfallen, daß kaum 10 Kathen noch übrig sind. Es ist auf ein und ein Viertel Landhufe zu versteuren gesetzet, vormals stand es auf drey Landhufen, es ist aber das Gegenwärtige schon zu hoch für dasselbe.

§. 10.

Das Dorf Maskow ist Cößlin auch sehr einträglich, da desselben in der oben I. Abth. Cap. III. §. 8. (*) angeführten Urkunde von 1313 noch nicht gedacht wird, ist zu vermuthen, daß es damals noch nicht da gewesen, sondern nachhero erst angeleget worden. 1410 erscheinet es querst in dem Privilegio B. Magni unter den Eigenthumsdörfern. Es bestehet aus einem Ackerhofe, welchen der Magistrat 1658 aus zwey verfallenen Bauerhöfen anlegte, dazu sind 4 Vollbauren auf Hofdienst geleget. Es versteuret das ganze Dorf vier und ein fünftel Landhufe (vergl. I. Abth. Cap. III. §. 17)

§. 11.

Als 1718 die Stadt abbrante und derselben zum neuen Anbau das Holz sehr nöthig war, ward beliebet, von dem Herrn Hauptmann Philip Julius von Schwerin das Gut Mowker, 6 Bauren in Stegekin und zwey Cossathenhöfe in Wissebur, für 13000 rthl. zu kaufen, welches den Neubauenden sehr zu statten kam. Für das Grenz- und Lagerholz gab man 500 rthl. — In Mowker wohnt jetzt ein Verwalter, und die zwey Cossathenhöfe in Wissebur sind 1727 an den Herrn Hauptman Heinrich Christoph von Schwerin wieder verkauft, an der Wißburschen Mühle ist die Stadt auf den dritten Theil berechtiget.

Cap. II. Von den Stadtgütern.

§. 12.

Der jetzt so genante Stadtkathen war anfangs nur ein Holzkathen, 1550 aber rodete man einige Aecker und Wiesen aus, und legte hier ein Vorwerk an, es ist sonst recht einträglich, wenn es nur einen tüchtigen Pachter hat. Das Dorf Puddemsdorf ging vordem hier zu Hofe.— Ein solches Vorwerk ist auch der so genante rothe Krug, ich halte dafür, dies sey der älteste Ackerhof bey der Stadt, und auf den 30 Hufen, wenigstens einigen derselben angeleget, welche der Bischof Herrmann dem Magistrat und seinen Nachfolgern beylegte, und die den ersten Grund der Cämmerey abgaben. In der Russenzeit ward er gänzlich zerstöret, 1763 aber ist er wieder aufgebauet.

§. 13.

Bey Janow besitzt die Stadt die große und kleine Cluß. Die große Cluß ist ein Ackerhof, und 1614 mit Bewilligung E. E. Raths Gemeine und Gewerke angeleget worden, und muß die kleine Cluß dabey zu Hofe gehen. Jetzt sind sie von den Russen in schlechte Umstände gesetzt.

§. 14.

Hiernächst hat die Stadt gar schöne Mühlen. B. Herrmann ertheilte ihr gleich im ersten Privilegio die Freyheit solche anzubauen (s. oben I. Abth. Cap. I. §. 16.) ohne sich das geringste dabey vorzubehalten. Hiemit säumten die Cößliner auch im geringsten nicht, und zwar legten sie eine Mühle in der Stadt und eine hart vor der Stadt an. Wo die Mühle in der Stadt gestanden, weiß ich nicht, daß sie aber vor Aufführung der Stadtmauren wirklich da gewesen, beweiset eine Urkunde von 1286, nach welcher molendinum in civitate intra Plankas constructum zween Bürgern zur Pacht gethan worden, davon sie jährlich eine Last Korn geben solten. 1294 aber ist diese Mühle schon nicht mehr vorhanden gewesen, denn als das Kloster Buckow diese Mühlen kaufte, setzte es in den Kaufcontract:

Nihilominus Sagittariam (Schoß) dabimus secundum valorem

*molendini vtriusque*, vnde *molendinum in ciuitate situm*, vbi tam nostre vniuersitati quam consulibus congruum fuerit expediens construemus, & si forte nostro fuerit de beneplacito, edificandi aliquid super aream ejusdem molendini, vel vendere ipsam, consules dicte ciuitatis largam licentiam & facultatem hoc faciendi bono animo contulerunt, dummodo jura exinde civilia faciamus. ―

Dieses genehmiget auch der Magistrat in eben dem 1294 Jahre dergestalt:

„Notum esse volumus, quod cum Iohannes molendinarius noster conciuis venerabilibus ― Abbati et Conuentui monasterii Bucoviensis ― *vtraque molendina, videlicet id quod extra civitatem & illud, quod in civitate Cussalyn situm est* venderet.―

Hieraus ist also klar, daß eine Mühle in der Stadt gewesen, welche von der Mühle vor der Stadt sorgfältig unterschieden wird, wie diese aber 1294 wieder eingegangen, hat man sie nicht wieder gebauet, sondern sich an der großen Mühle begnüget.

§. 15.

Die große Stadtmühle verkaufte der Magistrat 1289 erblich an den Müller Johann, sie hatte nur zween Gänge, es muste aber der Käufer annehmen, innerhalb zwey Jahren den dritten anzulegen, oder doch davon jährlich ein Last Korn zu geben. An die Fischerey bey der Mühle solte er zum dritten Theil kommen, ein Theil aber an den Bischof und ein Theil an den Rath liefern ꝛc. Dieses daurte aber nur fünf Jahr, so verkaufte derselbe 1294 die Mühle an das Kloster Buckow, jedoch mit Genehmhaltung des Magistrats, und der Verbindlichkeit, daß Käufer eben das davon geben solte, was Verkäufer ehedem gelobet hatte. 1298 ward mit dem Kloster ein neuer Vergleich wegen der Metze getroffen und dieser Kauf bestätiget: weil aber die Herren Patres doch wol nicht so recht aufrichtig mit dem Metzen mochten umgehen lassen, hat B. Siegfried 1429 die Sache nochmals selbst untersuchen und den Gehalt der Metze, die man brauchen solte, bestimmen müssen.

§. 16.

Hundert und sechs und vierzig Jahre war das Kloster Buckow im Be-

Cap. III. Von den Stadtgütern.

Besitz dieser Mühlen gewesen, als es sich 1440 genöthiget sahe, dieselbe der Stadt gegen eine Summe von 6950 Mark zu verpfänden, und so blieb es bis 1510, da ward mit dem Kloster ein anderer Tausch getroffen, die Stadt überließ ihm die 1444 von den Kameken gekaufte so genante Karzenburgsche Heide (*), und dieses trat der Stadt die Mühlen ab, wodurch sie also zu einem ihrer besten Grundstücke wieder gelangte. Den 22 und 23 May 1601 brante die große Mühle ganz ab, ward aber bald wieder aufgebauet und stand bis 1680, da sie von neuen aufgeführt und mit 5 Gängen versehen wurde. – Zu derselben gehöret auch die Schneidemühle und Niedermühle, welche jetzt erblich verpachtet sind. Die Walkmühle gehört der Cämmerey, die Lohmühle den Schusters.

(*) Bey dem Tausch mit dem Kloster behielt die Stadt daselbst noch die Wiesen, diese aber wurden 1605, als man die abgebrante Stadt wieder bauen wolte, an Simon Kamel zu Cösternitz für 800 fl. verkauft. Das Gut Mühlenkamp mit den Kallhorsten ist, die Rodungskosten der neuen Dörfer zu bestreiten, auch verkauft.

§. 17.

Die so genante Nieder oder Neue Mühle ist 1606 angeleget. Es setzte sich zwar das Schloßamt H. Franzens gar sehr dawider, und die Sache kam zum Proceß, ward aber durch eine vortheilhafte Sentenz der Universität Wittenberg für die Stadt entschieden. Dieser Mühle ist ein Stük Acker von 11 Morgen 23 Ruthen beygeleget, welche der Inhaber der Mühle nutzet.

§. 18.

Da ich kein Inventarium der Stadtgüter schreibe, werde ich mich auch nicht in eine besondere Verzeichnung aller Wohnungen, Scheunen, Gärten, Aecker, Wiesen und dergleichen Dinge einlassen, nachdem ich das vornehmste schon berühret habe. Nur der Ziegelscheune vor dem neuen Thor muß ich noch Erwähnung thun. Sie hat 2 Brennöfen, und ist nebst der 1720 zu Mowker angelegten Ziegeley ein einträgliches Grundstük bey der Cämmerey.

§. 19.

Ich würde aber etwas wichtiges auslassen, wenn ich nicht der zu unserer Zeit angelegten zwey neuen Dörfer Schwerinsthal und Meyeringen gedenken solte. Die Gegend, wo diese Dörfer jetzo mit ihren Hufen befindlich sind, war ehedem ein mit großem Fleiß ausgeschnitzeltes und recht dicht und schön gewachsenes Buch- und Eichholz, welches an innerer Festigkeit und äußerer Fruchtbarkeit seines gleichen nicht hatte. Wie aber S. K. M. schlüssig wurden, durch Errichtung neuer Dörfer fremde Familien ins Land zu ziehen, so wurden die dazu bequemen Gegenden allenthalben aufgesucht, und von J. Durchl. dem Fürst Moritz von Anhalt, diese Gegend auch beliebet. Man machte daher gegen den Herbst 1749 mit Ausraden des Holzes den Anfang, und den 19 Sept. dieses Jahres kam in Schwerinsthal schon das erste Haus zu stehen. Als das Dorf meist fertig war, fanden sich 18 würtembergische Familien ein, es zu bewohnen: es waren dies aber Leute, welche die Arbeit nicht verstunden, und zur Arbeit nicht hergekommen waren, sie bettelten also so lange herum, bis sie sich verloren, und nur zwo Familien noch übrig blieben. Ihre entledigte Höfe wurden hernach mit einheimischen Leuten mehrentheils aus Jamund besetzet, S. K. Maj. aber, welche die neuen Colonien nach den Großen des Hofes und der Generalität benenneten, legten diesem Dorfe den Namen Schwerinsthal zu Ehren des großen Generalfeldmarschals von Schwerin bey.

§. 20.

Das andere Dorf ward auch bald angeleget, und von Meklenburgischen Colonisten gebauet. Diese waren für hiesige Landesart zwar schiklicher, als die Würtemberger, es wolte aber doch auch nicht recht fort, daher wieder einige von hiesigen Leuten ihren Abgang ersetzen musten. -- Dieses Dorf erhielt nach dem General von Meyering den Namen Meyeringen. —— Beyde Dörfer stehen aber auf einem ganz andern Fuß, als die übrigen Eigenthumsdörfer, sie sind auf einen gewissen Erbzins zu jährlich 25 rthl. gesetzet, und können ihre Höfe als freye Leute verkaufen, so hoch und an wen sie wollen, nur welches nicht anders als billig ist, nicht inscio & invito Magistratu, der die Wahl behält, ob der neue Wehrsmann ihm anständig ist, oder nicht. Außer obigem Canone haben sie nichts zu prästiren, indem sie nicht als homines proprii glebae adscripti, sondern als Emphyteutici betrachtet werden.

§. 21.

Cap. III. Von den Stadtgütern.

§. 21.

Ich habe zum Beschluß dieses Capitels noch zu berühren, daß die Cämmerey auch zu Unterhaltung einiger Brücken beytragen muß, als da ist

1. Die barzelinsche Brücke, diese ward vorzeiten mit einer Specke gemacht, dazu pflegte Cößlin, wenn sie gebessert oder gebauet wurde, aus nachbarlich gutem Willen, weil die Bürger solche oft passirten, den Arbeitsleuten eine Tonne Bier zu verehren. Wie aber Graf Georg von Eberstein Schloßhauptman zu Belgard war, H. Barnim der ältere aber ofte von Belgard nach Rügenwalde zu reisen pflegte, hat der Graf, ihm zu gefallen, von dem Magistrat zu Cößlin begehret, er solte die Bolen zu der Brücke geben, dagegen er bey dem Herzog es dahin bringen wolte, daß er das Unterholz dazu reichte, damit die Brücke sicher würde. Die Magistrat konte dies Ansinnen nicht füglich abschlagen, der Graf schafte das Unterholz und die herzoglichen Unterthanen verrichteten die Arbeit, der Magistrat aber gab die Bolen und seine Unterthanen musten sie strecken. Dies ist endlich ein Muß geworden, die Herrschaft zu Barzelin hält nunmehro das Untergebäude, die Stadt aber die Decke, jedoch nicht weiter, als vormals der Strom breit gewesen.

2. Die Schwellinsche Brücke hält die Stadt auch im Stande, und giebt die Bolen aus dem Stadtholze, die Pfäle aber und Unterlagen werden von dem Stadtzimmermann in dem Gehölze, die Ponnicke genant, gehauen, den die Cämmerey bezahlet.

3. Die Rosnosche Brücke, mit derselben wird es so gehalten, daß die von Glasenapp in Manow eigentlich den Bau derselben auf ihre Kosten zu besorgen haben, und die Stadt den Arbeitsleuten etwas Bier und Essen giebt. Gleiche Bewandnis hat es

4. Mit der Nedlinschen Brücke, welche die dazu berechtigte von Adel im Stande halten müssen.

5. Die Clußbrücke bey Zanow hält Cößlin und Zanow zu gleichen Theilen Und da

6. Der Stadt der halbe Strom in der Nestbache, von der Marggrafenspeck an, welche da ist, wo Wissebur und Maskow gränzen, bis an die Labuser Scheide gehöret, so räumet die Stadt denselben auch um der Wiesen willen.

N Das

## Das vierte Capitel.

## Nachlese einiger Vorfälle, welche in das Schiksal der Stadt einen Einfluß gehabt.

Hier werden, nach einer vorläufigen Anzeige des Zusammenhanges, erzählet
§. 1. Die Balgereyen und Händel, welche Cößlin gehabt hat, und zwar
§. 2. 6. Mit den Hinterpommern.
§. 7. 8. Mit den Colbergern.
§. 9. 10. Mit Ludwig von Eberstein.
§. 11. 13. Mit Herzog Bogislaf X.
§. 14. Die Kriegsschaden, so Cößlin erlitten im dreyßigjährigen Kriege.
§. 15. 20. Von den Russen.
§. 21. Die Pestzeiten, so Cößlin erlebet.
§. 22. Die wohlfeilen und theuren Zeiten, so Cößlin gesehen.
§. 23. 27. Die Feuerschaden, so Cößlin betroffen.
§. 28. 34. Die Herverlegung der Landesgerichte.

### §. 1.

Man kan dies Capitel als einen Anhang ansehen, den wir unserer Nachricht von der politischen Verfassung der Stadt Cößlin beyfügen wollen, er besteht in einer Nachlese solcher Vorfälle und Gelegenheiten, welche das Schiksal der Stadt verschiedentlich bestimmet haben, und in dem vorigen nicht füglich haben können mitgenommen werden, da wir nicht nach der Jahrfolge gehen.

### §. 2.

Das erste, was ich berühren will, sind die verschiedenen Balgereyen, welche die Stadt zu den Zeiten mit ihren Nachbaren geführet, als die Kriegsverfassung noch auf einem ganz andern Fuße stand, und als vor Gründung und Bestätigung des Landfriedens das Faust- und Kolbenrecht noch im vollem Schwange war, so daß ganze Communen sich

Cap. IV. Von Vorfällen, die in das Schicksal der Stadt einen Einfluß gehabt.

sich befehdeten, und ihre Rechte und Freyheiten so gleich durch die Waffen suchten geltend zu machen.

(*) Es waren dies rechte Zeiten der Trübsal, da es allenthalben hieß:
Viuitur ex rapto non hospes ab hospite tutus.
Ouid.

Wer ichtens sich so mächtig dünkte, entweder selbst, oder durch Bündnisse mit seinen Nachbaren, sein vermeintes Recht auszuführen, schickte dem andern einen sogenanten Fehde oder Absagebrief, und alsdenn ging das Balgen an, wobey es auf Rauben und Mordbrennereyen hinaus lief. Selbst Fürsten musten dergleichen Absagebriefe von ihren Unterthanen erhalten. Ich will einmal ein paar zur Probe hieher setzen, sie treffen in die letzten 20 Jahre des XIV Jahrhunderts.

I.

Wehttet Jy herren herttogk Suanteburr vndtt herttogk Bugschlaffberttage van Stettin ic. datt Ick Henningk Schernekow bin, die mienen Frunden, den van Eckstetten vndtt wil die Ehrem Rechte plieuen vndt wil Juwe Fiendtt wehsen, Stede vnde Man vndtt allen de in Juwen Lande butzgesebtten sundtt also lange behtt die van Eickstetten Juw liecke edder Recht affnehmen.

Henningk Schernickow
sendett dessen Breff.

II.

Wehttet Hertogk Suantebur v. Hertogk Bugschlaff datt Ick wol Juwe knechte hebbe gewesen, vndtt noch wol wehre wen datt muchtte wesen. Nu wehttet auerst datt Ick Juw deenst vndt knechttscop vpsegen vmb Barttram Hasen willen als Jum wol wehttlicken is vnde apenbar, datt he mie verunrechttiget vndt vorwelbiget mienes rechten Vahder Erues vndt hefft mie mienen Broder affgemordett als ein wiehrtlick Hoerkindt als he is ic. Schreuen vnder Luehttkens van Eckstetten Insegell wentte Jy mie mienes Insegels berohueden tho der Klempenow ic.

Nigbrechtt van Berlin Hennickens Söhne
sendett dessen Breff.

Wie sehr mancher dadurch in Verlegenheit gesetzet wurde, kan folgendes Memorial erweisen, und zugleich darthun, wie recht grosse Kleinigkeiten es öfters waren, welche Raub, Mord und Brand, selbst unter Anverwandten, mitten im Vaterlande anrichteten.

III.

Debitam obsequii beneuolentiam omni studio dilectionis præmissam &c.
Leue gnebige Here Ick klage. Juw auer be van Eickstedtten als Ick Ehre baer hebbe dat se mie mit höhnsceit dorch den thuen stecken vnd sundergen auer Strittstramme, dat see rebben van der klempenow vpt Strittstrammes sölchne vndt vpt sienem broede vnd schinneben Juwe arme luehe van der loknitze, dat

alen Pant is, vnde nehmen Ehn ehre perde, Here do ste nahjageden, do fun-
den see Dubschlaff vnde Strittstramme vp der Schlaue rebbe holdende, wor-
umb pitte Jck Juwer gnaden teue here dat Jy mie likes vnde rechtes auer
see helpen, vnde denken an Juwe. breffs dee Jy mig hebben gegeuen. Ock lewe
Here klage Jck Juw auer Werner van Stegelitze dat he mien Fiendt is mit
bonende vnde wedder Recht, vnde deitt dar ock ander Luede in, de mie entsee-
gen rumb sinent willen vnde mien pandt boschedigen vnde mie dunket, datt he mie
datt mit vnrechte deytt, wenn lewe gnedige Here Jy wol liefes vnde Rechtes
auer mie mechttig sindt. Scriptum Gutzkow ipso die beati sixti martiris gloriosi
meo sub sigillo

Hinricus de Heydebreck<br>Advocatus castri Gutzkow

Dies war eben die Ursache, daß viele von Adel, weil sie ihres Leibes und Lebens nicht sicher waren, das Land verließen und sich in die Stadt begaben,
wodurch der Stadtadel mehrentheils aufgekommen.

### §. 3.

Noch hatte Cößlin nicht dreyßig Jahre in einer städtischen Verfassung gestanden, als seine Einwohner schon erwiesen, daß sie Muth und
Tapferkeit in ihre neue Colonie mitgebracht. -- Micrälius erzählet uns die
erste Probe ihrer Heldenthaten B. VI. S. 422. aber so, daß sie einer
großen Verbesserung nöthig hat, ich will erst seine Worte hersetzen:
„In den Kriegen, so die vorpommerschen Fürsten wegen des Hinterpommern führeten, welches Primislao dem Könige aus Polen von
dem letzten hinterpommerschen Fürsten vermachet war, befinde ich, daß
die Cößlinschen die Abtey Buckow und Bublitz verheeret und eingenommen, als sie drey Jahr zuvor nämlich 1295 mit den andern Hinterpommern eine große Niederlage bey Funkenhägen erlitten hatten, die gantze
Fehde aber ist durch einen Vertrag zwischen dem Könige aus Polen
Wladislav und den Herzogen aus Pommern Bogislav IV. und Ottone
I. gehoben."

### §. 4.

In dieser Erzählung nun klingt es gleich fremde und widersprechend,
daß die Cößliner mit den Hinterpommern bey Funkenhägen eine Niederlage erlitten haben sollen, und drey Jahre hernach wieder in Hinterpommern, welches damals gleich hinter dem Gollenberge anging, solche
Ver-

Verwüstung vorgenommen. Man kan gar nicht daraus sehen, welcher Partey sie solten genommen haben. Die Cößliner waren, wie alle Vorpommern, Deutsche, die Hinterpommern Wenden, zwischen beyden war ein unauslöschlicher Haß, weil die Deutschen die Wenden so erstaunend verächtlich hielten, und sie mit Ausschließung von allen Ehrenämtern und Freyheiten so lange drängeten, daß sie endlich immer weiter rükten, und da sie vorher ganz Pommern bewohnet, jezt kaum noch den Strich bis an den Goltenberg inne hatten. Eben deswegen wolten sie auch nicht zugeben, daß der lezte hinterpommerschwendische Herzog Mestovin II. da er ohne mänliche Erben verstarb, sein Land seinen beyden Vettern Bogislaf IV. und Otto I. vererben solte, sondern er muste 1290, fünf Jahr vor seinem Ende, den Herzog von Polen zu seinem Nachfolger ernennen. Dieser usurpirte auch gleich nach seinem Tode das ganze Land, darüber aber wurden die vorpommerschen Herzoge aufgebracht, und Bogislaf IV. suchte sich bey seinem angebornen Recht zu schützen, bot demnach den Adel und die Städte, nach damaliger Kriegsverfassung, wider die abfälligen Wenden oder Hinterpommern, und ihre neue Schutzherren die Polen, auf, kam in diese Gegend, ging vor Belgard, und suchte sich Meister von der ganzen Erbschaft Mestorins II. zu machen. Bey dieser Gelegenheit nun ist das vorgefallen, was Micrälius erzählet: es kan aber nicht anders seyn, Cößlin muß als eine vorpommersche und mit deutschen Einwohnern besetzte Stadt des Herzog Bogislaf IV. Partey gehalten haben, und kan also mit den Hinterpommern bey Funkenhagen keine Niederlage erlitten haben.

§. 5.

Bugenhagen ist wol ohne Zweifel derjenige, aus welchem Micrälius seine Erzählung genommen, wenigstens verdienet derselbe vor allen andern den mehresten Glauben. (s. H. Jac. Heinr. Balthasar in der Vorrede zu Bugenh. Pomerania S. 10.) Dieser sagt das aber gar nicht, daß die Cößliner der Affaire bey Funkenhagen einmal beygewohnet, geschweige, daß sie ihr Schiksal mit den Hinterpommern getheilet. Es kan inzwischen seyn, daß sie dabey gewesen, aber nicht mit den Hinterpommern, sondern wider dieselbe, und alsdenn läßt sich leichte begreifen, wie sie ihre Feindseligkeiten drey Jahre hernach so kühn fortgesetzet, und den Hinterpommern so grosen Schaden gethan. Es wird nicht undienlich seyn, Bugenhagens Worte selbst anzuführen, sie stehen in seiner Pomerania L. III. nach der Balthas. Ausg. S. 148. "Sed ne id praeterisse videamur: eodem anno, quo Miſtwinus obiit a Teutonibus (ita inuenimus) Pomerani fuerunt occiſi juxta Vunkenhagen, infra mare & littus, vbi ita tum demum proſtrati ſunt Pomerani, vt nunquam inde Teutonum terram inuadere praeſumſerint. Poſt haec anno tertio ſubſequente a civibus Cuſſalinenſibus tota Bucovienſis abbatia fuit combuſta, Bubalin quoque Sirave & Suchow, vbi ceſſarunt, nam fluuium Wipperam, propter pontis carentiam, tranſire non valebant. Cremabant nihilominus Goritze, Malchov, Parpart & vltra ad pagum vsque Beverdorp, unde ab incendio ſunt reuerſi. Propter metum enim Pomeranorum, vltra procedere non audebant. Et haec facta in nocte atque die Sancti Andreae Apoſtoli (d. 30. Nov. N. St.) Pomerani autem occidebantur in die Apollinaris martyris (d. 23 Iul. N. St.) Videntur hae combuſtiones poſt mortem Primislai factae."

### §. 6.

Wenn man diese Erzählung genau ansiehet, so erhellet daraus:

1) Die Hinterpommern sind den Deutschen oder Vorpommern ins Land gefallen, und haben sich am Strande, hinter den Dünen, hinauf geschlichen, um etwa dem H. Bogislaf, der damals vor Belgard lag, in den Rücken zu kommen, oder ihm eine andere Diversion zu machen: die Deutschen aber haben ihnen das abgemerkt und sie hieselbst überfallen. Weil ihnen nun zwischen Schwert und Wasser die einzige Wahl, zur Flucht aber kein Raum übrig war, musten sie nothwendig eine große Niederlage erleiden.

2) Drey Jahr hernach begaben sich die Cößliner auf ein Abentheur, um den Hinterpommern noch eins zu versetzen. Es kan seyn, daß sie solches aus eigener Bewegung gethan, oder daß H. Bogislaf sie gleichsam zur Avantgarde gebraucht, indem die Städte damals die Infanterie, so wie der Adel die Capallerie hergeben muste, und sie beordert,

durch

**Cap. IV. Von Vorfällen, die in das Schikſal der Stadt einen Einfluß gehabt.** 103

durch dieſe kleine Mordbrennerey die Wenden in Schrecken zu ſetzen, zumalen er ſchon willens war, nach Rügenwalde vorzurücken. Man vergebe mir, daß ich von einer kleinen Mordbrennerey geſprochen, denn ſo recht allzuehrlich ging es mit dieſer Heldenthat doch auch nicht zu. In der Nacht die Leute zu überfallen und in 24 Stunden acht Dörfer und drüber abzubrennen, ſieht ſo aus, als wenn die Herren Cößliner damals kein gut Gewiſſen gehabt, wie ihnen denn auch ſo ziemlich ein biſſgen angſt dabey war, daher ſie machten, daß ſie nach Hauſe kamen, und das zu rechter Zeit. Denn wenn die Hinterpommern ſich von ihrem Schrecken etwas eher erholet hätten, möchten ſie mit der cößlinſchen Armee nicht gar zu ſäuberlich verfahren ſeyn. Sie waren hernach ſo erbittert, daß ſie um dieſes Vorfals willen ſich Hülfsvölker aus Böhmen holten, und damit auf einige noch ſtehende Dörfer ihres eigenen Landes zugingen, blos weil ſie dem Kloſter Buckow zugehörten, und dieſes mit deutſchen Mönchen beſetzet war, daß alſo die armen Patres doppelt bluten muſten, einmal vor dem Schwert der Cößliner, weil ihr Kloſter in Hinterpommern lag, und hernach der Wenden, weil ſie Deutſche waren. Bugenhagen ſoll uns auch dieſes erzählen, ſo lauten ſeine Worte am angeführten Orte S. 149. Pomerani ergo illi vt illatam caedem vindicarent ſibi Bohemos ſociantes ita monaſtcii Bucovienſis bona vaſtare coeperunt, vt omnia peſſum iiſſent, niſi prouolutis ad eorum pedes monachis, Pomerani cum Bohemis receſſiſſent. Si quid aliud tum fecerint, neſcimus. Hoc ſolum monachi ſcripſerunt. Inde apparet quanto odio perſequebantur Teutones, qui ne monachos quidem germanos, quanquam cum eis damna paſſos apud ſe facile ſuſtinebant. Vaſtatio haec facta eſt feria quarta poſt dionyſii ariopagitae martyris. — Solches war den 9 Oct. Da aber der Cößliner ihre Expedition den 30 Nov. geſchehen, ſo muß die lezte Verwüſtüng wenigſtens ein Jahr ſpäter, nämlich 1299 vorgefallen ſeyn.

3) Erhellet aus **Bugenhagens** Erzählung, daß Micrälius auch unrecht habe, wenn er ſaget: Die Cößliner hätten auch Bublitz verheeret; denn es iſt offenbar, daß er das Dorf Bubalin, ſo heutiges Tages Beblin heißet, und noch bey Suckow an der Wipper lieget, damit verwechſelt. — Es läuft ſo wider alle Wahrſcheinlichkeit, indem ſie innerhalb 24 Stunden unmöglich einen ſolchen Strich, von Bublitz bis an die

Wip-

Wipper, hernach bis Geritz, Malchow, Parpart und Beverndorf, so nur eine halbe Meile von Schlawe lieget, durchstreifen können. Zu geschweigen, daß Bublitz damals ein festes Schloß, und selbst dem Camminschen Stift zuständig war, daran sich die Cößliner nicht machen dürfen.

### §. 7.

Man könte die cößlinsche Kriegesgeschichte füglich in vier Perioden abtheilen (*). Von der ersten Periode haben wir in vorstehenden sechs Paragraphen gehandelt, die zweyte trift in die Mitte des XV Jahrhunderts, und begreift die Streitigkeiten in sich, welche die Stadt mit den Colbergern geführet, und die öfters sehr ernsthaft ausgesehen haben. Es hatten die Herren Colberger lange Zeit her ein kleines wider Cößlin gehabt, denn die Schiffahrt, welche die Cößliner sehr stark trieben, war ihnen ein Dorn im Auge, inzwischen konten sie der Stadt ein so wohl gegründetes Recht unter gutem Schein nicht nehmen, daher brauchten sie Gewalt, und fielen 1440 in das Fischerlager Nest ein, und beraubten dessen Einwohner etlicher Tonnen Salz. — Dies setzte die Cößliner aus aller ihrer bisherigen Mäßigung, und man beschloß, die Sache in einer förmlichen Bataille auszumachen, beyde Theile zogen also in vollem Grim gegen einander und trafen sich zwischen Tessin und Datjo (**). Doch musten die Colberger bald erfahren, daß sie in keinem guten Zeichen ausgereiset waren, die Cößliner waren diesmal gar zu böse, und schlugen so grimmiglich auf die Colberger zu, daß sie die Flüchtlinge in den Datjoschen See sprengeten und ihnen ihre Hauptfahne abnahmen, die sie im Triumpf nach Cößlin brachten. Hier ward sie auf dem Rathhause verwahret und jährlich am Tage Cosmi und Damiani (den 27 Sept.) das Andenken dieser Heldenthat dadurch erneuert, daß sich die Bürgerschaft von E. E. Rath auf dem Rathhause herrlich bewirthen und mit einer Portion Kringel und Nüsse beschenken ließ. — Die Fahne ist erst 1718 verbrant. Das Gastmaal aber hat 1551 der Burgemeister Anton Schlief gänzlich abgeschaft, weil er ein gebohrner Colberger gewesen und diese Ceremonie für seine Landesleute nicht sehr erbaulich gehalten. — Nachdem also beyde Städte ihre Kräfte versucht hatten, schloß B. Siegfried unter ihnen einen förmlichen Frieden (***).

(*) Man

Cap. IV. Von Vorfällen, die in das Schiksal der Stadt einen Einfluß gehabt. 105

(*) Man könte mehr Perioden angeben, und solte billig hier zwo Begebenheiten einschalten, wenn man mehrere Umstände davon aufgezeichnet fände, wie müssen uns also nur begnügen, solche überhaupt anzuzeigen.
Die erste ist diese: Es entstand zur Zeit B. Friederich v. Eikstädt ein Zwiespalt zwischen ihm und seinen Canonicis. So sehr nun auch Cößlin diesem Bischof, wegen des kurz vorher von ihm erhaltenen Dorfes Jamund, verpflichtet war, so trat solches doch auf der Canonicorum Seite, und Colberg hielt es mit dem Bischofe. Die Sache muß ganz ernstlich und critisch damals ausgesehen haben, denn die Cößliner fanden für gut, mit dem Jasco, vom Schlawischen Hause, eine Neutralitätsconvention einzugehen, und sich seinen Beystand auf künftige Fälle vorzubehalten. Vermuthlich ist das Feuer hernach in der Asche ersticket, daß man weiter davon nichts gehöret, ich wil inzwischen die Urkunde von 1337 hieher setzen:

Nouerint vniuersi & singuli presens scriptum visuri vel audituri, quod inter discretos viros & commune ciuitatis Cussalin ex vna & nos Dñi. Jasconem parte ex altera, militem dictum de Slawina, taliter extitit placitatum, quod quia guerra inter honorabiles viros dominos nostros Canonicos ecclesie Caminensis, ciues Cusselin & eorum adiutores ex vna, & dñm Episcopum & ciues Colbergenses & eorum adiutores parte ex altera durauerit, nullam partem debebimus adiuuare, sed potius vtrobique sub pace & quiete tutius residere. Si vero adhuc gverra inter predictas partes durante Cussalinenses iuuare decreuerimus, pro eo nobis in recompensam predicte ciuitatis consules facient, quod duo de amicis nostris & duo de amicis eorum iustum & equum arbitrari fuerint faciendum. Presenti vero gverra finita & iterata nos sepedictos consules & commune Cussalinensium firmiter & fideliter iuuare debemus, contra quoslibet volentes eisdem indebite iniuriari, quod & ipsi nobis facient vice versa. In eius rei testimonium sigillum nostrum presentibus est appensum. Datum in Schlawina anno domini M. CCC. XXXVII. in crastino beatorum martyrum Petri & Pauli.

Die andere Begebenheit betrift eine Heimsuchung, welche die Stadt in eben diesem Jahrhundert von dem Deutschen Orden soll erfahren haben. H. Lilienthal gedenket dieser Sache im Erl. Preußen II B. S. 177. doch nicht weiter, als daß er saget, es habe Cößlin dem Großcanthur Conrad von Wallenrod einen Schimpf erwiesen, welchen derselbe nachdrüklich an ihr gerochen. — Die Handschrift des Prätorius, darauf er sich beziehet, soll in der Wallenrodischen Bibliothek zu Königsberg nicht mehr befindlich seyn, daher ich, aller angewandten Mühe ohngeachtet, mich auch hier nicht weitern Raths erholen können.

(**) Es ist in dieser Gegend noch ein Berg, den nennet man den Tuckhautsberg, und eine alte Ueberlieferung saget, daß, als die Colberger in die Flucht gejaget worden, einer von den Cößlinern durch Schwenkung des Huts auf diesem Berge das Zeichen der Victorie gegeben.

(***) Micräl setzt B. VI. S. 422. es sey dieser Friede 1447, und also erst unter B. Hennings Regierung geschlossen worden, er hat aber nur Hennings Bestätigung des schon unter B. Siegfried errichteten Friedens vor Augen gehabt, diese ist von 1447, und ich will sie hieher setzen:

„In gades Namen amen. Wy Henningbus van ghades gnaden bisschop thu Camyn, bekennen vnde tughen apenbar an deseme vnseme apenen breue, dat wy vns endrachtlken hebben vorghan myd vnseme leuen truwen rade van Cussalyn, in der tyd, alse se vns huldigheden also, dat wy se myt den van Colberghe nycht entwey holden wyllen, edder entwey bringhen. Wen also vnse vorfaren Sifridus zeligher dachtnisse desulue endracht maket hadde na der twedracht de se vnderlanghes hadden van des krighes weghen, also wylle wy dat of stede vnde vast holden in thukamenden tyden. Thu groter tuchnisse so hebbe wy vnse grote Jngbezeghel myt mytscop laten henghen vor dessen breff gheuen vnde skreuen thu Cussalyn na ghades boerth dusent verhundert iare in deme souen vnde veertighsten iare des mydwekens na vnser lewen Vrowen daghe licht-messen. Hir hebben auer weset d. erwerdighen heren vnd manne meyster Johan Sarghatze prouest thu Colberghe georgius Baedemer zankmeysler thu Camyn her Johan Schomaker prauest thu Cussin erend Ramele, Clawes Ramke, Clawes Stewwer vnde curt van Demern vnde vele andere Heren. (L.S.)

Da also Bischof Henning sich hier ausdrücklich auf einen Frieden beziehet, den B. Siegfried schon geschlossen, und welcher eine Folge des Krieges gewesen, den beyde Städte unter sich gehabt, so haben wir uns berechtiget gehalten, diesen Krieg nicht auf 1447, sondern unter B. Siegfrieds Regierung, zu setzen.

### §. 8.

Dies war nun wol Friede, da aber die Cößliner dabey lachten, die Colberger hingegen sauer sahen, hieß es bey ihnen: manet alta mente repostum. — Sie warteten daher nur auf eine schikliche Gelegenheit, den Cößlinern wieder eins abzugeben. Solche Gelegenheit glaubten sie zu finden, als die Cößliner so eigensinnig nicht seyn wolten, wie sie, und dem Bischof Henning die Huldigung versagen. — Dieser Bischof wurde 1446 von dem Concilio zu Basel, welches dem Pabst Eugenius so zuwider war, kurz vorher, ehe es aus einander ging, erwählet, daher konte er die päbstliche Confirmation nicht erhalten, und ohne die wolten ihm die Colberger nicht huldigen. Es war bey ihnen schon seit 1442 ohnedem alles in Unruhe, und wegen ihrer Privilegien muste ja B. Henning es ihnen auch nicht so recht nach ihrem Kopfe machen wollen. Dem sey nun wie ihm wolle, sie glaubten wenigstens, mit rechtverdigen redlichen Saken ihm die Huldigung versagt zu haben. — Cößlin aber wolte darin nicht beystimmen, es huldigte B. Henningen ohne alle Weitläuftigkeit. Hieraus entstand nun, wie die Herren Colberger uns selber sagen, Mort, Roff, Twedracht und Schade, denn die Colberger wiederholten ihre

häu-

häufigen Einfälle auf dem Strande, und verübten alles, was damaliger Zeit das Faustrecht mit sich brachte, bis endlich B. Henning seinen Zwek erreichte, und 1447 den vorigen unter B. Siegfried errichteten Vertrag zwischen beyden Städten feyerlich erneuerte, wie wir solchen bey vorhergehendem §pho angeführet haben. — Nichts desto weniger blieben es noch immer critische Zeiten, die Unruhen in Colberg (s. Rango origg. Pom.' p. 116) dauerten unter B. Hennings ganzer Regierung fort, wie sie denn, nachdem sie 20 Jahre unter der Asche geglimmet, 1462 in voller Flamme ausbrachen. Daher, als B. Henning etwa 1469 (*) mit Tode abging, besorgten die beyden Städte, bey der Wahl eines neuen Bischofes, neue Verdrießlichkeiten, und traten 1469 in ein Bündnis zusammen, daß sie keinem Bischof eher huldigen wolten, als bis er ihnen sämtlich ihre Privilegien bestätiget hätte. Ja als die Gefahr und Unsicherheit im Lande immer größer wurde, traten die beyden Stiftsstädte Colberg und Cößlin 1471 in die große Lige mit den Städten Stargard, Greifenberg, Neutreptow, Wollin, Cammin, Stolp, Rügenwalde, Schlawe, Belgard, welche dahin überein kamen, daß sie alle Beeinträchtigungen mit gesamter Hand von sich abhalten, und keine Stadt die andere verlassen wolle. Dies Bündnis wurde auf 20 Jahr geschlossen.

(*) Unsere Scribenten setzen den Tod B. Hennings auf 1472. die Urkunde aber vom 1469sten Jahr, welche auch in der Pom. Biblioth. befindlich ist, nennet ihn II schon, seligher dachtnisse, folglich ist er damals schon todt gewesen, und die Originalurkunde, welche sehr leserlich geschrieben ist, und ich sorgfältig nachgesehen, muß hierin der beste Entscheidungsgrund seyn. Wenn inzwischen Graf Ludwig von Eberstein erst 1473 zum Bischofthum gelanget, so muß dasselbe so lange offen gestanden haben.

§. 9.

Im Verfolg sothaner Verträge ließen sich die Städte Colberg und Cößlin auch gebrauchen, zum Vortheil des B. Marini de Frigeno, dem Ludwig von Eberstein das Schloß Cörlin abzunehmen, und das ist der dritte kriegerische Aufzug, den wir von den Cößlinern lesen. B. Ludewig hatte sieben Jahre das Bischofthum verwaltet, konte aber ..... H. Vater keine Bestätigung erhalten, dieser hatte einen andern Kostgänger

gänger zu versorgen, der sein Brot rühmlich verdienet hatte, es war solches der vormalige unermüdete Ablaßkrämer Marinus de Fregeno, oder de Trigo, ein Italiäner, diesem ward das pommersche Biöthum zugedacht, und der gute Graf muste weichen, oder wie unsere Geschichtschreiber sagen, resigniren. Weil er aber bey seiner Administration den römischen Grif nicht recht verstanden, sondern an statt seine Schaafe zu scheren, vielerley Kosten und Aufwand gehabt, bedung er sich aus, daß ihm das Schloß Cörlin und Gültzo zum Genießbrauch solte überlassen werden, worin auch das Stift willigte. Marinus hingegen reclamirte solche Güter als Pertinentien des bischöflichen Stuhls, und der Herzog selbst, als Patronus des Stifts, war mit dieser Veräußerung so wenig, als der Pabst, zufrieden. Graf Ludwig aber saß darin und wolte nicht weichen. Was geschahe? Die Sache ward dahin getrieben, daß den Städten Colberg und Cößlin die Execution wider ihn aufgetragen wurde. Sie zogen also mit gesamter Hand vor Cörlin, und foderten das Schloß, laut ihrem Auftrage, mit Güte zurück: allein die Bedienten des Grafen fingen an Gewalt zu brauchen. Dies verdroß der städtschen Executionsarmee, sie stürmeten also und plünderten das Schloß, und machten des Grafen Hofleute zu Kriegsgefangenen. Hiedurch hielt sich der Graf erstaunend beleidiget, bis endlich 1496 (*) die Sache durch den Werner von der Schulenburg dahin verglichen wurde, daß die beyden Städte, weil sie über ihre Ordre geschritten, nicht allein die Gefangenen wieder losgeben, sondern auch eine Strafe von 300 rheinischen Gulden gangbarer Münze erlegen musten. In welchem Jahr eigentlich der Vorfall geschehen, kan ich nicht sagen (**), so viel ist gewiß, daß er sich gleich nach 1479, wenigstens vor 1486 muß zugetragen haben, weil damals der Bischof Marinus mit seinem Stifte zerfiel, und ihm niemand mehr so sehr zugethan blieb, eine so halsbrechende Arbeit für ihn zu unternehmen (***).

(*) Auf diese damals abgefaßte Urkunde gründet sich unsere Erzählung. Sie ist bereits in Christ. Schöttgens und G. Christ. Kreysigs diplomatariis & scriptoribus hist. Germ. med. aevi T. III. in Pomerania diplomatica n. CCXLVIII. p. 208. zu finden, im Original aber dieselbst vorhanden.

(**) Wir lesen zwar im Bugenhagen B. III. S. 188. Anno Dom. MCCCCLXVI spoliatus est Episcopus Caminensis in Cörlin 24 equis amissis. Hujus facinoris neque autor

Cap. IV. Von Vorfällen, die in das Schikfal der Stadt einen Einfluß gehabt. 109

autor neque causa nobis cognita est. — Diese letzte Unwissenheit aber hat den Fehler in der Jahrzahl geboren, denn es ist ohne Zweifel der Vorfall gemeinet, den wir erzählet haben. Graf Ludwig aber war 1466 noch nicht Bischof.

(***) Es muß noch vor 1485 geschehen seyn, denn damals ward schon an Schmellingen das Mangeld bezahlet, davon wir gleich mehr sagen werden, und da die der Stadt so kostbare vierte Periode ihrer kriegerischen Neigung in eben diese Jahre fiel, wie wir auch bald davon reden werden, haben die Cößliner jetzo was rechtes bluten müssen.

### §. 10.

Diese Heldenthat brachte also der guten Stadt Cößlin wenig Vortheile, und sie kam gar doppelt dabey ins Gedränge, denn den Cößlinern ward es wenigstens aufgebürdet, daß sie bey dieser Gelegenheit unter des Grafen Ludwig Hofleuten einen gewissen Henning Schmeling, auf Streitz gesessen, todtgeschlagen, das wolte sein Sohn Joachim nicht leiden, foderte deswegen Wehr- oder Mangeld. Wolten die armen Cößliner wohl oder übel, so mußten sie ihm, laut Vertrage, der 1485 zu Treptow gepflogen war, 600 Mark erlegen, so auch desselben Jahres bezahlet und darauf eine völlige Amnestie errichtet wurde.

### §. 11.

Die vierte Periode der cößlinschen Kriegsgeschichte ist für die gute Stadt sehr kostbar gewesen, und würde ihre Ehre schmälern, wenn nicht alle einhellig versicherten, daß es nicht ein Vornehmen der Stadt, sondern eine rasende Wuth des Pöbels gewesen, was darin vorgefallen. — Es war solches die 1480 verübte Gewaltthätigkeit an dem Herzog Bogislaf X, welche mit zu den vielen Denkwürdigkeiten der Geschichte dieses großen Fürsten gehöret, so wie sie zu dem Sprichwort von der Cößlinschen Thorheit Gelegenheit gegeben, daß man zu sagen pflegte: Muß ma Cößlin! (*) womit man zu verstehen geben wolte, man könne zwar eine Thorheit begehen, müsse sie aber auch bezahlen. — Um aber die ganze Geschichte aus dem Grunde zu verstehen, muß man sich die Beschaffenheit damaliger Zeiten in Absicht auf die Hofhaltung der Fürsten recht vorstellen. — Das Land war durch die vielerley Kriege und innere Unsicherheit, bey Störung der Gewerbe, so gar erschöpfet, daß dem Landesherrn hievon ein gar geringes Einkommen zustund. Was noch war,

110   II. Abth. Von der bürgerlichen Verfassung der Stadt Cößlin.

nahmen die Rentmeister ein, und brachten, ohne Rechnung zu führen, dem Fürsten, was sie wolten, in die Casse, dies waren aberso zu reden die Kno&#173;chen, von welchen sie das Fleisch abgenaget hatten (\*\*). So fand H. Bogis&#173;laf X. seine öconomischen Umstände, als er die Regierung antrat. -- Die redlichen Männer aber, **Werner von der Schulenburg, und Jürgen Kleist**, riethen dem Herzoge, einen neuen Etat zu formiren, brachten ihm die Domainen und Finanzsachen in eine bessere Ordnung, und setzten ihn, mit Beystimmung und Vorschub der Landstände in den Stand, daß er nicht nur die verpfändeten Domainen wieder einlösen, sondern auch eine beständige Hofstat anrichten konte. Vorher zog der Landesfürst Jahr aus Jahr ein im Lande herum und hielt bey den Klöstern, nach Ver&#173;hältniß ihres Vermögens, etliche Wochen oder Monate Ablager, wel&#173;che denn ihn und sein Hofgesinde frey halten musten. Diese Herren be&#173;kamen aber nichts weiter, als Futter und Mahl, was sie sonst brauchten, musten sie von dem Ihrigen nehmen. Mancher Junker aber hatte nicht viel, daher pflegten die jungen Herren wol einmal auf Abentheuer aus&#173;zugehen, und von den Reisenden oder dem Landmanne eine Ritterzehrung einzufodern. Nun hatte H. Bogislaf, nach vorangeführten Umständen, dieses zwar abgeschaft, und sie auf gewisse Besoldung gesetzet, doch steckte manchem die vorige Lebensart noch im Kopf, daß er Lust bekam, bey&#173;des vorlieb zu nehmen, und von denen waren die, welche die armen Cöß&#173;liner zur Begehung der cößlinschen Thorheit verleiteten.

(\*) So führet Andr. Schomaker S. 122. dieses Sprichwort an. Was aber das Wort Mußma eigentlich heißen soll, weiß ich nicht. Doch stelle ich mir die Sache so vor: es solle so viel heißen als Muß man? welches nur verstümmelt ausgesprochen worden. Wenn nun jemand einen Cößliner veriren wollen, so habe er einen thörichten Streich simuliret, z. E. dem andern die Fenster einzu&#173;schlagen, und dabey gefraget: Muß man Cößlin? Darf mans thun? Da&#173;durch denn in des andern Gemüthe die Vorstellung der Antwort rege gewor&#173;den: Wenn du es so theuer bezahlen wilst, als Cößlin. Welches denn ein An&#173;denken dieser thörichten Handlung zuwege gebracht.

(\*\*) Man sehe davon Schomakern S. 113. f. nach. Wie wohl sich damals die Großen des Landes befunden, kan dies Beyspiel erweisen. Lütke Hane, Haupt&#173;mann zu Ukermünde, wies einmal Bogislaf X. ein gülden Stück, so er seiner Frauen hatte machen lassen, dabey sagte der Herzog: *Ach, ach, hoc est nimi&#173;um multum: mea mater non habuit talem tunicam, sed tantum uxor bene habu&#173;it, quae fuit una regis filia.* Schomaker S. 223.

§. 12.

**Cap. IV. Von Vorfällen, die in das Schiksal der Stadt einen Einfluß gehabt.**

### §. 12.

Es befand sich nämlich der H. Bogislaf X 1480 auf dem vor Zanow gelegenen Schlosse, von welchem der Berg noch zu sehen ist. Von hier aus zogen einige seiner Leute etlichen Kaufleuten, darunter auch Cößliner waren, in den Gollenberg nach, und nahmen ihnen so viel ab, als sie brauchten, und ritten damit nach Zanow. Diese, so bald sie nach Cößlin kamen, machten ein Geschrey, daß sie von den Hofleuten des Herzogs wären geplündert worden. So gleich war der Pöbel auf, um den Thätern aller Orten nachzusetzen. Als man nun erfuhr, daß sie auf das Schloß geritten wären, berannten sie so gleich dasselbe, und wolten die Thäter haben. — H. Bogislaf wuste von nichts, auch nicht einmal, was es für Leute waren, die solche Gewalt brauchten, weil er aber Gefahr sahe, trieb er sie mit gewafneter Hand zurücke, ließ sie darauf fragen: was sie wolten? und ihnen alle mögliche Genugthuung versprechen. Allein bey einem aufgebrachten Pöbel half nichts, sie drungen in das Schloß, und der Herzog wäre bald um sein Leben gekommen, denn da er tapfer in die eindringende Feinde schlug, hub einer seine Hellepard auf, um ihn zu Boden zu schlagen, und solches wäre gewiß geschehen, wenn Adam Podewils, Hauptmann zu Zanow, diesen Schlag nicht auspariret hätte. Inzwischen ward der Herzog doch verwundet und mit alle den Seinen, die er bey sich hatte, gefangen. Weil nun in Zanow die Kutschen nicht wohl zu haben waren, holte man schlechte Letterwagen, und setzte den Herzog, und die bey ihm waren, drauf, um ihn gleichsam im Triumpf nach Cößlin zu bringen. Mittlerweile hatte sich der Rath und die vornehmsten Bürger auf dem Markte versamlet, und warteten auf den Ausgang der Sache, den sie sich aber so tragisch nicht vorstelleten. Mit einem mal komt der Stadtdiener herein gesprengt und ruft unter großem Siegesgeschrey: Algewunnen, wir haben die Thäter alle bekommen, und den Herzog dazu gefangen. — Hierüber erschrak ein jeder und sagte: Besser, wenn wir verloren hätten. Was war aber zu thun? Sie gingen alle dem Herzoge vors Thor entgegen, baten ihn, der Stadt die Tolkühnheit des Pöbels nicht beyzumessen, hoben den Herzog vom Wagen und brachten ihn in ein bequemes Haus, woselbst sie in der Geschwindigkeit alles zu einer guten Aufnahme veranstalteten. Weil aber

aber noch alles im vollen Toben war, baten sie den Herzog, daß er sich gutwillig hieselbst etliche Tage verweilen wolle, welches er auch bewilligte, und sich hernach auf sein Schloß nach Belgard begab.

§. 13.

Mittlerweile war das Geschrey über das ganze Land gekommen, der Herzog sey gefangen, etliche sagten gar, er sey todt, daher lief alles zusammen, ihn entweder zu befreyen, oder zu rächen. Hier stand Cößlin in Gefahr einer gänzlichen Zerstörung. B. Marinus aber, der weise Landhauptmann Werner von der Schulenburg, Heinrich Borck, Carsten Flemming und andere Große, da sie den Irthum sahen, löscheten das Feuer, ehe es zur Flamme ausschlug, ihre kluge Vermittelung brachte der Stadt Vergebung, und zwischen ihr und dem Herzoge folgenden Vertrag zuwege, der für Cößlin zwar kostbar war, aber zu Erhaltung der fürstlichen Hoheit nicht gelinder seyn konte.

a) Solte die Stadt dem Herzoge 3000 rheinische Gulden, entweder an Golde, oder an guter pommerschen Münze, in drey Terminen bezahlen.

b) Die 500 Mark, welche sie seinem Vater H. Erich zu seinen Kriegen vorgeschossen, erlassen, und niemals wiederfodern.

c) Dem Herzoge, auf eine zwischen Michael und Martin zu bestimmende Zeit, auf 3 Nächte, mit 200 Reutern Ausrichtung thun.

d) Ihm alsdenn, nebst der Geistlichkeit, Klosterjungfern, allen Männern, Frauen und Jungfrauen, mit Kreuzen und Fahnen entgegen gehen, und einmal vor dem Schlagbaum, hernach auf dem Rathhause, fußfällig um Vergebung bitten.

e) Das Thor, da sie ihn gefangen herein gebracht, aus seinen Angeln heben, und ihn mit den Seinen darüber fahren und reiten lassen, und endlich

f) Seiner Gemalin ein Kleinod von 2 löthigen Mark Silber, nebst 200 rheinschen Gulden, schenken.

Alsdenn alle Ahndung und Ungnade von Seiten des Herzogs gegen die Stadt aufhören solte. —

Dieser Vergleich wurde 1480 am Montage nach Pfingsten zu Belgard getroffen und ratificiret.

Cap. IV. Von Vorfällen, die in das Schicksal der Stadt einen Einfluß gehabt. 113

— Sic paruae poterunt impellere caufae
In fcelus, ad mores facilis natura reuerti.
                                                    Claudianus.

§. 14.

Wir rechnen diese Begebenheit füglich schon zu den Unglücksfällen der guten Stadt Cößlin, und wollen nach derselben auch die Drangsale berühren, welche ihr unter den Landstrafen allgemeiner Kriege nach göttlichem Verhängnis zugestoßen, wozu sie weniger, als in den erzählten Vorfällen, zu ihrem Schaden beygetragen. — Zu allererst müssen wir ganz kurz berühren, daß, als 1512 der berüchtigte Simon Lode (*) von den Colbergern hingerichtet war, sein Bruder Henning darnach gegen das Stift viel Grausamkeiten und Feindschaft ausgeübet, wobey unser Cößlin gar sehr gelitten, so daß die Bischöfe Martin Carith und Erasmus Manteufel dadurch bewogen worden, sie von Erhöhung der Orbäre zu befreyen, welche damals schon nach sundischem Fuß solte entrichtet werden. — Im dreyßigjährigen Kriege kam 1627 im November die Reihe auch an Cößlin, daß die Stadt mit kaiserlicher Einquartirung beleget wurde, welches sie bis 1631 ausgehalten, und dabey mit vielen schweren Contributionen heimgesucht worden, so daß der Magistrat einmal 1064 Loth Silber (s. oben II. Abth. Cap. I. §. 9.) vom Rathhause nehmen und dazu verwenden muste, wobey alle Handlung und Nahrung lag, indem Colberg in der Feinde Händen war, die allenthalben traurige Fußstapfen des Krieges nach sich ließen.

(*) Siehe hievon Schöttgens A. und N. Pommerl. S. 280 f. Es verdiente diese Geschichte des Simon Loden eine nähere Untersuchung und Erläuterung, wozu der berühmte und um die Geschichte unsers Vaterlandes dankwürdig verdiente Herr Doct. Oelrichs in seinem gepriesenen Andenken der Pommerschen Herzoge S. 115. in einer lesenswerthen Anmerkung die Hand geboten.

§. 15.

Endlich kam für Pommern ein Erlöser, nemlich Gustav Adolph aus Schweden, und die Cößliner waren dabey so voll süßer Hofnung, daß man noch vor wenig Jahren an einer Scheune beym Kupferhamer die Worte las:

P                                                                                               Quo

II. Abth. Von der bürgerlichen Verfassung der Stadt Cößlin.

Quo Servator adest Suecus Pomerania gaudet
Discessere fames, pestis & arma simul
M. DC. XXXI.

Allein diese Freude dauerte nicht lange, die Schweden gaben ihren Vorgängern den Kaiserlichen nichts nach, Baunier wuste das Land und diese gute Stadt ums Jahr 1637 so mitzunehmen, daß in den Jahren 1639 und 1640 an die dreyßig Bürger mit ihren Familien davon gingen, und ihr Heil anderweit versuchten, die Stadt aber mit bald 200 eingefallenen Häusern und wüsten Stellen angefüllet wurde (siehe oben II. Abth. Cap. I. §. 2. (**)). 1675 hatte man hie die Schweden vom 2 Febr. bis Ausgang April aufs neue wieder, welche sich mit Geld- und Fourage-Erpressungen, zum gänzlichen Ruin der Stadt, beschäftigten.

§. 16.

Seit der Zeit hat Gott diesen guten Ort unter seinen Gnadenflügeln für feindlichem Ueberfall beschirmet, bis 1760 den 7 Jan. unter den Befehlen des Generals von Tottleben die Stadt mit russischen Truppen besetzt wurde. Zwar hatte sie zwey Jahre vorher, als der General Palmbach die Belagerung von Colberg aufhob, auch wol einen Besuch, es war aber nur ein Durchzug, und die Gnade dieses leutseligen Generals stellte sie vor aller Gefahr sicher, und obgleich der General Fermor eine schwere Contribution foderte, die Stadt auch schon einige Gelder in Danzig dazu aufgenommen hatte, so schickte Gott doch wunderbar, daß sie nicht durften bezahlet werden. Nun aber rükten die Tage der Heimsuchung näher heran. -- Preußen und Russen wechselten fast alle Woche ab. Im May suchten erstere hier festen Fuß zu fassen, leztere aber wolten solches nicht gestatten, daher entstanden täglich vor den Thoren Scharmüzel. -- Den 29 May aber dieses 1760sten Jahres brach der Tag großer Drangsal für Cößlin herein. Der General Graf von Tottleben rükte gleich Nachmittage mit 3000 Mann leichter Truppen vor die Stadt, und foderte den Major von Benkendorf, welcher in der Stadt ein Bataillon Infanterie und ein paar Escadrons Cavallerie commandirte, zur Uebergabe auf: dieser aber setzte sich zur Wehre, und vor dem

dem hohen Thore kam es zum heftigen Scharmützel. Die Preußen wurden hie und da theils abgeschnitten, theils in die Stadt getrieben, und dieselbe 6 Stunden lang aufs heftigste canoniret. Mittlerweile steckten die Cosaken alle 3 Vorstädte an, bis der Feind sich verschossen hatte und sich deswegen ein wenig zurücke zog.

§. 17.

Die Barmherzigkeit Gottes war bey dieser Gelegenheit gegen die gute Stadt so überschwänglich, daß, ob sie wol rund umher im Feuer stand, die Feuerkugeln und Haubizgranaten auch einiger Orten zünderen, die Feinde doch ihre Absicht nicht erreichen konten, die Stadt in Flammen zu setzen. Es war eine solche Windstille, daß sich kein Lüftchen regte, ja selbst auf den Vorstädten brante nichts mehr ab, als was die Cosaken mit äußerster Mühe in Brand zu stecken suchten, und an einigen Orten war auch diese unselige Mühe vergeblich. — Man kan sich inzwischen den Schrecken und Jammer der armen Einwohner vorstellen, da ihnen alles so unvermuthet kam, daß viele vor den Thoren noch in den Gärten waren, als der Feind schon alles umringet hatte. — Die ausgeschikten kleinen Piquets der schwachen Besatzung waren theils aufgehoben, hernach die Garnison gänzlich eingeschlossen, und hätte sie sich durchgeschlagen, wäre die Plünderung unvermeidlich gewesen, der von Belgard gehofte Succurs erschien nicht, nur Gott, Gott gedachte mitten im Zorn an Gnade, und ließ alles noch so gut aus einander gehen, als Menschen sich nicht vorstellen können.

§. 18.

Noch währender Canonade und Abbrennen der Vorstädte kam ein Officier nebst einem Trompeter in das hohe Thor, mit dem Anbringen: Die Garnison solte sich zu Kriegsgefangenen ergeben, indem der Herr General von Tottleben wohl wüste, daß sie näher als 3 Meilen keinen Succurs hätte, da er alsdenn Zeit genug habe, die Stadt in Brand zu bringen, und alsdenn das Kind im Mutterleibe nicht verschonen walte. — Der Major von Benkendorf gab zur Antwort: Ersteres sey keine Proposition für preußische Soldaten, lezteres aber wäre lächerlich, da man es nicht mit Kindern in Mutterleibe, sondern mit braven Soldaten zu thun hätte. — Es kam aber der Officier bald wieder und hatte den Auftrag: Daß der Herr General von Tottleben der Garnison, in Ansehung ihrer bezeigten Bravour, und aus Mitleiden gegen die Stadt, freyen Abzug verstatten wolte, man solte aber gleich räumen und nur 3 Stunden Zeit nehmen, und auch versprechen in 2 Jahren nicht zu dienen. — Er erhielt aber zur Antwort: Es würde niemand S. M. Dienste um solcher Ursache willen einen Augenblik versäumen; da der Major von Benkendorf noch im Besitz von Cößlin wäre, ließe er sich nicht vorschreiben, und wenn er marschiren solte, müste es schlechterdings von ihm dependiren, wenn und wie er marschiren wolte: wundere sich aber über das bezeigte Mitleiden gegen die Stadt, da das üble Verfahren gegen die Vorstädte ihn eines andern belehrte. — Ueber diese Antwort war der General von Tottleben sehr unzufrieden, und das Schießen, so wie das Anstecken der Vorstädte, ging von neuen an. — Nach etwa drey Viertel Stunden kam der Officier wieder und fragte: Ob der Herr Major von Benkendorf seinem General nicht die Ehre erweisen und einen Officier heraus schicken wolle, mit dem er sprechen könne, damit er nicht genöthiget wäre, nach seiner habenden Ordre, die Stadt zu verbrennen, mit der er Commiseration hätte. — Der Major gab zur Antwort: Wenn der Herr General aufhören würde zu brennen, so wolte er jemand heraus senden, wenn er aber keine andere Conditions, als bisher, vorzulegen hätte, würde es doch vergeblich seyn. — Hierauf ward mit Schießen angehalten, und man schikte den Hauptmann von Bronikofski heraus, weil aber das Ansinnen vom zweyjährigen Nichtdienen erneuret wurde, ward aus der Sache nichts. — Auf gleiche Weise ward noch zweymal vergeblich hin und her geschikt. — Das lezte mal ward der Dragoner Lieutenant von Sellentin von dem General Tottleben als Geißel behalten, welcher so lange da bleiben solte, bis erfüllet wäre, was der Hauptmann Bronikofski versprochen hätte, dieser aber wolte ihm nichts versprochen haben. — So blieb es bis den 30 May gegen Mittag, da gab der Lieutenant Sellentin von seiner Zurükbehaltung dem Major Benkendorf durch einen Trompeter Nachricht. Es hieß auch, daß

daß der Feind mehr Geschütz herbey führte, daher schritte man zur Capitulation. Die Unterhandlung währte bis Abend.

§. 19.

Mittlerweile kam gegen Abend um sieben Uhr ein Bataillon Infanterie mit einer Canone, 30 Dragoner, einige Husaren und Jäger zum Soutien. Dies waren recht brave Leute, sobald sie ins neue Thor einsprengeten, setzten sie aus dem hohen Thor wieder heraus und boten dem Feinde mit bester Contenance Fronte. Wie sie aber höreten, daß man mit dem Feinde in Tractaten stünde, und mittlerweile die Ratification der Capitulation von dem General Tottleben ankam, musten sie nur eilen, daß sie sich zurück zogen, indem sie in der Capitulation nicht mit begriffen waren(*).

(*) Da es sehr vornehm für Cößlin aussiehet, daß es sich, nachdem das äuserste erst versuchet worden, auf Accord, und zwar auf einen sehr rühmlichen Accord erst ergeben, und als eine große Festung behandelt worden, will ich die Capitulation, die wol die einzige ihrer Art ist, hieher setzen. ——

——— quod fuit durum pati
Meminisse dulce est ———
*Seneca.*

### Capitulation

wie sie von dem Hrn. Major von Benkendorf entworfen worden.

Nachdem der Lieut. Gellentin, welchen S. Excell. der Russ. Kaiserl. Gen. Hr. Graf von Tottleben, da er aus hiesiger Stadt zu derselbe abgesandt worden, an sich zu behalten für gut befunden, mir schriftlich zu erkennen gegeben, daß S. Excell. aus besonderer Gewogenheit und Beyleid gegen die hiesige Stadt, um damit selbige bey einer vorzunehmenden Attaque durch Einwerfung des Feuers nicht ruiniret werden möchte, desgleichen, weil Sr. Excell. für die von hiesigem Commando bewiesene dienstschuldige bravour Egard zu haben beliebten, Hochdieselbe geneigt wären, mit mir deßfalben einige Tractaten zu pflegen, als habe hiezu folgende Puncte vorschlagen wollen.

Art. I.

Versprechen S. Excell. hiesiger Stadt und denen Einwohnern vollkommene Sicherheit, und daß ihnen, wegen der bisher alhier gestandenen Guarnison, nichts zur Last geleget werden solle.

Antw. Ist gestern versprochen, und der einige Bewegungsgrund, daß man

II. Abth. Von der bürgerlichen Verfassung der Stadt Cößlin.

man die Stadt und die armen Einwohner nicht den Folgerungen einer mit stürmender Hand eingenommenen Stadt exponiren lassen wollen, aber unter der Bedingung, daß die Stadt Cößlin, so schon viel gelitten, keine weitere königl preußische Guarnison in dieser Campagn. haben, und dadurch neuer Attaque von kaiserl. russ. Trouppen exponiret werden soll.

Art. II.

Morgen früh marchiret das hiesige Commando den nächsten Weg zu seinem commandirenden General.

Antw. Nach Cörlin oder Dramburg.

Art. III.

Sr. Excellence versprechen zu dem Ende besagte hiesige Besatzung, so wol an Cavallerie, als Infanterie, mit allen derselben zuständigen Effecten, Canons, Munitionswagen und Pferden, auch das vorräthige Brot, in Summa alles, was dem Commando zuständig ist, sicher und ungehindert, bis zu ihrer Destination passiren zu lassen, selbige auch, bis zu ihrem Ausmarch, durch dero unterhabende Trouppen, von nun an! und so bald die Capitulation satthabiret ist, nicht weiter beunruhigen zu lassen.

Antw. Ist gestern versprochen, aber nur auf einen Tag Brot, weil die nächsten königl. preuß. Commandos nur einen March entfernet sind, wird mitgenommen, alle übrige Foderungen werden accordiret, aber das übrige Brot wird, zum Besten der Stadt, dasigem Magistrat abgeliefert.

Art. IV.

Solten von hiesigem Commando Kranke oder schwer Blessirte zurück bleiben müssen, so werden Se. Excell. denselben bis zu ihrer Genesung, oder deren möglichen Transport, alhier frey zu verbleiben gönnen, auch hiesigem Orte erlauben, ihnen die nöthige Wartung und Pflege zu leisten.

Antw. Wird willig und billig accordiret.

Art. V.

Die von beyden Seiten gemachten Gefangenen bleiben in den Händen dessen, der sie hat.

Antw. Ist ohnehin eine ausgemachte Sache.

Art. VI.

Um alle bey dem Abmarch zu besorgende Desordres zu verhüten, werden Sr. Excell. verhoffentlich selbst für gut finden, die Stadt nicht ehender zu besetzen, als bis hiesiges Commando im Abmarch begriffen.

Antw. Morgen früh um 3 Uhr sollen vor jedem Thore 1 Esquadron Husaren stehen, welche die königl. preuß. Schildwachen ablösen sollen, damit der Guarnison nicht die allermindeste Desordre geschiehet, und hiefür wird guarantiret.

Art.

Cap. IV. Von Vorfällen, die in das Schiksal der Stadt einen Einfluß gehabt. 119

Art. VII.

Uebrigens wird man hiesiger Seits, alles genau so erfüllen, als es die genaueste und strengste militairische Billigkeit mit sich bringet.

Antw. Kayserl. russischer Seits desgleichen, und bis zur Erfüllung bleibet Hr. Lieut. Sellentin alhier, wird aber alsdenn zurück geschickt.

Art. VIII.

Die in die Gefangenschaft gerathene königl. preuß. Soldaten recommandire Sr. Excell. durchgehends gerühmten generеusen Denkungsart, und zweifle an deren guten Verpflegung um so viel weniger, als disseits ein gleiches zu erwiedern versprochen wird.

Antw. Hiefür wird allezeit gesorget, und die jetzo bey mir seyende Hrn. Officiers werden solches attestiren.

Graf Tottleben
Kayserl. Russ. Gen. Lieut.

Art. IX.

Der mit diesem Vorschlage abgesandte Capitain ist mit gnugsamer Vollmacht versehen, voranstehende Puncte, welche Sr. Excell. verhoffentlich nicht unbillig finden werden, vollends zur Richtigkeit zu bringen. Cößlin den 30 May 1760.

Königl. Preuß. Major von der Infanterie und Commandeur alhier
Benckendorf.
Kottwitz. Bronikofski.

Antw. Ob ich gleich Ursache hätte, was gestern capituliret worden, heute nicht zu erfüllen, so wird doch in Ansehung schon angeführter Umstände, was gestern versprochen, heute und allezeit erfüllet werden, wenn diese Capitulation königl. preuß. Seits erfüllet wird. Manau den 30 May 1760.

Tottleben.

§. 20.

So rükten also den 31 May 1760 die Russen in die Stadt, und die Stadt muste, wie es hieß, in Vorschuß für den Kreis, baar 1000 rthl. erlegen, und auf 1000 rthl. einen Wechsel ausstellen, darauf zogen denselben Tag die Russen noch weiter, und ließen nur einige Mann Sauvegarde zurück, unter deren Schutz die Stadt den Sommer über in Ruhe blieb. — Auf den Herbst ging die zweyte Belagerung von Colberg wieder an, und Cößlin hatte wiederum, wegen beständigen Hin - und Her-

Hermarschirens der Truppen, seine volle Last zu tragen, als aber diese von dem Brigadier Schwattenberg zu Lande und von dem Admiral Michalof zu Wasser commandirte Belagerung durch Entsatz des Gen. von Werner, aufgehoben war, wechselten bald Rußen, bald Preußen in Cößlin sich ab. — Im Febr. 1761 war diese Gegend stark mit Rußen besetzt und das Hauptquartier des Gen. Tottleben in Cößlin. — Unvermuthet aber kam der General Werner wieder, um ihn zu belagiren. Der General Tottleben, welcher sich eben auf einem Gevatternstande befand, schickte ihm einige Truppen bis hinter Belz entgegen, und es kam daselbst zu einer kleinen Action: mittlerweile aber rekrutirten sich die Rußen, so gut sie konten, und die Preußen behaupteten sich, nach einer mit dem Gen. Tottleben getroffenen Convention, bis den ersten Junii dieses Jahres, in diesem Posten. — Nach Verlauf dieser Zeit kam der Gen. Tottleben mit den leichten Truppen wieder, und ihm folgete der Hr. Gen. Romanzof, welcher erst in einem Lager am Gollenberge, und hernach in einem Lager bey alten Belz, die Ankunft der rußischen Flotte erwartete, mit welcher er die dritte Belagerung von Colberg vornehmen wolte. Wie er nun den 16 Dec. die Stadt auch wirklich erhielte, war das Hauptquartier der Rußen wieder bis in den May hieselbst in Cößlin, und die Truppen cantonirten in den umliegenden Gegenden. Inzwischen muß man dem Hrn. Gen. Romanzof zum höchstverdienten Ruhme lassen, daß er als ein wahrer Menschenfreund allenthalben gute Mannszucht gehalten, und die Stadt seiner Gnade sehr vieles zu danken hat. Doch war es Krieg, und hieß auch hier

    ———— Mortis habet vices
  Lente cum trahitur vita gementibus

                            Seneca.

Dank sey dir, o Vater der Barmherzigkeit, daß du diese Tage verkürzet, und diesen Leidenskelch vorübergehen lassen. — Dir, o GOtt! sind alle die Thränen bekant, welche auch in dieser Gegend

Gegend geweinet worden, die Seufzer, welche an dein Vaterherze geklopfet haben und von unsern Unmündigen dir zugelallet worden. — Wir haben deinen Zorn gesehen, daß er so schreklich ist, aber wir haben auch deine Barmherzigkeit gesehen, die den Müden so tröstlich ist. — GOtt des Friedens! erhalte uns den Frieden, und laß unsere Enkel nicht wieder die Tage sehen, die Jammertage, in welchen wir bald sieben Jahre vor dir gewimmert haben!

Segne und erhalte den König!

### §. 21.

Nebst dieser grosen Kriegsgefahr hat GOtt das liebe Cößlin auch öfters mit Pestilenz und ansteckenden Krankheiten heimgesucht. Leztere können wir nicht einzeln berühren, erstere aber, nämlich Pestilenz hat in den lezten 200 Jahren viermal in Cößlin gewütet, von ältern Zeiten sind uns keine Nachrichten aufbehalten, die diesen guten Ort besonders angehen. — Das erste mal graßirte sie hier 1535 und fraß in kurzer Zeit 1500 Menschen weg. — Funfzig Jahre hernach, als dieser Riß kaum ersezt war, starben an der Pest wieder 1400 Menschen dahin, welches aus einer am Schwiebogen des Chors in der Pfarrkirche befindlichen Gedenkschrift zu sehen ist. — Kaum waren wieder fünf und vierzig Jahre verstrichen, so war 1630, bey der kaiserlichen Einquartirung, nebst Hungersnoth auch Pest vorhanden, daß in diesem Jahre 912 Personen zu Grabe gingen. — Das lezte mal graßirte sie hier 1653, und war damals der Rathsapotheker mit allem, was er im Hause hatte, der erste, so daran sterben muste. — Seitdem hat der barmherzige GOtt diese Plage nicht wieder zu unsern Hütten sich nahen lassen, ohngeachtet von 1761 bis 1762 ungemein viel Menschen an hizigen Fiebern und sonst ansteckenden Krankheiten dahin gefallen sind (*).

(*) Es mag mir erlaubt seyn, diesem Abschnitt einen Todesfall beyzufügen, der zwar nur einzeln ist, aber wegen seiner besondern Umstände und Entstehungsart von unsern Vorfahren angemerket worden. — Ein Schüler guter Hofnung, Namens Jürgen Bulbrian, von etwa 13 Jahren, wird 1606 von seinem Vater, Peter Buldrian, mit seinem Knechte in das Rickelholz, um die Mastschweine daselbst aufzusuchen und zu besehen, geschickt. Es wird ihnen Abend, ehe sie die Schweine finden, und sie entschließen sich, die Nacht da zu bleiben, und des Morgens weiter zu suchen. Um sich aber der Kälte zu erwehren, machen sie ein Feuer, und das in die Grube, welche ein umgefallener großer Baum mit seinen ausgerissenen Wurzeln, die an der einen Seite noch in der Erde stecken, gemacht hat. Bey diesem Feuer überfält sie der Schlaf, und es muß dasselbe in dem dürren Laube mittelst des Windes sich weiter fressen, daß es in die Mitte des Stammes dieses umgefallenen Baumes komt. Hier findet es neue Nahrung und brennet den Stamm des Baumes mitten entzwey. So bald also die Last des Gipfels von dem Baume abgelöset ist, schnellen die in der Erde noch befestigten Wurzeln den Strempel in seine alte Lage, und dieser beklemmet und zerquetschet die beyden Menschen, welche bey diesem Vorfall im tiefen Schlafe sind, daß man in etlichen Tagen nicht weiß, wo sie geblieben, bis man sie endlich hier antrift, und aus allen Merkmaalen, die man siehet, der Verlauf dieses Unglücksfalls begreiflich wird (s. Cößl. Kirchenbuch, beym Jahr 1593 den 13 Oct. welches der Geburts = und Sterbenstag dieses Knabens gewesen).

### §. 22.

Die alten Nachrichten haben auch die Preise der Lebensmittel, wie sie von Zeit zu Zeit in unserm Cößlin gestiegen oder gefallen sind, angemerket. Ich wil mich mit Anzeige dieser Dinge nicht viel aufhalten, sondern nur ganz kurz anmerken, daß man 1280 den Scheffel Roggen um 22 Pfenninge, ein Huhn um 2 Pf. eine Mandel Eyer für gleichen Preis, und 8 Heringe um 1 Pf. gekauft hat. — 1507 gab man vor 12 Scheffel Roggen 1 fl. und für eine Tonne Bier 8 gr. 5 pf. — Noch vor etwa 80 Jahren, nämlich 1686, galt der Roggen und Gersten 5 gr. 4 pf. der Haber aber 4 gr. 4 pf. welches auch noch bis 1688 anhielte, da man den Roggen um 6 gr. kaufte. — Es ist auch so lange noch nicht, nämlich 1750, so ward im Herbste in Cößlin der Roggen mit 10 gr. bezahlt. — Dagegen aber hat GOtt das gute Cößlin auch öfters mit Theurung heimgesucht. — 1587 galt der Scheffel Roggen einen ungarischen Gulden, gleich nach der Ernte aber fiel er auf 6 gr. — 1630 war bey der Schweden Zeit rechte Hungersnoth, der Scheffel Roggen galt zwar nur 1 rthl. 1 gr. 3 gr. Das war aber damals viel Geld. — 1658 kam er gar auf 2 rthl.

Cap. IV. Von Vorfällen, die in das Schiksal der Stadt einen Einfluß gehabt.

2 rthl. 16 gr. zu stehen. So hoch ist er nicht eher wieder, als bis 1762 gestiegen, da alles anfing zu den höchsten Preisen zu treten, daß man den Roggen mit 5 rthl. eine Tonne Salz mit 8 bis 9 rthl. und wegen des in diesem Jahre von GOtt verhängten Viehsterbens, eine Kuh mit 40 bis 80 rthl. ein Par Ochsen schon mit 190 rthl. bezahlen müssen. — Wiewol man das diese Zeit gangbare Geld in Betrachtung ziehen muß, welches sich gegen das alte, wie 3 zu 8; ja in kleiner Münze wol gar wie 1 zu 4 verhielt.

§. 23.

Wir wenden uns jezt zu einem traurigen Gegenstande, wenn wir die Gewitter und Feuerschaden, welche GOtt über das gute Cößlin verhänget hat, erzählen wollen. — Die lezte Feuersbrunst auf den Vorstädten werden wir nicht nochmals berühren, wir möchten nur noch anmerken, daß dadurch 169 Gebäude (*) in die Asche geleget worden. — Schon zu unserer Väter Zeiten hat Cößlin diese Strafruthe GOttes mit grossem Nachdruck gefühlet. 1504 den 28 Oct. brante die Stadt nebst dem Rathhause ab, daß nur die Kirche und etwa zwey oder drey Bürgerhäuser stehen blieben, doch haben sich die Einwohner bald wieder erholet. — 1575 den 23 Nov. brante die eine Seite der Mühlenstraße westwärts ganz ab. — 1609 den 12 Sept. that das Feuer in der hochthorschen Straße Schaden. — 1636 schlug um Mittage aus, da man zur Betstunde gehen wolte, das Gewitter in den Thurm, schmelzte den eisern Drath, der von dem Hammer bis an das Uhrwerk ging, bis an das leinen Band, womit dieselbe angebunden war, welcher sowol als das Uhr selbst unversehret blieb, inzwischen war der Blitz in den Rathsstuhl gefahren, und hatte einige geschnizte Bilder verletzet, unter andern, wie man saget, dem Bilde der Gerechtigkeit Schwert und Waage aus der Hand geschlagen, und an dem Zeiger etliche güldene Zifern und Namen ausgelöschet, die Orgel aber unversehrt gelassen, ob man gleich Feuerfunken darauf angetroffen. (s. Micräl. B. IV. S. 244.) 1644 den 28 Jun. am Freytage Morgens, da M. Adam Hamel die Wochenpredigt gehalten, schlägt das Gewitter in den Gewandschneiderstuhl, tödtet drey Personen, thut aber sonst keinen Schaden. — 1690 begegnet der Kirche ein ähnliches Unglück, und wird ein Bürger, Namens

**David Klein**, da er eben nach der Uhr sehen wollen, zugleich mit erschlagen, die Uhr nebst der Orgel litten dabey großen Schaden. — Kurz darauf, nämlich 1699 kam ein Feuer am Mühlenthor aus, wurde aber bald gelöschet, daß nur zwey Häuser ganz abbranten, und das dritte sehr beschädiget wurde. — 1710 war den 10 Aug. auch ein entsetliches Donnerwetter, solches schlug in den Thurm, und in ein Haus am Markte, doch ließ GOtt es das mal dabey bewenden, und wolte die Stadt gleichsam vor ein größeres Unglük warnen, welches ihr acht Jahre darnach bevorstund (**).

(*) Nämlich 29 Feuerstellen, 79 Scheunen, 9 Schure und 52 Ställe.
(**) In Belgard ist der Tag der Enthauptung Johannis feyerlich ausgesetzet, daß an demselben die der Stadt begegneten Unglücksfälle verlesen werden, und eine darauf abgefaßte Buß= Dank= und Denkpredigt gehalten wird. Ich halte dafür, es sey dies ein sehr nachahmungswürdiges Beyspiel. So leichte die mehresten der Wohlthaten GOttes vergessen, so leichte vergessen sie auch seiner Strafgerichte, und eben dieses sind mit Gründe, welche GOtt in seiner Regierung veranlassen, uns seine Wohlthaten zu entziehen, daß wir ihren Werth einsehen lernen, und seine Strafgerichte zu wiederholen, daß wirs erfahren, wer der HErr ist, des Stimme wir nicht hören wollen.

### §. 24.

Der 11te October des 1718ten Jahres ist der schrekliche Tag des Zorns, welcher dir, geliebtes Cößlin, eben so unvergeßlich seyn soll, als der vorangeführte 29 May des 1760sten. Ich habe diesen Tag nicht gesehen, ich kan mir aber denselben recht lebhaft in alle den Schreknissen vor Augen stellen, welche ihn begleitet haben. — Das Feuer erhob sich Nachmittags zwischen ein und zwey Uhr in der Baustraße bey einer Darren; der Wind war Nordwest, und ein starker dazu stoßender Windwirbel trieb die entzündeten Materien, in zwey Stunden Frist, über die ganze Stadt, so, daß das Feuer an verschiedenen Orten zugleich aufging. Ein jeder lief also nach dem Seinigen, und nirgends waren Leute genug, der wütenden Flamme Einhalt zu thun, zumalen noch viele Bürger nach dem Cörlinschen Markte verreiset waren. Es nahm also das Feuer überhand, und fraß die ganze Nacht hindurch um sich, das Schloß, die Schloßkirche, das Rathhaus, 297 Privatgebäude (*) wurden in die Asche geleget, und eine Witwe, welche noch etwas von ihrer Armuth retten wollen,

### Cap. IV. Von Vorfällen, die in das Schiksal der Stadt einen Einfluß gehabt.

wollen, unter dem Schutt begraben. Vom Rathhause ward zum Glük die Privilegienlade nebst einigen Acten gerettet, das Archiv aber und die schöne schwedersche Bibliothek gingen verloren. An allen drey Thoren blieb etwas und die Pfarrkirche nebst einigen daran gelegenen Häusern durch göttliche Gnade noch stehen, das übrige war ein Steinhaufen, und von der Hand des Gerechten und Allmächtigen aufgerieben.

(*) Nämlich 81 große Häuser, 27 ganze, 11 halbe Bursen, 58 ganze und 22 halbe Buden, 25 Scheunen und 73 Ställe, so hat Hr. Jänke die Anzahl in seinem verunglückten und wieder beglückten Cößlin berechnet. Hr. Wendland, in seinen Collectanien zur Cößlinschen Geschichte, rechnet 86 Häuser, 28 ganze und 11 halbe Bursen, 45 ganze und 32 halbe Buden, 14 Keller und 36 Scheunen.

### §. 25.

Es ist hiebey, zum Ruhme der Menschenliebe, nicht zu vergessen, daß sogleich den andern Tag die herumliegenden Städte, Adelschaften und Dörfer Geld und Lebensmittel beyführeten, und solches unter die Nothleidenden austheilen ließen. Aber es bleibt ein segenwürdiges Denkmaal der königlichen Huld und landesväterlichen Gnade, was *Friederich Wilhelm* an unserm Cößlin gethan hat. — Der, welcher auch der Könige Herzen in seiner Hand hat, wirkte in der großen Seele dieses Monarchen ein so edles Mitleiden, daß Cößlin in seinem Unglük ein neues Glük antreffen, und ihm aus seiner Asche ein neuer Schmuk entstehen muste. — Gleich den 13 Octob. ward diese thränenwürdige Begebenheit dem Könige berichtet, und unterm 18 Oct. erklärte sich schon dieser zu lauter königlichen Gesinnungen gebohrne Prinz: „daß S. M. auf alle Weise den armen Abgebranten beyzuspringen, und die Wiederaufbauung der Stadt zu befordern gemeinet wären." — Es war dieses auch kein leeres Compliment, der Staatsminister und Pommersche Canzler von *Grumbkow* und der Kriegs- und Steuerrath *Rücquer* erhielten sogleich Befehl zu überlegen, wie der verwüsteten Stadt am ersten wieder könne geholfen werden, und mit dem Landbaumeister *Dames*, wegen der regulairen Anlage, das nöthige zu verabreden und die Baumaterialien in einen richtigen Anschlag zu bringen. — Dies alles ward aufs genaueste und baldigste befolget und an S. M. berichtet.

## §. 26.

Hier aber waren alle darauf folgende Rescripte nichts anders, als so viel königliche Gnadenbezeigungen. Zuförderst bewilligte der huldreiche Monarch alle Baumaterialien aus den nächsten Aemtern, und weil es der verarmeten Stadt doch unmöglich fiel, die Herbeyschaffung derselben über sich zu nehmen, wurde es dahin vermittelt, und von S. M. unterstützet, daß die herumliegenden Städte, Aemter, Kreise und Capitel die nöthigen Fuhren aus christlicher Liebe unentgeldlich thaten. — Inzwischen fehlte es Cößlin auch nicht an einer weisen Obrigkeit, die selbst auf Mittel sann die Wiederaufbauung der Stadt zu befordern. Man legte neue Kalk- und Ziegelöfen an, man kaufte das Gut Mowker, welches der Stadt eine Menge eichen Bauholz liefern, und dennoch ein einträglich Gut bleiben konte. Endlich so richtete man unter der Direction des Kriegsraths Zücquers und Landbaumeister Dames ein eigenes Baucollegium auf, welches aus sechs Personen vom Rath und der Gemeine bestund, die stets gegenwärtig auf den Fortgang des Anbaues ein wachsames Auge haben musten.

## §. 27.

Allenthalben aber grif der weise und gnädige König den Nothleidenden unter die Arme. — Zuförderst schenkte er ihnen zwey Freyjahre, darin sie weder Servis noch Accise, oder andere bürgerliche Abgaben tragen durften. Hiernächst erhielten sie 4000 Rthl. baar aus der Accisecasse, die Tuch- und Raschmacher aber, um gleich wieder in Arbeit zu kommen, ein Geschenk von 379 Rthl. 20 gr. — Das alles aber war der königlichen Gnade Friedrich Wilhelms noch nicht genug, er erlaubete der Stadt ein Capital von 10000 Rthl. aufzunehmen, die Er 13 Jahre lang aus seinen Cassen verzinsen wolte, welches auch so gut, als ein Geschenk von 6500 Rthlr. war. — Ja, um die Bauenden desto mehr aufzumuntern, wurden einem jeden noch 15 Procent gut gethan. — Selbst auf einzelne Personen floß das Mitleiden dieses grosen Menschenfreundes, so, daß diejenigen Magistratspersonen, welche den allgemeinen Vortheil dem eigenen vorgezogen, und da sie sich mit Rettung der öffentlichen Gebäude und Sachen beschäftiget, das Ihrige versäumet, eine theils drey theils fünfjährige Verdoppelung ihres Gehalts erhielten. Mehr konte Cößlin

sich

sich nicht wünschen, und GOtt hat die Milde des Königes auch so gesegnet, ja dies Unglük in solchen Zeitraum treffen lassen, da Friede und Ueberfluß aller Orten herrschete, daß Cößlin in wenig Jahren mit neuem Schmuk aus seiner Asche hervor stieg. — Den 16 März 1750 aber zeigete GOtt, wie leichte es ihm gewesen wäre, Cößlin aufs neue zum Steinhaufen zu machen, denn es kam an der Westseite des Marktes ein Feuer aus, welches bis in die Nacht brante, doch, durch göttliche Gnade, nur zwey Häuser verzehrete, obgleich das Feuer von dem starken Winde weit und breit verworfen ward. Ein Glük war es, daß der Wind aus Nordwest kam, und das Feuer auf den weiten Markt warf, da es nicht sogleich etwas anzuzünden finden konte.

### Herrliches Denkmaal des Ernstes und der Güte GOttes!

§. 28.

Wir kehren noch einmal zu dem nach dem großen Brande erneuerten Cößlin zurücke, immer aber begegnen uns die Gnadenproben des huldreichen Königes. — Alles, was er bisher gethan, war ihm noch nicht dauerhaft genug, den Grund zum neuen Flor dieser Stadt zu legen. Er sann also auf ein weises Mittel, diesem Orte einen öftern Besuch der Fremden und dadurch desto mehr Verkehr und Nahrung zu verschaffen. Zu dem Ende ward die Landvogtey zu Stolp und Greifenberg, gleichwie das Burggericht zu N. Stettin und Belgard aufgehoben, an deren Stelle aber ein eigenes Hofgericht hieselbst angeleget. — Cößlin hatte vormals, als die Herzoge und Bischöfe (*) Casimir, Franz und Ulrich Cößlin zu ihrer Residenzstadt machten, sich ungemein aufgenommen. H. Casimir legte auch schon die stiftische Canzley hieher, davon ein Canzler, Hofrath, Secretair und Notarius die Verwaltung hatten (**). Die eingefallenen Kriegszeiten aber verursachten, daß sie darauf nach Colberg und von hier 1686 nach Stargard verlegt wurde, welches der Stadt ein vieles entzog, den entlegenen Städten und Kreisen aber ihre Angelegenheiten, wegen der beschwerlichen Reisen, sehr kostbar machte. Cößlin also und ganz Hinterpommern mußten seinem Beherrscher für die weise Veränderung höchst dankbar werden.

(*) Ob

128   II. Abth. Von der bürgerlichen Verfassung der Stadt Cößlin.

(*) Ob schon Johann Friedrich sich beständig in Cößlin aufgehalten, ist ungewiß, aber das ohne Streit, daß er beschloß die Residenz hieher zu verlegen und deswegen den Bau des Schlosses anfing, muste aber denselben seinem Nachfolger H. Casimir zu vollführen überlassen (s oben I. Abth. Cap. II. §. 8.)
(**) Das Siegel, so dieses Landescollegium damals gebrauchte, war etwa eines Guldens groß, aber oval. Der Schild war mit einem camminschen Kreuze bezeichnet, der Helm aber mit einem Bischofshuth bedecket. (s. des Hrn. Hofgerichts Rath von Heydebreck monumenta gentis Heydebreckianae p. 18. not. (1).

§. 29.

Den 2ten December 1720 ward dies Hofgericht von S. Excellenz dem Hrn. Canzler Matthias Döring von Sonnitz mit einer solennen Rede introduciret: worauf der ernante Director desselben, Herr Christoph Friederich von Suckow, antwortete. Zulezt machte der Decanus von Podewils, im Namen der anwesenden Stände von Prälaten, Ritterschaft und Städten, das Gegencompliment, und den folgenden Tag ward das Gericht eröfnet (s. Nachricht hievon in H. Dähnerts Pom. Biblioth. 3 B. S. 255.) Als S. jezt regierende K. Maj. 1747 durch dero Großcanzler, Freyherrn v. Cocceji, eine Reform. des gesamten Justizwesens in dero Landen vornehmen ließen, welches ein Muster der Nachfolge für ganz Europa geworden, so wurde hieselbst auch ein neues Consistorium und Vormundschaftscollegium errichtet, das Hofgericht aber in zwey Senate getheilet, so, daß bey dem zweyten Senat die erste Instanz, bey dem ersten Senat aber die Appellation ist. In dem zweyten Senat präsidiret der Vicepräsident, in dem ersten aber der Präsident mit dem Director. Alle Sachen, sie mögen geistlich oder weltlich seyn, so bald sie zur Contradiction kommen, gehören sie vors Hofgericht, und alle drey Collegia führen Titulum Regis.

§ 30.

Die bisherigen Präsidenten des Hofgerichts sind gewesen:

Herr Christoph Friederich von Suckow (*), welcher aber nur den Titel eines Directors geführet.

Herr Henning Franz von Münchow (**).

Herr Bogislaf Heinrich von Eichmann, präsidirt im zweyten Senat als Vicepräsident annoch mit vielem Ruhme.

Herr

Herr **Ewald Georg von Kleist** (***).
Herr **Georg Bogislaf von Benin**, welcher bisher das verehrungs-
würdige Haupt aller vorgenanten drey Collegien ist (†).

(*) Der vorher §. 28. (**) schon genante Herr Hofgerichtsrath von Heydebeck, welcher so unermüdet als rühmlich in Ausarbeitung vollständiger Genealogien
pommerscher Geschlechter sich beschäftiget, hat mich in den Stand gesetzet,
hier eine kurze Lebensbeschreibung von den bereits verstorbenen Präsidenten
des hiesigen Hofgerichts mitzutheilen, welche vielleicht manchem Leser nicht unangenehm seyn wird.
    Herr Christoph Friedrich von Sackow auf Schlötenitz und Ritzero Erb-
herr, studirte 1695 zu Greifswalde, und ward von S. K. M. erst zum Hofgerichtsrath, und nachher zum Consistorialdirector in Stargard, ernennet.
1720 erhielt er das Directorium beym hiesigen Hofgericht mit dem Titel eines
Geh. Raths. — Er war ein sehr angesehener und in den Rechten gründlich erfahrner Mann, dabey ein großer Redner.     Sein Ende erfolgte den
26 Jun. 1734.  Er hatte sich zweymal verheyrathet, erstlich mit Doroth.
Euphrosina von Wedel, hernach mit Juliane Charlotte von Bornstädt, aus
dem Hause Wugarten.
(**) Herr Henning Franz von Münchow, Erbherr auf Zarnevanz, Gervin, Na-
rin, Denzin in Pommern, und Darsen in Polen. Sein Vater war der Landrath, Wilhelm Bernd von Münchow, auf Gervin, die Mutter aber Cuni-
gunda Margaretha von Hechthausen, aus dem Hause Zarnevanz. — Den 9 Aug.
1683 erblikte er das Licht der Welt, und nachdem er seine Jugendjahre auf
Schulen und Reisen rühmlich zugebracht, war er 1722 schon Hofgerichtsrath
zu Cößlin, als er sich zu Stettin belehnen ließ. Nach dem Tode des Hofge-
richtsraths Coch bekam er dessen Gehalt, und den Titel eines Geh. Raths, und
Vicedirectors. 1734 rückte er in die Stelle des seel. Directors von Sackow mit
dem Character eines Präsidenten. — 1747 suchte er seine Erlassung, die ihm
auch mit einem Jahrgelde von 500 rthl. ertheilet wurde, worauf er sich auf
seine Güter nach Zarnevanz begab, und den 29 Aug. 1753 in einem 70jährigen
Alter das Zeitliche gesegnete. Er war den 16 May 1716 mit Louise Henriette
Baronesse von Fuchs, des Staats Johan-Heinrich Tochter, und des Baron
Paul von Fuchs Enkelin vermälet, welche ihm 1761 zu Belgard im Tode nach-
folgete.
(***) Herr Ewald Georg von Kleist, aus dem Hause Vitzo, der mittelste von
zween Brüdern, welche innerhalb zweyen Jahren, nämlich 1717 und 1718, an
den Pocken verstarben. Herr Ewald Joach. von Kleist, wohlverdienter Hin-
terpommerscher Landrath, Erbherr auf Vitzo, und Fr. Hedewig Magdal. von
Blankenburg, aus dem Schloß und Stadt Friedeland in Polen, genossen die
Freude, ihn als Sohn zu küssen, und seine Erziehung dergestalt zu besorgen,
daß er eine Zierde des Kleistischen Hauses werden konte. — Zu Leiden setzte er
sich in allen nützlichen und schönen Wissenschaften feste, und mit Gelehrsamkeit
und einer schönen Bibliothek bereichert verließ er diesen Ort, und trat das Decanat zu Cammin an.  Die Academie der Wissenschaften zu Berlin erwählte
ihn

130    II. Abth. Von der bürgerlichen Verfassung der Stadt Cößlin.

ihn zu ihrem Mitgliede. Es wäre aber immer Schade gewesen, wenn sein unvergleichlich Talent und schöne Einsichten in die Rechtsgelehrsamkeit dem Vaterlande nicht mehr hätte nutzen sollen; es konte sich also glücklich schätzen, als unser würdige Herr von Kleist, nachdem er sein Decanat an den Hrn. von Platen abgetreten, dem Ruf zur Präsidentenstelle an das königl. Hofgericht nach Cößlin folgete. So verdient und rühmlich er diese hohe Ehrenstelle bekleidete, so ungerne verlor ihn Cößlin und die Stände dieses Herzogthums, als ein schneller Tod ihn den 11ten Dec. 1748 in einem Alter von etlich und 40 Jahren der Welt entrückte. Er hinterließ die Fr. Magdalena Lucretia Juliana, älteste Tochter des Gen. Lieut. Hans Friederich von Platen, als Wittwe, und mit derselben auch einige Kinder.

6†) Herr Georg Bogislaf von Bonin, Erb= und Lehngesessen zu Wojentin, Dargen, Jatzthum rc. Sein Vater war Hr Bogislaf von Bonin, K. Preuß. Landrath und Erbherr auf Jatzthum rc. die Mutter Barbara Veronica von der Osten. Nachdem er in der Cößlinschen Schule den Grund seiner Wissenschaften geleget, bezog er die Universität Frankfurt an der Oder. 1727 ward er Schloßgerichtsverweser zu Bublitz, 1735 aber zum Hofgerichts= und Landrath, nachhero zum Königl. Reg. Rath ernennet. 1749 berief ihn sein König, aus eigener Bewegung, zum Präsidenten der hiesigen hohen Landescollegien. Er war zweymal vermälet, 1) mit Hedewig Sophia von Bonin aus Wojentin, 2) mit Anna Hedewig von Mazmer aus Bellin. Von der ersten Ehe ist ihm ein einziger Sohn übrig geblieben, aus der zweyten Ehe sind keine Kinder. Er starb den 27 März 1764 in einem Alter von 62 Jahren und 4 Monaten.

§ 31.

Unter die vorgenanten drey Landescollegia zu Cößlin sortiren nun
I. Folgende Kreise:
    1. Das ganze Fürstenthum Cammin, bis an den Greifenbergischen Kreis, doch mit Ausschließung der Freyenwaldischen von Wedel.
    2. Der belgardsche Kreis,
    3. Der neustettinsche Kreis,
    4. Der rummelsburgsche Kreis,
    5. Der schlawische Kreis,
    6. Der stolpische Kreis,
    7. Der polzinsche Kreis,
    8. Die Geschlechter von Podewils und von Glasenapp.
II. Folgende Aemter:
    1. Stolpe, 2. Schlawe, 3. Rügenwalde, worunter Janow mit begriffen, 4. Neustettin, 5. Bublitz, 6. Cößlin, 7. Cantzlersburg. 8. Altstadt Colberg, 9. Cörlin, 10. Belgard.

Cap. IV. Von Vorfällen, die in das Schicksal der Stadt einen Einfluß gehabt. 131

III. Folgende Städte:
1. Stolpe, 2. Schlawe, 3. Rügenwald, 4. R. Stettin, 5. Cößlin, 6. Cörlin, 7. Colberg, 8. Belgard, 9. Bublitz, 10. Berwalde, 11. Rummelsburg, 12. Poltzin.

Die Lande Lauenburg und Bütow haben, wie in mehrern Stücken, also auch darin etwas besonders, daß sie ihr eigenes Grobgericht zu Lauenburg behalten, welches die erste Instanz ist. Von da appelliren sie nicht ans Hofgericht nach Cößlin, sondern ans Oberappellationsgericht, und in der dritten Instanz ans Tribunal.

§. 32.

Wir haben schon §.28. gesagt, daß die Hinterpommerschen Landstände die höchste Verbindlichkeit auf sich gehabt, ihrem Monarchen für diese höchst weise und vortheilhafte Einrichtung ehrfürchtig dankbar zu werden. So edel aber war auch die Denkungsart dieser getreuen Landstände gesinnet, sie wolten es nicht an einem öffentlichen Denkmaal ihrer unterthänigsten Dankbegierde ermangeln lassen. — Ein Volk, das sclavisch seinen Herrn fürchtet, muß zwar auch öfters an dergleichen Zeichen äuserer Ehrfurcht denken, um nicht das Rachschwert des Tyrannen zu fühlen, hier aber war alles von Liebe beseelet. — Sie wusten wohl, daß ihr Herr seine Unsterblichkeit nicht in Erz und Marmor, sondern in dem Glanze seiner königlichen Tugenden suchte: sie wusten aber kein anderes Denkmaal, ihre Treue gegen ihren Landesvater der Nachwelt kentbar zu machen, als daß sie solche dem Marmor anvertraueten. — Der verdiente Staatsminister Friederich Wilhelm von Grubkow schlug also den pommerschen Landständen vor, ihrem Könige eine Statue auf dem schönen Cößlinschen Markte zu errichten, und diese eilten von allen Seiten herzu, das Werk aufs schleunigste auszuführen. — Es ward demnach 1723 das Fundament dazu geleget, und die Standsäule aufgeführet, deren vier Seiten sich nach den vier Gegenden der Welt richten. — 1724 den 16 Jul. ward S. K. M. Friederich Wilhelms in Stein gehauenes und wohlgetroffenes Bildnis darauf gesetzet. Er stehet in Mannesgröße in römischem Habit und bewafnet, in der rechten Hand einen Commando-

R 2                                                                                                stab

stab haltend, zu den Füßen liegen die Reichskleinodien mit dem geschlungenen Namen F. W. R. (*)

(*) Es ist diese Statue nebst den Wasserkünsten und dem Markte 1729 in perspectivische Vorstellung gebracht, und von dem berühmten Künstler Wolfgang zu Berlin gar sauber in Kupfer gestochen.

§. 33.

Unten an der Standsäule befinden sich an jeder Seite eine mit Gold überzogene bleyerne Tafel. Auf der Tafel gegen Mittag ist folgende Aufschrift:

D. O. M.
FRIDERICVS. GVILIELMVS. REX. POR.
PRINCEPS. PIVS. FEL. AVG. P. P.
PROFLIGATIS. HOSTIBVS
SERVATIS. CIVIBVS
PACATA. PATRIA
IMPERII. FINIBVS. PROLATIS
CIVITATEM. HANC. FERALI. INCENDIO
DISIECTAM. REPARAVIT.
REPARATAM. AMPLIFICAVIT
AMPLIFICATAM. AVXIT
OPTIMO. PRINCIPI
MEMORIAE. SEMPITERNAE. CAVSA
MONVMENTVM. HOC
DEVOTI. VIRTVTI. MAIESTATIQVE
EIVS
DVCATVS. POMERANIAE. ORDINES
AVCTORE. FRID. GVIL. DE. GRVMBKOW.

MINISTRO. STATVS. INTIMO
SVMMOQVE. COPIARVM. PRAEFECTO
POSVERVNT
A. R. S. cIɔ Iɔ c c XXIV

Auf der Morgenseite siehet man die Victorie, welche das Haupt des Monarchen krönet und ihm eine Landcharte vorhält, mit der Beyschrift:

POMERANIAM. CITERIOREM. VSQVE
AD. POENE. FLVVIVM
RECVPERAVIT

An der Nordseite siehet man des Königes Sinnbild, nämlich einen gegen die Sonne fliegenden Adler, mit der Inschrift:

NEC. SOLI. CEDIT.

Die Seite gegen Abend stellet die abgebrante Stadt und die fußfällig um Gnade bittende Bürger vor, mit der Erklärung:

COSLINVM. INCENDIO. DELETVM
RESTAVRAVIT.

Diese beyde lezte Tafeln wurden den 14 Dec. 1728 angeschlagen. Uebrigens ist die ganze Statue mit einem zierlichen eisernen Gitter umgeben, in dessen vier Ecken, auf besondern Standsäulen, Trophäen errichtet sind, die Siege und den Heldenmuth des Monarchen zu bezeichnen. Gegen Abend und Morgen befinden sich die ansehnlichen Bassins, auf welchen Adler angebracht waren, aus deren Munde das Wasser floß. Alles dieses verursachet dem nach den besten Regeln der Baukunst angelegten Markte ein so schönes Ansehen, als man wol kaum in einer Stadt Deutschlandes antreffen wird.

§. 34.

§. 34.

Dies eine ist noch anzumerken übrig, daß 1764 ein neues Landescollegium hieselbst niedergesetzet worden, nämlich eine Deputationscammer, welche mit der königlichen preußischen Kriegs- und Domainen-Cammer zu Stettin in Verbindung stehet. Es ward solche den 16 März genanten Jahres von dem Herrn Cammerpräsidenten von Schöning introduciret, und stehet unter der Direction des Herrn von Bessel. Zween zugeordnete Räthe versehen die städtischen, und zween die landschaftliche Angelegenheiten, denen zween Secretairs zugeordnet sind. Ihr Versamlungsort ist nicht, wie der andern Collegien, auf dem Schlosse, sondern in einem besonders dazu gekauften Hause.

Die
dritte Abtheilung
erzählet
die gottesdienstliche Verfassung
der Stadt
Cößlin.

---

Nos quoque magis honos festis gaudemus & aris.
OVIDIVS.

---

## Das erste Capitel.
## Von der gottesdienstlichen Verfassung
### zur Zeit des Pabstthums.

Nach vorläufiger Anzeige und zwey vorangeschickten Anmerckungen §. 1. 2. 3. wird gehandelt:
§. 4. Von der allerersten Einrichtung des Gottesdienstes.
§. 5. 6. Von dem Cößlinschen Kloster.
§. 7. Von dem Recht der Stadt Cößlin an dem colbergschen Kloster.
§. 8. Von dem Kalands zu Cößlin.

### §. 1.

Von der Beschreibung der bürgerlichen Verfassung unserer guten Stadt Cößlin wenden wir uns zur Erzählung dessen, was bey ihrer gottesdienstlichen Einrichtung zu wissen nöthig ist. — Wir werden solches in die zwey Perioden vor und nach der Reformation eintheilen.

### §. 2.

Cößlin erhielt, nach dem Winck göttlicher Vorsehung, seine städtische Einrichtung zur Zeit, als der Name JESU dieser Orten schon an 140 Jahre

138 III. Abth. Von der gottesdienstlichen Verfassung der Stadt Cößlin.

Jahre her angenommen und bekant gewesen wär. Wir sind also der unseligen Mühe überhoben, die Geschichte dieser wehrten Stadt, mit Erzählung ihres Götzendienstes und heidnischer Greuel zu verunstalten. Seine erste Bewohner waren Christen, obgleich die christliche Religion damals schon mit einigen Mißbräuchen und Aberglauben entehret war, welches nachhero immer mehr überhand nahm, bis GOtt sein herrliches Evangelium als ein Licht in der Finsterniß aufgehen ließ.

§. 3.

Ich muß aber gleich zum voraus sagen, daß man sorgfältiger gewesen ist, die Nachrichten der Civil = als der Kirchenhistorie der Nachwelt aufzubehalten. Dies komt daher, weil die mehresten derselben in den Händen der Geistlichen waren, und in dem Klosterarchiv verborgen lagen, wie nun dasselbe bey der Reformation einging, sind sie der Welt zugleich mit entzogen: dahingegen die Urkunden, welche Publica der Stadt betreffen, auf dem Rathhause aufbehalten worden, und weil die Privilegienlade 1718 aus dem großen Brande gerettet worden, größtentheils auf unsere Zeiten erhalten sind. — Wir werden also nichts mehr sagen können, als wir in den Ueberbleibseln des Alterthums von der gottesdienstlichen Verfassung dieser Stadt noch, antreffen.

§. 4.

Die ersten vier Jahre hindurch haben die hiesigen Neubauenden sich wol zwar sehr kümmerlich in Abwartung des Gottesdienstes behelfen müssen, doch lesen wir schon in des Hrn. von Dreger Cod. Dipl. S. 525. in einer Urkunde von 1267, daß ein gewisser Nicolaus hieselbst Pleban gewesen. Als aber B. Herman 1270 hieselbst das Jungfernkloster vom Cistercienserorden (*) stiftete, ward die Stadt mit einem öffentlichen Orte zur Abwartung des Gottesdienstes versehen. Cramer sagt B. II. S. 40. der Bischof habe dies Kloster selbst in die Ehre der H. Jungfrau Maria eingeweihet, der Stiftungsbrief aber ist nicht in unsere Hände gekommen. Es bestand dies Kloster aus einem Convent adlicher Jungfern, worüber eine Aebtissin und Priorin die Aufsicht hatte. Zur Abwartung des Gottesdienstes aber in der Klosterkirche waren zween Capellans bestellet (**). Weil nun das Kloster auch bald zu

einem

## Cap. I. Zur Zeit des Pabsthums.

einem Vermögen kam, ward eine Probstey angeleget, da denn der Probst mit seinen Zugeordneten die Oekonomie besorgen muste, und wie einige Urkunden besagen, hatte er zuweilen auch wol dabey eine Vicarie, und war also ein geweiheter Priester. — Es dauerte aber nicht lange, so muste bey dem Anwachs der Einwohner an die Errichtung der Pfarrkirche gedacht werden, wovon wir unten im III. Cap. mehr sagen werden, es geschahe solches unter Veranstaltung und Betrieb des Klosters, und dieses erhielte also auch darüber das Jus patronatus, so, daß es die Plebanos & vicarios perpetuos vocirete, deren Unterhalt die Gemeine besorgte. Es mochte aber mit der Zeit darin etwas sparsam gewirthschaftet werden, daher lesen wir in einer Urkunde von 1424, daß sie sich desfals sehr beym Pabst Martin V. beschweret (***), welcher in einem Breve dem Decano zu Colberg aufträget, die Sache zu untersuchen, und ihnen die entzogenen Präbenden nach Recht und Billigkeit wieder herbey zu schaffen. Ein gleiches that auch Pabst Sixtus 1475, der die Sache dem Decano zu Camin auftrug. Aus einem andern Commissorial Pabst Martin V. an den Abt zu Buckow von 1424 ersiehet man zugleich, daß es mit dem Herrn Plebano zu Cößlin (†) und seinen Presbyteris & Clericis schon etwas hat sagen sollen, denn sie legen ihm ein Privilegium des Bischof Magnus vor, darin er ihnen frey gegeben, Biretas & Almucias (††) zu tragen, so wie es in den Collegiatkirchen hiesiger Gegend gebräuchlich gewesen, worüber sie seine Bestätigung erbitten. — Es wohnten aber diese Geistlichen nicht in einem Kloster oder Convent, sondern in Privathäusern um die Kirche herum, daher man noch heut zu Tage die große und kleine Papenstraße nennet.

(*) Dieser Orden ist 1098 gestiftet, und zwar von Robert, einem Abt im Kloster Molisme, welcher sich nebst 20 Benedictinermönchen in die Wildnis Cistercium in Burgundien begeben, um die Regel Benedicti daselbst desto strenger zu beobachten. Sie waren also eigentlich Benedictiner, unterschieden sich aber, nicht nur durch strenger Beobachtung der Regel des Benedictus, sondern auch durch die Kleidung, daß sie weiß gekleidet giengen, die andern Benedictiner aber schwarz und braun trugen, daher nennete man die Benedictianer schwarze, die Cistercienser aber weiße Mönche, wiewol diese nachgehends die weiße Farbe in grau verwandelt, und darüber mit den Franciscanern Händel bekommen haben. — Ueber den Ursprung der Nonnen dieses Ordens sind sich die Geschichtschreiber desselben nicht einig, die wahrscheinlichste Meinung aber ist, daß das erste dieser Nonnenklöster zu Tart in der Diöces Langres 1120 von dem H. Stephan,

III. Abth. Von der gottesdienstlichen Verfassung der Stadt Cößlin.

Abt zu Citeaux, gestiftet worden. Hierauf nahm ihre Zahl dergestalt zu, daß man derselben 6000 zählete, deren sonderlich sehr viel in hiesigen Gegenden errichtet wurden. — Die Nonnen trugen einen weißen Rock mit einem schwarzen Scapular und Gürtel. s. Hist. des Ord. Rel. T. V. ch. 33. Ein Scapular aber war ein solches Kleidungsstück, welches die Ordensleute, zum Merkzeichen einer besondern Hochachtung gegen die H. Jungfrau, trugen; es bestand aus zween schmalen Streifen Tuch, so den Rücken und die Brust bedeckte, und bis auf die Füße hing. — Von dem Ursprung aller Cistercienserklöster, in dem Königreich Polen, Großherzogthum Litthauen und dem Königl. Poln. Preußen, in welchem Jahre nämlich, und von wem jedes solcher Klöster gestiftet sey, hat man 1745 eine Nachricht in den Statutis Ordinis Cistercienfis in Polonia erhalten, welche zu Warschau in einem mäßigen aber sehr prächtig gedruckten Quartbande herausgekommen, s. Leipz. gel. Zeit. 1748. S. 778. s.

(**) Diese bekamen keine Besoldung, sondern alle Tage im Kloster zwo Mahlzeiten, so ward es auch mit dem Capellan bey der Kirche auf dem Gollenberge gehalten.

(***) So viel Mühe sich auch ehedem der Erzbischof zu Gnesen gegeben hatte, das Bischofthum Cammin zu seinem Kirchensprengel zu ziehen, so behauptete solches doch den Vorzug, diese Subordination nicht zu erkennen. Daher kam es, daß die höchste Erkänntnis in kirchlichen Sachen unmittelbar beym römischen Stuhl muste gesuchet werden, welcher denn sogleich durch päbstliche Bullen, oder wenn die Sache nicht klar genug war, und das Gegentheil auch erst solte gehöret werden, durch ernannte Schiedsrichter die Sache abzumachen pflegte.

(†) Die Besorgung des Gottesdienstes zu catholischen Zeiten hatte der Plebanus, oder Oberpfarrer, und unter demselben stunden die Presbyteri und Clerici, oder Vicarii & Substituti. — Anfänglich hieß der nur Plebanus, welcher das Recht hatte, in einer Cathedralkirche die Sacramente auszutheilen, und obgleich dieser Titel aus Demuth angenommen war, da er a plebe hergeleitet wurde, und die Bedeutung einer Person hatte, welche die Seelsorge des gemeinen Voltes führet, so ward er doch bald so reizend, daß auch die sonst so genannten Rectores ecclesiae parochialis sich denselben vorzugsweise beplegten (s. von Schwartz diplom. Gesch. 2c. S. 199.) Dies dauchte aber unsern Cößlinschen Geistlichen noch nicht vornehm genug, daher sie auch die Tracht der Geistlichen, die an einer Cathedralkirche stünden, als ein Ehrenzeichen zu tragen, Erlaubnis suchten, die ihnen der H. Vater dergestalt zu ertheilen verspricht, wenn des B. Magnus Privilegium nicht erschlichen worden.

Exhibita siquidem nobis — Hermanni Gustrowe rectoris plebani nuncupati parochialis ecclesie beate marie virginis opidi Cussalyn — peticio continebat, quod olim — Magnus Episcopus camineafis cupiens premissum in ecclesia ipsa cum veneratione maiori vigere cultum, & vt illi plebanus dicte ecclesie pro tempore existens, nec non presbiteri & clerici dictis dediti obsequiis presentes & futuri ferventius intendere curarent honoris vicissitudini potioris & vetustatis insignis peramplius circumfulti plebano pro tempore existenti ac presbiteris & clericis prefatis, vt ipsi divinis officiis imbi insistendo Biretis & Almunciis choralibus, plebanus videlicet subtus de vario nec non presbiteri & clerici predicti prout in collegiatis parcium Illarum ecclesiis fieri est solitum uti & ea gestare. —

(H) Die

**Cap. I.    Zur Zeit des Pabsthums.**

(††) Ohne Zweifel werden meine Leser von diesem so hoch gehaltenen Priesterornat eine nähere Kentnis zu haben wünschen, ich will, so viel man aus den vorhandenen Nachrichten, die uns Du Fresne gesamlet hat, nehmen kan, hieher setzen.

*Biretum* war eine schwarze Mütze, die wie eine Piramide gestalt war, und von vornehmen Geistlichen getragen wurde. —

*Almucium* aber, oder *amucium, almuncium, amiculum* war ein Kleidungsstück, mehrentheils aus Pelz gemacht, welches lang die Schultern bedeckte, und an welchem noch eine Capa oder Cucalla befestiget war, die man über den Kopf streifte. Man trug es nur in geistlichen Amtsverrichtungen. — Wolte man es nicht mit einer guten großen Schorsteinfegerkappe vergleichen, so könten die heutiges Tages so beliebten Enveloppen unsers Frauenzimmers mit dem Capuchon uns diese Tracht begreiflicher machen, wiewol ich, zur Ehre des guten Geschmacks, hoffen will, es werde dermaleins so viel Mühe kosten, unsern Enkeln eine Enveloppe, als uns ein almucium zu erklären.

**§. 5.**

Wir kehren wieder zu dem Kloster zurücke, daßelbe stand an dem Orte, wo jetzt das verfallene Schloß befindlich ist, und war ein weitläuftiges Gebäude, wozu Scheunen und Ställe gehöreten. Die Freygebigkeit der Bischöfe und Herzoge, die Blindheit und Einfalt der damaligen Christen und die Kunstgriffe der Herren Pröbste brachte dies Kloster bald zu einem ansehnlichen Vermögen. — B. Herrmann schenkte ihm 1287 zehn Manlos Borchland. -- Gleich zu Anfang des XIV Jahrhunderts hatte das Kloster in Möllen 20 Manlos, die es 1315 dem B. Heinrich gegen 40 Manlos, zwischen der Radüe und Raddsche, vertauschte (*), die aber erst urbar mußten gemacht werden, und hier, glaube ich, hat das Kloster damals die Dörfer Augustin, Cretenin, Comikow, Neuklenz und Schweßin angeleget, außerdem gehörten noch zum Kloster Altenbetz, Dersentin, Lübtow, Roggezow und Vangerow (**) nebst vielen Ländereyen und Aeckern. Selbst in Jamund hatten sich die Nonnen schon eingenistet. Wie aber bey Erscheinung des Evangelii nach und nach die Zugänge und Einkünfte fielen, musten die lieben Jungfern so eins nach dem andern los schlagen, es war zuletzt kein Probst, noch Aebtißin, noch Priorin mehr im Kloster, wurden auch keine Jungfern mehr aufgenommen, sondern es starb so nach gerade aus, die Gebäude zerfielen, und die Bischöfe zogen die noch vorhandenen Güter ein, bis

III. Abth. Von der gottesdienstlichen Verfassung der Stadt Cößlin.

endlich bey Secularisirung des ganzen Stifts, alles zu dem Cößlinschen und Casimirsburgischen Amte geschlagen wurde. Das Kloster hat beynahe 300 Jahr gestanden.

(*) Die Urkunde davon hat uns H. Sam. Hering in einer 1736 geschriebenen Abhandlung geliefert. Er brauchet sie, weil sie auf Papier geschrieben ist, zum Beweise, daß in Pommern der Gebrauch des Papiers weit ä.tere Spuren habe, als man noch aus keiner Gegend Deutschlandes aufweisen könne. Es ist wahr, sein Exemplar, so er gehabt, kan eine Copie gewesen seyn, er zeiget aber aus dem in dem Papier befindlichen Zeichen, welches des B. Heinrichs Wapen vorstellet, daß es doch Papier müsse gewesen seyn, welches unter dieses Bischofs Regierung, wenigstens zwischen 1315 und 1317, verfertiget worden. — Es verdienet diese kleine Schrift gelesen, das Alter des Papiergebrauchs aber näher untersuchet zu werden. — Wäre die Begebenheit außer allem Zweifel, von welcher ein gewisser Italiäner, Namens Curtius Jngbiram, ums Jahr 1636, in Ansehung einer ganz besondern bey Scornelle gemachten Entdeckung, so viel Aufsehens gemacht, daß er nämlich in einem Hügel an 107 Rollen Papiere mit etrusischer und lateinischer Schrift gefunden, so müste die Erfindung des Papiers über 2000 Jahr alt seyn. Er ist aber von vielen Gelehrten eines groben Betruges beschuldiget worden, wovon er inzwischen wol vor seine Person, der höchsten Wahrscheinlichkeit nach, frey zu sprechen, man meynet aber, es habe ein anderer vor Jngbiram dies Spiel erschaffen, mich deucht aber, der müste unersättlich im Betrügen und unergründlich im Erfinden gewesen seyn. — Man kan diese Begebenheit ausführlich lesen in des seel. D. Baumgarten Nachr. von einer ball. Bibl. B. VIII. S. 297.f.

(**) Diese Dörfer musten den Klosteracker bestellen, doch hielte das Kloster auch selbst 4 Pferde, welche dem Rath öfters zur Nothdurft verabfolget worden. Sonst hatte das Kloster auch das Recht, auf dem boninschen See mit großen und kleinen Garnen zu fischen.

§. 6.

Man siehet bey aller Gelegenheit, daß der Magistrat auf das Kloster immer ein wachsames Auge gehabt, um den lieben Fräuleins die Flügel nicht zu lang wachsen zu lassen (s. oben I. Abth. Cap. III. §. 3. Anmerk.) Sie hatten dahero der Stadt allerhand Leistungen zu erfüllen, und wenn sie damit nicht wohl einhielten, der Magistrat immer das Zwangsmittel in Händen, sie durch Entziehung einiger dem Kloster zuständigen Abgaben zu ihrer frommen Schuldigkeit anzuhalten. — Es war z. E. der Rath schuldig, ihnen jährlich aus der Stadtmühle Korn zu reichen, das Kloster aber muste jährlich auf Petri Pauli ein Servitium (*) leisten, oder es mit drey Mark bezahlen. Letzteres blieb aus, gleich behielt der Magistrat ihm zwey Drömt Korn ein, das dauerte

**Cap. I. Zur Zeit des Pabstthums.**

24 Jahr, nämlich von 1286 bis 1310, da verglichen sich beyde Theile, daß eins mit dem andern wegfallen solte (**). 1333 vermachte Heinrich Eventin, da er eine weite Reise vorhatte, dem Kloster sein Recht an 24 Drömt jährlicher Mühlenpacht, auf den Fall, wenn er nicht wieder käme, so auch nicht geschehen. Da nun damals die Mühle bey dem Kloster Buckow war, hob das Kloster zu Cößlin von demselben auch das Korn, und als der Magistrat 1510 solche Mühle wieder an sich brachte, muste er die Abgabe dieses Korns dem Kloster besonders versichern. Ob nun gleich dabey nicht verabredet wurde, daß das Kloster dem Magistrat 3 Collationen jährlich geben solte, so ward es doch eine Observanz, und wie es nachblieb, behielt der Magistrat 3 Drömt und 4 Scheffel zurück. Solches veranlassete, daß 1526 B. Erasmus den Vergleich machte, es solte beydes wegfallen, daher giebt die Cämmerey jetzo jährlich an das königl. Amt, welches in die Stelle des Klosters getreten, nur 20 Drömt, nämlich 120 Scheffel Roggen und 120 Scheffel Malz, alte Maß. Und weil das Kloster damals einen Mühlenknecht in der Mühle halten und ihn besolden muste, so zahlet jetzt das königl. Amt jährlich für den Mühlenknecht an die Cämmerey 3 rthl. 8 gr. — Das Holz zu den Wellen und anderm Behuf bey der Mühle und Stadtgebäuden holte man aus dem Nonnenholze (***); das Kloster aber durfte sich nicht unterstehen, aus dem Stadtholze ein Stück zu holen, sondern muste sich mit etwas Strauch aus seinem eigenen behelfen. Die Klosterjungfern musten auch jährlich 4 Solidos denariorum flavical. der Stadt, pro confectatione & contributione civium (†), entrichten, und für die Freyheit an der Mauer ein secretum accessorium sive necessarii cameram zu haben, einen Nachtwächter, den der Rath setzte, besolden, auch soweit das Kloster gieng, Brücken und Dämme im Stande halten. — In einem alten Aufsatz habe ich gefunden, daß das Kloster mit der Pfarrkirche jährlich 12 fl. für das Weichelbrod, oder Hostien, an den Magistrat entrichten müssen, wovon ich aber den Zusammenhang nicht einsehe. Was für ein schönes Brod der Herr Probst jährlich auf Ostern den Gliedern des Raths geben müssen, ist oben II. Abth. Cap. I. §. 9. erzählet.

(*) Dies servitium bestand in Seekrmessen, die sich ein gewisser Marquard, der hier Miler genant wird, und den wir für den ersten Aufseher beym Anbau der Stadt halten, durch seine dem Kloster erwiesene Wohlthaten, für sich und seine Nachkom-

III. Abſch. Von der gottesdienſtlichen Verfaſſung der Stadt Cößlin.

—en erkauft hatte, und vermuthlich waren es die 2 Drönt Mühlenkorn, die der Magiſtrat hier einbehielt.

(**) Wir haben dieſe Urkunde ſchon an verſchiedenen Orten zur Quelle unſerer Nachrichten gemacht, und da ſie eine der brauchbarſten in der Cößlinſchen Geſchichte iſt, ſich auch am beſten an dieſen Ort ſchicket, will ich ſie hieher ſetzen, ſo lautet das Original:

Vniuerſis Chriſti fidelibus preſentem literam viſuris ſeu audituris, nos Soror Ermegardis, Abbatiſſa ſanctimonialium in Cuſſalyn, totusque conuentus eiusdem cum donatis operibus caritatis oracionum ſuarum frequenciam ſalutarem. Quia mater errorum, ingrata obliuio, ſepe longinquitate temporis rem claram & manifeſtam futuris reddit incognitam & obſcuram, ideo aduerſus eiusdem obliuionis diſpendium de ſcripture ſuffragio prouidit induſtria ſapientum, unde cum noſtra ſeu aliene acta ſcripturarum memorie commendamus, multis contradictionibus obuiamus. Recognoſcimus igitur & preſentibus proteſtamur, quod quedam diſſenſiones & controuerſie inter nos & dilectos nobis in Chriſto conſules & burgenſes ciuitatis noſtre Cuſſalyn aliquanto tempore verſate, ſedate ſunt totaliter & ſopite cum religioſorum & aliorum proborum hominum deceat honeſtatem diſcordiam ubique & ſemper in concordiam reuocare, hoc pie conſiderantes dominus Johannes abbas in Buccbouia una cum domino Henrico dicto de Brunſchwig monacho eiusdem & honeſtus miles dominus Luwo Glaſenap aduocatus domini noſtri Epiſcopi Cammineuſis. Hermannus de Lewe & Conradus bos magiſtri ciuium diſſenſionem inter nos habitam intercipientes & diem placiti fideliter obſeruantes ad finem laudabilem produxerunt. Sicut domina Sophia beate memorie quendam officium abbatiſſe regens exegit & requiſiuit, ſic nihilominus & nos exegimus & requiſiuimus a conſulibus & burgenſibus duo cremodia molendinaris frumenti annuatim nobis danda, ſed XXiiij annis obtenta & retenta eccleſie noſtre & nobis data. Per predictos vero mediatores, qui ſe placitis interpoſuerunt expedite plenius & inſtructe, quod illa cauſa multis retroactis temporibus eſſet terminata amicabiliter ac ſedata ad conſilium eorundem ac propter pacem & caritatem cum conſulibus ſeruandam abrenunctiauimus in hys ſcriptis omni iuri noſtro quod in predictis duobus tremodiis habuimus ſeu habere videbamur conſenſu unanimi ab omni impeticione perpetuo quieſcentes. Predicti etiam conſules & burgenſes in Chriſto nobis dilecti pietate moti placitis quod mediantibus informati viciſſitudinem nobis rependere cupientes abrenunciauerunt omni cauſe ſue quam mouebant contra nos pro ſeruicio eis in feſto ſanctor. apoſtolor. Petri & Pauli annis ſingulis faciendo, vel tribus marcis denariorum ſlauicalium redimendo, quod quidem ſerviciam quondam Marquardus miles apud nos ſua pecunia dicitur comparaſſe de impeticione eiusdem ſervicii in perpetuum voluntarie deſiſtentes.

Preterea ſepedicti conſules in Chriſto nobis dilecti ut eis & ſucceſſoribus ſuis meritum apud altiſſimum amplius augeatur quandam hereditatem quondam a domina Greta, dicta Vmmelandeſche beate memorie, relicta cuiusdam viri dicti Vmmeland nobis teſtamentaliter delegatam, ſed nondum a conſulibus nobis reſignatam iuxta horreum noſtrum ſitam nobis & eccleſie noſtre reſignauerunt noſtro hereditario cum proprietatis titulo perpetuis temporibus poſſidendam condicione tamen tali attencius interiecta quod pontes ponere & reparare per dimidietatem Strate verſus noſtrum clauſtrum deuolutam viam quod emendare in quantum noſtrum ſeptum & noſtra hereditas eſt pretenſa, firmiter teneamur. Inſu-

Insuper predictis consulibus pro confectacione vel contribucione ciuium quatuor solidos slauicalium denariorum reddere tenebimur annis singulis in perpetuum omni dubio amputato.

Insuper dilecti nobis in Christo nostre ciuitatis consules antedicti nostro prefectui peramplius mitentes dederunt nobis & nostro conuentui liberam licentiam & largam potestatem edificandi & exstruendi nostris sumptibus secretum accessorium, siue necessariam cameram retro curiam ( Hof ) nostram perpetuis temporibus obtinendam loco & situ, quo nobis & temporis videbitur commodius expedire, propter quod unum vigilem nocturnas vigilias in custodia ciuitatis observantem ab eis conuentum & conductum seruabimus precium que suum ab eis deputatum eidem de nostra bursa propria annis singulis persoluemus.

Ut autem inter nos pacis & concordie amicicia firmior roboretur sepedictos consules in Christo nobis dilectos nunc existentes & in futuris perpetuis temporibus eligendos recepimus in fraternitatem ecclesie nostre participes, eos facientes in vita pariter & in morte omnium missarum, oracionum, Psalteriorum, jeiuniorum, elemosinarum, vigiliarum, castigacionum corporum & omnium aliorum spiritualium bonorum, que in nostra ecclesia vigiliter peragentur domino adiuuante.

Insuper in obitu uniuscuiusque, veluti pro fratribus & sororibus nostris, discedentibus, debitum fraternitatis fideliter exoluemus, ob quam causam, licet unusquisque fidelium autoritate iuris canonici libere valeat de suis rebus unum acquisitis & iuste possessis bonis aliquam partem sine contradictione eciam heredum personis ecclesiasticis pro ecclesia testamentaliter elargiri, tamen ipsi super hys dederunt uniuersis & singulis plenariam libertatem de hereditatibus suis intra ciuitatem & extra & aliis bonis suis nostro conuentui ecclesiam delegare nomine testamenti quantitatem diuina gracia ordinante videlicet in denariis, argento seu vestibus vel aliis rebus mobilibus quibuscunque, minsis, nostre ciuitati adiacentibus omniad exceptis & dormibus & areis in ciuitate situatis.

Preterea cum consules ciuitatis ciuitatem muro firmare inceperint & murum usque versus nostram hereditatem perduxerint, si alibi iuris teuthonici est, quod moniales claustrales & incluse in ciuitatibus morantes versus suam hereditatem murare debeant, nihilominus nos murum ciuitatis exstruemus.

Huius nostre composicionis & ordinacionis testes sunt precupue prescripti mediatores placitorum & *Johannes Spruck* junior *Pelgrin* ac ipsi consules ciuitatis scilicet *Dithberaus de Sutrekome*, *Hermannus Smorre Johannes Garizkome Thimme Holteshe Wernerus de Krarche Thidericus de Sucow*, *Sibothe*, *Thidericus Roggesow* & alii quam plurimi fide digni. Ut autem hoc nostra composicio per viros idoneos facta ex utraque parte perpetuis temporibus inuiolabilis perseueret presentem literam exinde conscriptam ipsis dedimus nostri sigilli munimine consignatam. datum anno domini M. CCC. X. in die beati Georgii martyris.

(L.S.)        (L.S.)

(***) Dies war ein Buchwald bey Roggesow, 1610 war er durch den Bau des fürstlichen Hauses fast ganz aufgerichtet, 1645 aber fing man an ihn wieder aufzuhegen.

(†) Diese wurden Zweifels ohne zu der Orbade, welche die Bürger entrichten mußten, zu Hülfe gegeben, weil das Kloster schon damals einige Stadtgrundstücke im Besitz hatte, die sie aber nach voriger Urkunde nicht vermehren sollten.

§. 7.

## §. 7.

Was wir von der Capelle auf dem Gollenberge zu sagen hätten, ist schon oben I. Abth. Cap. III. §. 3. f. beygebracht, und was von den Kirchen und Hospitälern zu sagen ist, soll unten im III. Cap. dieser Abth. vorkommen. — Wir haben jetzt nur noch zu bemerken, daß Cößlin ein gewisses Recht an dem Jungfernkloster in Colberg besitze. — Damit hat es folgende Bewandnis: — Das Jungfernkloster in Colberg (*) hatte nicht, wie unsere zu Cößlin, das Schicksal, daß es nach der Reformation einging, sondern man ließ die catholischen Jungfern nach und nach aussterben, und die hochsel. Fürsten, als Bischöfe zu Cammin, beschlossen, diese Stiftung zum Vortheil der lutherischen Kirche zu nutzen. Es ward demnach unter der Regierung Herzog Johann Friederichs mit den Stiftsständen eine Vereinigung und immerwährender Vertrag aufgerichtet, daß der Herzog, qua Episcopus Caminensis, als Patronus und immerwährender Inspector des Klosters solte angesehen werden, die Administration aber solte nicht einem oder dem andern vorbehaltlich, sondern den Stiftsständen insgemein anheim fallen, wobey doch noch gewisse Reservata ausgesetzet wurden. — Hiemit aber waren die von Colberg im geringsten nicht zufrieden, sondern verlangten eine allen andern Stiftsständen vorgehende Befugnis zur Administration des Klosters, ließen deswegen die Sache an Kaiser Rudolph II. gelangen. Um nun diese Weitläuftigkeit aufzugreifen, ließ sich den 4 May 1587 der Herzog und Bischof Casimir mit dem Magistrat zu Colberg in einen Vertrag ein, darin ward der mit H. Johann Friederich ehemals getroffene Vergleich zum Grunde geleget, und aufs neue bestätiget, dergestalt: daß das Kloster in der Administration der gesamten Stiftsstände, als der Ritterschaft, und der beyden Städte Colberg und Cößlin, bleiben, und diese dergestalt daran Theil nehmen solten, daß die Zahl der Klosterjungfern sechszehn ausmache, dazu solten gelangen sieben aus der Ritterschaft, und neun aus dem Bürgerstande, nämlich sechs aus Colberg und drey aus Cößlin, solche solten von den Provisoren und dem Klostervogt dem Bischof präsentiret, und von ihm confirmiret werden. Zu Provisoren wurden auch sofort ernennet Daniel Monchow und Claus Heydebrek aus der Ritterschaft, — Christoph Tam, als ältester Burgemeister

**Cap. I. Zur Zeit des Pabstthums.** 147

von der Stadt Colberg, und Ernst Warnin von Seiten der Stadt Cößlin, denen er den Schreiber Martin Schötzow, nachdem er dem Bischof und den Stiftsständen eidlich verpflichtet worden, zugesellete, und ihn zum Klostervogt ernante. — Cößlin hat also als ein Stiftsstand sämentlich das Recht an dem Colbergschen Kloster, solches auch jederzeit genutzet, wie denn auch dieser Stadt Siegel ehedem der Klosterlade aufgedruckt war, und sie das vierte Schloß davor hängen hatte. — Als 1654 das Bischofthum secularisiret und dem Herzogthum Pommern, in der Qualität eines Fürstenthums, incorporiret wurde, ward in dem Landtagsabschied: Starg. den 11 Jul. ausdrücklich bestimmet: Daß das Jungfernkloster zu Colberg in seinem Wesen und Stande solte beybehalten, nach der Verfassung mit Provisoren und einem Klostervoigte, welche nachfolgend in diesem Abschied benennet seyn, versehen, und den jetzo vorhandenen Jungfrauen ihr gebührendes Deputat, weil das dazu gehörige Amt alten Stadt noch in ziemlichem Stande ist, vollkommen gereichet werden (**). — Hiebey aber wurde, ich weiß nicht aus was für Ursachen, die Sache so gefasset, daß bey Ernennung der Inspectoren Cößlin vorbeygegangen worden, (s. beym Rango in origg. Pom. S. 188.) und habe ich nicht gefunden, daß von dieser Seite deswegen Anregung geschehen ist, so viel ist gewiß, daß heutiges Tages die Stadt Cößlin keinen Provisor mehr bey dem Kloster bestellet.

(**) Das Kloster stiftete B. Hermann acht Jahre nach dem Cößlinschen, nämlich 1278, den Fundationsbrief kan man beym Rango S. 178. lesen. Es ward dies Kloster erst auf der Altstadt vor Colberg an dem Orte, wo ehedem die Benedictiner ihren Convent gehabt, angeleget und mit schönen Gütern dotiret. Wie aber Colberg gegen die Hälfte des XV Jahrhunderts mit den Pommerschen Herzogen in so große Weitläuftigkeiten und Verdrießlichkeiten verwickelt wurde, ward dies Kloster von den Feinden der Stadt gebrauchet, aus demselben ihr allerhand heimliche List und Schaden zuzufügen. Man gerieth deswegen auf die Besorgnis, es möchten sich die Feinde, wenn wieder dergleichen Fälle wären, hier gar einmal verschanzen, und alsdenn wäre es leicht um die Stadt geschehen. Sie trugen demnach beym B. Henning an, dies Kloster bis auf den Grund niederzubrechen und es in die Stadt zu verlegen. Dieser willigte darein, und wieß dem Kloster die H. Geistkirche, samt den dabey gelegenen Hospitalwohnungen an. Dies aber dauerte nicht lange, denn die Klosterjungfern waren mit solcher Veränderung gar nicht zufrieden, weil sie vorher viel bequemer gewohnet hatten, baten demnach, daß man ihnen einen andern Ort zu ihrem Kloster einräumen und bequem bebauen möchte, da ward es denn an den Ort ver-

### III. Abth. Von der gottesdienstlichen Verfaßung der Stadt Cößlin.

verleget, wo es noch jetzo ist. — 1630 den 11 Sept. als die Kaiserlichen die Stadt inne hatten, kam durch muthwilliges Schießen eines Reuters ein Feuer aus, wodurch das Kloster nebst der schönen Kirche und 182 der besten Häuser in die Asche geleget wurden. Es ward aber 1649 auf Veranstaltung des Herzogs von Croya, die Kirche wieder aufgebauet, und den 11 Sept. von dem Archidiaconus und Senior Hrn. Plenen wieder eingeweihet. Er sagt in der Vorrede dieser herausgegebenen Einweihungspredigt, daß auch unter andern E. E. Rath zu Cößlin mit milder Beysteuer zu diesem Werk behülflich gewesen, und sich also um das Kloster wohlverdient gemacht.

\*) Es verdienet die Milde der pommerschen Herzoge ein dankwürdiges Andenken, nach welcher, auf H. Casimira Verordnung, dieser Deputat folgender Gestalt bestimmet wird, daß die Klosterjungfern haben sollen

    16 fl. jede Jungfer jährlich
Für jede 16 Schfl. Roggen jährlich
    1 Viertel Gerstengrütze
    1 Viertel Habergrütze
    1 Schfl. weiße Erbsen
    1½ Achtel Butter

sämtlich  1 Viertel süße Milch auf Ostern und Pfingsten,
    1 Tonne Buttermilch um die 14 Tage,

eine jede  3 Molder Kuhkäse,
    3 Molder Schaafkäse,

sämtlich  4 Ochsen,
    3 Merzkühe,

eine jede  3 Schaafe,
    1 fett Schwein,
    3 Stoppelgänse,
    3 fette Gänse,
    6 Hüner.

sämtlich  1 Tonne Lein gesäet, sie müssen aber das Lein bezahlen,
    3 Stein Wolle.

eine jede  2 Grenzen Holz,
    2 Fuder Telgholz,
    ½ Tonne Salz,
    6 Pfl. zu Oele.
    2 Fuhren des Jahrs frey, wenn sie über Land fahren wollen.

Dies hieß warlich für eine jungfräuliche Wirthschaft recht reichlich gesorget, heutiges Tages ist fast alles zu Gelde gesetzet, und wird ihnen sehr wenig an Naturalien gereichet.

§. 8.

#### Cap. I. Zur Zeit des Pabstthums.

§. 85.

Zum Beschluß muß ich noch kürzlich berühren, daß man ehedem in Cößlin auch eine Kalandsbrüderschaft gehabt. Man weiß solches nur aus der Kirchenvisitation vom J. 1555, denn damals hat dieselbe an Capital gehabt 2336 Mark, und noch wegen des beneficii Angelorum 245 Mark, welches eine Summe von 2581 Mark oder 430 Rthl. 4 gr. beträgt, daraus man schließen kan, daß diese Brüderschaft schon ansehnlich gewesen: man findet aber keine Spur, wenn sie hieselbst aufgekommen. Ich muthmaße, daß der erste Grund davon in dem Conuiuio fraternitatis zu suchen sey, welches B. Herrmann 1267 den Plebanen der Districte Colberg und Cößlin in einem eigenen Diplomate erlaubet hat, welches man in von Dreger Cod. diplom. n. CDXV. S. 524. findet, daß sie nämlich alle Jahr einmal zu Colberg in dem St. Spiritushospital zusammen kommen durften: non in gloria sed in humilitate sine strepitu & insolentiis ibidem fidelium animarum commemorationem faciendo deum omnipotentem missarum sollemniis aliisque operibus sanctis videlicet elemosinarum largitionibus ac orationum suffragiis glorificent. — Dies alles aber war eben der erste Zweck der Kalandsbrüderschaften (*), damals aber war eigentlich der Name der Kalandsbrüder in Pommern noch nicht bekant, als der aber im XIV Jahrhundert hieselbst auch aufkam, mögen die Plebani des Cößlinschen Districts sich wol von den Colbergern abgesondert (**) und eine eigene Brüderschaft errichtet haben, die sich denn mit der Zeit gut aufgenommen. — Heut zu Tage sind ihre Capitalien den Gütern der Pfarrkirche einverleibet.

(*) Siehe davon Schöttgens A. und N. Pommerl. S. 168. f. dem aber der Kaland zu Cößlin nicht bekant gewesen. — *Gadebusch* Tom. Rer. Alem. P. II. p. 120. hat folgende Anmerkung: Olim in more institutoque monachorum fuit, vt minora monasteria confraternitates cum celebriori aliquo collegio inirent. Vsus earum erat, vt quotiens defunctus quispiam de coniuncto & socio monasterio, collegio illi fuisset annunciatus, pro eo mox fierent orationes, vigiliæ, missæ, disciplinæ, eleemosynæ, quas pari ratione ab aliis quoque pro se post obitum fore, singuli exspectabant. Erat insuper hoc societatis ius & conditio, vt aduenientes vltro citroque non haberentur alieni, sed tanquam domestici omnibus charitatis (illorum verbo) officiis exciperentur. Nec solum monachos sed & laieas huius fraternae confoederationis, quam argento illis venum dare solebant, participes fuisse in his exemplis legimus. — Nun glaube ich zwar gerne, daß Sol. daß nicht eigentlich von der Kalandbrüderschaft, sondern von den großen Verbindungen einiger Stifter und Klöster, die in Deutschland gewöhnlich waren, rede, wovon Leukfeld in antiqq. Walckenred P. l. c. 13. und in antiqq. Bursfeld. a. 2. mehr Licht giebet. Inzwischen was dies im Großen war, waren die Kalandsbrüderschaften im Kleinen. Sol unschuldig derselben erste Absicht auch seyn mochte, so arteten sie doch bald aus, denn sie beschlossen ihre Zusammenkünfte, nach alter deutscher Gewohnheit, mit einem Schmause, und dies ward zuletzt die Hauptsache, daß Saufen, Schwelgen und Spielen bis zu den höchsten Ausschweifungen ging, deswegen die Bischöfe mit Synodalverordnungen dem Unwesen zu steuren suchen musten f. Cramer B. II. cap. 48. desgleichen Jo. Werner Geriken Schottelium illustr. H. Dähnerts Pomm. Bibl. B. I. S. 137. f.

(**) Vielleicht ist hierin der Grund zu suchen, daß der Cößlinsche Synodus sich so nahe an Colberg erstrecket.

Das

## Das zweyte Capitel.

# Cößlinsche Kirchengeschichte,

### seit der Reformation.

Hier wird Nachricht ertheilet
§. 1. 2. Von dem ersten Anfange der Reformation in dieser Gegend.
§. 3. 4. Von einer dabey entstandenen Unruhe.
§. 5. 6. 7. Von der völligen Einführung der Lehre des heil. Evangelii.
§. 8-18. Von den lutherischen Predigern in Cößlin.
§. 19. Vom Cößlinschen Synodo.

### §. 1.

Wir kommen jetzt auf den gesegneten Zeitpunkt, da GOtt auch hiesiger Orten in seinem herrlichen Evangelio aufgehen lassen die Sonne der Gerechtigkeit und Heil unter derselben Flügeln. – Wenn wir die Jahrbücher unsers Vaterlandes zu Rathe ziehen, so finden wir, daß da das Evangelium kaum drey Jahr lang geprediget worden, sein Schall sich auch schon in Pommern, und zwar, welches merkwürdig ist, an seinen beyden äußersten Enden, und in der Mitte, nemlich zu Pyritz und Stolpe, wie auch zu Treptow an der Rega hören lassen. In dem camminschen Stifte aber blieb es noch ziemlich finster, denn die Großen waren mit der Religion, und die Religion mit ihren Einkünften zu genau verwandt, als daß sie diese Veränderung so leichte hätten sollen an sich kommen lassen, und da weiß man wohl, wie es gehet:

Scilicet in vulgus manant exempla majorum –

Wie bange dem B. Martin Carith dabey gewesen, daß er auch, da er gehöret, daß zween Prediger von Wittenberg in Pommern, und so gar an die Grenzen seiner Diöces gelanget wären, plötzlich krank geworden

worden und gestorben, erzählet Valer. Herberger in den geistlichen Traurbinden Pr. 25. -- Nach ihm folgte Erasmus Manteufel ein Pommerscher sehr gelehrter (*) Edelmann, dieser, ob er zwar sonst ein feiner Mann war, ward er doch ein Feind der evangelischen Lehre, und suchte sie auf alle Weise auszurotten. Die Gelegenheit dazu gab ihm der Vorfall, daß die Jungens zu Treptow die Antonius Brüder, welche von Haus zu Haus betteln gingen, und hinter sich Schweine mit Glocken gehen hatten, auf der Straße mit Koth geworfen, und sich an den Bildern in der Kirche zum H. Geist vergriffen (s. Cramer B. III. c. 13). Die Schuld davon ward der Lehre des Evangelii beygeleget, weil darin die Klostergelübde als thöricht, der Bilderdienst aber als Abgötterey geschildert wurde. -- Dies ward hier nur freylich von dem Pöbel gemißbraucht, es musten aber darüber die ersten Bekenner des Evangelii, als Bugenhagen und die mit ihm waren, selbst der Abt Jo. Bolduan flüchtig werden, denn der erzürnte Bischof lag dem sonst so langmüthigen H. Bogislaf, als er vom wormischen Reichstage zu Hause kam, so lange an, daß er den Reichsabscheid publiciren muste, und ihn wider die, so im Kloster Pyritz, Belbuk und Stolpe Aenderung gemacht hatten, exequiren wolte: das war nun nichts weniger, als sie solten in die Acht und Vogelfrey erkläret werden. Daher musten die ersten pommerschen Bekenner davon gehen und erwarten, wo GOtt ihnen anderwärts eine Thür eröfnen würde. -- Solches geschah 1521. (vergl. Jänkens Leben Bugenh. S. 12.)

(*) Den Beweis davon f. beym Rango in origg. Pom. S. 120. f. Bey seiner Inpestitur, hielt Pribislaf von Kleist Erbherr auf Muttrin als Canonicus und Canzler des Stifts eine Rede de officio episcopi, welche 1522 zu Rostok gedruckt ist, und sehr selten vorkomt.

§. 2.

Es ward also der Lauf des Evangelii bis 1530 in dieser Gegend gehemmet, da aber brach der schöne Tag heran, an welchem GOtt wider alles Wüten der Menschen auch in dieser Gegend Ehre einzulegen beschlossen hatte, und die gedruckte Wahrheit seufzen konte:

Iam

Jam dimitte tuos, DEVS O. M. coruos,
Dignior haec vox est, quae tua templa colat.
*Petron. in Fragm.*

Nicolaus Klein, ein Lübeker von Geburt, hielt den 27 Märtz 1530 am Sontage Estomihi in der Mar. Kirche zu Colberg die erste lutherische Predigt. GOtt legte auch darauf einen überschwenglichen Segen. Es ward eine Dämmerung in der Finsternis, und man fing an das abscheuliche Joch des Aberglaubens müde zu werden. Der Rath der Stadt Colberg fiel der Lehre des Evangelii bey und suchte solche einzuführen, fand aber von Seiten der Capitularen eifrigen Widerstand, doch grif er durch und ließ den 9 Jul. 1532 zwey Schlösser vor die Sacristey hangen, und dem Capitel die Schlüssel zur Orgel abfodern, setzte auch einen Prediger, Namens Jacob Labesius, welcher zugleich die Parochie zu Kerstin und Krukenbek versorgte. Mit demselben behalf sich Colberg bis 1542, da Ambrosius Eitzow zum Past. prim. und auch an die andern Kirchen evangelische Prediger berufen wurden (vergl. Cramer B. III. c. 27. 28.)

### §. 3.

An diesem Glük der Stadt Colberg nahm auch unser geliebtes Cößlin schwesterliches Antheil, denn gedachter Nicolaus Klein kam 1532 als ordentlicher Prediger hieher, nachdem er schon den 16 Jul. 1530 die erste evangelische Predigt auch hieselbst gehalten hatte. Sein Mitarbeiter war Benedictus Rivestahl, dessen Geschlecht annoch unter uns im Segen blühet. Wie aber Nicolaus Klein weiter zog, ließ er, nach Cramers Zeugnis, einen gelehrten Mann, Namens Nicolaus Pannekoken hinter sich. — Doch ward das Evangelium noch mit großer Furcht geprediget, und der Rath so wol als die Vornehmsten der Stadt hingen noch eifrig dem Pabstthum an, inzwischen hatte und vermehrte GOtt seinen Samen, und diese ersten Zeugen der Wahrheit arbeiteten mit großem Segen. — Hiebey trug sich aber ein Vorfall zu, welcher beweisen kan, daß GOttes Werk auch kein Teufel hindern möge, obwol GOtt es mit einer kleinen Züchtigung beleget, wenn man über eilt ihm vorgreifen und seiner Strafgerechtigkeit gleichsam zu Hülfe kommen will. Ich will die Sache ganz kurz erzählen. — Es war 1533 ein Balbier, Namens **Dinnies Döring**, ein Mensch, dessen ganzes Betragen zeiget, daß er gar keine Religion gehabt, jezt aber glaubte eine Stufe im Himmel zu verdienen, wenn er auf die ungezogenste Art seinen Eifer für die papistische Religion zu Tage legte. Er besoff sich also im Brantewein, um viehisch genug zu seinem Vorhaben zu werden, und ging am Sonntage unter der Predigt mit einem Glase Brantewein und einer lebendigen Ente, die er unter dem Arm pressete, daß sie schreyen muste, in die Kirche. Hier suchte er nun den Prediger zu stören und lächerlich zu machen, indem er ihm mit dem Glase zuwinkte und zusoff, und bey allerhand frechen Reden das Quaken der Ente hören ließ. Eine solche offenbare Gottlosigkeit und Beleidigung setzte die Zuhörer in Erbitterung, daß sie einen Tumult in der Kirche erregen, **Döringen** greifen, ihn vor die Obrigkeit führen, und verlangen denselben ins Gefängnis zu werfen. — Der Rath aber war noch mehrentheils papistisch und vergaß darüber seiner Pflicht, die er seiner Bürgerschaft schuldig war, nämlich die Sache zu verhören und nach Befinden zu strafen, Menschenfurcht in Rüksicht auf den Bischof kam dazu, daß der dirigirende Burgemeister **Jacob Rubak** zu ihnen sagte: Sie solten sehen, was sie thäten, richteten sie etwas an, so möchten sie es verantworten. — Diese für damalige Umstände bey einem aufgebrachten Haufen nicht wohl überlegte Antwort brachte alles in Wuth. — Kaum frägt einer etwa: Was hätte der Kerl wohl verdient? so ruft ein anderer aus dem Haufen: ad faccum, ad faccum. Gleich ist auch ein großer Sak bey der Hand; **Döring** muß hinein, und sie werfen ihn vorm Neuen Thor von der Brücke, daß er also, wie **Cramer** sagt, des Teufels Märtyrer geworden und seinen Spaß mit der Haut bezahlen müssen.

§. 4.

Der Receß von 1533 besaget, daß dieser tumultuarische Proceß nur von sieben daselbst namhaft gemachten Bürgern ausgeführet werden, zu welchen sich lose Leute und fluchtfertige Handwerksburſche geschlagen

gen (*). Der Ausgang dieses Beginnens bekam der guten Stadt so übel, als etwa 53 Jahr vorher der Vorfall mit **Bogislaf X**, denn der ersäufte **Dinnies Döring** hatte einen Bruder, Namens **Gregorius**, welcher noch dazu Vicarius bey der kamminschen Kirche war. Dieser brachte die Sache bey dem, ohnehin auf die Protestanten so erbitterten B. **Erasmus** sehr übel an, und foderte, als nächster Anverwandter, von der Stadt Cößlin Blutgeld, der Bischof aber, wegen Vorgrif und Selbstrache, eine willkürliche Strafe. Es musten daher die Cößlinschen Burgemeister, **Hans Todenhagen**, **Jacob Rubak** und **Andrews Manow**, sich mit den bischöflichen Räthen und Commissarien in einen Vergleich einlassen, und wurden dem **Greger Döring** 1000 Mark oder 250 fl. dem Bischof aber eine Strafe von 400 fl. bewilliget. Hier war nun die Frage, wer das Geld hergeben solte? Um inzwischen den Stadtfrieden zu erhalten, traten 69 Bürger zusammen, und trugen einige zu beyden Summen, einige aber nur zu einer ihr Antheil bey, daß die 650 fl. voll wurden (**). Merkwürdig ist, daß unter denselben auch zween Pilgrimme, als **Hans der krumme Pilger**, und ein anderer, Namens **Sprinkman**, benennet werden, welche ohne Zweifel nach dem wunderthätigen Marienbilde in der Capelle auf dem Gollenberge eine Wallfahrt gethan, hier aber mit in diesen Handel verwickelt worden, oder aus gutem Willen der bedrängten Stadt zu Hülfe kommen wollen.

(*) Woferne dies nicht etwa ein Mäntelchen ist, welches der Maglstrat zum Besten der Stadt dieser Sache umgebangen. Mir komt es wahrscheinlicher vor, daß, da 69 Bürger namhaft gemacht werden, die das Geld erleget haben, diese auch alle Schuld gehabt, und da einige nur zu einer, einige aber zu beyden Summen beytragen müssen, dieses daher rühre, weil einige nur bey dem Aufruhr allein, einige aber bey dem Aufruhr und Ersaufen zugleich betreten worden, denn wegen des Ersaufens foderte Greger Döring Blutgeld, wegen des Aufruhrs aber der Bischof Strafe.

(**) Cramer sagt B. III. S. 81. es habe der Stadt über 4000 fl. gekostet, so aber mit den Urkunden lange nicht überein trift, eben so unrichtig giebt ein altes MS, so von Canzler Bulgrins Enkel einem gewissen Schweder herrühret, diese Summe an. Man sehe davon Wockenii Beytr. zur pom. Hist. S. 8. Es ist in diesem MS mehr unrichtiges, befindlich.

§. 5.

So trübe Unglükswolken hatten sich aufgethürmet, als bey uns

die

die Morgenröthe des Evangelii anbrach; doch wurden sie eben Augenblik getrennet, als die beyden gottseligen Herzoge Barnim und Philipp 1534 auf Luciä Tag zu Treptow an der Rega einen allgemeinen Landtag ansetzten, und mit Einwilligung der Landschaft beschlossen, die papistische Religion in ihren Landen gänzlich abzuschaffen, und dagegen ihren Glauben auf das reine und unverfälschte Wort GOttes zu bauen (s. Cramer B. III. c. 31. 33.). Johan Bugenhagen muste auch daselbst die pommersche Kirchenordnung aufsetzen. (Jänken im Leben desselben S. 147). Weil man aber leicht vermuthen konte, was B. Erasmus dazu sagen würde, suchte man ihn mit Güte zu gewinnen, man bot ihm an, wenn er gemeinschaftliche Sache machen wolte, solte er Generalsuperintendent über ganz Pommern seyn, die Prediger ordiniren, die neuen instituiren und die geistliche Jurisdiction behalten (s. Johan Chr. Schumans Progr. von der in Pommern geschehenen Reformation, S. 6.). Er aber, wolte nicht, sondern erregte ein neues Ungewitter, welches den Lauf des Evangelii zu hemmen drohete, denn er brachte mit dem Abt zu Campe und einem großen Theil der Landschaft den 10 May 1535 bey der kaiserlichen Cammer ein Mandat heraus, daß der Landtagsschluß bey Strafe 50 Mark Goldes wieder solte aufgehoben werden. GOtt aber fügte es, daß die beyden Herzoge Barnim und Philipp den 27 Junii desselben Jahres mit dem Bischof einen Vertrag errichteten (*), worin die bisherigen Irrungen abgethan, die Herzoge für Stiftspatronen erkant, und das Evangelium in ganz Pommern und also auch im Stift angenommen werden solte (**). — Dieser Vertrag ward den 17 November 1541 erneuret, und noch hinzugethan: Das Stift solte nach veränderter Religion und aufgehabener päbstlichen Jurisdiction in seinem Wesen erhalten werden. — So schlug bey dieser Ruhe das Wort GOttes Wurzel, und Cößlin ward ganz mit der Lehre des Evangelii erfüllet.

(*) Bey diesem Vergleich wird auch Joachim von Glintersberg, Burgemeister zu Cößlin, als Zeuge aufgeführet, woraus man sehen kan, daß Cößlin bey den wichtigsten Landesangelegenheiten mit zu Rathe gezogen worden.

(**) Der Bischof zog nach gerade gelindere Saiten auf, so daß man glaubet, er sey selbst im Herzen evangelisch gewesen, s. Rango in origg. Pom. S. 121. überhaupt vergl. Micräl. B. III. S. 421.

§. 6.

Cap II. Sect der Reformation.

§. 6.

Bischof Erasmus starb den 27 Januar. 1544 auf seinem Schloß zu Bast schleunigen Todes, und es fiel zwischen den pommerschen Herzogen Barnim und Philipp wegen Nomination eines neuen Bischofs eine Zwistigkeit vor, weil einer Graf Ludwigen von Eberstein, der andere Jacob Zitzwitzen haben wolte: sie vergleichen sich aber, Johan Bugenhagen zu postuliren. Allein dieser so große als demüthige Mann lehnte es auf eine edle und recht theologische Weise von sich ab (s. Jänken am angef. Orte S. 57. f.). Es fiel demnach die Wahl auf Herzogs Barnim IX. Canzler, Bartholomäum Suauen, dieser wurde nicht vom Pabst, sondern von drey Superintendenten in Gegenwart sieben Prediger ordiniret und investiret. — Gleich zu Anfang seines Bischofthums machte er mit dem Herzog Barnim und Philipp 1545 den so genanten Cößlinschen Vertrag (s. Micräl. B. III. S. 421.) dessen Inhalt war: — „Daß kein Bischof ohne Consens und Nomination der „Landesfürsten solte erwählet werden, der Erwählte als oberster Prä„lat und Rath angesehen werden, auch deswegen Rathspflicht thun. „Die Confirmation solte er von den Fürsten holen, ihnen die Collation „der Canonicate lassen, die Reichssteuren aus dem Stift ihnen einliefern, „sie für Patronen erkennen und ehren. Dagegen solte er von ihnen al„len Schutz und Beystand erwarten, und alle Privilegia und Statuta „unverrükt behalten; die Stiftsstände auch keinesweges turbirt wer„den, sondern das beneficium appellandi an das kaiserliche Cammerge„richt unmittelbar aus sonderlicher Zulassung der Herzoge haben sol„ten." — Auf diese Weise hätte die protestantische Religion gar bald einen noch schleunigern Wachsthum erhalten, allein es kamen aufs neue Hinderungen darzwischen. Die Stiftsstände waren weder mit diesem Bischofe, weil er verheyrathet, und vom Pabst nicht confirmiret war, noch mit dem Cößlinschen Vertrage zufrieden, weil das Stift von langen Zeiten her unmittelbar unter das Reich gehörte, und sie die Herzoge nicht als Patronen erkennen wolten. Sie wandten sich also, vornemlich auf Betrieb der Colberger (s. Schumans Progr. S. 8), an den Kaiser, brachten vor: B. Bartholomäus hätte eine Frau, und das Stift vom Reich abgerissen, es erfolgte also 1548 ein mandatum cas-

158　III. Abth. Von der gottesdienstlichen Verfassung der Stadt Cößlin.

satorium, wovon aber die Herzoge an den angesetzten Reichstag zu Augsburg appellirten. — Der Streit wäre groß geworden, die Stände aber kamen zu rechter Zeit wieder ins Mittel und sandten einen Syndicum an den Kaiser, mit der Anzeige, daß der Bischof **Bartholomäus** selbst weichen wolte, und sie mit Verwilligung der Landesfürsten einen andern wählen würden, baten dabey, der Kaiser solte vorige Mandate wieder aufheben. Das ließ sich der Kaiser gefallen, B. Bartholomäus resignirte, und das Capitel erwählte mit Beliebung der Herzoge **Martin Weyhern**, welchen der Kaiser, und zugleich den Herzogen ihr Ius Patronatus bestätigte.

### §. 7.

Dieser neue Bischof wurde den 24 October 1552 mit evangelischen Cerimonien investiret, bekante sich freymüthig zur Wahrheit der gereinigten Lehre, und hielt allenthalben Kirchenvisitation. — Nun bekam das Werk des HErrn allenthalben Luft, allein die Einkünfte des Bisthums fielen, und für den Unterhalt der Kirchen- und Schulbedienten sahe es kümmerlich aus. — Nach **Weyhers** Tode (*) fiel das Bisthum an Prinzen vom herzoglichen Hause. Da nun dieselben Cößlin zu ihrem Hoflager sich ersahen, genoß die Stadt dabey auch dieses Glück, daß sie unter der Aufsicht derselben allemal mit recht angesehenen und tüchtigen Predigern versehen wurde.

(*) Seine vornehmsten Lebensumstände führet Cramer B. III. c. 45. S. 128. an. Unter andern erzählet er, daß der Bischof an der Wassersucht siech gewesen und sich geraume Zeit vor seinem Ende in einer großen Wiege müssen wiegen lassen. Er ist zu Cörlin begraben.

### §. 8.

Es wird nicht unangenehm seyn, wenn ich die Knechte GOttes namhaft mache, welche seit der gesegneten Reformation in diesem Weinberge gearbeitet haben. Ich muß aber die Anmerkung voran schicken, daß, so bald man Prediger hatte, die Ordnung gemacht wurde, daß der eine Pastor, die übrigen aber Capellane genant wurden. Etwa 1594 zu M. **Hamels** Zeiten kam der Name **Präpositus** auf, welcher

cher dem Pastor beygeleget wurde, nachdem zugleich wegen der Synoden gehörige Einrichtung gemacht war, die andern beyden Prediger hießen Ober- und Untercapellan, seit 1650 aber findet man die noch jetzt übliche Benennung, daß Pastor und Präpositus die erste Stelle, der Archidiaconus die andere, und der Diaconus die dritte Stelle bekleidet (*), wiewol sie in Ansehung der Schloßkirche wirkliche Pastores sind, daher ihnen der Titel Pastor ohne Unterscheid und mit Recht beygeleget wird.

(*) Ratione Praecedentiae zwischen einem Archidiacono und Cämmerer, und zwischen einem Diacono und Senator hat der seelige Generalsuperintendent Grabe den Vergleich gemacht, daß sie *secundum tempus receptionis* den Rang nehmen sollen.

§. 9.

Daß *Nicolaus Klein* und *Benedictus Rivestal*, nach denselben aber *Nicolaus Vannekok* die ersten Prediger hieselbst gewesen, haben wir schon §. 3. berühret. In diese Zeit trift auch Peter Roilov, welcher dem großen stettinischen Synodo 1545 beygewohnet. Nun wollen wir diejenigen anführen, von welchen wir nach der Zeit Nachricht finden, doch so, daß wir ohne Absicht auf ihre Stelle, so viel möglich der Zeitfolge nachgehen. — Es ist also in der Ordnung

V. *Dionysius Friese*. Er war anfänglich an der hiesigen Schule. Micräl zählet ihn B. IV. S. 87. unter diejenigen, welche vor Hameln das Pastorat verwaltet haben, und setzet ihn noch vor den, so wir gleich nennen werden, nämlich vor Barth. Hildebranden, er irret sich aber, er hat niemals die erste Stelle bekleidet, und 1562, da Hildebrand schon Pastor war, noch meine Matricul als Capellan unterschrieben. Er kan zwar wol vor ihm Prediger in Cößlin gewesen seyn, dieser aber ist ihm im Pastorat vorgerücket, er starb 1580.

VI. *Bartholomäus Hildebrand*. Dieser ist, aller möglichen Wahrscheinlichkeit nach, der erste lutherische Prediger zu Jamund, etwa bis 1549, gewesen, und von da zum Pastorat nach Cößlin berufen worden, da er denn, weil er länger im Amte gestanden, Dionysius Friesen vorgerücket. Wir werden seiner unten noch einmal gedenken.

E.

160  III. Abth. Von der gottesdienstlichen Verfassung der Stadt Cößlin.

Er starb nicht, wie Micrǎl. B. VI. S. 423. saget, 1535, sondern 1585 an der Pest, denn seiner wird noch in der Kirchenvisitation von 1555 erwähnet, wenn ich nun annehme, er sey auch 1534 zu Jamund erst Prediger geworden, so hat er doch über 50 Jahr im Amte gestanden.

VII. Martin Behnke war aus Cößlin gebürtig, ward anfänglich als Rector an die hiesige Schule berufen, an welcher er bis Michael 1571 stand, da verwechselte er diesen Dienst mit der dritten, und nach zehen Jahren mit der zweyten Predigerstelle, 1585 aber ward er an Hildebrands Statt Pastor.--- Bey der 1591 gehaltenen Kirchenvisitation war er Secundus Visitator. Er versahe zugleich das Hofpredigeramt bey dem Herzoge. Sein Ende erfolgte den 11 März 1592. Weil er ein sehr geschikter Mann war, wurde er 1578 mit auf den stettinschen Synodus gezogen, woselbst die vornehmsten pommerschen Theologen zugegen waren, und den Verdacht von sich ablehneten, als wenn sie sich der Vollziehung der kirchlichen Eintracht widersetzten. (s. Cramer B. IV. c. 11. S. 9. vergl. Balthas. Saml. zur P. K. H. S. 412.)

VIII. Jacob Krüger ward 1581 zum dritten Prediger berufen, starb aber schon den 21 Julius 1585 mit Barthol. Hildebranden zugleich an der Pest, daß also Martin Behnke ganz allein übrig geblieben. Dieser nennet ihn Coslinensem-virum pium & bonum.

IX. Jacob Martini ward 1585 zum Archidiaconat berufen, und starb den 30 April 1602.

X. Joachim Lütkeschwager. Er gab sich, nach damaliger Gewohnheit, einen gelehrten Namen, und nante sich Micrǎlius. Wie die alte Tradition lautet (*), war er eines Bauren Sohn aus Jamund, und von dem geschikten Prediger hieselbst Lorenz Krügern, der unten vorkommen wird, zum Studiren geschikt gemacht, dessen Tochter, Margarethen, er hernach geheyrathet, aus welcher Ehe der berühmte Johann Micrǎlius herstammet.-- 1585 bekam er das Cantorat, 1588 ward er der dritte, 1603 aber, an Martini Stelle, der zweyte Prediger.  Sein Ende erfolgte den 18 Februar 1618. Es war merkwürdig, daß, als er starb, sich seine Witwe für Gram zu Bette legte und ihm den siebenden Tag im Tode folgete. s. Micrǎl B. IV. S. 76.

(*) Das

(*) Das Ungewisse bey dergleichen Ueberlieferungen fällt hier gänzlich weg, nachdem ich in unserer Kirchenbibliothek Johann Cramers zwey christliche Trostpredigten über den Spruch Pauli Rom. 8. Ist Gott für uns ꝛc angetroffen, denn diesem Büchelchen hat der seelige Mann ein lateinisch Ehrengedicht vorgesetzet, welches er also unterschrieben: Joachimus Lutkeschwagerus Iamundensis. Da nun in Jamund außer dem Prediger keine andere Leute als Bauren sind, dieselbst aber niemals ein Prediger gestanden, der Lütkeschwager geheißen, dieses Geschlecht hingegen unter den Bauren so alt als zahlreich ist, so hat angeführte Tradition ihre völlige Gewißheit.

### §. 10.

Als der Pastor Martin Behnke 1592 mit Tode abgegangen war, ward

XI. M. Adam Hamel vociret. Sein Vater war Lorenz Hamel, welcher der Kirche in Bahn 44 Jahr gedienet, und 1602 als ein Greis von 70 Jahren verstorben ist. — Unser Adam Hamel ward 1582 nach Greifswalde als Prof. poeseos und zum Pastor an der Nicolaikirche berufen. Als er diesen Aemtern 12 Jahre lang mit großem Ruhm und Treue vorgestanden, rief ihn Herzog Casimir 1594 hieher zum Pastor und Präpositus, wie auch zu seinem Hofprediger. Er war ein grundgelehrter Mann, und unternahm sein neues Amt mit neuem Eifer und Segen. — Zu seiner Zeit wurde der Anfang gemacht, die zu dieser Inspection gehörige Prediger jährlich auf einen Synodum zu rufen. Er sorgte, daß die Kirchen vor den Thoren, welche ganz verfallen waren, wieder in guten Stand gesetzet wurden, und breitete den Gottesdienst zu Cößlin in sechs Kirchen aus (s. Cramer B. IV. c. 15. S. 56.) 1603 fand sich am fürst=bischöflichen Hofe ein gewisser Aulico-politicus, wie ihn Cramer am angef. Orte, S. 136. nennet, und suchte demselben calvinische Lehrsätze einzuflößen, diesem trat Hamel, aus Pflicht seines Hofpredigeramtes, mit gebührendem Eifer unter die Augen, zeigte die Wahrheit der lutherischen Lehre in öffentlichen Predigten, ließ an den Herzog Franz die bündigsten Schreiben ergehen, und zeigte in einer Versamlung der Stiftsstände zu Colberg die Gefahr der versuchten Neuerung. Dies wirkte so viel, daß der Herzog von dergleichen Lehren nicht mehr hören wolte, ja er schätzte unsern Hamel vielmehr deswegen

wegen hoch, daher, als der zweyte Stiftssuperintendent M. Edling mit Tode abgegangen war, ernante er ihn 1605 dessen Stelle zu bekleiden, wobey er das Pastorat in Cößlin, auch die Hofpredigerstelle, beybehielte, leztere aber muste er, weil die Arbeit für einen Mann, der allenthalben treu seyn wolte, zu groß war, nach einiger Zeit an Pet. Coßman abtreten, wovon wir zu seiner Zeit mehr sagen werden. -- Ein wichtiger Umstand seines Lebens ist, daß Kaiser Rudolph II. ihn mit seinem Geschwister und Nachkommen in den Adelstand erhob. Der in der pommerschen Gelehrtenhistorie eifrig fortarbeitende H. Brgm. Vanselow zu Plate versichert diesen Adelsbrief in Händen zu haben und ihn der Welt mitzutheilen, ich finde aber nicht, daß sich unser Hamel dieses Vorzuges bedienet habe. Doch besitze ich sein blasonirtes Wapen, solches ist ein deutscher einmal getheilter Schild, unten im rothen Felde sind vier Ströme, drüber aber im blauen Felde ein aus einer offenen goldnen Krone sich halb hervorbäumender Hammel mit vorgeschlagner Zunge, der gleichfals das Helmzeichen des darüber gesetzten offenen Helms abgiebet, die Helmdecken sind blau, roth, Gold, und Silber. -- Es hat der seelige Mann 42 Jahr in dem Weinberge des HErrn gearbeitet, und starb 1620 (*). Er war zweymal verheyrathet. Die erste Ehegattin war eine Tochter M. Andreas Rungen Past. und Prof. zu Greifswald, die zweyte hieß Margaretha Markes, mit derselben hat er 6 Söhne und 6 Töchter, wovon bey seinem Absterben noch 5 Söhne und 5 Töchter am Leben waren.

XII. Jakob Lamberti ward, wie Johan Micrälius 1603 die zweyte Predigerstelle erhielte, wieder zum dritten Prediger berufen, lebte aber nur bis 1607. Ihm folgte den 18 April 1609

XIII. Georg Messerschmid, welcher sich auch Machdropöns nante. Er bekleidete die unterste Predigerstelle bis 1618, da rükte er nach Micrälii Ableben zum Archidiaconat, und lebte bis 1630. In seine Diaconatstelle folgte 1619.

XIV. Jakob Fabricius, welcher sie aber nur zwey Jahr verwaltete. -- Wir werden in der IV. Abth. ausführliche Nachricht von diesem großen Mann ertheilen.

(*) Man.

(*) Man hat von ihm folgende Schriften:
1. Carmen gratulator. in honorem nuptiar. Ill. Princ. (VLRICI ducis Megap. — & ill. Virg. ac Dominae ANNAE. incl. Princ. ac Dom. *Philippi*, filiae Gryphw. 1585 4to.
2. Orationem de vita & morte *Dav. Wilmanni* Theol. Prof. Gryph. ib. 1590 4to.
3. Ein paar Grabschriften f. Cramer B. IV. S. 96. 105.

§. II.

In der Präpositur und Pastorat, wie auch in der Superintendentur folgete dem seeligen Hamel 1621

XV. Immanuel König, welcher auch dessen Tochter Dorotheen heyrathete. Er war den 24 December 1590 zu Greifswald gebohren. Sein Vater Heinrich König war Bürger und Schuster daselbst, den Grund seiner Wissenschaften legte er in seiner Vaterstadt, ging 1607 nach Wittenberg, woselbst er 1609, im 19 Jahr seines Alters, Magister wurde. Von hier wandte er sich 1613 nach Königsberg, und erhielt 1619 die Vocation als Prof. Linguae ebr. ans Gymnasium nach Cöthen, er hatte aber seine Ursachen diesen Ruf abzulehnen, dagegen er gar willig war, 1621 den Ruf zur Präpositur in Cößlin anzunehmen, um ihm nun so gleich eine Probe der fürstlichen Gnade spüren zu lassen, schoß Herzog Ulrich die Kosten her, daß er in eben diesem Jahre den 18 September zu Wittenberg unter Friedr. Balduin die Doctorwürde annehmen konte, woselbst er auch de prouidentia DEI disputirte. — Sein Amt verwaltete er 23 Jahr mit vielem Ruhm und Segen, und starb den 2 Januar 1645 (*). Man hat von ihm folgende Schriften:

1) Traueprebigt auf H. Ulrich Greifsw. 1623. 4to.
2) Wahrhaftige und in GOttes Wort wohl gegründete Ursachen, warum in rechtgläubigen lutherischen, vornemlich aber in unserer pommerschen Kirchen, in der Lehre und Glauben irrige Personen, als öffentliche Papisten und Sacramentirer, so lange sie in ihrer irrigen Meinung beständig verharren, bey der H. Taufe als Gevattern und Zeugen nicht sollen erbeten, zugelassen und geduldet werden, mit Approbation der beyden löblichen Universitäten zu Greifswald und Wittenberg 1626. 4to.

3) Eine Gratulationsepistel an Samuel Bohlen vor dessen Comment. Biblico-Rabbinico ad Ies. c. VII - XII. Stett. 1636.

XVI. M. David Fuhrman, aus Stargard, welcher anfänglich Rector des Lycei zu Colberg gewesen, bekam 1624 das von Fabricio erledigte Diaconat, 1631 das Archidiaconat, und 1645 die Präpositur, starb den 6 Sept. 1653.

XVII. Adam Hamel, er war ein Sohn des oben gerühmten M. Adam Hamels, und folgete dem vorigen 1631 im Diaconat und 1645 im Archidiaconat, so er nur 2 Jahr verwaltete, indem er 1647 Todes verfiel.

XVIII. Nikolaus Andreä trat 1645 in dessen Diaconatstelle, worin er auch 1653 verstorben.

(\*) Imm. Königs Bildnis ist im Chor der Pfarrkirche zu Cößlin annoch zu sehen, die Unterschrift aber ausgelöschet.

§. 12.

Das Archidiaconat blieb von 1647 bis 1650 unbesetzt, und es hätte Andreä rücken sollen, es erhielt solches aber

XIX. M. Georg Heyse, und verwaltete es bis 1655, da er in die zwey Jahre lang ledig gestandene Präpositur rükte, die er aber nur 2 Jahr verwaltete, indem er 1657 starb. Er hatte neben sich

XX. Peter Simonis (\*), derselbe war von 1634 bis 1635 Baccalaureus an der Schule gewesen, erhielt aber nachgehends das Pfarramt in Wusseken, 1657 kam er wieder nach Cößlin in die von Georg Heysen erledigte Archidiaconatstelle, versahe zugleich die Schloßkirche, und starb 1665 in großer Armuth.

XXI. Gottfried Nisäus, bekleidete das Diaconat von 1654 bis 1665, da er das Zeitliche gesegnet, und mit seinem Collegen Peter Simonis in einem Jahre starb.

(\*) Man hatte erst Joach. Eberhardi, Predigern an der H. G. Kirche zu Colberg, die Vocation gegeben, die Colberger aber wolten ihn nicht fahren lassen, sondern verbesserten sein Gehalt. Bey der Gelegenheit stellete der Magistrat der Bürgerschaft folgenden Revers aus:

„Zur Nachricht sey hiemit : Obwohl ein Ehrenvester hochw. Rath der Stadt Cößlin die geschehene *Vocation* des Hrn *Pastoris Joachim Eberhardi* dem

Aus-

Ausschoß von der Gemeine und Gewerke vor diesem nicht notificiret gehabt, wiewol sie von dieses Mannes Lehre und Leben nichts tadelhaftes einwenden können, daß solches dennoch zu keiner Sequenz angezogen, besonders, wenn ein *Pastor* oder *Diaconus* hinferner von E. E. Rath vociret wird, solches dem Ausschoß, ob sie wider solche Person, dessen Lehr, und Leben betreffend, was einzuwenden hätten, welches doch als ein *Votum* zu der *Vocation*, oder als ein *Consens* nicht zu halten, notificiret werden solle. Zu Urkund dieses mit der Stadt Insiegel bekräftiget. Gegeben in Cößlin den 7 Jan. ao. 1656

(L.S.) Burgem. und Rath hieselbst.

§. 13.

Auf Georg Heysen folgete 1658

XXII. M. Adam Waldow, aus Franckfurt an der Oder gebürtig, im Pastorat und Präpositur, ein gelehrter und friedliebender Mann, der bey der ganzen Stadt in Ehre und Liebe stand. Er starb den 9 December 1672, im 72sten Jahr seines Alters. Neben ihm ward

XXIII. M. Johan Block, aus Hildesheim gebürtig, 1668 in das drey Jahr lang ledig gestandene Archidiaconat beruffen. Er starb 1683.

XXIV. Martin Lew aber, welcher von 1666 Diaconus gewesen war, folgte ihm im Archidiaconat, und lebte bis 1689. Diese beyden Prediger haben gar viel Unruhen gehabt und angerichtet, daher sie auch eine Zeitlang suspendirt wurden. In diese Streitigkeiten verwickelte sich auch der in M. Waldows Stelle vocirte neue Präpositus

XXV. M. Johan Engelbrecht. Er war erst Präpositus in Naugarten, und ward den 23 Aug. 1675 in das 3 Jahre lang ledig gestandene Pastorat hieselbst vociret, 1677 aber erst vom hochsel. Churf. Friederich Wilhelm als Präpositus confirmiret, und starb mit dem Archidiac. Blok in einem Jahr, nämlich 1683. — Er war ein geschikter, aber unruhiger Mann, und zu seiner Zeit waren es im Ministerio und Synodo recht trübselige Zeiten, indem alles in Mißhelligkeiten unter sich, und mit den Patronen verwickelt war, wozu der damalige Streit, wegen Rükgabe der von Patronen an sich gebrachten Pfarrhusen, tägliche Nahrung reichte.

XXVI. Johan Jacob Debek, war aus Landsberg gebürtig und ehedem Pastor zu Roggo bey Daben gewesen, wurde aber 1684 in die Stelle des **Martin Lew** hieher zum Diaconat berufen, und starb 1638.

§. 14.

Nach Engelbrechts Tode wurde das Pastorat und die Präpositur wieder mit

XXVII. **Ulrich Heinsius** besetzet, er trat 1684 sein Amt an, führte es aber nur bis 1690, da er mit Tode abging, und seine Stelle ward

XXVIII. **Christoph Barkknechten** übertragen. Er war den 25 Sept. 1657 zu Greifenberg gebohren, sein Vater Otto Barkknecht war daselbst Kaufman, gerieth aber, da er 1668 abbrante, in dürftige Umstände, doch schikte er seinen Sohn nach Colberg, woselbst er 5 Jahre unter dem berühmten **Baler. Jaschius** studirete und in dessen Hause wohnete. Von hier ging er nach Königsberg auf Universitäten, man wolte ihn daselbst an die Lubnichtsche Schule haben, er erwählte aber lieber sein Vaterland, und ward 1631 Rector an der Schule in Treptow, welchem Amte er 9 Jahre vorstund. 1690 vocirte ihn der Magistrat zu Cößlin zum Pastorat, der hochsel. damalige Churf. Friederich aber setzte ihn zum Präposito. Weil inzwischen noch das Gnadenjahr des seel. Präp. Heinsius war, und er sein Amt doch nicht gleich antreten konte, besuchte er die Universitäten Frankfurt, Wittenberg, Leipzig, Jena, Erfurt, und endlich Greifswalde, daselbst nahm er gradum Licentiati Theol. an, und hielt 1691 eine Disputation de XX illustribus circa vocationem ministri verbi diuini quaestionibus. Bey welcher Promotion der seel. C. T. Rango das Programma (*) schrieb. In seinem Amte zu Cößlin hatte er mit dem Magistrat, und sonderlich dem Burgem. Hille, viele Händel, daher er erstlich suspendiret und 1699 gar seines Amtes entsetzet wurde. Auf vieles Sollicitiren und einer nach Berlin unternommenen Reise erhielt er die Präpositur in Belgard, in welcher er 1639 verstarb, nachdem er 58 Jahre an Kirchen und Schulen gearbeitet hatte. -- Wir werden seiner unten noch einmal gedenken, wenn wir von den Schlosspredigern handeln, s. c. III. §. 9.

XXIX. **Johan Georg Buchheim**, aus Danzig gebürtig,

versahe von 1689 bis 1691 das Diaconat, da er zum Archidiaconat in Lewens Stelle rükte, so er bis 1707 versahe, in welchem Jahre er den 23 Oct. mit Tode abging. So bald er 1691 rükte, trat

XXX. M. **Michael Andreas Schernak** das Diaconat an. Er war erst von 1680 bis 1690 Rector hieselbst, bis 1708 Diaconus, bis 1721 aber Archidiaconus, da er starb, nachdem er 41 Jahre lang an Kirchen und Schulen gedienet.

(*) Dies Programma erzählet die Frederschen und Crusischen Streitigkeiten aus einer handschriftlichen Nachricht des seel. Jac. Rungii. Bey der Gelegenheit führet der H. Verfasser eine Stelle an, die wehrt ist, daß man sie zweymal lese, und ich hieher setzen will, theils weil dergleichen kleine Schriften so sehr selten sind, theils damit ich doch einmal die mir selbst lästige Trockenheit dieses Capitels unterbreche. Die erwähnte Stelle ist ein Auszug aus einem Schreiben, welches Pabst Clemens VIII. an Mich. Eggerern, Predigern zu Anclam, ergehen lassen. Der Heil. Vater schreibt ganz offenherzig: Pergratum nobis esset, si ita vitam vestram institueretis, vt inde verisimile fiat, haud plus vos de animae immortalitate & mortuorum resurrectione credere, atque quantum fidei nos cardinalesque nostri huic fabulae perhibent. Der Wunsch klingt recht erbaulich. Mich deucht aber, bey solchem Lobredner habe der seel. Rungenicht sehr stolz seyn dürfen, wenn er ihm dies schmeichelhafte Compliment abstattet: Quae de Episcopo tuo *Iacobo Rungio* Gryphiswaldensi ad nos fama & nunciis perferuntur, eiusmodi sunt, vt hominis singularem astutiam veneranda cum maiestate coniunctam facile repraesentent nobis, longo etiam locorum intervallo disiunctis. Quia vero de tanto homine praestat nihil quam parum dicere, iudicamus eum inter primarios nostros Cardinales sessionem mereri, nisi vnum illi deesset. —

§. 15.

Nach Erlassung des Präpos. Barsknechts wurde

XXXI. M. **Christian Schmidt** wieder zur Präpositur und Pastorat berufen. Er war 1661 zu Stargard gebohren, und 1683 als Rector bey die Thumschule zu Cammin vociret. 1687 aber legte er diese Stelle nieder und ging auf die Universität Gießen, woselbst er Magister wurde. 1688 ward er zum Informator der Prinzeßin Elisabeth Dorothea und des Prinzen Friederich am Hessendarmstädtschen Hofe bestellet, worauf ihn der Landgraf Philipp zu seinem Hof- und Feldprediger nach Brabant berief. — 1700 wurde er unmittelbar von K. **Friderich** I. zur Präpositur nach Cößlin gefodert, und der Magistrat über-

168 III. Abth. Von der gottesdienstlichen Verfassung der Stadt Cößlin.

übertrug ihm das Pastorat, welches von Hofe auch confirmiret wurde. — Er heyrathete 1700 des seel. Schloßprediger Heüers Witwe Mar. Ilse Scheinemannin, welche nach 12 Jahren verstarb, und er blieb im Wtwerstande bis 1748, da er nach einer fünftägigen Krankheit in einem Alter von 87 Jahren die Welt verließ, nachdem er in Cößlin an 49 Jahre, überhaupt aber in öffentlichen Schul = und Kirchenämtern 60 Jahr gestanden. — 1727 ließ er sich den damaligen Feldprediger bey dem Platenschen Dragonerregiment

**Balthasar Ludwig Trenknern** adjungiren, welcher aber seinem Schwiegervater fünf Jahre eher in die Ewigkeit voranging. Hierauf wurde der damalige Feldprediger bey dem Lamottschen Regiment, den wir bald nennen werden, 1745 zu seinem Adjunctus bestellet. Wir haben noch von 4 Männern vorher zu sagen.

§. 16.

Als der seel. Präpositus Schmidt antrat, fand er Joh. Georg Buchheim als Archidiaconus und M. Mich. Andr. Schernak als Diaconus hieselbst. Wie aber 1707 Buchheim mit Tode abging, und Schernak in dessen Stelle rükte, folgte im Diaconat

XXXII. **Johan Reinke**, dieser lebte bis 1713, und ihm folgte 1714

XXXIII. **Georg Christian Wetterich**, er bekleidete das Diaconat bis 1722, da er in Schernaks Stelle zum Archidiaconat rükte, welches er bis 1741 verwaltete. Das Diaconat wurde wieder besetzet mit

XXXIV. **Martin Dubislaf**, aus Belgard gebürtig. Er war erst von 1716 an Conrector der Schule, wurde 1721 zum Adjunctus des P. Schernaks ernant, wie aber derselbe in eben diesem Jahre starb, folgte er 1722 im Diaconat, und 1742 P. Wetterichen im Archidiaconat, solches verwaltete er an die 20 Jahr, und starb nach einer kurzen Krankheit den 6ten May 1762. Wie er das Diaconat verließ, trat es

XXXV. **Christian Ludwig Höpner** an als aber nach

Cap. II. Seit der Reformation.

nach 2 Jahren, nämlich 1744, und seine Stelle überkam der Präpositus Adjunctus.

§. 17.

Wir nennen also

XXXVI. **Christian Johann Schäfer.** Er war, wie schon gedacht, erst Feldprediger, und rückte 1746 an Höpners Stelle. Als 1747 das Consistorium hieselbst angeordnet wurde, ward er Consistorialrath, und nach Präpos. Schmidten Tode Präpositus, seine Diaconatstelle aber erhielte

XXXVII. M. **Daniel Richter,** ehemaliger adjungirter Prediger in Clanin. Er zog aber 1751 als Archidiaconus nach Colberg (*), woselbst er bald verstarb, und ihm folgete

XXXVIII. **Johann Friederich Richardi**, welcher einige Jahre Prediger in Crazig gewesen, und seit 1751 hieselbst im Amte stehet. Nach des seel. P. Dubislav Tode ward derselbe 1763 zum Archidiaconat berufen, und im Diaconat folgte ihm

XXXIX. **Benjamin Stricker,** aus Sachsen gebürtig, welcher, auf Nachlassung des K. Consistorii zu Stettin, in Cößlin examiniret und am Synodaltage ordiniret, am VI. Sont. nach Trinit. 1763 aber mit seinem Collegen zugleich instituiret wurde.

GOtt schmücke diese noch lebende Lehrer mit Gerechtigkeit, und kleide Sie mit Heil. Er lege auf ihr Amt, Personen und Häuser einen bleibenden und überschwänglichen Segen!

(*) Seine Abschiedspredigt über Ap. XX, 26. 27. ist 1752 zu Colberg in 8 auf 6 Bogen unter dem Titel: Der ganze Rath GOttes von der Menschen Seligkeit, gedrukt, wozu der rechtschaffene Predigerfreund Hr. Hof- und Garnison-Apotheker Rübner die Kosten hergegeben.

§. 18.

Das Ministerium zu Cößlin seit der Reformation von 1533 bis 1766, und also in einem Zeitraum von 233 Jahren in jeder Stelle mit einem mal zu übersehen, habe ich folgende Tabelle beygefüget. P. bedeutet die Pastores und Präpositos, A. D. die Archidiaconos, und D. die Diaconos.

| Ao. | P. | A. D. | D. |
|---|---|---|---|
| 1533 | Nicolaus Klein zieht weg. | Benedict. Riveſtal rückt 1535. | Bis 1571 findet man nicht, daß die dritte Predigerſtelle beſetzt geweſen. |
| 34 | | | |
| 35 | Benedict. Riveſtal | Nic. Pannickol. | |
| 36 | † vermuthlich 1548. | | |
| 37 | | | |
| 38 | | | |
| 39 | | | |
| 1540 | Peter Roilod. | Dionyſius Frieſe † vermuthlich 1581. woferne zwiſchen ihm und Behnker nicht noch einer geweſen, der uns unbekant geblieben. | |
| 41 | | | |
| 42 | | | |
| 43 | | | |
| 44 | | | |
| 45 | | | |
| 46 | | | |
| 47 | | | |
| 48 | | | |
| 49 | Barthol. Hildebrand † 1585. | | |
| 1550 | | | |
| 51 | | | |
| 52 | | | |
| 53 | | | |
| 54 | | | |
| 55 | | | |
| 56 | | | |
| 57 | | | |
| 58 | | | |
| 59 | | | |
| 1560 | | | |
| 61 | | | |
| 62 | | | |
| 63 | | | |

1564

| Ao. | P. | A. D. | D. |
|---|---|---|---|
| 1564 | | | |
| 65 | | | |
| 66 | | | |
| 67 | | | |
| 68 | | | |
| 69 | | | |
| 1570 | | | |
| 71 | | | Mart. Behnke |
| 72 | | | rückt 1581 und 1585 |
| 73 | | | † 1592. |
| 74 | | | |
| 75 | | | |
| 76 | | | |
| 77 | | | |
| 78 | | | |
| 79 | | | |
| 1580 | | Mart. Behnke | Jac. Krüger |
| 81 | | rückt 1585 | † 1685. |
| 82 | | † 1592. | |
| 83 | | | |
| 84 | | | |
| 85 | Mart. Behnke | Jac. Martini | |
| 86 | † 1592. | † 1602. | |
| 87 | | | Joach. Lütkeschwager |
| 88 | | | rückt 1603 |
| 89 | | | † 1618. |
| 1590 | | | |
| 91 | | | |

III. Abth. Von der gottesdienstlichen Verfassung der Stadt Cößlin.

| AO. | P. | A. D. | D. |
|---|---|---|---|
| 1592 | | | |
| 93 | | | |
| 94 | M. Adam Hamel | | |
| 95 | † 1620. | | |
| 96 | | | |
| 97 | | | |
| 98 | | | |
| 99 | | | |
| 1600 | | | |
| 1 | | | |
| 2 | | | |
| 3 | ——— | Joach. Lütkeschwager | Jac. Lamberti |
| 4 | | † 1618. | † 1607. |
| 5 | | | |
| 6 | | | |
| 7 | | | |
| 8 | ——— | ——— | Georg Messerschmid |
| 9 | | | rückt 1619 .† 1630. |
| 1610 | | | |
| 11 | | | |
| 12 | | | |
| 13 | | | |
| 14 | | | |
| 15 | | | |
| 16 | | | |
| 17 | | | |
| 18 | ——— | Georg Messerschmid | Jac. Fabricius |
| 19 | | † 1630. | zieht weiter 1621. |

1620

| Ao. | P. | A. D. | D. |
|---|---|---|---|
| 1620 | | | |
| 21 | Imm. König | | Dav. Fuhrman |
| 22 | † 1645. | | rückt 1631 und 1645. |
| 23 | | | † 1653. |
| 24 | | | |
| 25 | | | |
| 26 | | | |
| 27 | | | |
| 28 | | | |
| 29 | | | |
| 1630 | | Dav. Fuhrman | Adam Hamel |
| 31 | | rückt 1645. † 1653. | rückt 1645. † 1647. |
| 32 | | | |
| 33 | | | |
| 34 | | | |
| 35 | | | |
| 36 | | | |
| 37 | | | |
| 38 | | | |
| 39 | | | |
| 1640 | | | |
| 41 | | | |
| 42 | | | |
| 43 | | | |
| 44 | David Fuhrman | Adam Hamel | Nicol. Andreä |
| 45 | † 1653. | † 1647. | † 1653. |
| 46 | | | |
| 47 | | | |
| 48 | | | |
| 49 | | | |

1650

174  III. Abth. Von der gottesdienstlichen Verfassung der Stadt Cößlin.

| Ao. | P. | A. D. | D. |
|---|---|---|---|
| 1650 | | Georg Heyse rückt.1656. †1657. | |
| 51 | | | |
| 52 | | | |
| 53 | | | |
| 54 | | | Gottfr. Nifänd † 1665. |
| 55 | | | |
| 56 | Georg Heyse † 1657. | | |
| 57 | | Peter Simonis † 1665. | |
| 58 | Adam Walbow † 1672. | | |
| 59 | | | |
| 1660 | | | |
| 61 | | | |
| 62 | | | |
| 63 | | | |
| 64 | | | |
| 65 | | | Mart. Lew rückt 1683. † 1689. |
| 66 | | | |
| 67 | | | |
| 68 | | Joh. Block † 1682. | |
| 69 | | | |
| 1670 | | | |
| 71 | | | |
| 72 | | | |
| 73 | | | |
| 74 | | | |
| 75 | | | |
| 76 | Joh. Engelbrecht † 1683. | | |
| 77 | | | |
| 78 | | | |
| 79 | | | |

1680

Cap. II. Seit der Reformation. 175

| Ao. | P. | A. D. | D. |
|---|---|---|---|
| 1680 | | | |
| 81 | | | |
| 82 | | | |
| 83 | | | |
| 84 | Mr. Heinsius | Mart. Leip | Joh. Jac. Debel |
| 85 | † 1690. | † 1689. | † 1688. |
| 86 | | | |
| 87 | | | |
| 88 | | | |
| 89 | ——— | ——— | Joh. Georg Buch- heim |
| | | | rückt 1691. † 1707. |
| 1690 | | | |
| 91 | Christoph Barstknecht | Joh. Georg Buch- | Mich. Andr. Scher- |
| 92 | wird erlassen 1699. | heim | nak. |
| 93 | | † 1707. | rückt 1708. † 1720. |
| 94 | | | |
| 95 | | | |
| 96 | | | |
| 97 | | | |
| 98 | | | |
| 99 | | | |
| 1700 | Christ. Schmidt | | |
| 1 | † 1748. | | |
| 2 | | | |
| 3 | | | |
| 4 | | | |
| 5 | | | |
| 6 | | | |
| 7 | | | |
| 8 | ——— | M. Andr. Schernak | Joh. Reinek |
| 9 | | † 1720. | † 1713. |

1710

176 III. Abth. Von der gottesdienstlichen Verfassung der Stadt Cößlin.

| Ao. | P. | A. D. | D. |
|---|---|---|---|
| 1710 | | | |
| 11 | | | |
| 12 | | | |
| 13 | | | |
| 14 | ——— | ——— | Georg Christian |
| 15 | | | Wetterich |
| 16 | | | rückt 1722. † 1741. |
| 17 | | | |
| 18 | | | |
| 19 | | | |
| 1720 | | | |
| 21 | | | |
| 22 | ——— | G. Chr. Wetterich | Mart. Dubislav |
| 23 | | † 1741. | rückt 1742. † 1762. |
| 24 | | | |
| 25 | | | |
| 26 | | | |
| 27 | | | |
| 28 | | | |
| 29 | | | |
| 1730 | | | |
| 31 | | | |
| 32 | | | |
| 33 | | | |
| 34 | | | |
| 35 | | | |
| 36 | | | |
| 37 | | | |
| 38 | | | |
| 39 | | | ——— |

1740

## Cap. II, Seit der Reformation. 177

| Ao. | P. | A. D. | D. |
|---|---|---|---|
| 1740 | | | |
| 41 | | | |
| 42 | ——— | Mart. Dubislav | Chr. Ludwig Höpner |
| 43 | | † 1762. | † 1744. |
| 44 | | | |
| 45 | | | |
| 46 | ——— | ——— | Chr. Joh. Schäfer |
| 47 | | | rückt in die Präpos. |
| 48 | | | 1749. |
| 49 | Chr. Joh. Schäfer | ——— | Dan. Richter |
|  |  |  | zieht weiter. |
| 1750 | | | |
| 51 | ——— | ——— | Joh. Fr. Richardi |
| 52 | | | rückt 1763. |
| 53 | | | |
| 54 | | | |
| 55 | | | |
| 56 | | | |
| 57 | | | |
| 58 | | | |
| 59 | | | |
| 1760 | | | |
| 61 | | | |
| 62 | | | |
| 63 | ——— | Joh. Fr. Richardi | Benjamin Striker. |
| 64 | | | |
| 65 | | | |
| 66 | | | |

Z                    §. 19.

178  III. Abth. Von der gottesdienstlichen Verfassung der Stadt Cößlin.

§. 19.

Es sind bey der cößlinschen Kirche zu verschiedenen malen nützliche Kirchenvisitationen angestellet, als:
1635 durch den seel. D. **Bugenhagen**, denn obzwar die Visitationsacten nicht mehr vorhanden sind, kan man sich doch gar keinen wahrscheinlichen Grund vorstellen, warum er bey einer allgemeinen Visitation Cößlin solte vorbey gegangen seyn, zumalen er im Stift den Anfang machte.
1555 durch den B. Martin Weyher.
1569 durch H. Johann Friederich (*).
1591 durch H. Casimir (**).
1683 durch den Generalsuperint. M. S. Graben.
1720 durch den Generalsuperint. D. Joach. Friedr. Schmidt.
Zu des seel. Generalsuperint. Bolhagens Zeiten sind per Commissiones die Pia Corpora in Richtigkeit gebracht.

(*) Zu dessen Zeiten hat auch der Generalsuperint. Georg Venediger Visitation der meisten umliegenden Kirchen gehalten und bey denselben die Matriculn angefertiget, welches der Generalsuperint. Groß hundert Jahr hernach wiederholet.

(**) Der große Zwischenraum, daß von 1591 bis 1683 keine Visitation in Cößlin gehalten worden, rühret vermuthlich daher, weil die Superintendenten Hamel und König, dieselbst gegenwärtig, und ihnen der Zustand der Kirche ohne Visitation bekant gewesen.

§. 20.

Die unter der Inspection der cößlinschen Präpositur stehende 21 Pfarren werden in 2 Circulos scil. orientalem & occidentalem eingetheilet. Zum orientali gehören Jamund, Wusseken, Zanow, Wisbur, Manow, Seger, Buckow, Geritz und Canicow. Zum occidentali aber Belz, Tessin, Crazig, Varchmin, Schutzenhagen, Strippow, Lassene, Cordeshagen, Streiz, Vast, Sorembom (*), Möllen. Doch gehöret bey Besorgung der Gnadenjahre Belz und der Archidiac. in Cößlin mit zum Circulo orientali, so wie der Diaconus zum Circulo occidentali, der Präpositus ist frey davon.

(*) In dem zu Sorembom jetzt gehörigen Funkenhagen ist ehedem, laut Urkunden, eine eigene Parochialkirche gewesen, diese ließ gegen Ende des vorigen Jahrhundert Lazarus Damitz abbrechen, um sich ein Haus in Möllen davon zu bauen, so aber nicht vollführet worden. Solt dem hat der See so weit ins Land gefressen, daß die Rudera dieser Kirche eine ganze Ecke in der See befindlich sind.

Das

## Das dritte Capitel.

# Von den zu Cößlin befindlichen Kirchen und Hospitälern.

Hier wird Nachricht ertheilet
§. 1 + 7. Von der Pfarrkirche.
§. 8, 10. Von der Schloßkirche.
§. 11. Vom H. Geist Hospital

§. 12. Von der Nicolai Kirche.
§. 13. Von der Jacobi Capelle.
§. 14. Von der Georgen Capelle.
§. 15. 16. Von den übrigen Hospitälern.

### §. I.

Wir müssen von der grösten, nämlich von der Pfarrkirche den Anfang machen. Die Zeit ihrer Erbauung ist zwar nicht bekant, da aber 1270 das Kloster schon gestiftet worden, wird dieses gewiß nicht gesäumet haben an die Erbauung einer Kirche zu denken. Es ging dies damaliger Zeit auch leichter an, als es jetzo seyn würde, denn wenn man nicht ein wunderthätig Marienbild bey der Hand hatte, so bettelte man, und wer wolte es den andächtigen Klosterjungfern in Cößlin wehren, wenn sie beydes thaten? Wenigstens samlete man von den Pilgern, die den weltberufenen Gollenberg und das Wunderbild U. L. F. besuchten, einen ehrlichen Nothschilling zusammen, und man muß es ihnen zum Ruhm nachsagen, daß sie solchen gut angewandt, indem sie uns ein Kirchengebäude geliefert, dessen Aufführung jetzo viele Weitläufigkeit verursachen würden. Was kostete auch damals ein solcher Bau (*)? Holz und Leute zum Kalk und Ziegelbrennen waren im Ueberfluß, dies war aber schon das meiste. — Die erste mir bekant gewordene Urkunde, darin ihrer gedacht wird, ist von 1333; sie heißt auch die St. Marienkirche, weil sie, wie gewöhnlich, der H. Jungfrau zu Ehren geweihet war, vermuthlich ist sie mit den Mauren zugleich fertig geworden.

Z 2  (*) Un

III. Abth. Von der gottesdienstlichen Verfassung der Stadt Cößlin.

(*) Um den grossen Unterschied damaliger Zeiten gegen die itzigen einzusehen, und mit wie wenig Geld man damals ein solches Werk ausführen können, will ich aus Andr. Schomakers Chronik Bl. 12. folgendes Beyspiel anführen. Er sagt: Als 1316 die Sundischen den Herzog Erich von Niedersachsen gefangen bekamen, und dieser sich mit 16 Mark fein Silber lösen müssen, so sey dies Geld in drey Theile getheilet, und die Sundischen haben von ihrem Drittel ein stattlich Rathhaus und den König Arendshof erbauet. -- Wenn ich nun auch eine Mark Silber, die sonst zu 8 Rthl. gerechnet wird, zu 10 Rthl. 16gl. ansetze, so machen 16 Mark 174 Rthl. das thut zum dritten Theil 58 Rthl. davon läßt sich jetzt nicht viel bauen. Ich weiß nicht, ob Schomaker spottet, oder im Ernste redet, wenn er die Anmerkung dabey macht: Welches fürwahr eine grosse Schatzung ist, und eines reichen Fürsten Beutel wohl spulen möchte.

### §. 2.

Das Gebäude der Kirche ist schön und dauerhaft, GOtt hat es auch in alle den der Stadt begegneten Brandschaden bis auf diese Stunde in Gnaden bewahret. Sie hält 70 Schritt in die Länge, und 32 Schritt in die Breite, hat ein schönes Gewölbe, welches von zwo Reihen Pfeiler, deren an jeder Seite drey stehen, getragen wird, und also die Kirche in drey geraume Gänge getheilet ist. Der Thurm ist mit Kupfer gedeckt, 1635 belegte man die Süd, Ost, und Westseite, 1673 aber die Nordseite. 1715 wurde der schadhaft gewordene Wetterhahn abgenommen, und ein neuer aufgebracht, 1751 aber die Thurmspitze durch den Zimmermeister Neuman ganz neu verfertiget.

### §. 3.

Auf dem Thurm befinden sich vier Glocken, welche sehr wohl harmoniren, die größeste ist 1625 von **Christoph Köferitz** in alten Stettin umgegossen, sie hält in der Runde 15 Fuß, und in der Höhe 4¼ Fuß, und wieget 51 Centner 84¼ Pfund. Auf der einen Seite lieset man die Namen der Prediger und Kirchenprovisoren, auf der andern Seite aber

IESV CHRISTE SALVATOR
Hanc Tibi deuota campanam mente dicamus
Conuocet vt coetus ad Tua templa pios

Dum

Cap. III. Von den zu Cößlin befindlichen Kirchen und Hospitälern. 181

Dum tonat aes auris, sacra des vt cordibus aura
Insonet. Hic bonus est clangor in aure DEI
JACOBVS VOLSIVS
Rect: Sch.

Die zwente so genante Bethglocke ist 1701 von Ernst Kriedewit in Colberg gegossen, jetzo aber schadhaft. Auf der einen Seite steht ein Verzeichnis der damaligen Prediger, auf der andern aber nach Benennung der Kirchenprovisoren folgende zwey Verse:

In *Jouae* laudes resonet campana sonoras
Aeuaque Rex viuat *Friedericus* in omnia felix.

Die dritte und vierte Glocke sind sehr alt, und rühren noch aus dem Pabstthum her.

Außer diesen ist noch die Seigerglocke und die Signirglocke über dem Kirchendach. Was den Seiger anbetrift so erhellet aus der Kirchenvisitation von 1555, daß damals schon einer vorhanden gewesen, welcher verschiedene mal erneuret worden, bis man 1754 ein ganz neues Uhr verfertigen lassen, welches 283 Rthl. gekostet. Es zeiget auswärts an allen vier Seiten des Thurms, wie auch in der Kirche unter der Orgel die Stunden. Unter dieser letzten Uhrscheibe liesset man folgende Verse:

Automaton praesens ceu temporis indicat horas
 Sic vitae & mortis te meminisse jubet
 Terminus est acui breuis, ergo transige vitam
 Seu hodie, seu cras vt moriare bene.

§. 4.

**Der Altar** stehet vorne an im Chor, welches ein schikliches Geländer von der Kirche absondert, und ist 1708 nach einer recht guten Structur aufgeführet. Unter dem Bildnis des triumphirenden Heilandes liesset man:

B 3   Ich

Ich siege nach Arbeit und Mühe.
Jesu zu dir uns ziehe.

weiter:

Ecce tuus, peccator, amor crucifixus JESVS

Qui tibi perpetuo gloria vera fiet.

Hinter dem Altar, am Ende der Kirche, befindet sich die Taufe. Sie ist mit Schranken umgeben, welche 1709 eines Häkers Christoph Blumen Witwe mit verschiedenen Gemälden auszieren lassen. Gleich neben der Taufe an der Wand und Ende der Kirche befindet sich die kunstreiche Tafel, deren Micräl. B. IV. S. 423. Erwähnung thut, deswegen wir eine nähere Beschreibung davon geben müssen. Das ganze Werk scheinet zur Verzierung eines alda zu setzenden hohen Altars erschaffen zu seyn, und ist noch in catholischen Zeiten, nämlich 1512 verfertiget. Es bestehet aus einer 12 Fuß hohen und breiten Tafel, an welcher sich auf verguldeten Grunde ein geschnitztes Marienbild mit dem Kindlein Jesu, und zu beyden Seiten ein paar andere Bilder von derselben Größe darstellen. An diese Tafel sind zween eben so hohe und halb so breite Flügel mit Hängen befestiget, daß sie können zugeschlagen werden, und diese mittelste Tafel bedecken. Wenn sie offen sind, stellen sie in verschiedenen auf verguldeten Grund gestelleten Schnitzbildern, welche auf jeder Tafel 16 kleine Lagen einnehmen, die verschiedenen Nationen vor, die Jesum angenommen haben. Diese beyde Flügel haben hinter sich zwey gleich große unbewegliche Bretter, und sind auf der Rückseite dergestalt gemalet, daß ihre Zeichnung mit den gedachten Brettern, die auch bemalet sind, in Verbindung stehet. Wenn nun die vordersten beweglichen Flügel zugeschlagen werden, sieht man auf ihrer Rückseite und auf den hinter ihnen stehen bleibenden Brettern die Passion Christi in einer kostbaren Schilderung. Man hatte ehemals den Gebrauch, in der Fastenzeit die Flügel zuzuschlagen und diese sinnliche Vorstellung zur Erweckung der Andacht sehen zu lassen, jetzt wird solches

Cap. XL. Von den zu Cößlin befindlichen Kirchen und Hospitälern. 183

ches nicht mehr beobachtet. — Sonst ist das Chor mit den Bildnissen einiger Kirchen- und Schullehrer gezieret und zu beyden Seiten zierliche Gestühle für die Communicanten gemacht. Ob ich gleich die Denkschriften, welche zu verschiedenen malen in den Knopf des Thurms geleget worden, und auch die, welche an dem Schwiebogen des Chors stehen, zu Vermeidung der Weitläuftigkeit mit Stillschweigen übergangen habe, indem sie nichts enthalten, was wir theils nicht schon angeführet haben, theils des Abschreibens nicht wehrt gewesen, so will ich doch eine im Chor an der nordlichen Wand befindliche Inschrift hieher setzen, weil sie die beste in der ganzen Kirche ist.

Anno Domini, cui cum Patre
& Spiritu S. sit laus in
Secula seculorum
1667
cum hoc, Lector, in quo stas templum reficeretur
Pietas Cusslinensis
FRIDERICO WILHELMO ELECTORI BRANDENB.
coniugem suam charissimam ex mortalitate circa finem reparationis
abeuntem acerbissime
LVGENTI
Diuinum solatium
&
Pacatum regimen
ERNESTO BOGISLAO PRINCIPI CROIANO
ob sapientiam memorando
Pomeranici stemmatis vltimo ex matre
ANNA PROPAGINI
Electorali vicario
Felix incrementum
Ciuitati huic Cusslinensi olim florenti
nunc attritae
salubre remedium

omni

III. Abth. Von der gottesdienstlichen Verfassung der Stadt Cößlin.

  omnibus religiosis templi visitatoribus
    post vltima fata
  mollem quietem & solidam beatitudinem
   corporis pariter ac animae
   debite & deuote apprecatur.

Hiebey habe ich noch anzumerken, daß außer dieser 1667 geschehenen Ausbesserung der Kirche solches auch vorher 1585 und nachher 1731 vorgenommen worden, welches leztere auf Kosten guter Herzen und wahrer Kirchenfreunde geschehen ist.

§. 5.

Die Kanzel ist nicht, wie Micräl. B. IV. S. 423. saget, 1544, sondern 1591 erbauet, und 1691 gemalet worden, wie solches folgende an der Treppe befindliche Verse beweisen.

 Viginti finem viderunt lustra cathedram
  Cum DEVS hanc strueret cunctipotente manu
 Nunc demum gratam dedit ars pictoria formam
  eX Voto CVpIMVs LVstra sVperna DeVs

An der Krone derselben stehen in 5 Bogen folgende Verse vertheilet:

 Floreat haec verbi diuini sacra cathedra
  Stent immota diu dogmata pura DEI
 Conseruet Numen cathedram, qui munere donant
  Proprius illorum discolor orbis erit.

Schon zu catholischen Zeiten nämlich 1519 ward die Kirche mit einer Orgel versehen, 1605 aber, und nicht nach Micräl. Rechnung B. IV. S. 27. 1609, von dem berühmten Paul Lüdemann dieselbe ganz neu ge-

gebauet, daher man an der Wand unter der Orgel folgende Nachricht lieset:

> Hoc opus organicum
> Sub Principe & Episcopo
> FRANCISCO
> Anno Christi MDCV.
> exaedificatum, pictum & ornatum est.

1714 ist sie von Grund aus wieder reparirt worden. -- Sonst hat die Kirche auch 9 schöne Lichtkronen, darunter die so genante Brauerkrone die vornehmste ist, deren Micräl. B. IV. S. 27. und Cramer B. IV. S. 165. gedenken. Sie soll 12 Centner wiegen, und hat 9 Fuß in der Breite, und 12 Fuß in der Höhe, und 30 Arme. Ein berühmter Künstler zu Nürnberg hat sie verfertiget, und kostet 266 Rthl. 16 gr. Ein paar Epitaphia sind noch anzumerken, solches soll aber im folgenden IV. Cap. und in der IV. Abtheilung bey Joach. Vogler geschehen.

### §. 6.

Als die Theilnehmung an der ewigen Seligkeit noch auf einer Sündfluth von Seelmessen beruhete, so glaubten wohlhabende Leute ihr Geld nicht besser anzuwenden, als wenn sie einen Altar oder Vicarie stifteten, oder zu einem schon vorhandenen Altar gewisse Capitalien vermachten. Das erste war mehr, als das andere, die Sache lief aber auf eins hinaus, es muste nämlich der Priester für die Zinsen von einem dotirten oder gestifteten Altar, nach Verhältnis, daß es viel oder wenig war, so er erhielte, gewisse Seelmessen für die Wohlthäter lesen, welches dem, der ein reiches Altar, oder mehr als ein Altar hatte, viel einbrachte. Weil man aber zu so viel Altaren nicht Raum genug hatte, wurden Capellen angebauet und solche zugleich für die Stifter zu Erbbegräbnissen bestimmet. Ich begnüge mich dieses überhaupt anzuzeigen, ohne deswegen die Urkunden anzuziehen, deren sonst eine große Menge ist. Die Sache zu wissen hat keinen weitern Nutzen, als daß wir sehen, woher die unserer Kirche angebauete 4 Capellen ihren Ursprung haben. Denn da ist

1. Die Borchards Capelle, welche der Kirche eigenthümlich gehöret.

2. Die Bökels Capelle, vorher hieß sie die Gustrowen, Cosseladen, auch Kleisten Capelle nach ihren Eigenthümern.

3. Tezlaf Manowen Capelle, diese beyden Capellen hatten vordem Capitalien, und die Eigenthümer genossen davon die Zinsen, musten aber der Kirche den Sextanten erlegen, nachhero aber verschwunden die Capitalien und mit denselben die Zinsen auch Sextanten.

4. Die Warchmins nachhero Smecius Capelle, denn 1732 kaufte sie der K. Hofapotheker Smecius für 300 Rthl. der sie zum Erbbegräbnis seiner Familie gemacht, doch hat sich die Kirche ein Recht zu 3 großen Leichen darin vorbehalten.

§. 7.

Im Jahr 1749 hatte die Pfarrkirche 4954 Rthl. Capital, außer den liegenden Gründen, wovon aber der 1751 vorgenommene Thurmbau einige hundert Rthl. weggenommen, denn obgleich an 1000 Rthl. Collectengelder einkamen, so war der Verschlag des Landbaumeisters doch 1251 Rthl. 20 gr. -- Zuletzt merke ich noch an, daß bey der Pfarrkirche sich eine Stiftung, der so genante arme Kaste, befindet. Die Matricul von 1591 besaget, daß er zu der Pfarrkirche als Filia gehöre, und in der Kirchenvisitation von 1683 heist es: Der arme Kasten hat 4 Provisores, und ist sonst dem Bericht nach in gutem Stande. -- 1749 hatte er an Capital 401 Rthl. 8 gr. und 3 Rthl. 20 gr. Ackermiethe.

§. 8.

Nächst der Pfarrkirche nennen wir die Schloßkirche, diese ist die vormalige Klosterkirche, als das Kloster wüste ward, verfiel auch die Kirche, und würde wol gar eingegangen seyn, wenn die hochseligen Fürsten Cößlin nicht zu ihrer Bischöflichen Residenzstadt erwählet hätten. Wie aber H. Johan Friederich und Casimir das Schloß erbauet hatten, machte sich H. Franz an die Kirche. Es hatten die Herzoge zwar vorher ihre Hofprediger, als Mart. Behnken und Adam Hamel, sie
waren

Cap. III. Von den zu Cößlin befindlichen Kirchen und Hospitälern. 187

waren aber nur der fürstlichen Familie Beichtväter, und hielten höchstens einen Privatgottesdienst auf dem Schlosse, nun aber ward dazu die alte Klosterkirche zu rechte gemacht. Der Herzog Franz verschrieb zu dem Ende einen künstlichen Maler aus den Niederlanden, welcher sie sehr zierlich ausstafiren muste. — Es war außerdem ein kostbares Marienbild in der Kirche, welches die See soll ausgeworfen haben, und wofür die Catholiken etliche hundert Gulden geboten. Unter den Gemälden sahe man auch die Historie Bogislaf X. da er sich mit einem Bratspieß voll Hühner gegen die Türken wehret. Zum Kirchenornat gehörte ein reich mit Gold und Perlen gesticktes Meßgewand, so eine Arbeit fürstlicher Hände gewesen. 1609 war man mit dieser Arbeit fertig, und M. Adam Hamel muste sie am Joh. Tage in honorem S. S. Trinitatis weihen, da sie in catholischen Zeiten der Jungfrau Maria consecriret war. H. Ulrich versahe sie mit einer schönen Orgel. Das Andenken dieses rühmlichen Unternehmens enthielt folgende Denkschrift:

ANNO A NATO CHRISTO MILLESIMO SEXCENTESIMO secundo cum Illustriss. Princeps ac Dominus DN. FRANCISCVS I. Dux Stetini, Pomeraniae, Cassubiorum & Vandalorum Princeps Rugiae, Episcopus Caminensis, Comes Gutzkoviae & Dominus in Lebenburg & Butow, Bogislai XIII. Filius, Philippi I. nepos, Georgii I. Pronepos Bogislai Magni abnepos, Casimiro Principe & Episcopo Caminensi e vivis sublato, ad gubernacula Episcopatus Caminensis iterum accessisset, Templum hoc, quod in papatu Cisterciensis ordinis sacris Virginibus & divae Virgini Mariae dedicatum, annisque multis a tempore Antichristi reuelati, a cultu sacrorum vacuum, bubonum, passerum & monedularum domicilium fuit, restaurare & elegantibus picturis exornare coepit. Quod tandem plene perfecteque absolutum per praedicationem purioris verbi & pias cerimonias S. S. Trinitati, quae templum hoc nomen suum vendicat, Anno millesimo sexcentesimo nono in ipso Diui Johannis festo dedicatum est. (s Cramer B. IV. S. 164)

§. 9.

Bisher waren die cößlinschen Pastores und Präpositi, nämlich Mar-

**Martin Behnke** und
**M. Adam Hamel** die fürstl. bischöflichen Hofprediger gewesen. Jezt aber gefiel es dem Herzog Franz bey seiner neuen Kirche einen eigenen Prediger zu bestellen, welches um so viel nöthiger war, da der bisherige Hofprediger Hamel zum Stiftssuperintendenten ernennet worden, und also bey einem so weitläuftigen Amte nicht noch eine eigene Kirche versehen konte. Hiezu wurde nun 1610 der bisherige Conrector am stettinschen Pädagogio

**M. Peter Coleman** ernennet. Die Wahl aber war nicht wohl getroffen. Coleman verhabe es, wie aber, will weder **Micrälius** noch **Cramer** nachsagen. Vermuthlich hatte er cryptocalvinische Grundsätze, wie er denn schon in Stettin auf Stygens Seite war (s. Micräl B. III. S. 398) und suchte solche dem Hofe einzuflößen. -- Es sey aber was es wolle, er ward 1613 erlassen und kam in die Präpositur nach Cörlin, und der so lange da gestandene Präpositus **Johan Bütow** ward wieder Hofprediger. Ja da ich bemerket habe, daß lezterer so lange, bis er nach Stettin gezogen, sich den Titel eines Präpositi zu Cörlin beyleget, so glaube ich, daß Coleman nicht eigentlicher Präpositus daselbst, sondern nur sein Vicarius gewesen. Man hat von ihm

1) Elegiam memoriae *Ernesti Ludovici* dicatam Stet. 1592
2) Parentalia *Bogislao XIII.* scripta 1606
3) Eine Anweisung zur griechischen Prosodie 1616. -- Nun folget

**Johan Bütow.** Er war 24 Jahr Präpositus zu Cörlin gewesen, als er nach Cößlin kam, und aus Treptow gebürtig. 1618 zog er mit Herzog Franzen nach Stettin, und blieb dessen Hofprediger, als derselbe aber mit Tode abging, war er bey der fürstlichen Witwe Hofprediger zu Wollin. — 1626 gerieth er in einen Schwulst, woran er auch verstarb. Er gab heraus

1) Acht Predigten über das I. Cap. Johannis 4. 1617.
2) Eine Gedächtnispredigt auf die Aebtissin zu Quedlinburg Herzogin Dorotheen 1618. 4to.

Hiernächst hat er den Marstallerschen Stambaum der Pommerschen Her-

Cap. III. Von den zu Cößlin befindlichen Kirchen und Hospitälern. 189

Herzoge 1624 wieder auflegen lassen und verbessert. s. H. D. Oelrichs Nachr. von der Buchdruckerey zu Bard S. 43 f.

Als er nach Stettin zog, folgte ihm als Schloßprediger

M. Andreas Scholastke, ein Colberger, er hatte zugleich das Prädicat als Vicesuperintendent. -- 1622 hielte er bey Ueberbringung der fürstlichen Leiche H. Ulrichs 5 Predigten, die 1623 zu Stettin 4to gedruckt sind. Ich merke dabey das nachdenkliche Chronodistichon an, welches auf dem Titulblat befindlich ist.

QVae VIDet ante fores praesagia Chriſte ſInIſtra
    Retrahe ne peſſVM patrIa trIſtIs eat.

Wie lange er dies Amt bekleidet, kan ich so genau nicht sagen. 1655 hat er wenigstens noch gelebet, denn da hat er den P. Vechner zu Tessin in Abwesenheit des Superintendenten instituiret. -- Nach seinem Tode ward das Gehalt des Schloßpredigers, weil es aus den fürstlichen Einkünften gereichet wurde, und es mit Pommern nunmehro eine ganz andere Gestalt gewonnen hatte, eingezogen (*). Da aber inzwischen die Kirche doch noch stand, und Peter Simonis 1657 in dürftigen Umständen von Wusseken hieher zog, hieselbst auch wegen der vorhergegangenen Pest alles in kläglichen Umständen antraf, trugen ihm die churfürstlichen Beamten die Nebenbesorgung der Schloßkirche, gegen Erhebung dessen, was aus dem Kistchen Testament für den Predigtstuhl (s. unten c. IV.) und an Accidentien fiel, mit auf. Weil er aber schwach und krank war, ließ er sich zuweilen von seinem Sohn David Simonis, der unten Abth. IV. vorkommen wird, unterstützen. Nach seinem 1665 erfolgten Tode ward in der Schloßkirche gar nicht geprediget, wie denn aus der Kirchenvisitation von 1683 erhellet, daß die Amtsgemeine damals der Pfarrkirche beygelegt gewesen. -- Nach 1690 suchte der Generalsuperintendent Heiler seinen Brudersohn

Jacob Heiler zu befördern, und obzwar die Schloßpredigerstelle zu Cößlin, ohne ordentlichen Gehalt, sehr schlecht war, so lebte er doch der Hofnung, daß, wenn derselbe nur zum Amte bestellet wäre, er schon das vormalige Salarium eines Hofpredigers bekommen solte. Es kam also Jacob Heiler 1695 an diese Kirche, wie er aber 1697 dem hochseligen Churfürsten seine Noth klagte und um das Salarium

A a 3      bat,

bat, erhielt er zur Antwort: Daß S. Churf. Durchl. den beyden Beamten keinen eigenen Schloßprediger halten würden, maßen sie das vormalige Salarium eines Hofpredigers, welches aus der Amtskammer genommen worden, zu Hülfe nähmen, ihre reformirten Prediger zu salariren. So aber Supplicant Vorschläge thun könte, daß ohne Abgang der Kammerintraden was zu bekommen wäre, so solte seiner geruhet werden. Ein solcher Vorschlag aber war nicht auszufinden, indem der pommersche Nepotismus nicht so guten Grund und Boden hat, als der römische. Auf vieles Bitten des Generalsuperintendenten reichte die Amtskammer endlich ein weniges an Roggen und Malz, so aber zu seinem Unterhalt nicht reichte, und sich der arme Mann so zu Gemüthe zog, daß er nach 2 Jahren in große Schwermuth und endlich Todes verfiel. — Nach seinem Tode hat die Regierung dessen Witwe, weil sie alles bey ihrem Manne zugesetzt, verwilliget, den Gottesdienst bey der Schloßkirche bestellen zu lassen, da denn der Generalsuperintendent ihr einen Studiosum Namens Förster sandte, welcher die sontägliche Predigten hielte, der P. Vomselow zu Conико aber verrichtete die Ministerialhandlungen. Dies daurete bis 1700, weil aber die Witwe schlechten Vortheil davon hatte, begab sie sich dessen und zog zu ihren Aeltern. — Mitlerweile kam der obgenante Präpositus Barfknecht von Berlin zurücke, daselbst hatte er bey Hofe ausgewirket, daß er so lange in Cößlin möchte gelassen werden, bis sich Gelegenheit zu seiner anderweitigen Versorgung vorfände, es war aber die Bedingung dabey, daß er sich daselbst so verhalten solte, als wenn er hier nie Prediger gewesen. Er aber, um den Schein zu haben, als sey er in der Präpositur bestätiget und als Hofprediger bey der Schloßkirche bestellet, bat sich von den Beamten aus, in lezterer zu predigen, und that solches über den Spruch, I B. M. 32, 10. Ich hatte nicht mehr, weder diesen Stab, da rc. wobey sein alter Gegenpart Burgem. Hille sein Theil redlich abkriegte. Hiewieder erhob nun der Magistrat so gleich heftige Klage, und Barfknecht kam als Präpositus nach Belgard (s. Hofyer. Acten wegen des Ristowschen Testaments). Dieser Umstand gab einmal Gelegenheit zu behaupten, er sey Hofprediger in Cößlin gewesen, und er selbst behauptete es zuverlässig, daher, als er schon in Belgard war, und

Cap. III. Von den zu Cößlin befindlichen Kirchen und Hospitälern.

und wenn er auch vorher Hofprediger gewesen, es damals gewiß nicht mehr seyn konte, nämlich 1702 ließ er sich bey seiner Doctorpromotion zu Wittenberg öffentlich Ecclesiasten Regis Prussiæ aulicum proclamiren. — Nach der Zeit wurde die Sache so gefasset, daß das hiesige Ministerium die Schloßkirche zugleich mit versehen muste und sich die Hebungen theilte. Wenn Garnison hier ist, wird nicht anders als von dem Feldprediger darin geprediget, und das Ministerium hält nur zuweilen für die Amtsgemeine Communion. So oft der reformirte Hofprediger hieher kommt, hält er in dieser Kirche seinen Gottesdienst.

(*) In Stolpe und Rügenwalde ist das Hofprediger Salarium beybehalten, weil es der Landesherr nicht aus der Chatoulle geben darf, sondern von milden Stiftungen genommen wird, welche am ersten Orte der Herzog von Croja, zu Rügenwalde aber die fürstl. Witwe Elisabeth legiret haben.

§. 10.

In dem traurigen Brande 1718 gerieth diese schöne Kirche mit in Flammen, und brante bis auf die Mauren aus, wurde aber 1724 wieder ausgebauet und den 18 Trin. von Präpos. Schmidt mit einer Predigt über Ps. 84, 11. 12. 13. eingeweihet. — Sie ist inwendig ohne allen Zierath, die Kanzel im Altar, doch alles in gutem Verhältniß angeleget, auch ein Positiv darin. — Ehedem war sie ganz unter der Erde gewölbet, die Gewölber aber wurden bey dem neuen Bau mit Schutt und Erde ausgefüllet, und sind nun Begräbnißstellen darin angeleget. Rongezo, Dorsentin und Cretemin, sind die Amtsdörfer, welche bey dieser Kirche eingepfarret sind, und eigentlich die so genante Amtsgemeine ausmachen. Daß bey der Schloßkirche sich ein unterirdischer, jezt verschütteter Gang befunden, welcher nach der Capelle auf dem Gollenberge geführet, wird gesaget, und mehr kan ich auch nicht davon sagen.

§. 11.

Wir wenden uns sogleich zu dem gegenwärtigen H. Geist Hospital, weil solches vordem die dritte Kirche in der Stadt gewesen ist. — Wenn sie eigentlich erbauet worden, weiß man nicht, vielleicht kan

kan sie noch eher als die Pfarrkirche errichtet seyn, da sie denn nach deren Erbauung ledig gestanden. Dies bewog 1319 einige wohlhabende Einwohner daselbst aufs neue einen Gottesdienst anzurichten, so auch mit Bewilligung des Klosters geschahe. 1335 ertheilten einige Bischöfe zu Avignon dieser Capelle einen großen Ablaßbrief, welchen B. **Friederich von Eichstädt** das folgende Jahr bestätigte. Nach der Reformation zerfiel sie zwar etwas, der seel. Hamel aber sorgte für ihre Wiederherstellung. 1617 aber brante sie den 27 Febr. gänzlich ab, und ist nachhero nicht wieder gebauet. — Heutiges Tages ist ein Hospital für abgelebte Leute daselbst angeleget, welche sich einkaufen müssen und dagegen Zeit Lebens gewisse Präbenden genießen. — Es war vordem noch ein ander Hospital, welches Otto Manow gestiftet, in der Papenstraße gelegen, weil es aber sehr baufällig war, ward es verkauft, und das Capital diesem großen Hospital incorporiret, so ist es auch mit dem so genanten **Kleinen H. Geist Hospital** gemacht worden. 1749 hatte dies Pium corpus an Capital 545 Rthl. 8 gr. und an Ackermiethe 21 Rthl. 18 gr.

### §. 12.

Ehe wir das nöthige von den übrigen Hospitälern sagen, wollen wir die Kirchen vor den Thoren erst mitnehmen. Die **Nicolaikirche** vor dem Mühlenthor (vergl. oben II. Abth. Cap. I. §. 4. (***)) ist gegenwärtig noch die einzige, welche in dem Stande ist, daß Gottesdienst darin kan gehalten werden. — Von ihrer Erbauung hat man keine Nachricht, in Urkunden wird ihrer zuerst 1424 gedacht, da ihr ein eigener Vicarius gesetzet wird. 1733 ward sie inwendig abgeputzt und der baufällige Thurm gebessert. So wie sie jetzo stehet, kan sie nicht aus catholischen Zeiten herrühren, denn sie ist in Fachwerk gebauet, der Thurm und die Mauer an der Ostseite mögen noch das Werk ihrer ersten Meister seyn. Gottesdienst wird jetzt gar nicht darin gehalten, es möchte denn seyn, daß es auf Verlangen bey Leichen geschähe. 1749 hatte sie 441 Rthl. 16 gr. Capital und 38 Rthl. 20 gr. Ackermiethe.

### §. 13.

Vor eben diesem Thor war auch die **Jakobi Capelle**. Von ihrer Fundation sind gleichfals keine Nachrichten vorhanden. — Da der

Cap. III. Von den zu Cößlin befindlichen Kirchen und Hospitälern. 193

Gottesdienst nicht mehr in einem Opere operato der Seelmessen, sondern im Geist und in der Wahrheit gehalten zu werden anfing, wurden die vielen gottesdienstlichen Häuser auch überflüssig, und verfielen eins nach dem andern, so gings auch dieser und der **Gertruts Capelle** vor dem hohen Thor. Weil man nun so wenig Mittel als Lust hatte, sie wieder herzustellen, ward beliebet, einen andern Gebrauch davon zu machen. – Die Garnison in Cößlin brauchte ein feuerfestes Pulvermagazin, und dazu ward 1735 die Gertrudencapelle vor dem hohen Thore ersehen. Weil sie aber sehr baufällig und der darüber stehende Thurm dem Einsturz nahe war, fiel der General de la Motte auf den Vorschlag, die St. Jacobs Capelle vor dem hohen Thor abzubrechen, die Steine davon zu verkaufen, und für das Geld die Gertrudencapelle vor dem hohen Thore zum Pulvermagazin machen zu lassen. Der König bewilligte diesen Vorschlag, das Consistorium aber erinnerte, daß, da auf dem Kirchhofe dieser Capelle Begräbnisse wären, welche zu den Einkünften der Pfarrkirche gehörten, der Platz zu solchem Behuf müste erhalten und bewähret werden, so auch geschehen, und die Gertrudencapelle ist jetzt ein Pulverthurm.

§. 14.

Vor dem neuen Thor ist auch noch eine Capelle, die **St. Georgen Capelle** genannt. 1333 richtete Conrad Wilden Witwe zuerst eine Vicarie darin an. – Ehedem ward von einem Schüler Bethstunde darin gehalten, dergestalt, daß dazu eingeläutet, ein Lied gesungen, ein Capitel aus der Bibel, die Litaney und das Kirchengebeth verlesen, und nachhero mit einem Liede geschlossen wurde, wobey nicht nur die Hospitalleute, sondern auch andere vor dem Thor wohnende sich einfanden. Dafür erhielte er jährlich 4 Rthl. Dies hat aber etwa 1713 aufgehöret. Jetzt wird gar nicht mehr Gottesdienst darin gehalten, die Garnison pflegt die Capelle zur Mondirungskammer zu gebrauchen. – Bey derselben ist auch das **St. Jürgen Hospital**, in welches arme und abgelebte Leute gegen ein kleines Einkaufgeld, auch wol umsonst aufgenommen werden, und von den Capitalien, welche bey dieser Capelle sind, gewisse

B b                                     Bene-

Beneficien genießen. 1749 hatte das Hospital 1541 Rthl. und an Acker‑
miethe 23 Rthl. 22 gr.

#### §. 15.

Außer diesem sind auch noch andere Hospitäler, als das St.
Catharinen Hospital vor dem Mühlenthor, so man auch das Gasthaus
nennet (*). Das Zandersche Hospital in der kleinen Baustraße, so
aus einer Wohnung mit einer Stube bestehet, es heist auch sonst Mart.
Freters Hospital, weil der es 1516 fundiret hat. Jetzt werden 4 ar‑
me Leute darin aufgenommen. Das Rubaksche Hospital in eben
der Straße, welches Burgem. Moriz Rubak 1560 gestiftet, und sich
und seinen Erben das Jus patronatus darüber vorbehalten, doch aber,
wenn solche damit nicht nach Verordnung des Stifters verfahren würden,
solte es der Magistrat verwalten. 1740 ist dies Hospital verkauft. —
Von dem vormaligen Belowschen und Knopschen Hospital, imgleichen
von den Gadeskellern, deren 4, und die nichts anders als freye Kel‑
lerwohnungen für arme Leute gewesen, weiß man jetzt nichts mehr, wie
denn dergleichen Stiftungen, die sich nicht ohne äußere Zuthat selbst
erhalten, selten von langer Dauer sind.

Zu Provisoren der Pfarrkirche sind vordem jederzeit entweder
Burgemeister, oder Cämmerer, oder Senatores bestellet gewesen, welche
wenigstens von 1555 an bis 1730 sich gefolget, da aber ist ein communis
Administrator piorum corporum beliebet. Der erste war Christian
Dresow, welcher 1724 starb, und in dessen Stelle H. Matthäus
Heinrich Schweder rückte, welcher von S. K. M. selbst confirmiret
worden.

(*) 1749 hatte es an Capital 1328 Rthl. und 66 Rthl. 14 gr. Ackermiethe.

## Das vierte Capitel.
## Von der cößlinschen Schule

Hier wird Nachricht ertheilet
§. 1. Von der ersten Anlegung der Schule nach der Reformation.
§. 2. Von der ersten Versorgung der Schullehrer.
§. 3. 4. Von der Aufrichtung eines Singechors.
§. 5. Vom Ristoschen Testament und andern Vermächtnißen.
§. 6. 16. Von den Schullehrern.

### §. 1.

Daß bereits zu catholischen Zeiten hieselbst eine Stadtschule gewesen, beweiset eine Urkunde von 1378, die wir in dem folgenden Capitel ganz einrücken wollen. Sie lehret uns, daß der Magistrat einem Mann, der seines Handwerks ein Sachwalter war, den Schuldienst übertragen, und man muß sich von dem damaligen Flor und Einrichtung der Schule keine zu hohe Begriffe machen, denn der Unterricht der Jugend erstreckte sich nicht weiter als aufs Hersagen etlicher Religionsformeln, das Singen nach dem Ut, re, mi, etwas Lesen und Schreiben, das war es alles. — Inzwischen hatte man doch eine öffentliche Schule, und die Matricul von 1555 besaget, daß das Schulgebäude damals schon an dem Orte, obgleich nicht von solchem Umfange gewesen, als es jetzo ist. — Mit der gesegneten Reformation trat auch ein neuer und vortheilhafter Zeitpunkt für die hiesige Schule ein. Wir wissen, mit welcher Sorgfalt der fromme und gelehrte Bugenhagen allenthalben die Planzgarten der Kirche anzulegen suchte, und es ist keinen Augenblik zu zweifeln, daß er 1535 bey der allgemeinen Kirchenvisitation auch hier das Schulwesen werde in Ordnung gebracht haben. Eine alte handschriftliche Nachricht, die uns das, so wir in den folgenden drey Abschnitten erzählen werden, noch aufbehalten, sagt, daß die beyden ersten Lehrer

196 III. Abth. Von der gottesdienstlichen Verfassung der Stadt Cößlin.

Klein und Rieveſtahl ſich alle Mühe gegeben, das Schulweſen hieſelbſt vortheilhaft einzurichten, es habe aber, ehe die evangeliſche Lehre recht Luft bekommen, gar nicht wohl damit fort wollen, bis endlich der Magiſtrat ſelbſt zugetreten, und das wahre Beſte der Jugend beherziget, daß geſchikte Schullehrer berufen, und die erſte Einrichtung zu derſelben fruchtbaren Amtsführung gemacht worden.

§. 2.

Was aber erſt im geiſtlichen Stande zu viel geweſen, war jetzt zu wenig, die Verſorgung dieſer Leute war kümmerlich.
Scire volunt omnes, mercedem ſoluere nemo. *Juuenal.*
So lange man noch in dem Wahn ſtand, daß man bey dem göttlichen Richterſtuhl ein Privilegium zu ſündigen auslöſen, oder die ewige Verdamniß in eine mäßige Geldbuße verwandeln könte, wurden ganze Summen verſchwendet, ſich des Löſeſchlüſſels auf alle Fälle zu verſichern. Dieſer Fallſtrik des Satans zerſtückte bey der Reformation das Schwert des Geiſtes, gleich hatte der Arge einen andern Kunſtgrif ausgeſonnen, und ließ den Geiz an die Stelle der Verſchwendung treten, Kirchen und Schulen muſten darben, um den verfluchten Frieden mit dem Reich der Finſterniß durch Hunger zu erzwingen. Ich gerathe immer in eine wehmüthige Regung, wenn ich den frommen Luther darüber eifern höre: Diabolus iuuentutem, quam corruptelis monaſticis excipi cernit, Iam ob omni informatione & eruditione remotam in barbariem & animae periculum praecipitare cogitat. Parentes tot ſumtibus indulgentiarum, miſſarum, vigiliarum, fundationum, teſtamentorum, anniuerſariorum, fraternitatum, peregrinationum & quos in mendicantium greges erogabant leuati, tantillam eorum partem ad liberorum in ſcholis educationem conferre detrectant -- T. II. Alt. F. 805. Inzwiſchen ſchickte GOtt auch in dieſen Weinberg treue Knechte, denen die Sache ihres Herrn am Herzen lag, und welche die Lämmer Jeſu bey eigener Dürftniß reichlich weideten. Wie aber einige derſelben ſich verheyratheten, ging es gar nicht mehr an, daß ſie ſich mit einer Familie erhalten konten, ſie ſahen aber, daß den Predigern eine Beyhülfe
zufloß,

zufloß, wenn sie auf Weyhnachten durch den Küster ein Opfer samlen ließen, und fielen auf den Vorschlag, solches auf Martin zu thun. Der Magistrat willigte darein, und man nahm, statt des Küsters, dazu einen sogenanten Klappermann, dieser muste mit einem Handschlage und bey seiner Ehre dem obersten Docenten versprechen, alles, was ihm an Gelde oder Victualien gegeben würde, treulich einzuliefern. Er ging also mit dem untersten Schulcollegen von Haus zu Haus, und samlete in seinen unter dem Mantel befestigten Beutel so lange, bis er voll war, und lieferte es so dann dem obersten Schulcollegen, derselbe gab von dem Gelde dem Klappermann 12 Mark, dem untersten Schulherrn den dritten Theil, das übrige theilten sich die andern. Dies half den armen Leuten ein großes, und die Schule nahm sich ungemein auf, so, daß von andern Orten Kinder hieher gethan wurden, und die Zahl der Schüler sehr zunahm.

§. 3.

Wie aber nichts vollkommen ist, so fand sich hiebey auch bald ein anderer Mangel ein, es waren von den fremden hieher geschikten Schülern manche, die von dem Ihrigen nicht wohl leben konten. Um nun aber auch diesen unter die Arme zu greifen, ward beliebet, ein Singechor aufzurichten, welches den Schülern zur Erlernung der Musik und Erwerbung einer kleinen Beyhülfe diente (*). Damit ging es auch gut von statten, es fanden sich bemittelte Leute, welche sich des Montags vor den Thüren ein Lied oder Arie singen ließen, und ihnen dafür eine Erkäntlichkeit reichten. Dies Geld ward in eine Büchse gestecket und dem Rector eingeliefert, welcher sofort davon dem Präfecto und Vicepräfecto 8 Pf. gab, das andere in ihrer Gegenwart zählte und anschrieb, wobey der Präfectus ein Gegenregister halten muste. Alle Vierteljahr ward es von dem Rector in Gegenwart des Cantors und Baccalaureus getheilet, und der Rector bekam davon 12 Mark, der Cantor, welcher wöchentlich 4 öffentliche Singstunden halten muste, auch 12 Mark, und der Baccalaureus 4 Mark. — Dies Singechor ist vor nicht gar langer Zeit eingegangen.

(*) Es

III. Abſch. Von der gottesdienſtlichen Verfaſſung der Stadt Cößlin.

(*) Es war auch außerdem noch eine Singcurrende von ganz armen Schülern, die ſich dadurch ihren Unterhalt ſchafften, und öfters 12 bis 16 ſtark. Bey Aufrichtung einer Armencaſſe aber iſt dies abgeſchaffet und ſo geſetzt, daß 3 bis 4 Pauperes aus derſelben monatlich 6 gr. erhalten.

§. 4.

Hiedurch ward das Singen der Schüler immer beliebter, und man ſuchte durch dies Mittel den Schülern ſo wol als den Schullehrern noch einen andern Vortheil zu ſtiften. Das bisherige Samlen durch den unterſten Schulcollegen und Klappermann fing an ein wenig ſchimpflich zu werden, alſo ward beſchloſſen, daß die Schulherren an ſtatt deſſen auf Martin mit den Schülern herum gehen, und den Bürgern eine Abendmuſik bringen ſolten, dabey wurden 2 Büchſen präſentiret, eine für die Schulherren, die andere für die Schüler, in welche nach Belieben eingeſtecket wurde. Die Bürgerſchaft ließ ſich dies um ſo vielmehr gefallen, da um dieſe Zeit die mehreſten ſich mit den Ihrigen bey einer Martinsgans einen vergnügten Abend zu machen gewohnt waren, und dabey gerne ſahen, daß durch eine Vocalmuſik ihr Vergnügen vermehret wurde. Es hat ſich öfters getroffen, daß vornehme Fremde in Cößlin geweſen, die ſich damit aufwarten laſſen und ſich ſehr mildthätig erwieſen. Dieſe trübſelige Zeiten haben auch darin eine Störung verurſachet. — So viel Wege aber muſten gewählet werden, den nöthigſten Perſonen der Republik einen kümmerlichen Unterhalt zu verſchaffen, da vorher Tagediebe in allem Ueberfluß gelebet.

§. 5.

Inzwiſchen hat GOttes Brünlein Waſſers die Fülle, er wuſte auch nach und nach für dieſe ſeine Knechte zu ſorgen. — Wenn der Ruth ihr Aerenleſen zu mühſam wird, muß ein reicher Boas ihr ſolches erleichtern. — Ein ſolcher Boas ward der ſeelige Stiftsvogt Chriſtian Riſtow an der Cößliniſchen und Colbergſchen Schule. Er legirte 1622 für beide 6000 fl. und die Landſtände nahmen dieſe Gelder an ſich, um ſie zum Beſten derſelben zu verzinſen. 3000 fl. wurden zur Diſpoſition der Stadt Colberg und 3000 fl. zur Diſpoſition der Stadt Cößlin beſtimmet, davon werden nun aus der Kreiscaſſe jährlich 150 fl. Zinſen für jede Stadt gezahlet, und dergeſtalt eingetheilet, daß

1) Der

**Cap. IV. Von der cößlinschen Schule.**

| | |
|---|---|
| 1) Der Genralsuperintendent für die Aufsicht über dieses Legatum erhält | 5 fl. — |
| 2) Der Präpositus zu Cößlin | 5 fl. — |
| 3) Die drey Prediger als eine Zulage des geringen Gehalts bey der Schloßkirche | 25 fl. — |
| 4) Der Rector | 28 fl. 8 ß. |
| 5) Der Conrector (*) | 16. 16. |
| 6) Die Stadtkirche pro monumento | 2: 12: |
| 7) Die Kirche zu Clanin und Carzin | 17: 12: |
| 8) Ein Stipendiat, der studiret | 25 — |
| 9) Die Armen in Cößlin | 20 — |
| 10) Die Pauperes Scholae | 5 — |

S. 150 fl. (**)

Hiezu vermachte 1682 der seelige Cantzler Jac. Schweder, dessen wir unten gedenken werden, auch in dem gestifteten Fideicommiß ein Legatum von 1000 fl, dessen Zinsen die Schulcollegen haben solten. Dergleichen Verbesserungen des Gehalts waren um so viel nöthiger, da die Preise aller Lebensmittel so erstaunend gestiegen sind, und das Speisegeld wegfiel, welches erst aus der Contributionscasse gezahlet, bey Einführung der Accise aber aufgehoben wurde.

(*) Im Testament ist alles nach 6 Procent gerechnet, so aber heutiges Tages nicht statt findet. Laut Verordnung desselben soll auch der Rector das, was jetz Rector und Conrector bekomt, nämlich 45 fl, allein haben, man hat es aber vor vielen Jahren in obige Vertheilung gebracht, und dem Rectori zur Vergütigung von den Kirchengehaltern so viel zugelegt. Etwa 1707 wurde ein alter beym Landkasten angeschwollener Zinsen Rest dieses Legats von 1300 fl. beygetrieben und beschlossen, diese Zinsen zur Verbesserung der Schulgehalter anzuwenden, man gerieth aber darüber in einen erstaunend weitläuftigen Proceß, und derselbe hatte in diese Gelder den schädlichen Einfluß, daß sie erst auf 1000, hernach 800 fl. schmolzen, und endlich gar unsichtbar wurden, so ist es auch mit einem Bohmischen Legato von 50 fl. und einem Garten ergangen. Ganz neulich hat die seel. Landräthin Lewen den Schulcollegen auch ein kleines Legatum ausgesetzet.

(**) Ein so schönes Exempel christlicher Mildthätigkeit verdiente allendings ein öffentliches Denkmaal der Dankbarkeit. Zu dem Ende hat die Stadt Cößlin diesem um sie so verdienten seeligen Stiftsvogt in der Pfarrkirche auch ein Monument aufrichten lassen, welches sehr schön in die Augen fällt. Es ist eine große in einer künstlichen Einfassung heü polirte innerne Tafel, auf welche folgende Nachricht sauber gestochen ist.

III. Abſch. Von der gottesdienſtlichen Verfaſſung der Stadt Cößlin.

Epitaphium diui Riſtouii
Spes Chriſtianorum reſurrectio mortuorum

---

DEO OPTIMO MAXIMO
Saluatori noſtro honor laus & gloria
Viator, quisquis es, ſiſte gradum quod
ſcriptum eſt lege
vbi perlegeris penſita
Vixit non procul hinc
Generoſus, nobiliſſimus ac magnificus Dominus
DN. CHRISTIANVS RISTOVIVS
in Pomerania epiſcopali, dum vixit, iudex feudalis aequiſſimus, Epiſcopatus Caminenſis Praeſes illuſtris, Capitaneus prouincialis optime meritus & emeritus, inter Conſiliarios prouinciales primarius, in Carzin & Clanin Haereditarius Cuius cum in conſiliis probitas, ſummumque pietatis ſtudium ſupra modum ſemper aeſtimata fuerunt, id ipſum de ſe hominum judicium ſingulari, eaque magnifica comprobauit liberalitate, legauit enim anno 1622 die Aprilis nono (*) ſolemni Teſtamento improlis & Riſtoviadum vltimus annuos ſexies mille florenorum redirus quotannis ab ordinibus Epiſcopatus Caminenſis nunc principatus exſoluendos & in curias Coeslini & Colbergae recipiendos, certa lege in primarios ibidem eccleſiarum & ſcholarum miniſtros, tres itidem ſtudioſos egenos & ex vtriusque ciuitatum magiſtratus ſpeciali conceſſione eleemoſynas oſtiatim quaerentes pauperculos, aliosque pios vſus partiendos. diſtribuendos perperim fruendos & anno 1624 die 28 Iul. in Domino placide obdormiuit, vitae huius ſatur. Ne vero tanta Generoſi nobiliſſimi atque magnifici Viri pietas cum oſſibus in templo Catzinenſi ſepultis intereat, vel & ciuitas Cuſſalinum aliquo notetur ingratitudinis ſtigmate infami, paucula haec, quae coram vides & legis, Senatus Cuſſalinenſis in rei memoriam & voluit & juſſit fieri. TV Viator optime Teſtatori quietem aeternam Dominis Patronis agnatis & cognatis Defuncti felicitatem perpetuam, Sereniſſimo Domine Defenſori atque Conſeruatori throni Electoralis felicitatem perennem, Dehinc ampliſſimis vltimae voluntatis exſequutoribus, beneficiorum eleemoſynarum diſtributoribus, totique huic ciuitati omnimodam cum benedictione diuina coniunctam proſperitatem denotus apprecare. Vale, Viator optime, & ad votum, pium perge feliciſſime
Anno 1671. d. 1. Martii.
(*) Es war der achte April.

### §. 6.

So kümmerlich nun auch dieſer Pflantzgarten der Kirche GOttes angeleget worden, ſo hat die göttliche Güte denſelben doch öfters in ſchönſtem Flor prangen laſſen, und ſolche Männer an die Cößliniſche Schule geſandt, welche die Früchte ihres Fleißes und Treue an rechten Ehrenſäulen des Reiches Jeſu Chriſti erblicken können. Wir werden unten Leute namhaft machen, welche als Sterne erſter Größe in der Kirche
GOttes

**Cap. IV. Von der cößlinschen Schule.**

GOttes gepranget, und die ersten Gründe ihrer Wissenschaften in dieser Schule geleget haben. Jetzt müssen wir erstlich das Andenken der Lehrer bewahren, welche GOtt zu Hirten seiner Lämmer seit der Reformation hieselbst bestellet hat, nur schade, daß uns von vielen nähere Umstände ihres Lebens fehlen, wir würden noch mehr die Wahrheit der göttlichen Verheißung einsehen, wenn er Jer. 3, 15 saget: Ich will euch Hirten geben nach meinem Herzen, die euch weiden sollen mit Lehre und Weisheit. Obgleich nicht zu leugnen, daß auch öfters der gegen Schullehrer herschende Undank durch weniger nutzbare Werkzeuge bestraft worden.

**§. 7.**

Zuförderst wollen wir, wie bey den Kirchenlehrern geschehen, eine Tabelle der gesamten Schullehrer hersetzen, und von denen, die mit einem (*) bezeichnet sind, nachher noch etwas mehrers sagen. R bezeichnet die **Rectores**, C R die **Correctores**, C die **Cantores** und B die **Baccalaureos**.

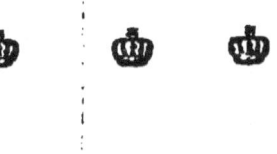

| Ao. | R. | CR. | C. | B. |
|---|---|---|---|---|
| 1533 | Im Anfange ist aller Wahrscheinlichkeit nach nur ein Schullehrer gewesen, und das Alterthum verbirget uns die Zeit ihrer Amtsfolge bis 1571. In diesem Zeitraum aber von 38 Jahren werden uns folgende 9 Männer namhaft gemacht: | Finden sich nicht eher als seit 1622. | Diese sind nur seit 1570 bestellet. | Selbige trift man erst seit 1584 in den alten Nachrichten an. |
| 34 | | | | |
| 35 | | | | |
| 36 | | | | |
| 37 | | | | |
| 38 | | | | |
| 39 | | | | |
| 1540 | | | | |
| 41 | | | | |
| 42 | | | | |
| 43 | | | | |
| 44 | | | | |
| 45 | | | | |
| 46 | | | | |
| 47 | | | | |
| 48 | | | | |
| 49 | | | | |
| 1550 | Joch. Casemer. | | | |
| 51 | Dion. Friese. | | | |
| 52 | Ant. Voß. | | | |
| 53 | Lor. Krüger. * | | | |
| 54 | Georg Scholasti- | | | |
| 55 | kus. | | | |
| 56 | Ambr. Helwig. | | | |
| 57 | Siver. Steinhöfel. | | | |
| 58 | Phil. Westphal. | | | |
| 59 | Mart. Lehnke. | | | |

1560

Cap. IV. Von der ebßlinschen Schule.

| Ao. | R. | C. R. | C. | B. |
|---|---|---|---|---|
| 1560 | | | | |
| 61 | | | | |
| 62 | | | | |
| 63 | | | | |
| 64 | | | | |
| 65 | | | | |
| 66 | | | | |
| 67 | | | | |
| 68 | | | | |
| 69 | | | | |
| 1570 | | | Mich. Stkman. | |
| 71 | Joh. tiſkow. | | | |
| 72 | | | | |
| 73 | | | | |
| 74 | | | tor. Plaſter. | |
| 75 | | | | |
| 76 | | | | |
| 77 | | | Mich. Wendland. | |
| 78 | | | | |
| 79 | | | | |
| 1580 | | | Greg. Möller. | |
| 81 | | | Jac. Schmid. | |
| 82 | Greg. Möller. | | | |
| 83 | | | | Sam. Lange. |
| 84 | | | | |
| 85 | | | Joch. Lütkeſchwa- | |
| 86 | Joch. Hanneman. | | ger. | |
| 87 | | | | |
| 88 | | | Joh. Schmid. | |
| 89 | Joh. Vogler. | | | |

1590

III. Abth. Von der gottesdienstlichen Verfassung der Stadt Cößlin.

| Ao. | R. | C R. | C. | B. |
|---|---|---|---|---|
| 1590 | | | | |
| 91 | | | | |
| 92 | | | | |
| 93 | | | | |
| 94 | | | | |
| 95 | Jac. Volstus. * | | Joh. Fabricii. | Dan. Lytow. |
| 96 | | | Casp. Förster. | |
| 97 | | | | |
| 98 | | | | |
| 99 | | | | |
| 1600 | | | | |
| 1 | | | | |
| 2 | | | | |
| 3 | | | Erhard Milson. | Henr. Brojer. |
| 4 | | | | |
| 5 | | | | El. Kafelden. |
| 6 | | | | |
| 7 | | | | Casp. Plaster. |
| 8 | | | | |
| 9 | | | | |
| 1610 | | | | |
| 11 | | | | |
| 12 | | | Joh. Stecher. | Joch. Wegner. |
| 13 | | | | |
| 14 | | | | |
| 15 | | | | |
| 16 | | | | Jac. Fabricius. |
| 17 | | | | Jac. Frölich. |
| 18 | | | | |
| 19 | | | | Georg Barste. |

1620

Cap. IV. Von der cößlinschen Schule.

| Ao. | R. | C R. | C. | B. |
|---|---|---|---|---|
| 1620 | | | | |
| 21 | | | | |
| 22 | | Mich. Bösel. * | | Mich. Dickman. |
| 23 | | | | |
| 24 | | | | |
| 25 | | | | Georg Zirsow. |
| 26 | | Georg Zirsow. | | |
| 27 | | | | Chr. Westphal. |
| 28 | | | | |
| 29 | | | | |
| 1630 | | | | |
| 31 | | Georg Friccii. | | Jac. Borrentin. |
| 32 | | | | |
| 33 | | | | Pet. Simonis. |
| 34 | | | | |
| 35 | | | | Joh. Anesorgen. |
| 36 | | | | |
| 37 | | | | |
| 38 | | Pet. Kirchow. | | |
| 39 | | | | leer |
| 1640 | | | | |
| 41 | | | | |
| 42 | | | | |
| 43 | | | Joh. Ohrenbius. | |
| 44 | Jer. Fetbinger * | | | Pet. Friderici. |
| 45 | | | | |
| 46 | | | | |
| 47 | | | Joh. Fink. | |
| 48 | Casp. Stephani. | | | Gottf. Nisattr. |
| 49 | † 1686 aet. 74. | | | |

1650

III. Abth. Von der gottesdienstlichen Verfassung der Stadt Cößlin.

| Ao. | R. | C.R. | C. | B. |
|---|---|---|---|---|
| 1650 | | | | |
| 51 | | | | |
| 52 | | | | |
| 53 | | leer | | |
| 54 | — | — | — | Chr. Vulpinus. |
| 55 | — | — | — | Elias Ericus. |
| 56 | | | | |
| 57 | — | — | Dan. Koch. | |
| 58 | — | — | | Sigm. Constant. |
| 59 | — | — | Jm. Zirsow. | Gaul. |
| 1660 | | | | |
| 61 | | | | |
| 62 | — | Chr. Schultz. * | Ad. Grützmacher. | |
| 63 | — | | Dav. König. | |
| 64 | | | | |
| 65 | | | | |
| 66 | | | | |
| 67 | | | | |
| 68 | | | | |
| 69 | | | | leer |
| 1670 | | | | |
| 71 | | | | |
| 72 | | | | |
| 73 | | | | |
| 74 | — | — | Joh. Faber. | |
| 75 | — | — | Paul Rasch. | |
| 76 | | | | |
| 77 | | | | |
| 78 | — | — | Joh. Croreke. | |
| 79 | | | | |

1680

Cap. IV. Von der cößlinschen Schule. 207.

| Ao. | R. | C R. | C. | B. |
|---|---|---|---|---|
| 1680 | | | | |
| 81 | | | | |
| 82 | | | | Joh. Michael |
| 83 | | | | Baur. * |
| 84 | | | | |
| 85 | Chr. Schultz. | Martin Nakitt. | | |
| 86 | | | | |
| 87 | | | | |
| 88 | | | | |
| 89 | Andr. Schernak. | | | |
| 1690 | Joh. Dinhaupt. | | | |
| 91 | Gottfr. Buchner* | | Joh. Kitzing. | |
| 92 | | | | |
| 93 | | | | |
| 94 | Joh. Reinke.* | | | |
| 95 | Joch. Lange.* | | | |
| 96 | | | | |
| 97 | Mich. Müller. | | | |
| 98 | | | | |
| 99 | | | | |
| 1700 | | | | |
| 1 | | | | |
| 2 | Gottfr. Quekfch.* | Joh. Schernak. | Pet. Mandelko. | Dan. Simonis. |
| 3 | | Joh.Chr. Döbel * | | |
| 4 | Pet. Mandelko. | Joh. Riebe. | Jac. Zihow. | |
| 5 | | | | |
| 6 | | | | |
| 7 | | | | |
| 8 | | | | Casp. Alexander. |
| 9 | | | | |

208   III. Abth. Von der gottesdienstlichen Verfassung der Stadt Cößlin.

| Ao. | R. | C R. | C. | B. |
|---|---|---|---|---|
| 1710 | | | | |
| 11 | | | | |
| 12 | ——— | ——— | Ja. Jac. Gerath. | |
| 13 | | | | |
| 14 | ——— | Benj. Bork. * | ——— | Luc. Bulfius. |
| 15 | Benj. Bork. | Joh. Fr. Birkholz. | | |
| 16 | Joh. Fr. Birkholz. | Mart. Dubislav. | | |
| 17 | | | | |
| 18 | | | | |
| 19 | | | | |
| 1720 | | | | |
| 21 | | | | |
| 22 | ——— | Joh. Balth. Wa- | | |
| 23 | | genseil. * | | |
| 24 | | | | |
| 25 | | | | |
| 26 | | | | |
| 27 | ——— | Joh. Dav. | | |
| 28 | | Jänke. * | | |
| 29 | | | | |
| 1730 | | | | |
| 31 | | | | |
| 32 | | | | |
| 33 | | | | |
| 34 | | | | |
| 35 | | | | |
| 36 | | | | |
| 37 | Joh. Dav. Jänke. | Joh. Chr. Brösel. | | |
| 38 | | | | |
| 39 | | | | |

1740

## Cap. IV. Von der Cößlinschen Schule.

| Ao. | R. | C R. | C. | B. |
|---|---|---|---|---|
| 1740 | | | | |
| 41 | | | | |
| 42 | ———— | Gottfr. Salom. | | |
| 43 | Pet. Conr. Kniep- | Hartsch. | | |
| 44 | hof. | Mich. Fr. Pilasch | Fr. Aug. Cube. | |
| 45 | | | | |
| 46 | | | | |
| 47 | | | | |
| 48 | | | | |
| 49 | ———— | Jac. Gottl. Riese. | ———— | Ab. Christlieb |
| | | | | Strenge. |
| 1750 | ———— | Jac. Fr. Runge. | | |
| 51 | | | | |
| 52 | | | | |
| 53 | | | | |
| 54 | | | | |
| 55 | | | | |
| 56 | | | | |
| 57 | | | | |
| 58 | | | | |
| 59 | | | | |
| 1760 | | | | |
| 61 | | | | |
| 62 | ———— | Benj. Striker. | | Iven. |
| 63 | ———— | ———— | ———— | |
| 64 | | | | |
| 65 | | | | |
| 66 | | | | |

§. 8.

Unter den Rectoren verdienet zuerst eine besondere Aufmerksamkeit:

Lorenz Krüger, weil aber derselbe ein Cößliner von Geburt ist, werden wir seiner in der IV. Abth. ausführlich Erwähnung thun.

Joh. Vogler ist der Vater eines unglücklichen Sohnes, dessen wir ebenfals daselbst gedenken werden. Er ward, nachdem er 6 Jahr an der Schule gestanden, dieser Lebensart müde, und erwählte die Stelle eines bischöflichen Hofgerichts Advocaten und Senators zu Cößlin, in welchem Stande er 1634 verstarb. Ihm folgete 1596

Jacob Volsius, welcher 45 Jahre lang diesen sauren Dienst mit vielem Ruhm verwaltet hat. Micrälius hat unter ihm den Grund seiner schönen Wissenschaften geleget, und nennet ihn Poetam & oratorem eximium, wie er denn auch wirklich kaiserlicher gekrönter Poet war, wozu ihm sein dankbarer Schüler Caspar Ledebur, der in der IV. Abth. vorkommen wird, mit einem Carmine heroico Glük gewünschet. Sein Ende erfolgte den 17 Febr. 1642 in einem Alter von 70 Jahren. Sein Bildnis stehet im Chor der Pfarrkirche, darunter stehet:

Effigies Dni JACOBI VOLSII, Scholae Coeslinensis RECTOR: 45 ann. bene meriti, Philologi, poetae coronati eximii clarissimi.

Te lucem te Christe ducem mihi posco
Beatus nemo potest sine TE vivere nemo mori
Natus ao. M. D. LXXIII. mortuus M DC XLII.
VOLSIVS hic positus sua fert terrestria membra
Spiritus ast Christo viuit ovatque suo
denatus aet. LXX Christi 1642 d. 17 Febr.

Man hat von ihm

Elegiam in felicem reditum -- VLDARICI -- cum eius Celsitudo speratam suam -- Hedewig a nuptiis reduceret in suum Cosinum Stet. 1619 4to.

§. 9.

Jetzt folgt einer, der in der Welt eine abentheurliche Rolle gespielet hat, nämlich

Je-

**Jeremias Felbinger,** Vir, si quis alius ιδιογράμων. — Er war den 27 April 1616 zu Brieg in Schlesien geboren, woselbst sein Vater Kürschner, und der evangelischen Religion zugethan war. Es ging aber unserm Felbinger, wie vielen unbefestigten Gemüthern, daß er mit schädlichen Irlehren der in dem benachbarten Polen sich aufhaltenden Socianer und Schwärmer angesteckt wurde. — H. D. Baumgarten führet im V. Bande der Nachr. von einer hall. Bibl. S. 525. aus einer Handschrift des berühmten M. F. Szidels die Nachricht von ihm an, daß er sich 1642 heimlich zu den Socianern gewandt. Benthem hingegen erzählet in seinem Holl. Kirchen und Schulen Staat, S. 906. daß er vielmehr aus Abneigung gegen die Socianer alle von ihnen angebotene Vortheile ausgeschlagen, und aller Dürftigkeit ohngeachtet bey der Lehre des Arius geblieben: ja wir werden unten sehen, daß er selbst wider die Socianer geschrieben. Der Superintendent Groß zählet ihn zu den Photinianern. Dem sey aber wie ihm wolle, wir wissen, daß alle diese Schwärmereyen in einer unseligen Verwandschaft mit einander stehen (*), und Felbinger in der Lehre von der H. Dreyeinigkeit, und also auch in der Lehre von der ewigen und wesentlichen Gottheit Christi ganz irrige und gefährliche Grundsätze geheget. — Davon wuste aber der Magistrat zu Bernstadt im Fürstenthum Oels nichts, sondern bestellete ihn auf Treu und Glauben zum Cantor. Es hatte aber der Mensch einen recht fanatischen Eifer, seine Irthümer auszubreiten und andern beyzubringen, kam deswegen mit dem Rector daselbst in Wortwechsel und endlich gar zu Schlägereyen, worauf er die Flucht ergrif und sich nach Pommern wandte. Bey der Gelegenheit ward ihm den 10 März 1644 das Rectorat an unserer cößlinschen Schule angetragen, und er verheyrathete sich hieselbst mit Elis. Engelbrechts, Joh. Engelbrechts und Anna Ledebius Tochter. Weil er aber an einem Orte gar nicht lange Ruhe hatte, dankte er auf Ostern 1648 wieder ab, und ward Cantor an dem stettinschen Pädagogio. Aber auch hier ließ sein Schwindelgeist ihn nicht lange bleiben, er ging wieder nach Schlesien, und nahm ein Rectorat in einem kleinen Städtgen an. So weit war ihm seine Frau gefolget, wie es aber auch hier zu Ende war, ging sie nebst ihren Kindern nach Cößlin, er aber nach Stettin, woselbst man alles mögliche versuchte, ihn auf bessere Gedanken zu bringen, es war aber alles vergebens. Und weil er groß schimpfte, und allenthalben seine Irthümer auszubreiten suchte, stand es schlecht um seinen Unterhalt. Er wuste aber, daß seine Frau noch etwas von dem Ihrigen hatte, daher kam er wieder nach Cößlin ihr nach, trieb aber immerfort sein Handwerk mündlich und schriftlich, den gemeinen Mann im Glauben irre zu machen. Er hatte bereits ans Licht gestellet:

Demonstrationes christianas inuictissimis testimoniis comprobantes I. quod solus Pater Domini Jesu Christi sit DEVS altissimus II. quod solus homo JESVS Mariae filius sit vnigenitus ac proprius DEI filius. III. quod Spiritus DEI sit virtus DEI IV. quod gratia diuina per fidem justificati teneantur vitam suam instituere secundum decem praecepta DEI & mandata Christi 1653. 4to.

Vermuthlich hat er dies Werk in Cößlin ausgefertiget, denn in demselben Jahre, wie die Unterschrift der Vorrede zeuget, übersetzte er hier Jonas Schlichtings Arbeit unter dem Titel:

Bekäntnis des christl. Glaubens herfürgegeben im Namen der Gemeinen, welche in Polen einen einigen Gott, und seinen eingebohrnen Sohn Jesum Christum und den H. Geist öffentlich bekennen — aus dem Lateinischen übersetzt ins Hochteutsche. — Mit dem Herzen glaubet man zur Gerechtigkeit, mit dem Munde aber bekennet man zur Seligkeit Rom. X, 10. Im Jahr MDCLIII. 8.

Es ist dasselbe 1657 auch lateinisch, französisch und holländisch heraus gekommen. Dabey war er frech genug, dies Buch D. Jac. Fabricio, D. Christ. Großen und D. Micrälio zu dediciren, welche Dedication den 25 Jun. 1653 unterschrieben ist. Er meldet darin, daß, wie er in seiner Demonstrationibus christianis Christum vor den gelehrten in der Christenheit bekant habe, so wolle er solches vor seinen ungelehrten Landsleuten durch diese Uebersetzung thun, wobey er sich über Verfolgung beklaget, die er auszustehen habe, da man auf den Kanzeln gegen ihn predige und bete, ihm nicht nur die Wohnung im Lande, sondern auch in seinem eigenen Hause versage, und was ihm am meisten verdrieße, daß in und um Cößlin von nichts anders, als von der Dreyfaltigkeit, ja welches das allerschröklichste sey, wider den GOtt aller Götter, den GOtt und Vater unsers HErrn Jesu Christi gesungen und geprediget

wer-

werde. — Bentheim erzählet am angef. Orte, daß er immer voll Klagen wider die Lutheraner gewesen, sich eingebildet, er müsse ein rechtschaffener Christ seyn, weil er so viel Verfolgung litte, und es sey ein gerechtes Gericht GOttes, daß die Lutheraner in den Oesterreichischen Erblanden und anders wo so verfolgt würden, weil sie es ihm und seines gleichen nicht besser gemacht. — Insonderheit war er mit den Helmstädtern nicht zufrieden, die ihm geboten, vor Sonnenuntergang die Stadt zu räumen, weil er einigen Studenten seine Schriften gegeben.

(*) *Photiniani* Christum pro puro puto homine habuerunt, nec niſi vnam in eo naturam, etſi majori donorum prae aliis excellentia instructam agnouerunt. *Ariani* coelestem quidem in Christo incarnato conceſſerunt naturam, sed eam negarunt eiusdem cum DEO Patre substantiae. — *Patropaſſiani* in Christo quidem diuinam naturam agnouerunt, sed, quum Patrem, Filium & Spiritum S. pro vna eademque persona haberent ipsum Patrem dixerunt incarnatum & mortuum. — Contra hos omnes errores agendum est, cum *Sociniani* moderni sunt oppugnandi *Photino* καὶ ὁμόψηφοι. *Jo. Micrael. Diſſ. V. Dec. III. contra Heterod. Calvin. §. XI.*

§. 10.

Der seel. Superintendent Groß war damals, als Felbinger ihm sein Buch zusandte, nur erst zu seinem Amte vociret, aber noch nicht instituiret, und befand sich noch zu Stettin, schrieb aber gleich von da aus an das Ministerium zu Cößlin, und berichtete ihnen, was sie für einen hochschädlichen Gast bekommen hätten, ermahnete sie zur sorgfältigen Aufmerksamkeit, damit die Gemeine zu Cößlin nicht möchte verführet noch betrübet werden. Wenn er würde instituiret seyn, würde er sein Amt ferner zu gebrauchen wissen, wie er auch gethan, denn 1655 stellete er wider Felbingern ans Licht:

Socinianisch Glaubens-Bekäntniß derer Gemeinen in Polen, welches anfänglich Jonas Schlichting von Bukowiec, nach dem Symbolo Apostolico, in Wahrheit aber wider den Apostolischen Glauben aufgesetzet; Neulich Jeremias Felbinger aus dem Lateinischen ins Deutsche übersetzet und herfür gegeben: Aus GOttes Wort geprüfet, und frommen christlichen Hertzen zu trewer Warnung aufgedecket, durch Christianum Groß

**Groß** D. Churfürstl. Brandenb. Generalsuperintend. in Hinterpommern. Colberg 1655.

So bald aber obiges Warnungsschreiben an das Ministerium in Cößlin angekommen, machte sich Felbinger recht flüchtend davon, nahm kaum ein Kleid mit, ging nach Danzig, und ließ Frau und Kinder zurük, schrieb aber bald und klagte, wie gewöhnlich, über Verfolgung, verlangte dabey Frau und Kinder, diese aber, weil sie jederzeit von ihm und um seinet willen manchen Zorn, Sturm, Ungemach, Last, Noth und Elend ausstehen müssen, er sie und ihre arme Kinder durchaus mit seiner Lehre einzunehm'n suchte, und ihre Anverwandten sich ernstlich darwider setzten ihm weiter zu folgen, blieb in Colberg bey ihren Freunden. Darüber schimpfte Felbinger heftig auf den Generalsuperintendenten, welcher ihm jedoch sicher Geleit und die fores judicii zu aperiren versprach, mit Ermahnen, die Sache auf gerichtliche Erkäntniß ankommen zu lassen. Er aber wolte von nichts wissen und die Gerichtbarkeit des Consistorii nicht erkennen, sondern schwärmte in Preußen und Polen herum, ging nach Holland, woselbst er sein neues Testament edirte, bis er 1665 von da wieder zurük nach Frankfurt an der Oder kam, woselbst er den Freytisch genoß. Weil er aber seine alte Bekehrungssucht durch Ausbreitung seiner Schriften wieder fühlte, und so gar in der Carthaus Versamlungen zu halten anfing, hat er sich bey entstandener Untersuchung weggemacht und nach Berlin gewandt. Hieselbst wuste er sich so zu insinuiren, daß er die Freyheit erhielt im Churfürstl. Cammergericht procuriren zu dürfen. Als sich aber auch da einige falsche Practiken hervorthaten, ward ihm das Cammergericht verboten, und er genöthiget weiter in die Welt zu gehen. Er wandte sich also aufs neue nach Holland. 1687 traf ihn Benthem zu Amsterdam vor der leidenschen Porte an, aber in sehr armseligem Zustande (*), da er sich kümmerlich mit Informiren ernärte. Vergl. Arnolds Kirchen und Ketzer=Historie Th. II. B. XVII. c. 13 §. 24. *Joh. Fabricii* Hist. bibl. p. V. p. 52. *Sandii* Biblioth. Antitrin. p. 157. **Lauterbachs** Poln. Socinismus S. 424 f.

(*) Er hatte sich inzwischen in Holland doch so in Ruf gebracht, daß Job. Fabricius in seinen amoenitatibus Theologicis sein Bedenken träget, ihn mit unter die Männer zu zählen, welche er S. 763. viros celebriores partim generis prosapia maiorumque & meritorum amplitudine illustres genant hatte, es kommen aber
daselbst

Cap. IV. Von der cößlinschen Schule.

daselbst mehr dergleichen saubere Herren vor, welche der Religion gar zu schlechte Ehre machen, sonderlich steht Felbinger mit Zwikero zusammen, welcher sonsten wegen seiner Unbeständigkeit *Monstrum religiosum irregulare & mirabile* pflegt genant zu werden. *Wissowatius* und *Sandius* waren kein Haar breit besser.

§. II.

Damit man aber sehe, wie gefährlich dieser Mensch der Kirche GOttes gewesen, will ich seine übrige Schriften hersetzen. Ich muß nun doch schon meine Leser um Vergebung bitten, daß ich mich bey diesem Phantasten so lange aufgehalten, ich habe es aber gethan, theils weil seine Geschichte Cößlin hauptsächlich mit angehet, theils weil das, was man von ihm noch findet, selten beysammen angetroffen wird.

1. Die Lehre von GOtt und Christo und dem H. Geist 1654 und 1667. Dies Buch ist ins lateinische, französische und niederländische übersetzet.
2. Christlich Handbüchlein 1661. 12. ist auch 1675 zu Rotterdam in 12. niederländisch heraus gekommen. Es wird darin gehandelt 1) von des Menschen Schöpfung, Abfall und Wiederaufrichtung, 2) von Aufnehmung der unmündigen Kinder an die sichtbare Gemeine des Herrn, 3) von der H. Taufe, 4) von der Kinderzucht, 5) vom H. Fußwaschen, 6) vom Tisch des Herrn, und 7) vom Verbot des Eidschwerens.
3. Epistola ad christianos vnum altissimum DEVM Patrem Domini ac Salvatoris nostri Jesu Christi secundum sacras scripturas V. & N. T. recte agnoscentes, in qua Socini & eius discipulorum errores graviores suis ipsorum verbis notati succincte refutantur 1672 und 1682. 4.
4. Vorläufer über das A. und N. T. 1654. 4.
5. Politicae christianae compendium 1646. 4. Ist auch niederländisch gedrukt, Amst. 1660. 8.
6. Doctrina syllogistica Stet. 1645 12.

Auch hat er Caspar Bartholins Rhetorik in Epitomen gebracht, so zu Stett. 1648 ans Licht getreten.

Weil er unter allen deutschen Bibel-Uebersetzungen, sonderlich des N. T.

keine

keine gefunden, die ihm genau genug gedaucht, auch selbst die Rakauische nicht ausgenommen, der er doch am meisten gefolget ist, hat er eine neue heraus gegeben unter dem Titel:

7. Das neue Testament treulich aus dem griechischen ins deutsche übersetzt. Eine neue Ausfertigung, in welcher fleißiger, als jemals zuvor in irgend einer Dolmetschung die mancherley Lesungen, so wol aus geschriebenen, als gedrukten Büchern vorgestellet, und die übereintreffenden Wörter der Schrift angemerket sind. Amst. 1660. 8.

Er hat die griechische Ausgabe des **Stephan Curcellái**, die wegen ihrer Verwegenheit bekant ist (*), zum Grunde geleget, in der Uebersetzung bindet er sich ganz genau an die griechische Wortfolge, und wenn ja im deutschen ein Wort hat müssen eingerücket werden, hat er es mit lateinischen Buchstaben drucken lassen, welches öfters kauderwelsch gnug klinget und aussiehet: wo es aber auf die Art nicht angehen wollen, ist der Verstand umschrieben und die wörtliche Uebersetzung an den Rand gedruckt. Eine Probe kan Rom. IX, 5. abgeben: Welcher sind die Väter, und aus welchen der Christos ist, nach dem fleische. GOtt der über alle ist, sei gesegnet in die Ewigkeiten. Amen. s. **Baumg.** Nachr. von einer hall. Bibl. B. II. S. 200. **Ge. Heinr. Goetzens** Program. de Versione N. T. Felbingeri Lübek 1706.

(*) Von des **Curcellái** Ausgabe kan man Baumg. Nachr. von einer hall. Bibl. B. IV. S. 198. nachsehen. Er hat sonderlich die Unterscheidungszeichen im Text und beygefügte Parallelstellen zum Behuf socinianischer Irrthümer eingerichtet, und nun Felbinger sie brauchte, ward sie noch verdächtiger und verhasseter. Vergl. Jo. Gottl. **Molleri** Diss. de Curcellaeo Socinizante Rost. 1696.

### §. 12.

Man kan leicht erachten, daß die Schule bey so bewandten Umständen wieder verloren, was sie unter Volsio gewonnen hatte, zumalen sie nach Felbingern über 2 Jahr ohne Rector, und von 1645 bis 1662 ohne Conrector sich behelfen müssen. — Doch ließ GOtt wieder einen geschickten und treuen (*) Mann, den

**Caspar Stephani**, das Rectorat übernehmen, und 1663 ward

Cap. IV. Von der cößlinschen Schule.

ward ein Conrector, nachheriger Rector bestellet, dessen wir vorzüglich gedenken müssen. Es war solcher

M. Christian Schultz. Sein Geburtsort ist Zanow, woselbst sein Vater Christian Schultz Senator gewesen. 1634 erblickte er das Licht der Welt. Den Grund zu seinem Studiren legte er in der Cößlinschen und Colbergischen Schule, an welchem leztern Orte er sich 3 Jahr lang aufgehalten, von hier ging er nach Stargard ins Gröningsche-Collegium, und von da nach Leipzig. Zwey Jahre brachte er auf dieser hohen Schule zu, als er sich nach Jena wandte und daselbst 1657 Magister wurde. Er blieb ein Jahr in Jena, und ging aufs neue nach Leipzig und von da nach Wittenberg, woselbst er drey Jahr als Magister legens stand, und 18 Disputationes von angenehmen und nützlichem Inhalt zur Catheder brachte, wobey er die Ehre hatte, daß ihm von August Strauchen der poetische Lorberkranz gereichet wurde, und so begab er sich nach Hause. -- So bald der Magistrat zu Cößlin seine große Geschicklichkeit kennen lernte, vocirte er ihn 1663 in das 16 Jahr lang vacant gewesene Conrectorat (*), und 1685 wurde er nach Stephani Tode Rector (**). Zu seiner Zeit ist die Schule wieder, wie zu Volsius Zeiten, zu ihrem schönsten Flor gediehen. -- Gleich im ersten Jahre seines Amtes stellete er einen Actum oratorium an, und ließ einen jungen Edelman, Ambrosius Joachim von Below, öffentlich unter sich disputiren. Dies brachte die Schule bald in guten Ruf, daß viele Auswärtige ihre Kinder hieher sandten, und tüchtige Leute von hier nach hohen Schulen geschickt wurden. Der seel. Präpos. Waldow sagt uns in einem der vorher genanten Disputation, die der von Below vertheidiget, und welche *de ortu & interitu rerump.* handelt, vorgesetzten Glückwunsch, wie schön die Schule damals bestellet gewesen:

> Nostra cui quondam celebratae VOLSIVS artis
> Cum laude summa praefuit.
> Egregiis fulget schola nunc doctoribus, vna
> Cohorte cum discentium.

III. Abth. Von der gottesdienstlichen Verfassung der Stadt Cößlin.

Es war immer Schade, daß damals Cößlin in vielerley innern Unordnungen, Streitigkeiten und Verwirrungen stand, da der Magistrat und die Bürgerschaft in Mißhelligkeiten gerathen waren, welche durch die beyden Diaconen Lew und Block hernach immer größer wurden, worüber gleichfals der friedliebende und gelehrte Waldow klaget:

— Speret, nisi commoda, quis non?
Beata si pax imperet
Ordinibus, quoscunque DEVS plantavit in vrbe
Discordiis hac turbida —

1688 starb dieser brave Schulmann in einem Alter von 53 Jahren, nachdem er 25 Jahr der Schule rühmlich vorgestanden.

(*) Er war nicht nur ein geschickter, sondern auch in der That recht treuer Mann, denn als 1665 der Archidiac. Simonis und Diac. Nisius verstorben waren, ging er selbst in die Pesthäuser und vertrat an den Kranken Predigerstelle. — Sein Bildnis ist im Chor der Pfarrkirche befindlich, darunter stehet CASPAR STEPHANI *Spandow-Marchicus Scholae huius Conrector* (Er war beydes Rector und Conrector) *per integros 36 annos*. (Diese auf 36 bestimmte Amtsjahre stimmen zwar nicht mit unserer Tabelle überein, es kommt diese Verschiedenheit aber daher, weil er sich 1684 schon pro Emerito erklären ließ) *meritissimus beate hic obiit Ao* 1686 *d.* 30 *Dec. Aet. suae* LXXIV.

(**) Bey dieser Gelegenheit beschloß die Brauergilde, ein Capital von 100 fl. auszusetzen, wovon die jährliche Zinsen dem Conrector, wenn einer da wäre, zu Vermehrung seines Gehalts gereicht werden solten. Ein gleiches that, wie schon oben II. Abth. Cap. I. §. 7. erwähnet worden, die Gewandschneiderzunft.

(***) Seit 1662 war kein Baccalaureus gewesen, und unser Schulz hatte dessen Gehalt mit gehoben. Auf der Kirchenvisitation 1683 aber wurde Joh. Michael Bauer von dem Generalsuperint. Graben dazu ernennet, und ihm zur Besoldung der Vorrath des Ristowschen Testaments, welchen der Hofprediger ehemals genossen, von E. E. Rath zugeordnet. — Dieser Mensch war ein Böhme, und zu unserer Religion getreten, hernach 1681 zum deutschen Schulmeister hieselbst bestellet, bis er jetzt Baccalaureus wurde.

§. 13.

Dieses Glücks konte sich die Schule so bald nicht wieder erfreuen, einen Mann lange zu haben, denn in den nächsten 20 Jahren haben ganzer achte in dem hiesigen Rectorat abgewechselt, von welchen ich nur nennen will

M. Gott-

### Cap. IV. Von der cößlinschen Schule.

**M. Gottfried Buchnern.** Er ward hernach Pastor und Präpositus zu Rügenwalde, und weil er ohne Erben starb, verordnete er im Testament, daß 2 Söhne hübscher Aeltern, einer ein Theologus, der andere ein Oeconomus ihren Geschlechtsnamen ablegen und den seinigen annehmen solten, denen vermachte er, als seinen adoptirten Söhnen, jedem 1000 Rthl. damit sie ihr Glück in der Welt machen könten. — Der Theologus war aus Rügenwalde gebürtig und hieß mit seinem Geschlechtsnamen Gabriel, jetzt ist er Prediger zu Quedenow nahe bey Königsberg, und schreibt sich Gabriel genant Buchner. Der Oeconomus hieß Schwarz, ist aber nicht eingeschlagen. Auf ihn folgte 1695

**Johann Reinke.** Er war ein Cößliner von Geburt und Doctor Juris, starb aber den 3 Dec. desselben Jahres plötzlich, da er den andern Tag Hochzeit machen wolte. Jetzt kam einer, der Cößlin Ehre macht, so wie Cößlin die erste Stufe zum Gipfel seiner Ehre gewesen ist. Es ist derselbe

**Joachim Lange.** Er war den 26 Oct. 1670 zu Garbelegen geboren. Seinen ersten Unterricht genoß er von seinem ältern Bruder Nicolaus, der ein Studiosus Theologiae war. 1685 bezog er die Schule zu Osterwieck im Halberstädschen, 1687 das Gymnasium zu Quedlinburg, welches er 1689 mit dem Gymnasium zu Magdeburg vertauschte. Hier hatte er in der Lüderwaldschen Buchhandlung ein schön Hospitium und zugleich Gelegenheit mit dem seel. Scriver bekant zu werden, es daurte dies aber nur ein halb Jahr, da schickte ihn sein vorgenanter Bruder mit einem Empfehlungsschreiben an Aug. Herm. Franken nach Leipzig, welcher ihn frey auf seine Stube und in seine Collegia nahm. Außer diesem besuchte er die Vorlesungen M. Schadens, die Collegia Philobiblica, welche unter D. Alberti gehalten wurden und nachmals so großen Lerm erregten. Ingleichen die Lehrstunden Joh. Olear, Fellers, und besonders auch Rechenbergs, wo er den seel. Spener das erste mal von Person kennen lernte. — Als aber Thomasius von Leipzig sich entfernen muste, und die Pietisten auch daselbst nicht mehr solten geduldet werden, ging er nach Erfurt, woselbst Breithaupt und

Fran-

**220**   III. Abth. Von der gottesdienstlichen Verfassung der Stadt Cößlin.

Francke im Predigtamt stunden und Collegia lasen, bey dem letztern speisete und wohnte er. Doch war er hieselbst nicht lange, sondern ging nach Hause und hielt sich bald bey seinem Vater in Gardelegen, bald bey seinem Bruder in Hamburg auf, bis **Breithaupt** und **Francke** nach Halle berufen wurden, da sich denn Lange 1692 und 1693 zwey mal dahin begab und es sehr mit Francken hielte. — Zu Ende des 1693 Jahres ging er wieder nach Berlin, daselbst fand er anfänglich bey M. Schaden seinen Aufenthalt, hernach aber ward er Informator bey des Geh. Rath von Canitz einzigem Sohne. In dieser Condition stand er bald 3 Jahr und genoß viel gutes. Die große Beängstigung, die er bey Schaden wegen des Beichtstuhls merkte, war eine Ursache mit, daß er den Ruf zur Pfarre nach Wusterhausen ausschlug, und die Probepredigt einen andern an seiner Stelle thun ließ, das Schulamt war sein meister Wunsch, und Cößlin der erste Ort, wo ihm solcher gewähret wurde. 1696, nachdem er kurz vorher Magister worden, ward er zum Rectorat hieher berufen. Daß er ein fast noch größerer Schulman als Theologus war, weiß die ganze Welt, wie er es aber durch Schaden geworden, erzählet er uns selbst in der Vorrede zu seiner Medicina mentis. Cößlin verlor daher viel, als es ihn nach gar zu kurzem Hierseyn an das Friedrichwerdersche Gymnasium nach Berlin muste ziehen lassen. — Weiter werde ich die Geschichte dieses merkwürdigen Mannes nicht verfolgen, sondern mich außer seiner eigenen Lebensbeschreibung nur auf **Mosers** Lexicon S. 354 f. und **Göttens** jetzt lebendes Europa Th. II. S. 350. beziehen.

  **Christian Gottfr. Queitsch** blieb hier auch nur 2 Jahr, da ward er als Rector an die Colbergsche Schule berufen, woselbst er viele kleine Schriften heraus gegeben.

  **Benjamin Bork** war ein Jahr Conrector, und ein Jahr Rector, da hatte er das Unglück, daß er verwirret im Kopfe wurde und heimlich von der Schule wegging.

§. 14.

  Einen Rector müssen wir noch nennen, den Cößlin so bald nicht vergessen wird. Es ist solcher

Job.

### Cap. IV. Von der cöslinschen Schule.

**Joh. David Jänke.** Er ist den 9 März 1702 zu Ravenstein in Pommern, woselbst sein Vater Frey- und Lehnschulz war, geboren worden. C. G. Ludovici will zwar in seiner Historie der Wolfischen Philos. II. T. §. 21. und 548. behaupten, er sey den 26 Febr. gedachten Jahres eine Meile von Stargard in dem Dorf Schönenberg ans Licht der Welt getreten, und sein Vater habe nicht Jänke, sondern Gentike geheißen, man muß aber dem eigenen Zeugniß dessen, der es am besten wissen sollen, wol den mehresten Glauben zustellen, und wenn eine Vermuthung die Sache entscheiden könte, mag es seyn, daß seine Mutter, die eine geborne Auin, und des Predigers zu Ravenstein Tochter gewesen, etwa nach Schönenberg zu Gaste gereiset, und daselbst wider Verhoffen von ihm entbunden worden, da benn sein nicht recht verstandener Name mit Gentike ins Schönenbergische, und zugleich, da er zu der Ravensteinschen Gemeine gehöret, richtiger ins dortige Kirchenbuch getragen worden, wobey ich wieder den Geburtstag richtiger zu Schönenberg als zu Ravenstein angegeben zu seyn glaube(*) — Es ist dies inzwischen eine Kleinigkeit, genug er ist da, und bey anwachsenden Jahren legte er den Grund seiner Wissenschaften in der Schule zu Reetz und im Gröningschen Collegio zu Stargard. Am letzten Orte hat er 1723 unter M. Schöttgen de ritibus gentilium in Synodo Hierosolymitana ad Act. XV. 29. öffentlich disputiret. — Wie er hierauf die Universität Halle erwählet hatte, vertheidigte er 1724 unter Dan. Strählern die zweyte seiner philosophischen Disputationen: De exsistentia DEI atque creatione ex nihilo ex contingentia in mundo, totius mundi atque elementorum indole demonstrata, welche besonders die contingentiam elementorum darlegte. — Man weiß, daß Strähler die Wolfische Parthei verlassen hatte und diese Disputationen wider Wolfen gerichtet waren. Mit demselben machte nun unser Jänke gemeinschaftliche Sache, und glaubte solche zu befördern, als er 1724 unter dem Namen Johann Gustav IDIRPii I. C. B. SS. Theol. & Philos. Cult. des seel. D. Joh. Franz Buddäi Bedenken über die Wolfische Philosophie, nebst einer historischen Einleitung ans Licht stellete. — Weil aber dies Bedenken von Buddäo nicht zum öffentlichen Druck, sondern nur zum Privatgebrauch des seel. D. Langen bestimmet war, und eine Gelegenheit ward, ihn in die Wolfischen Streitigkeiten mit einzuflechten, verdiente er bey demselben so schlechten Dank damit, daß dieser in demselben Jahr, nachdem er wider Jänkens Ausgabe feyerlich protestiret, und derselben Verkauf in Jena verboten, solche nunmehro unter dem Titel:

 D. Joh. Franc. Buddäi Theologi Jenensis Bedenken über die Wolfianische Philosophie aus dem Original correct abgedruckt, nebst einem kurzen historischen Vorbericht.

selbst ans Licht stellete. -- Auch ein Hamburger trat unter dem Namen Arinus wider Jänken auf und gab heraus:

 Schutzschrift vor Tit. D. Jo. Fr. |Buddæum wider Jo. Gustav IDIRPii Bedenken über die Wolfianische Philosophie, der zugleich beygefüget ist ein von einem Freunde der Wahrheit communicirter kurzer doch sicherer Beweis, daß die Wolf. Philos. in den streitigen Haupt-Puncten mit allen dreyen im Teutschen Reich öffentlich eingeführten und geduldeten Religionen aufs genaueste überein komme, Spinolae Lehrsätzen aber gänzlich zuwider laufe--

Die Schrift war eigentlich wider Buddäum gerichtet, der Verfasser derselben aber stellete sich, als ob er nicht wisse oder glauben könte, daß selbiger der wahre Verfasser des wider die Wolf. Philos. gestelleten Bedenkens sey, daher er nur mit IDIRPio, der solches zuerst durch den Druck bekant gemacht, zu thun haben wolte und demselben ziemlich hart begegnete. -- Dies bewog Jänken in demselben Jahr noch einmal auf den Kampfplatz zu treten, und er stellete ans Licht:

 Vernünftige Antwort auf Arini Schutzschrift samt einer Vorrede de pruritu inclarescendi und angehängtem hist. Bericht von den Schriften, so in der Wolf. Controversie heraus gekommen--

Dagegen ein anderer, der sich Florini nante, mit einer Schrift auftrat, die den Titel führte:

 Das Exempel einer heiligen Einfalt in der Arinischen Schutzschrift aus allen Zeilen hervor leuchtend--

Weiter hat sich Jänke nicht eingelassen, daß aber der angenommene Name IDIRPius ihn bezeichne, erklärte er selbst gegen seine Freunde durch Johann David Jaenke Ravensteino-Pommeranus, und erhellet auch aus §. 296. des H. Sträßlers hist. Vorber. zu seiner abgenöthig-

Cap. IV. Von der cößlinschen Schule.

thigten Rettung der gerechten Sache ꝛc. ꝛc. 1727 erhielt er das Conrectorat bey hiesiger Schule, und es ereigneten sich wegen der Institution allerhand Weitläuftigkeiten, denn man brachte durch allerhand Wendungen die Sache in Zweifel, ob der Magistrat ohne weitere Confirmation zu suchen, die Schullehrer berufen und bestallen könte. Nachdem monatlichen Zwistigkeiten muste sich der Magistrat bequemen, Confirmation einzuholen, und der Präpositus instituirte ihn, da solches vorher jederzeit durch den Stadtsyndicus geschehen war. 1737 erhielte Janke an Birkholzen Stelle das Rectorat. — Er hat der Schule viele gute Dienste geleistet, und würde noch mehr geschehen seyn, wenn er in den letzten Jahren nicht in mancherley anstößige Verwickelungen gerathen wäre. Er hatte zuweilen 66 Privatisten, die ihm jeder 12 Rthl. zahlten, daß er rühmlich leben konte. Zulezt aber fiel seine große Achtung, die er bey der Stadt hatte, und er ward der Schule weniger brauchbar, als er durch eine Heyrath sich mit 6 Stiefkindern und unendlichen Processen umringet sahe. — Die Streitigkeiten, welche wegen des Ristoschen Legati entstunden, machten ihm Cößlin endlich ganz bitter, daher er 1742 mit Freuden das Diaconat in Rügenwalde annahm, woselbst er auch 1744 das Archidiaconat erhielte. — Er war von einer Gemüthsart, die leichte beleidigen konte, auch da, wo er selbst nicht wolte, und seine Feder vergaß öfters die nöthigen Schranken. Dies verwickelte ihn zu Rügenwalde in so viel Händel, daß es ein Glück für die Stadt war, als er 1747 seines Dienstes erlassen und ihm die kleine Pfarre zu Crakow übertragen wurde. Hieselbst aber brachte er sich durch seinen Eigensinn wieder um manche Vortheile, so daß seine zahlreiche Familie mit ihm Hunger litte, bis er 1752 vor Gram und Noth das Zeitliche gesegnete.

In Cößlin gab er außer einigen Hochzeitgedichten, worunter auch ein hebräisches ist, folgende kleine Schriften heraus:
1. *Progr.* de antiqua Pomeranorum fide. Starg. 1729. 4.
2. *Progr.* de nobilitate Pom. arte & marte inclita. *ibid. eod.* 4.
3. *Progr.* von der Aufnahme der A. C. in Pommern bey der Feyer des 2ten Cößl. Schul = Jubiläi, Starg. 1730. 4.
4. Das verunglückte und wiederum beglückte Cößlin, ein Progr. *ib.* 1731. 4.
5. Leichenprogr. auf den Landr. Lewen I. V. L. *ib.* 1735. fol.

6.

III. Abth. Von der gottesdienstlichen Verfassung der Stadt Cößlin.

6. Προπεμπτικον in obitum Dn. *Hantschii.* Colb. 1736. 4.
7. Leichenprogr. auf den Krieger. Ad. Zücquer, Starg. 1738. fol.

Seit 1730 dachte er auf ein Werk, welches, wenn es zu Stande gekommen wäre, unserm Vaterlande allerdings Ehre und Nutzen würde gebracht haben, er machte zu dem Ende sein Vorhaben durch eine kleine Schrift. 8. bekant, die den Titel führet:

Vorbericht von seinem ans Licht zu stellenden gelehrten Pommerlande. Starg.

Diese ist in der Pom. Bibl. B. I. S. 97. f. nicht sonderlich gepriesen, und hat allerdings ihre Fehler, ob ich gleich glaube, daß man sich bey Beurtheilung derselben einen andern Maaßstab gesetzet als Jänke angenommen. — Zufolge dieser Anzeige trat 1734 das I. St. des II. Tom. dieses vorhabenden Werks unter dem Titel ans Licht:

Johann David Jänkens gelehrtes Pommerland, worin die Historie, so wol aller in Pommern gebohrnen, als auch anderer in Pommern gestandenen oder verstorbenen Gelehrten, die sich durch Schriften bekant gemacht haben, zum gemeinen Nutzen und Vergnügen mitgetheilet wird. Der erste Tomus von den gelehrten Theologis das erste Stück. 1. Alph. 4 Bogen. 4.

Es hat sein Daseyn der patriotischen Gesinnung und Freygebigkeit des seel. Burgem. Liebherr zu Stettin zu verdanken. Weil aber nichts weiter als diese 28 Bogen erfolgten, so hat der berühmte H. D. Oelrichs den noch vorräthigen Exemplaren folgenden Titel:

Joh. David Jänkens ausführliche und mit Urkunden versehene Lebensgeschichte des vortreflichen Kirchenlehrers D. Johan Bugenhagens sonst auch D. Pommer genant ꝛc.

vorgesetzet, und kurz die Lebensumstände des Verfassers nebst lesenswürdigen Zusätzen zu Bugenhagens Geschichte beygefüget. — Der ganze Vorrath der Exemplare ist darauf an die Berger und Bödnersche Buchhandlung zu Rostok und Wismar, jetzo zu Butzko, verhandelt worden. — Es enthält dies schön ausgearbeitete Stück das Leben Bugenhagens, und ist mit desselben sauber gestochenen Bildnis nach Cranachs Original gezieret. — Jänkens übrige Samlung von gelehrten Pommern hat er dem Jöcherschen allgem. Lexico mitgetheilet, woselbst seine Beyträge mit Jae. gezeichnet, aber auch öfters sehr unreif und unrichtig sind.

### Cap. IV. Von der cößlinschen Schule.

(*) Es kan dieß alles mit H. Leistikows Nachricht, darauf sich Ludovici beziehet, gar wohl verglichen werden. Dieser schreibet davon also:

Nachdem wir dieses schon geschrieben hatten, erhielten wir ein Schreiben von Schönenberg in Pommern von dem gelehrten Hrn Mich: Friedr. Leistikow, welcher uns gewiß versichern will, daß des IDIRPins rechter Name sey: Johann David Gentike, sein Vater sey Daniel Gentike, jetziger Schultz in Ravenstein, welches ein Dorf etwa 2 Meilen von Schönenberg in Pommern ist. Er setzet noch dieses hinzu, daß dieser Gentike anietzo Conrector in Cößlin sey und sich Jänicken schreibe. Gebohren wäre er zu Schöneuberg eine Meile von Stargard gelegen, im 1702 J. am 26. Febr. Da uns nun Hr. Leistikow so genaue Nachricht ertheil et indem er so gar bemerket, daß sein Vater diesen Gentike, oder so genanten *Idirpius* getauft habe, und seine Mutter dessen Taufzeuge gewesen sey, so haben wir hohe Ursache zu glauben, daß *Idirpius* niemand anders als Hr. Jäniken sey.

### §. 15.

Unter den Conrectoren sind auch noch einige, von denen ich ein paar Worte sagen muß:

Michael Bösel, der 1622 Conrector gewesen, ist hernach der vierte lutherische Prediger zu Jamund geworden.

Joh. Christoph Debel war ein Sohn des Diac. Joh. Jac. Debels, und nur ein Jahr hieselbst Conrector, zog von hier nach Anclam und von da nach Belgard, beyden Orten an die Schule. Er hatte zu Rostock studiret, und daselbst das Unglück gehabt, daß er mit mehr denn 20 Studenten Gift bekommen, worüber er in eine schwere Krankheit gerathen, daß er kaum mit dem Leben davon gekommen. Ehe er 1693 nach Universitäten ging, hatte er schon einen gefährlichen Anfall von der Melancholie. Er war sonst ein sehr geschickter aber auch höchst zänkischer Mann, dies brachte ihn zulezt in Belgard um seinen Dienst, und er verschmachtete im Elend. Man hat von ihm

Eine Standrede: Die von denen Todten den Lebenden eröfnete Augen, Greifsw.

Joachim Balthasar Wagenseil. Zu Cößlin hielte er 1725 eine Redneruͤbung de Laniena Thorunensi, wozu er durch ein lateinisch Progr. einlud, darin aber kein eigentlicher Satz abgehandelt ist. — Hernach ward er Pastor zu Kerstin, auf des Gr. Manteufels Gütern, und hatte 1731 die Ehre, daß K. Friederich Wilhelm ihn predigen hörte. — Durch Vorschub seines gelehrten Grafen legte er in der Kirche
eine

eine Bibliothek, in seinem Hause aber ein Naturalien (*) und Münz=
kabinet an. 1745 brachte er seinen Sohn nach Leipzig, wo er ehedem
selbst studiret hatte, und ward bey der Gelegenheit Magister.

Die beyden Conrectores Joh. **Christian Brösel** und **Gottfr.
Salomon Hartsch** wurden, der erste zu alten Belz, der andere zu
Tychow Prediger, und starben den 19 Jun. 1763 beyde an einem Tage
und in einer Stunde.

**Jac. Friederich Runge** ward Pastor in Bast, lebte aber nur einige Monate in diesem Amte.

(*) In demselben waren sonderlich 4 in Spiritus aufbehaltene Kinder merkwürdig,
welche eine Frau in seinem Kirchspiel per abortum zur Welt gebracht. Diese Person war so fruchtbar, daß sie nach etlichen Monaten wieder 4 Kinder gebar, die aber gleich starben, und nach etlichen Monaten wieder 3 Kinder, so
noch die Taufe bekamen. — Kurz in 30 Monaten gebar sie 11 Kinder. Dies
Exempel ist so viel merkwürdiger, da Kerstin noch ein Exempel ähnlicher
Fruchtbarkeit aufzuweisen hat. — Es war dieselbst ein Prediger, der dritte
nach der Reformation, Namens Tibbe, der stand 53 Jahr im Amte und zeugete mit 3 Frauen 23 Kinder.

### §. 16.

In den neuesten Zeiten ging mit dem Jahre 1742 ein neuer blühen=
der Zustand der Schule an, denn da dieselbe fast auf einmal mit lauter
neuen Schullehrern und recht geschickten Leuten besetzt wurde, stieg die
Zahl der Lernenden von Tage zu Tage, daß zuweilen über 10 Schüler
der ersten Classe nach Universitäten konten erlassen werden. Was kan
aber Krieg und Theurung nicht für Zerstören auch in die stillen Wohnungen der Musen einführen? — Doch der Herr des Weinberges wird auch
seine Pflanzgärten erhalten und mit bessern Zeiten neuen Wachsthum
und Segen über sie ausbreiten. — Ein jeder redlicher Patriot aber ist
verpflichtet, dieses nicht nur zu wünschen, sondern auch selbst das Seinige beyzutragen, daß diese Grundpfeiler der allgemeinen Wohlfahrt sicher erhalten werden. — So lange aber das künftige Glück der Nachwelt
uns gleichgültig ist, so lange ein hämischer Stolz seinen geschäftigen Müs-
siggang edler, als die saure Arbeit des Schulstandes hält, und so lange
der Geiz an dem kleinen Stückgen Brod dieser mühsamen Arbeiter noch
naget, daß Armuth den Neid, und der Neid die Zwietracht gebären
muß, wird das nicht geschehen. Denn aber wirds geschehen, wenn uns

die

### Cap. IV. Von der cößlinschen Schule.

die Denkungsart unserer Vorfahren wieder belebet, welche die Schulen für Schatzkammern der Zeiten, und die Lehrer derselben für Schutzengel ihrer Kinder (*) hielten.

Ingrue laeta dies meliorque reuertere semper!

(*) Ich habe einmal in die pommersche Kirchenordnung folgenden Reim eingeschrieben gefunden:

God laet de scholen wol bostan.
Süß moten Lant vnde Lüd vergan
Ane scholen Kerke vnde Jathuest
Ist aueral de Düuel loß.

Sonst fehlt es hier auch nicht an guten deutschen Schulen, darin Kinder beyderley Geschlechts unterrichtet werden.

## Das fünfte Capitel.

# Von dem Jure Patronatus über die Kirche,

## Schule und Hospitäler.

§. 1. Nach vorangeschickter Anmerkung wird hieselbst gezeiget.
§. 2. Daß zu catholischen Zeiten das Jus Patronatus beym Kloster gestanden, aber.

§. 3. Nicht mit gänzlicher Ausschließung des Magistrats.
§. 4.5. In wiefern es auf den Magistrat gekommen.

### §. 1.

Man kan dies Capitel als einen Anhang der III. Abth. ansehen, doch muß ich dabey voraus bedingen, daß man mich nicht weiter als einen Historicus betrachte, der keine Deduction schreibet, sondern die Sache erzählet, wie er sie in den Urkunden vorgefunden, ohne jemandes Rechten und Befugnissen zu nahe zu treten, indem es leichte seyn kan, daß mir Nachrichten verborgen geblieben, welche der Sache eine andere Stellung geben.

### §. 2.

Ueber die Pfarrkirche hat in den Zeiten des Pabstthums ohne allen Zweifel das Kloster das Jus Patronatus gehabt. Es erhellet solches zuförderst aus einer Bulle Pabst Martin V. von 1424 — nec non abbatissa & conuentus ecclesiam ipsam abolim in proprios eorum usus tenuisse ac tenere noscuntur — imgleichen aus der Bestätigungsurkunde, welche P. Leo X. 1513 dem Kloster ertheilet, darin es unter andern von der Pfarrkirche und Capelle auf dem Gollenberge heißet — eas monasterio canonice unitas, annexas & incorporatas esse — am deutlichsten aber aus der Kirchenmatricul von 1555, es stehen daselbst folgende Worte: —

Cap. V. Von dem Jure Patronatus über Kirche, Schule und Hospitäler. 229

te: — Das Jus Patronatus der Pfarrkirche der Stadt Cößlin ist aus Begnadigung seiner Bischöfl. Gnaden Fürfahren christl. Gedechtnis bey den andechtigen, Erbaren und tugendsamen Eptißin, Priorin Cellarien und ganz Convent des Jungfernclosters in Cößlin gewesen und noch, und die Pfarrkirche daselbst im Namen der Jungfrauen und des Closters administriret und verwaltet worden. — Von der H. Geist Capelle nennet sich das Kloster in einer Urkunde von 1468 ausdrücklich derselben Lehnherren, ja schon 1319 konte der Gottesdienst in derselben nicht anders als mit Bewilligung des Klosters angerichtet werden. — Solchergestalt hatte daselbe die Macht, alle Geistlichen an diesen beyden Kirchen zu ernennen, zu berufen und zu bestallen, und da es ordinis Cisterciensis war, durfte es, vermöge eines Privil. Pabst Innocentii IV. die Candidaten seines Ordens dem Bischofe nicht einmal zum Examen gestellen, sondern sie konten zu Priestern eingeweihet werden, wenn sie nur nicht am Leibe gebrechlich waren. Vergl. Dreger Cod. dipl. S. 260.

§. 3.

Mehrere Spuren von dem dem Kloster über diese beyde Kirchen zugestandenen Jure Patronatus sind nicht anzutreffen, und in Ansehung der übrigen piorum corporum gar keine, außer daß des Pabst Leo X Confirmation von 1513 auch der Capelle auf dem Gollenberge gedenket, die uns jetzt aber nicht angehet. — Ja man muß vorzüglich auch dieses merken, daß dies Jus Patronatus in gedachten zwo Kirchen dem Kloster, nicht mit gänzlicher Ausschließung des Magistrats, zugestanden. — Denn was die Pfarrkirche anbetrift, so findet sich in Urkunden, daß der Magistrat allerdings an dem Jure Patronatus über dieselbe mit Antheil genommen. — Als Heinrich Eventin 1333 in der Pfarrkirche einen Altar in honorem Johannis Bapt. stiftete, behielt er sich und seinen Erben das Jus Patronatus auf eine dreyfache Collation vor, nachher solte es dem Kloster heimfallen, wenn aber, dasselbe in Monatsfrist die offene Stelle nicht besetzen würde, solte es der Magistrat thun. — In eben demselben Jahre stiftete Conrad Wilden Witwe eine Vicarie in der Pfarrkirche, worüber der Magistrat das Instrument errichtete, und darin von sich selbst saget, und feste setzet. — Et ius Patronatus ad voluntatem nostram perpetuis temporibus resignauit. — In eben dem 1333 Jahr verschreibt das Kloster dem Magistrat bey einer neu angelegten Capelle der Pfarrkirche das Jus Patronatus wechselsweise mit ihm zu handhaben. —

Mit der H. Geist Capelle hat es gleiche Bewandnis. — Als das Kloster 1319 den Gottesdienst in derselben wieder fundirte, setzt es selbsten feste, daß, wenn es in Zeit eines Monats die vacante Stelle nicht wieder mit einem Priester besetzen würde, — ex tunc in perpetuum conferre tenerentur consules eiuitatis pro sue lubitu voluntatis. —

In Ansehung der übrigen Kirchen und der Stadtschule ist folgendes zu merken. — Als Thydericus Culemey in der Nicolaikirche eine eigene Vicarie stiftete, hieß es in dem darüber errichteten Instrument von 1424. — Nobis vero Proconsulibus & consulibus prefati opidi Cussalin ipso, secundum Dei omnipotentis dispositionem, viam vniuersi carnis ingresso, ius patronatus huiusmodi vicarie cum augmento & saluo pluri liberaliter dedit & contulit & in perpetuum reseruauit. Ceterum dum ad nos Proconsules & consules predictos huiusmodi presentatio reditum seu vicarie post obitum sepe sati Thyderici Culemey censetur deuoluta presbyterum vel clericum competentis literature & ydoneum, qui infra annum ad sacerdocii gradum promoueri poterit & promouebitur infra tempus a iure statutum presentare debemus. — Daher heißet der Magistrat in einem 1520 von Venzke Mönchowen auf Nassow ausgestellerten Schuldbrief ausdrüklich Patronen und Lehnherren derselben. — Von der St. Georgen Capelle behauptet der Magistrat in einer Urkunde von 1377. quod eius presentatio pleno iure ad illum pertineat. — Wegen der Schule aber läßet folgende Urkunde gar keinen Zweifel übrig, daß die Besetzung derselben gänzlich beym Magistrat gestanden, so lautet das Original:

Coram vniuersis & singulis visuris seu audituris presencia ego Tyme Vlemyngh tenore presencium puplice recognosco per presentes quod

quod conacceptationem scolarum a Dominis meis consulibus in Cos-
salyn arbitratus sum & promitto, quod si aliquis dominorum meorum
Proconsulum vel consulum fuerit ad iudicium spirituale vocatus illum
seu illos sub eorum expensis & equis volo & debeo defensare nullo
tamen sallario ab eisdem postulato. Sin vulgares ciues eiusdem ciuitatis Cussalyn debeo defendere eodem iure spirituali sub eorum expensis & equis fiat sallario michi salus, cuius tamen sallarii moderacio
ad ordinacionem pertinere debet dominorum meorum consulum
predictorum. Si vero ego vellem a dicto seruicio declinare aut dicti
domini consules alium ad dictum seruicium collocandum decreuerint
ex tunc unus alteri hoc per quartale unius anni antea debet intima-
re in cuius rei testimonium sigillum meum presentibus est appensum
datum Cussalyn anno Dni M. CCC. LXVIII. fer. sex. ante festum purificationis beate marie virginis gloriose.

§. 4.

Aus diesem erhellet nun, daß der Magistrat, theils in totum theils
in tantum, von jeher zu dem Jure Patronatus der piorum corporum
mit concurriret. — Als nun aber die gesegnete Reformation hiesiger Orten das Pabsthum und mit der Zeit auch das Kloster zu Cößlin verdrengete,
hielt die Stadt für billig sich ihre Lehrer selbst zu berufen, sie den ver-
ordneten Superintendenten, welche Bischofs Stelle vertraten, zum
Examen und Ordination zu stellen, und alsdenn in ihr Amt einwei-
sen zu lassen. — Es mochte aber besorget werden, daß auf diese Weise, mit Vorbeygehung des Landesherrn als summi episcopi, un-
tüchtige Leute durch unrechte Wege in ein so wichtiges Amt möchten ge-
stoßen werden, deswegen ward in der Kirchenmatricul von 1555
die Sache dergestalt eingeschränket:

Wo auch der Rath die Diaconen oder andere, denen
die Aufnehmung eines Pfarherrs, Capplans, Schulmeisters
oder

oder anderer Kirchen und Schuldiener, so von obgemelten Kirchengütern sollen bestellet werden, gebühret, jetzt oder künftig vociren, berufen oder zum Kirchen und Schuldienst anzunehmen, sich unterstehen würden, thut sich Sr. G. hiemit vor sich und ihre Nachkommen bedinglichen vorbehalten, ihrer bischöflichen Gewalt nach dieselbe vor sich und wegen des Klosters, ihrer Lehre, Handel und Wandels Geschicklichkeit oder Ungeschicklichkeit zu examiniren, zu reformiren, und da sie zu Kirchen oder Schulämptern undienlich befunden, so sollen dieselbe nicht angenommen, sondern stracks auf S. G. und deren nachkommenden Bischöfen Bericht entsetzet werden, und soll S. G. und deren Nachkommen je und allewege mächtig seyn, andere geschickte gelehrte und tugendliche Kirchen und Schulpersonen zu vociren anzunehmen und zu bestellen und in ihre Empter zu setzen, dabey zu schützen und zu handhaben. —

Hieraus erhellet nun, daß dem Magistrat das Jus eligendi, vocandi & praesentandi, dem Landesfürsten aber das Jus probandi, confirmandi & reprobandi zustehe.

## §. 5.

In Verfolg dessen heißt es nun folgends in der Kirchenvisitation von 1591.

Eren Martin Behnke Pastor und Hofprediger
fuit secundus Visitator

Eren Jacobus Martini Ober Capellan

Eren Joachimus Lütkeschwager Unter Capellan oder Sacrist

Sind

Sind alle drey von E. E. Rath vociret, unserm gnädigen Fürsten und Herrn präsentiret und im Namen des Jungfern Closters allhier zu Cößlin, dahero unser gnädiger Fürst und Herr das Jus patronatus über diese Kirche hat, diese Pastores von J. F. G. Superintendenten und andern Consistorialen examiniret, ordiniret und instituiret worden. --

Nun schien zwar die Clausul: daher U. G. F. und H. das Jus patronatus über diese Kirche hat – dem Magistrat bedenklich, indem er ratione iuris eligondi vocandi & praesentandi dieses Vorrecht auch behaupten wolte, allein die Declaration H. Casimirs über den Visitationsbescheid vom 7 Octobr. 1592 ging dahin – daß J. F. G. das Jus patronatus über die Kirche zu Cößlin – nicht ohne Grund oder gewisse Nachrichtunge, welches J. F. G. in gehaltener Visitation, wie billig, auch nicht verleugnet worden, sich anmaßen, darum J. F. G. bis Burgemeister und Rath gewissen Schein und helle Urkunde ihres angezogenen Rechtes vorbringen, sich desselben auch nicht begeben können, es wollen demnach J. F. G. vermeldten Burgemeister und Rath zu Cößlin die Vocation der Kirchen und Schuldiener frey lassen, dergestalt, daß dieselbe mit J. F. G. Bewilligung und Vorwissen geschehe. --

Es ist also in der That, wenn ja darüber gestritten wird, nichts mehr als ein Wortstreit. Summus Imperans est Patronus & exercet ius patronatus regium in confirmatione electorum & praesentatorum. Der Magistrat aber heißt ratione iuris eligendi, vocandi & praesentandi, in seiner Maße, ebenfals *Patronus*, welche Benennung ihm in dem Streit mit den Diac. Block und Lewen, durch 2 conforme Urtel vom 3 Jul. 1677 und 12 Febr. 1679 ausdrüklich ertheilet worden, da es heißt: --

Und alle Reverenz und Respect, so) sie denen Anklägern, als ihren ordentlichen von GOtt vorgesetzten Patronen, schuldig, so gar aus den Augen zu setzen ꝛc.

Diese Urthel sind cum plena causae cognitione ergangen und von der Regierung per Decr. vom 18 Nov. 1679. 13. Jan. 10 Febr. und 19 März 1686 und dem Landesherrn selbst per Rescr. vom 26 März 1680 confirmiret worden. -- Der Magistrat wählt also Kirchen- und Schulbediente, und ertheilet ihnen die Vocation, selbige aber wird von der Regierung confirmiret.

Die

Die
vierte Abtheilung
handelt
von gelehrten und sonst merkwürdigen
Cöslinern.

> Vos etiam, quos nulla mihi cognatio iunxit,
> Sed fama, & carae religio patriae,
> Et studium in libris, & sedula cura docendi,
> Commemorabo, viros morte obita celebres.
> AUSONIUS.

# Gedichten

# Einleitung.

### §. 1.

Die Ehre in einer berühmten Stadt gebohren zu seyn enthält eigentlich nichts Wesentliches, denn es hänget nicht von uns, sondern von dem Rath göttlicher Vorsehung ab, an welchem Orte wir zuerst den Schauplatz der Welt betreten sollen. — Allein die Ehre, daß aus einem Orte viele geschickte und berühmte Männer ihren Ursprung ziehen, kan in gewisser Absicht demselben eine gegründete Ehre seyn, weil er einen Beweis enthält, daß daselbst die Schulen und gesamte Kinderzucht wohl bestellet gewesen: und ist dies der Grund, wenn eine Stadt eine Mutter vieler gelehrter und geschickter Männer wird, so mögen andere Städte ihre Größe, ihre Reichthümer, ihre Heldenthaten, und alle ihre andere Herrlichkeiten noch so sehr herausstreichen. Ein Ort, der uns gute Bürger liefert, ist schätzbarer, als der uns gute Bürger kostet, welches gemeiniglich bey den Vorzügen großer, fester und reicher Städte einzutreffen pfleget. — Cößlin ist eine Landstadt, die zwar einige über sich, aber desto mehr unter sich erkennet. — Ich bin nicht gedungen, und zu wenig, ihr eine Lobrede zu halten, aber ich behaupte, daß es eine wahre Ehre für Cößlin ist, daß das gemeine Wesen aus demselben so viele nutzbare Glieder der menschlichen Gesellschaft und treue Diener des Vaterlandes erhalten hat, ja daß dies bey der in dieser Stadt jederzeit beobachteten guten Kinderzucht, und, so viel möglich, guten Schulanstalten gegründet sey, mag uns ein Frembder sagen. — Ich wil Joachim Micrälium, einen Sohn des berühmten Joh. Micrälius, für mich reden lassen, dies sind seine Worte: — „Ipsa vrbs, licet magnis minor, paucis tamen in Pomerania vrbibus cedit. Ciues illam colunt, quibus litterae, virtus, mores honesti cordi sunt. Audite quid *Seccervitius* de illa praedicet: *Formosa tecta*, inquit, *culta ciuium pectora & Senatus placidus Principibus obsequiosus*. — Magnum ciuitatis ornamentum schola non ignobilis, quae praeprimis incolis fuit curae. O felices Vos COESLINENSES! apud quos D. Jac. FABRICIVS enutritus est, qui multis viris claris anteferri, nemini postponi poterit. Macte! NOBILE COESLINVM! hoc alumno tuo, quem praeter multos alios viros insigniores clarissimosque educasti. Tibi ortum debet familia BOHLIORVM, RUBACKIORVM, SCHWEDERIORVM, Tibi & MICRAELIANA mea familia ortum debet. — *In orat: funebr. in ob. D. Jac. FABRICII.*

### §. 2.

Wir werden am besten thun, wenn wir die Männer, von welchen wir zu reden haben, in alphabetischer Ordnung auftreten lassen. — Freylich, lauter Helden werden auf dieser Schaubühne nicht erscheinen: doch werden Gelehrte vom ersten Range auch nicht vermisset werden, und bey vielen, die uns geringer und unerheblich scheinen, ist noch die Frage: ob es mehr an ihrem Geschick, oder am Glück gelegen, daß sie keine wichtigere Rolle auf der Welt gespielet haben. — Genug, sie sind in ihrem Theil nützliche Auswurfslinge unserer guten Stadt gewesen, und haben eine Anlage zu mehrerm gezeigt, woran sie durch anderweitige Einschränkungen gehindert worden. — Wenn man aber etwa einen antrift, dessen

Namen nicht ein verdienter Ruhm, sondern eine verschuldete Schande auf unsere Zeiten gebracht, so muß man sich erinnern, was Livius sagt: Nulla est ciuitas, quae non improbos aliquando ciues & imperitam multitudinem semper habeat. — Genug, wenn dies die wenigsten sind.

Artopoeus (Petrus), welchem Feustking in Palonod. S. §. 16. p 44. unrecht den Namen Paulus beyleget. Sein Vater hieß Becker, er aber gab sich nach damaliger Gewohnheit der Gelehrten den griechischen Namen Artopoeus, und war 1491 zu Cößlin gebohren. Von seinen Jugendjahren ist nicht mehr bekant, als daß er zu Wittenberg studiret, und bey Aufgang des Lichtes des Evangelii demselben beygepflichtet. — Bald nach dem Jahre 1520 kam er in seine Vaterstadt und unterrichtete die Jugend. Weil er sich aber von seiner Religionsveränderung etwas merken ließ, ward er von der hiesigen papistischen Geistlichkeit verjaget, und wandte sich deswegen nach Rügenwalde. Ob er daselbst ein öffentlich Amt bekleidet, melden unsere Nachrichten nicht, es heißt nur, daß er sich seiner Gaben gebrauchet, und alle Gelegenheit in Acht genommen, wider das papistische Unwesen nachdrücklich zu zeugen, wobey er eine sonderliche Liebe der dortigen Bürgerschaft genossen. 1528 ward er zum Rectorat des Stettinschen Pädagogii beruffen, wobey er durch Errichtung einer öffentlichen Bibliothek sich ein dankwürdiges Andenken gestiftet. (s. Ammons Hist. dieses Pädag. S. 34.) 1549 bekam er die Stelle eines Pastoris prim. an der dasigen Marienkirche, in welchen beiden Aemtern er 32 Jahre mit sehr großem Ruhm zugebracht, denn er war ein grundgelehrter Mann, verstand die lateinische, griechische und hebräische Sprache (*), welches damaliger Zeit ein Großes war. Der Superintendent Paul a Rhoda bezeuget selbst, daß er das Hebräische von ihm erlernet habe, und in den interimistischen Streitigkeiten bewies er immer einen redlichen Eifer, sich der darunter verborgenen Arglist männlich zu widersetzen. — Er gerieth bey der Gelegenheit mit auswärtigen Gelehrten in Briefwechsel, unter andern auch mit Andreas Osiander, da derselbe noch in Nürnberg war. Dies gereichte ihm aber zum großen Schaden, denn die Hochachtung, welche Artopoeus gegen diesen Mann hatte, verleitete ihn auch, seine irrige Grundsätze in dem wichtigen Artikel von der Rechtfertigung anzunehmen, daß er behauptete:

Solle

Solle der Mensch gerechtfertiget werden, so würden ihm erst seine Sünden vergeben, hernach ergreife derselbe im Glauben Jesum Christum, der samt dem Vater und dem H. Geist in der Menschen Herz komme, und durch seine wesentliche Gerechtigkeit, die er mit dem Vater und dem H. Geist gemein habe, den Menschen antreibe, gerecht und heilig zu leben, und diese wesentliche Gerechtigkeit Christi, vermittelst ihres Einflusses auf die Besserung des Herzens, sey eigentlich diejenige Gerechtigkeit, wodurch der Mensch vor GOtt gerecht werde (**).

Dergleichen Meynung trug er, da er über die Epistel an die Römer predigte, öffentlich auf der Kanzel vor, und weil es was neues war, fand er bald Beyfall. Sonderlich war der Fürstliche Medicus D. Curio gänzlich davon eingenommen. Hiezu kam noch, daß Osiander in öffentlichen Schriften sich auf Artopoei Beyfall berief, und dieser seinen Briefwechsel (***) und gar zu enge Freundschaft mit demselben fortsetzte. Artopoeus ward also öffentlich für einen Irrlehrer ausgerufen, und alle Kanzeln in Stettin erschalleten von Artopoeo und dem Osiandrismo. Dieser hingegen verantwortete sich, und die Zerrüttung der Kirche GOttes ward von Tage zu Tage grösser. — Der Superintendent P. a Rhoda nahm nebst seinen Collegen Artopoeum besonders vor, und weil sein Lehrbegrif sehr unbestimt aussahe, forderten sie von ihm eine Bekäntnißschrift. Solche überreichte Artopoeus, sie ward aber nicht richtig befunden, derhalben forderte ihn das ganze Ministerium vor sich, und verlangte, daß er zu Ablehnung alles Verdachts der Osiandrischen Lehre auf öffentlicher Kanzel widersprechen und solche widerlegen solte. Das war Artopoeo unerträglich. Er lehnte solches ab, und erhielt in der Bürgerschaft, und sonderlich an D. Curio einen starken Anhang, so wurde der Zwiespalt täglich grösser. Dem H. Barnim dem ältern kam die Sache verdächtig vor, und es ward ihm auch beygebracht, der Mann sey unschuldig, man suche ihn nur zu stürzen, weil er den andern zu gelehrt wäre. Der Herzog berief also einen Predigerconvent, suchte durch sein Ansehen die streitenden Theile zu vermitteln und zu versöhnen, worauf beyden Parten ein Stillschweischweigen auferlegt wurde. Das half aber alles nichts, das Sticheln auf den Kanzeln, und endlich das offenbare Schelten nahm aufs neue überhand, an einen dauerhaften Frieden war nicht zu gedenken.

Es fing demnach der alte Bischof zu Camin Barthol. Suave an, sich der Sache mit Ernst anzunehmen, und vermittelte es, daß von beiden Regierungen 1555 ein Synodus nach Stettin berufen ward, darin er selbst präsidirte. — Artopoeus übergab daselbst aufs neue den Inhalt seines Lehrbegrifs, und verband sich, auf Erinnerung des Superintendenten P. a Rhoda, so wenig einer Neuerung in der Lehre von der Rechtfertigung, als sonsten andern gefährlichen Lehrsätzen des Osianders ferner nachzuhängen, worüber eine Formula alles dessen errichtet wurde, was in der Pommerschen Kirche von der Rechtfertigung des Menschen vor GOtt sollte gelehret werden, die Artopoeus mit den andern Theologen unterschrieb. — Die Verbitterung war aber einmal zu groß, und die Sache wurde an D. Bugenhagen, der damals Decanus war, und an Phil. Melanchthon nach Wittenberg berichtet. Stettin stand inzwischen in Gefahr eines Aufruhrs, daher machte sich Bernd Strohschneider auf, und that zu Wollin bey dem H. Barnim triftige Vorstellung. — Man fand für das beste Mittel, daß man suchte Artopoeum aus Stettin zu entfernen, er ward demnach nach Belgard, Neu Stettin und endlich Wollin entboten, damit er von der Kanzel gehalten, und das glimmende Feuer des Aufruhrs durch seine Abwesenheit gelöschet würde. — In Wollin suchte man ihn auf weitere Verordnung anzuhalten, allein er ging heimlich nach Stettin, worauf ihm vom Herzog Hausarrest auferleget wurde, den er vom August bis an den December hielt. — Mitlerweile kam, neben dem Bedenken über Osianders Lehre, das Urtheil der Wittenberger an,,, daß, so Artopoeus und andere nicht würden aufhören, „Osianders Lehrsätze unter die reine Lehre der Lutherischen Kirche zu mi,,schen, er vom Amte gesetzet werden solte." — Die gottseligen Fürsten bey der Regierung setzten also den 16 Decemb. des 1555sten Jahres (†) einen neuen Synodus zu Stettin an, auf demselben werden Artopoeo 34 Artikel, die Lehre von der Rechtfertigung betreffend, vorgeleget, die Artopoeus unterschreiben und öffentlich seinen irrigen Lehrsätzen entsagen soll. — Er nimt sich bis Nachmittag um 1 Uhr Bedenkzeit. Wie sich nun der ganze Synodus im Chor der Marienkirche versamlet hat, so erscheinet Artopoeus

poeus, unterschreibet, und williget in einen öffentlich abzulegenden Widerruf. — Auf diese Erklärung des Artopoeus setzen sie sich um den hohen Altar, beten, und er empfängt von P. a Rhoda die Absolution. — Es war aber alles schon zu tief bey ihm eingewurzelt, und dennoch wolte man ihn nicht gerne verstoßen, daher, ob man ihn gleich bey anhaltender Verbreitung seiner Irlehren, nebst dem D. Curio, seines Dienstes entsetzen muste, so schickte ihn doch der H. Barnim auf eigene Kosten nach Wittenberg, daß er sich mit den dortigen Theologen besprechen und eines bessern solte belehren lassen. Es ward aber der gehoffte Nutzen nicht erreichet. — Melanchthon hatte die Zeit nicht sich so viel, als nöthig war, mit ihm abzugeben, und sahe auch wohl, daß bey einem alten Manne nichts mehr würde auszurichten seyn. — Er schickte also das von ihm erhaltene Bekäntnis an P. a Rhoda zurück, mit eingelegter Fürbitte, ihn in seinem Exilio nicht zu verlassen. — Der Brief, welchen Melanchthon in dieser Sache geschrieben, ist so voll theologischer Sanftmuth und Klugheit, daß wir zur Ehre dieses großen Mannes folgende Stelle hieher setzen wollen. — Er stehet in der Peucerischen Saml. S. 238, in der Jahrzahl aber ist durch einen Druckfehler statt 1559, 1550 eingeschlichen. — So schreibet Melanchthon: Hospes est apud nos senex *Artopoeus*, ac de dogmate semel omnino collocuti sumus; non sine contentione, postquam exhibuit nobis hanc confessionem, quam mittimus. Etsi autem longiorem fortassis desideratis, tamen, cum domi non fuerimus, nondum prolixe colloqui potuimus. Illud oramus, vt Ill. Principis piam voluntatem, in eo iuuando, in hoc exilio, confirmetis, scitis enim, quam triste sit senex, habentem infantum turbam, abesse a suis, aut vagari a tali grege, haec, etsi sint tristia, & magnum dolorem adferunt, tamen anteferri veritatem, & ecclesiae nostrae tranquillitatem necesse est. Pie tamen faciet Ill. Princeps, si has aerumnas ei leniet, & vel sumtus dabit, vel collocabit cum in alio loco, sic tamen, ne a nobis dissentiat. Ipse quidem affirmat, se non velle, a nobis dissentire, nec defensurum aut excusaturum esse *Osiandri* dogma. —

Dieses Schreiben Melanchthons richtete so viel aus, daß, da Artopoeus zu Stettin nicht bleiben konte, man ihm rieth und Vorschub that, in seiner Vaterstadt Cößlin als ein Privatmann seine übrigen Lebensjahre

Jahre hinzubringen (††). Aber auch hier gerieth er in Widerwärtigkeiten. – Es war 1562 am Charfreytage, da predigte Barthol. Hildebrand (s. oben III Abth. Cap. II. §. 9. VI.) und bediente sich des Ausdrucks: daß Osiander mit seinen Osiandristen das Blut Christi mit Füßen träten. – Artopoeus war auch in der Kirche, wie er das höret, ist es ihm so empfindlich, daß er vor sich saget: das ist erlogen. – Es hören es aber etliche neben ihm stehende Leute, die deuten es aus, als wenn er das Blut Christi gelästert hätte, dies zog dem armen Artopoeus so viel Verdruß zu, daß er des folgenden Jahres, nämlich den 29ten Merz 1563, in einem Alter von 72 Jahren seinen Lauf vollendete. – Seine Witwe folgete ihm innerhalb zwey Jahren, und beide erhielten in der Pfarrkirche folgendes Epitaphium, so aber jetzt nicht mehr vorhanden ist:

aprILIs, qVae praeCeDIt LVX qVarta
CaLenDIs
ArtopIV rVpIt VInCVLa fIXa senIs
soL ter seXtVs Vt oCCIDerat IanI
qV oqVe rLIssae
eXtInCta adIVngIt ConIVgIs ossa VIro.

Seine Schriften, welchen die römische Kirche unter P. Paulo IV die Ehre angethan, sie dem indici libror. prohib. (†††) einverleiben zu lassen, sind insgesamt sehr rar, denn da dies die Folge nach sich zog, daß eine ungeheure Menge der verbotenen Schriften, sonderlich derer, die in Deutschland gedruckt waren, verbrant wurde, so ist diese Seltenheit leicht zu begreifen. – Sie sind folgende:

1. Evangelicae conciones Dominicarum totius anni per dialectica & rhetorica artificia breuiter tractatae, subnexis epistolarum argumentis. Witteb. 1537. 8. recus. Basil. 1539.

2. Discretio locorum legis & euangelii in litteris sacris – additis breuibus definitionibus vsitatissimorum locorum communium. Witteb. 1534. 8.

IV. Th. Von gelehrten und sonst merkwürdigen Einwohnern.

3. Latinae phrasis elegantiae. Witteb. 1534.
4. Jonas Propheta & Psalmus I. trilinguis vna cum scholiis Petri Artopoei. Basil. 1543. 8.
5. Christiana trium linguarum elementa. Basil. 1545.
6. In priorem Pauli ad Thimotheum epistolam scholia, quae iusti commentarii munere fungi possunt. Bas. 1545. 8.
7. De prima rerum origine, vetustissimaque theologia ex tribus primis capp. Genes. Bas. 1545.
8. De prima rerum origine & vita sanctissimorum antiquissimorumque patrum ex toto libro Geneseos breues aphorismi. Bas. 1546.
9. Psalterium Prophetae Dauidis hebraeum, graecum & latinum, iam denuo ad probatissimorum codicum fidem, collatis veterum orthodoxorum interpretum translationibus emendatum, & in omnibus difficilioribus locis annotationibus explicatum. Bas. 1548. 8.
10. Isagoge apocalypseos pro consolatione afflictae nostrae ecclesiae. Frft. 1549.
11. Postilla s. euangeliorum & epistolarum dominicarum & praecipuorum festorum totius anni pro scholasticis & nouellis praeconibus perbreues annotationes, vna cum catechismo scholiis illustrato. Basil. 1550. 12mo oblongo.
12. Confessio de iustificatione 1559.
13. Nouissima verba.
14. Protomartyrion Abelis.
15. Argumenta euangeliorum cum calendario.

Diese vier letzte Schriften haben sich fast gar unsichtbar gemacht. — Sonst rühret auch von Artopoeo die kurze Beschreibung Pommerlandes her, welche man in Seb. Münsters Cosmographie B. IV. c. 478. S. 1123. liest.

*) Die

*) Hiebey macht mein ehemaliger Lehrer und Wohlthäter der Hr. Past. und Prof. Werner zu Stargard in einem 1732 geschriebenen Progr. de Pomerania orientali folgende Anmerkung: Licet ergo *Artopoeus* linguae & graecae & hebraicae gnarus fuerit, quam optime, non tamen assecutus est vim, quam studium linguarum, & eius, quid sit in fonte, cognitio habet in refutando Osiandri errore, qui verbum *imputare* in genesi & Paulo transformauit in verbum *infundere*. — Dies eine muß ich hier noch berühren, daß in Berechnung der Amtsjahre des Artopoeus eine große Verschiedenheit herrschet. H. Zachariä in seiner Nachricht von der Stettinischen Rathsschule suchet S. 36. zu erweisen, daß er 1549 erst als Pastor an die Marienkirche zu Stettin berufen worden. Die Synodalacten aber des großen 1545 zu Stettin gehaltenen Synodi führen ihn schon oben an unter den Pastoren auf, welche demselben beygewohnet (s. Balthas. Saml. I. S. 31). Es ist dies also eben so falsch, als wenn es eben daselbst heißet, Artopoeus sey nach Mich. Ungaro erst Rector geworden, er muß diese Stelle etwa 1528 angetreten haben, weil Cramer B. III. Bl. 123. ausdrücklich saget, er habe 32 Jahr in Stettin gelehret. Da er nun 1560 aufgehöret, so muß er 1528 angefangen haben, und muß dem P. a Rhoda, nicht aber dem M. Georg Cracow im Pastorat gefolget sey, da nach oben angeführten Synodalacten sowol Artopoeus als Cracow auf diesem Synodo zugegen gewesen.

**) Der Osiandrische Lehrsatz ist an sich schwer zu verstehen, und von vielen auch nicht recht verstanden worden, daher es öfters auf einen Wortstreit hinaus gelaufen, wer über sich die Osiandristen, sonderlich Artopoeus, so ofte beklaget. — Es ist falsch, wenn man sich vorstellet, sie lehreten: Daß die einwohnende Gerechtigkeit Gottes, an sich selbst, Kraft dieser Einwohnung, und wegen ihres Daseyns, in und bey dem Menschen des Menschen Gerechtigkeit sey. — Nein, ihre Meynung ging dahin, daß sie, mit Vorbeygehung des theuren Artikels von der Rechtfertigung des Sünders vor GOtt, so ferne sie durch die geschenkte und zugerechnete Gerechtigkeit JEsu Christi im Glauben geschehet, blos auf die Heiligung und neue Lebensgerechtigkeit des verneuerten Herzens gedrungen, und solche den der einwohnenden p. entstichen, Gerechtigkeit, so wie deren Frucht und Wirkung sie sey, benennet. — Sie vermengten also die Rechtfertigung mit der Wiedergeburt und behaupteten die beyden Folgerungssätze: Christus sey unsre Gerechtigkeit allein nach der Gottheit — die Gerechtigkeit Christi werde uns zugerechnet, wenn sie schon wesentlich in uns wohnet. — Es war also die Gerechtigkeit, welche sie dem Menschen beylegen, wenig von der papistischen Justificatione prima infusa & secunda unterschieden, ohne daß die Papisten noch mehr das eigene Verdienst einmischen. s. Bocks Leben des Marggr. Albr. S. 340. f. vergl. S. S. Felinern im Leben Sibald Heydens S. 41. Melanchth. Briefe. Peucer. Ausg. S. 288. Preuß. Zehenden St. II. S. 162.

***) Cramer gedenket S. N. S. 123. eines Briefes, den Artopoeus an Osiander geschrieben, diesen kan man im Erl. Preußen B. III. abs 8. f. 14. S. 318. lesen. — Man trift daselbst auch einen Brief des Osianders an Artopoeus an, welcher ein recht beschimpfendes Denkmaal seines störrigen, und hochmüthigen Characters ist. — Die beste Nachricht von diesem Mann hat H. Consistorialrath Bock im vorangezogenen Werkchen ertheilet. — Ich will, da seiner hier so oft gedacht wird,

246 IV. Abth. Von gelehrten und sonst merkwürdigen Cößlinern.

wird, nur dies wenige aus von Seckendorfs Hist. Luther. P. II. p. 264. von ihm hersetzen: *Melchior Adami & quos ille secutus est, in Bauaria OSIANDRVM natum tradunt, sed errant. Gunzenhusa. enim, vbi 1498 natus fuit, Franconiae oppidum est, ad Alemannum s. Alemulam amnem. -- Pater OSIANDRI faber fuit serratius, cuius cognomentum Hosemann, cum huucusus oppidana, vt solet, commixtum cum baptismali, Andreae nomine, & dimioxtum in Hosen Enderle corrupisset, ipse, literarum ludiis deditus, & vt tunc moris erat, in Osiandri transformauit. Praecoci & feruido fuit ingenio, grandiloquentia & mysticorum imitatione tumidus & singularis, disputator. etiam haud impromtus, ita, vt coram Episcopo Bambergensi, dioecesano suo, cum aliis Iuditus, admirationem sui excitauerit.*

(†) Cramer setzt hier irrig das 1556ste Jahr.
(††) Schlüsselburg in Catal. her. L. VI. p. 248. sagt auch, daß er hierauf zu Magdeburg von D. Wigand in Gegenwart M. Matthäi Judicis seines Irthums überführet worden, wenn er aber hinzu setzet, daß er darauf bald wahnwitzig herumgeirret, so ist solches eben so übertrieben, als das Urtheil, was Senffting in Palinod. S. p. 44. von ihm fället.
(†††) Fol. 16. der Ausgabe in 8 cum annott. Vergerii, welche nach dem autographo der Röm. Ausg. von 1559 zu Pforzheim 1560, durch Corvin gebrückt, und von großer Seltenheit ist. Gleichergestalt findet man Artopoeum in dem portugisischen Indice von 1624 in fol. p. 46. imgleichen im spanischen von 1667. Fol. p. 824. daselbst heißt er German. Theolog. & Philolog. Lutheran. Aug. Conf. im Römischen von 1565. p. 236. und von 1683. p. 226.

**Barfknecht** (Friederich Christoph), ein Sohn des oben genanten D. Christoph Barfknecht, die Mutter hieß Gertrud Castnerin. Er war den 11 Jul. 1695 zu Cößlin geboren, und nachdem er nebst einigen jungen Herren von Adel die Privatinformation seines Vaters genossen, bezog er die Universität Jena, hatte aber das Unglück, daß er bey einem entstandenen Tumult und an der Wache begangenen Mord in Verdacht und sehr lange Inquisition gezogen wurde, wovon er sich endlich durch einen Reinigungseid befreyete. -- Er kam darauf zu Hause, muste aber, weil niemand solte befördert werden, der nicht in Halle studiret hatte, noch erst wieder diese hohe Schule besuchen. 1736 erhielt er den Ruf zum Pastorat nach Liepe auf der Insel Usedom, und nach Ableben seines Vaters ward er 1740 Präpositus zu Belgard. Eine von einem innerlichen Geschwür herrührende lange und schmerzhafte Krankheit foderte ihn 1755 von der Welt. Man hat von ihm:

Lippi Aurelii Brandolini Augustani Eremitae orationem de virtutibus Domini nostri Jesu Christi, welche er und sein Vater 1708

1708 in 12. aus dem Manuscript ans Licht gestellet, wobey er aber wol nicht vielmehr gethan, als daß er sie abgeschrieben, der Vater aber den Druck besorget, beyder Namen stehen inzwischen auf dem Titel.

**Barffknecht** (Otto Casimir), des vorigen Bruder. Er war den 22 Jan. 1697 hieselbst geboren, und befand sich mit seinem Bruder zugleich in Jena. Wie dieser unglücklich wurde, ergrif er die Flucht und begab sich nach Franckreich, ward daselbst D. Medicinæ und zu Paris Practicus, änderte aber die Religion und heyrathete daselbst. Etwa 1734 kam er wieder zu Hause, und ward nachhero Hofmedicus zu Berlin, woselbst er auch wenig Jahre darauf gestorben ist.

**Bartkius** (Martin). Er war Philosophiæ Magister und 25 Jahr lang ein sehr beliebter Archidiaconus an der St. Nicolaikirche in Greifswald, starb 1623.

**Behnke** (Martin). Wir haben seiner schon oben III. Abth. Cap. II. §. 9. VII. mit Ruhm erwähnet. Dies eine möchten wir noch hinzu setzen, daß er sich 1585 mit Elisabeth Slefus, und 1586 mit Barbara Rubacken verheirathet, nachdem erstere im Kindbette gestorben war, mit der leztern hatte er zween Söhne und eine Tochter, die ihm aber erst nach seinem Tode geboren wurde.

**Bohle** (Friederich). Er ist zwar nicht eigentlich in Cößlin geboren, die Erzählung seiner Lebensgeschichte aber wird uns rechtfertigen, ihn den gelehrten und berühmten Cößlinern beyzuzählen. Sein Vater war Paul Bohle, Fürstl. Hofschneider in Cößlin, zog aber 1600 mit Friederich, Herzog von Curland und Semigallen, nach Mitau, woselbst ihm den 17 May 1601 dieser Sohn geboren wurde, den der Herzog selbst aus der Taufe hob. — Die nachhero zwischen der Krone Schweden und Polen entstandene Kriegsunruhen, nöthigten seine Aeltern Curland zu verlassen und sich wieder nach Cößlin zu begeben. Hieselbst genoß unser Bohle bis ins achtzehnte Jahr den Unterricht des gelehrten Vossius, ging darauf zur Fortsetzung seines Studirens nach Stettin,

Leiden

Leiden, und Frankfurt an der Oder. Hieselbst disputirte er *de Servitutibus realibus & personalibus* mit solcher Geschicklichkeit, daß er nicht nur das Lob Juuenis super aetatem excellenter docti davon getragen, sondern auch die Freyheit erlanget Collegia iuridica priuata zu lesen. — 1626 führte er einen jungen Gieselman auf Universitäten, und 1629 übernahm er die Secretariatstelle bey dem Kön. Poln. Abgesandten Martin Rubaken, mit welchem er nach Prag und Wien verreisete. — Dies veranlassete, daß er wegen seiner Geschicklichkeit nach Stettin gefodert wurde, und man ihn 1630 nach Wien und Regensburg versandte. — 1631 ward er zu Stettin Archivarius und Lehnssecretair. 1639 aber beehrte ihn die Königin Christina mit der Rathsbestallung, und sein Aufenthalt wurde Stralsund. — 1648 stund er als Gouverneur von Pommern in Stettin. — Ehre und Ruhm, die Begleiter wahrer Verdienste, schienen sich ihm ganz gewidmet zu haben. Seiner Souveraine schien der Stand, darin seine Geburt ihn gesetzet hatte, seinen Verdiensten nicht angemessen, sie ertheilte ihm also Priuilegia & insignia nobilitatis Sueco - Pomeranicae, und bewies ihm alle Zeichen einer Königlichen Gnade, da sie ihn unter andern mit dem Gut Prizlaw belehnte. — 1625 ging er als schwedischer Gesandter auf den Reichstag nach Regensburg, und 1654 ward er königl. Canzler. — Auf solchem Gipfel des Glücks und der Ehren beschloß er den 4 April 1658 sein rühmliches Leben mit Hinterlassung einer Witwe, Namens Elisabeth Starken, welche auch aus Cößlin gebürtig war, nebst 5 Söhnen und 3 Töchtern. — In der Greifsw. akad. Biblioth. befindet sich noch von ihm in Manuscript Beschreibung der Grenze zwischen Pommern und Meklenburg 1656. 112 Bogen. — Dieser Mann schwebte Joach. Micrälio bey den Eingangs dieser Abth. angeführten Worten in Gedanken, wenn er sagt: Tibi ortum, debet familia Boliorum. — Wir haben ihn also um so viel weniger weglassen können.

Coch (Martin) war den 25 May 1627 geboren, und stand als Vice-Syndicus zu Stettin in großem Ansehen, starb den 18 April 1675.

Crü-

Coch. Crüger.

**Crüger (Lorenz).** Er ist gleich zu Anfange des XVI Jahrhunderts zu Cößlin gebohren, studirete anfänglich in schola patria, so gut sie unter der catholischen Geistlichkeit beschaffen war, zog aber hernach auf die hohe Schule nach Wittenberg, woselbst er ein Zuhörer Luthers und Melanchthons, zugleich aber auch ein Verehrer der Lehre des heiligen Evangelii ward. — Nach vollbrachten Universitätsjahren kehrte er in sein Vaterland zurück, und nahm das Schulamt zu Schlawe an. Er war ein sehr geschickter Schulmann, und verwaltete diesen Dienst hieselbst ganzer zehen Jahre. Weil sein Fleiß und Treue bekant wurde, rief man ihn an die Schule seiner Vaterstadt, welcher er fünf Jahre dienete, und nachher ward er Rector der Rügenwaldischen Schule, welches er eigenhändig in meiner Kirchenmatricul angemerket hat. — Etwa ums Jahr 1549 folgte er dem Ruf zur Predigerstelle nach Jamund, welche er 50 Jahr lang rühmlich bekleidet hat. — Er hatte auch hieselbst noch immer junge Leute um sich, die er unterrichtete. — Endlich starb er 1599 bey seinem Schwiegersohn, Joach. Micrälio, zu Cößlin, und hatte das seltene Glück 70 Jahr an Kirchen und Schulen zu arbeiten, ein Alter von 99 Jahren zu erreichen, und über 80 seiner Nachkommen zu sehen, welche ihm alle im Grabe noch Ehre gemacht, man darf nur einen Joh. Micrälius und dessen Schwester Esther Micrälin, beide seine Kindeskinder, nennen. Jener war eine Ehrensäule seines Vaterlandes, und diese heirathete eine Zierde unserer Kirche in dem berühmten Jacob Fabricius, wie wir dessen unten ausführlich gedenken werden. — Unser Crüger ist in der Pfarrkirche zu Cößlin begraben, und Adam Hamel hat ihm ein Epitaphium gesetzet, so ich aber nicht mehr auffinden kan, Cramer hat es B. IV. c XX. S. 105. aufbehalten, und es ist werth, daß ich es hier noch einmal hersetze:

 Dormit in hac sacra LAVRENTIVS aede CRüGERVS.
  Vir bonus & purae religionis amans
 Prima cui Christum recte cognoscere cura,
  Ingenuas artes altera scire fuit.

Ji          Hinc

IV. Abth. Von gelehrten und sonst merkwürdigen Cößlinern.

Hinc tener in patrio fundamina prima Lyceo,
 Hac Cuflinenfi iecit in vrbe, puer.
Post alios adiit praeclaros arte magistros
 Poffet vt ingenio cultior effe fuo.
Audiit ante alios teque o divine *Melancthon*
 Discipulusque fuit, magne *Luthere*, tuus.
Inde domum rediens ad *Schlavam* mittitur vrbem
 Vt Logica mentes imbuat arte rudes.
Hic docet Aoniam duo per quinquennia pubem
 Post gerit in *patria* tradita sceptra scholae.
Qualis in hoc fuerit commisso munere Rector
 Fama sequax rerum nuncia teftis erit.
Inde *Jamundenfi* luftris bis quinque peractis
 Praefuit officio, pastor, in aede, sacro.
Artibus inprimis simul erudiensque iuuentam
 In brutum vetuit degenerare pecus.
Post vbi bis deni tetigit confinia luftri:
 (Nunc videas paucos tot numerare dies)
Mente fibi conftans; sed fractis viribus aeger:
 Commendans firma se Tibi, Christe, fide
Non aliter placida claufit sua lumina morte
 Quam premit optatus corpora fessa sopor.
Nunc ouat ante DEVM; coeli nouus incola factus.
 Quisquis es, exemplo hoc, tu bene disce mori!
  *M. Adamus Hamel.*

Fabri

**Fabricius (Jacob).** Sein Vater Joachim Schmid war hieselbst ein Schuster, und die Mutter hieß Elisabeth Witten. — 1593 den 19 Jul. erblickte er das Licht der Welt, und ward recht zum Trost seiner Eltern gebohren, denn da dieselben sehr arm waren und ein hohes Alter erreichten (*), war er ihr Erhalter und Versorger. Noch als Student schickte er ihnen von dem, was er als Informator verdiente, manchen Thaler. Den Grund zu seinem Studiren legte er unter dem Rector Volsius, und zeigte gleich anfangs einen so fähigen Kopf, daß er nicht nur hieselbst öfters mit großem Beyfall perorirte, sondern auch noch seinen Mitschülern im Lateinischen und Griechischen Lectiones geben konte, zu geschweigen, daß er öfters die schönsten lateinischen Verse in allerhand Versarten aus dem Stegereif zu Papier brachte. — Kurz, er machte schon als Schüler seiner Vaterstadt Ehre. — Als er 17 Jahr alt war, bezog er das Stettinsche Pädagogium. M. Christoph Hunich gewann ihn so lieb, daß er ihm einen Freytisch verschafte, und er erwarb sich das übrige durch Informiren. Sonderlich hatte er ein Hospitium bey dem Kaufmann Schening, und M. Fr. Schening, welcher nachher an der Cathedralkirche zu Danzig Prediger ward, ihm den Grund seiner Gelehrsamkeit zu danken. — Nachher trat er bey dem Professor Burchardi in Condition, und wie derselbe nach Lübeck berufen wurde, folgte ihm unser Fabricius mit seinem Untergebenen auch dahin. — Bey diesem Mann setzte er sich recht im Hebräischen feste, begleitete hierauf einen vornehmen Holsteiner nach Dännemark. Und wie er bey der Gelegenheit mit dem Hofprediger D. Masquedel bekant wurde, ging er mit dessen Sohne und zween Lübeckern, als ihr Führer, auf die Universität Rostock. D. Asselman nahm ihn an seinen Tisch, und da er nunmehro auch im Hebräischen Unterricht geben konte, fand er sein reichliches Auskommen. — Er war jetzt noch nicht 23 Jahr alt, und wäre also gar zu gerne noch etwas auf der hohen Schule geblieben, seine zärtliche Liebe aber gegen seine graue Eltern und das Verlangen seiner Vaterstadt zu dienen bewogen ihn den Ruf des hiesigen Magistrats zu der geringen Baccalaureatstelle bey der Schule anzunehmen. — 1619 ward er Diaconus, seine große Gaben aber veranlasseten den H. Bogislaf XIV ihn 1620 an. Andr. Granzins Stelle zu seinem Hofprediger zu ernennen. Die Cößliner baten zwar sehr ihn zu behalten, kouten es aber bey dem

Her=

252 IV. Abth. Von gelehrten und sonst merkwürdigen Cößlinern.

Herzoge nicht erlangen. — Weil derselbe damals noch in Rügenwalde residirete, gab er unserm Fabricius zugleich das dortige Pastorat und die Präpositur. Er hatte aber sein neues Amt noch nicht angetreten und Cößlin noch nicht verlassen, so übernahm der Herzog nach Franzens Tode die ganze Regierung, und verlegte sein Hoflager nach Stettin, dahin muste Fabricius ihm 1621 folgen. Er hatte zwar viele Arbeit, aber GOttes Beystand und sein herrliches Talent erleichterten ihm alles. — Nach fünf Jahren verlangte der Herzog, daß er die Doctorwürde annehmen solte, solches that er 1626 zu Greifswald unter D. Krakwitzen, und sein Herr schenkte ihm dazu alle Kosten. — Als hierauf K. Gustav Adolph nach Pommern kam, und sein Oberhof- und Feldsuperintendent D. Bot= vid als Bischof nach Lidpking berufen war, suchte er hiesiger Orten einen, die Stelle wieder zu besetzen. So bald er Fabricium in der Schloß= kirche hatte predigen hören, wolte er keinen andern, als diesen, haben, bat deswegen den Herzog ihm denselben zu überlassen. Dieser that es und muste es thun, aber nur auf ein Jahr. — Er brach also den 29 Jan. 1631 mit dem Könige auf und ging zu Felde. Ein Weiser ziehet aus allen Fällen seines Lebens Vortheile für sich und andere, Fabricius nutzte diese Veränderung sich in der Kentniß der Welt zu bereichern, und vor= nemlich manchen protestantischen Gemeinen unter ihrem Druck und Drang= sal den Schutz seines Königes auszuwirken. Zu Augsburg verschafte er, daß den Evangelischen vier Kirchen wieder eingeräumet wurden, welche die Papisten ihnen entrissen, öfters predigte er wider den Römischen Aber= glauben, und disputirete zuweilen mit und wider die Jesuiten. — Jetzt war sein Jahr um und der Herzog bat um seinen Fabricius: allein der König suchte noch eine längere Frist ihn zu behalten, denn er hatte sich so zu ihm gewöhnet, daß er alle Morgen und Abend sein Gebet mit ihm verrichtete. Noch an dem Sterbenstage dieses Helden, da er den 19 Nov. 1632 bey Lützen sein Leben einbüßte, muste Fabricius des Morgens ihm GOttes Wort verkündigen und das Lied anstimmen: Verzage nicht, o Häuflein klein (\*\*). Hierauf begleitete er die Königliche Leiche, und hielt bey derselben zu Leipzig eine lateinische Trauerrede, welche mit dem größten Beyfall gehöret wurde. Und da seine Verpflichtung bey dem Kö= nige nunmehro aus war, kehrete er wieder zu seinem Herrn nach Stettin zurücke. — 1634 ernannte ihn der Herzog an Reuzens Stelle zum Ge=
neral

heral-Superintendenten in Vorpommern. Wie aber dieser lezte Held des Pommerschen Stammes 1637 starb, brachen für Pommern Tage der Trübsal mit Haufen herein. Es war im geistlichen und weltlichen Regiment eine völlige Anarchie, keiner that, was er solte, und keiner wuste, wem er diente. Nur unser Fabricius (***) verwaltete sein Amt mit allem Eifer ohne Furcht und Partheilichkeit, dies gefiel hernach der Königin Christina so wohl, daß sie ihn nicht nur 1641 in der Superintendentur bestätigte, sondern auch zu des seligen Cramers Nachfolger im Pastorat bey der Marienkirche ernante, womit die Profeßion bey dem Gymnasio verknüpfet war, wie er denn auch die erste Stelle im Consistorio hatte. — Seine Ehegattin war Esther Micrälin, seligen Joh. Micrälii zu Cößlin Tochter und Lorenz Crügers Enkelin, mit derselben zeugte er in einem 35 jährigen Ehestande 3 Söhne und 4 Töchter, die er aber alle überlebte. — Sein Tod war sehr merkwürdig. Er hielte den 8 Aug. 1654 Arnd Pellens Ehegattin über 1 Cor. II. 1. eine Leichenpredigt, ward aber auf der Kanzel von einer starken Ohnmacht überfallen, und wie man ihn wieder ermunterte, wurde man die Spuren des Schlages an ihm gewahr, in welchem Zustande er den 11 Aug. seinen Abschied nahm, nachdem er 35 Jahr das Lehramt geführet, und 61 Jahr die Last der Welt getragen hatte. Wobey man von ihm sagen konte:

Principibus placuisse viris non vltima laus est.

*Horat.*

Ehe wir die brauchbaren Schriften dieses grundgelehrten Mannes namhaft machen, müssen wir seine theologische Streitigkeit berühren, welche verschiedene derselben veranlaßet hat. — Es ging bey dem dreißigjährigen Kriege, wie bey allen, die Neugier der Menschen so weit, daß sie allerhand Weißagungen von den Vorfällen und dem Ausgange desselben aus Licht brachte, welche man mit alten hervorgesuchten Prophezeyungen wahrscheinlich zu machen suchte. Dies gab Fabricio Gelegenheit ans Licht zu stellen:

Probatio vlsionum d. i. christliches in GOttes Wort und bewährten Schriften reiner Theologen wohlgegründetes Bedenken von Gesichtern, deren etliche können göttliche Offenbahrungen, etliche aber

aber teuflische Verführungen seyn, müssen dannenhero nothwendig geprüfet, und nach Anleitung gewisser Kennzeichen recht unterschieden werden, damit man wisse das Gute zu behalten, das Böse aber zu verwerfen. Nürnb. 1642.

Er behauptet darinne, daß bey vielen Gesichten und Offenbahrungen Betrug des Satans sey, bey einigen aber könne man die Mitwirkung der heiligen Engel nicht gäntzlich ausschließen, bey keinen aber sey eine Richtschnur des Glaubens und des Lebens zu suchen. — Er handelt demnach diese fünf Fragen ab:

1) Was von den visionibus, die jetziger Zeit ausgegeben werden, zu halten sey, ob sie ohn Unterscheid zu verwerfen oder anzunehmen sind?

2) Welche die rechten Kennzeichen seyn, dabey die göttlichen Offenbahrungen können erkant, und von den teuflischen Verführungen unterschieden werden?

3) Auf wie mancherley Weise die göttlichen guten und nützlichen Offenbahrungen zu geschehen pflegen?

4) Welchergestalt die erleuchteten Männer GOttes ihre visa vel audita oracula kund zu thun gewohnet seyn?

5) Ob die von GOtt eingegebene Visiones mit der Apostel Zeit sich geendiget und gäntzlich aufgehöret haben, oder ob etliche derselben hernachmals seyn zu spüren gewesen, und noch jetziger Zeit sich begeben mögen?

In dieser Sache fand man Fabricius Männer, die ihm beypflichteten, solche waren Nic. Baring in seiner Warnung vor den neuen Propheten nach der Hannov. Ausgabe, in 4. S. 80. Joh. Brokwedel in seiner Consideratione considerationis Stolterfotianæ. Sam. Plaster, den wir unten berühren werden, Joh. Micrälius, der sich zugleich auf Quistorps Einstimmung in seinem carm. grat. vor Fabricii inuicta prob. beruft, Joh. Matth. Oelquist schwedischer Bischof, und endlich Joh. Saubert Prediger in Nürnberg, der obiges Buch zum Druck befördert und D. Andreä Judicium für ihn angeführet hat.

Einige, ob sie gleich Fabricii Meinung nicht gäntzlich beygestimmet, haben ihn doch keiner Ketzerey beschuldiget, sondern die Sache als ein theo=

theologisches Problem angesehen, z. E. Calov in System. T. I. p. 350. und D. Löscher in repetit. de visionibus & reuelationibus. §. 55.

Andere hingegen widersetzten sich Fabricio, theils bescheiden, theils, wie es damals zum Schaden der Sache GOttes sehr im Gebrauch war, mit unanständiger Heftigkeit. Zu erstern zählen wir die Wittenb. Theologen in den Consil. Witteb. P. I. p. 408. zu letzern aber vorzüglich einen gewissen Lübeckschen Prediger, Namens M. Jac. Stolterfoth, dieser setzte oben benanntem Traktat entgegen:

Bedenken von Gesichten und Offenbarungen zu diesen letzten Zeiten, und was davon zu halten.

Darin wurde unn. Fabricius heftig angestochen, und er sahe sich gedrungen darauf zu antworten, solches geschahe in einer Schrift, die den Titel führet:

Inuicta visionum probatio, oder wohlbefestigte Widerlegung der nichtigen Scheingründe, mit welchen ein streitsüchtiger Sophist mein hiebevor gedrucktes Büchlein von Prüfung der Gesichter zwar bestürmet, aber mit nichten überwunden hat. 1646.

Darin kam ihm sein Landsmann Sam. Plafter in einer Schrift zu Hülfe, die wir unten nennen werden, wenn wir seiner gedenken. Stolterfoth aber ruhete nicht, sondern gab dagegen 1647 ans Licht:

Considerationem visionum apologeticam,

desgleichen 1647.

Eine Wahrheit und Ehrenrettung wider Fabricii probationem inuictam.

Diesen Schriften begegnete Fabricius in demselben Jahr 1647 mit einer andern, die den Titel führet:

Gebührmäßige Ablehnung der ganz unverdienten Schmach, welche M. Stolterfoth in seiner sehr gräulichen Schmähcharte unter dem erdichteten Titel: Wahrheit und Ehrenrettung ic. wider die inuictam probationem hat freventlich ausgestreuet.

Zuletzt trat noch 1648 Micrälius wider Meiern hervor in einer Schrift, die er betitelt:

Demonstratio innocentiae D. Fabricii aduersus M. Meierum cum historica controv. de visionibus extraord. relatione.

Wor-

Worüber sich dann endlich der Streit etwas legte. Er ging zwar nach zehen Jahren in Holland von neuen an, dabey aber war unser Fabricius nicht interessiret.

Außer diesen hat man von ihm folgende Schriften:

Prophetische und apostolische Bußglock: in 8 Predigten 1623.

Geistlicher Bußkranz in 67 Predigten.

Psalmus CXmus lex cursoriis lectionibus enodatus 1624.

Historischer Bericht oder Erzählung von *Benigna Königs*, eines gottseligen Mägdleins im Fürstlichen Alt Stettinischen Frauenzimmer neun unterschiedlicher Entzückungen A. Stettin 1629. und in 12. (†).

Fünf und dreißig Kriegsfragen 1630. recus. 1631.

Kriegs Gebeth, Nürnb 1634. 12.

Edles Wunderbuch der Israelitischen Richter in 83 Predigten erkläret. Nürnb. 1636.

Salubritas fontis Stetinensis 1637.

Diss. de ciuili conuersatione Theologi Lutherani cum seductoribus.

Gründliche Widerlegung des Vorgebens, damit den hochseligen König *Gustaphum Adolphum* ein prahlische reformirter Prediger wegen der Calvinisterey verdächtig zu machen sich bemühet.

Dispp. variae in Genesin & ep. ad Romanos.

Außer sehr vielen einzeln und mehrentheils bey feyerlicher Gelegenheit gehaltenen Predigten.

Ein noch ungedrucktes Werk; welches aus fünf starken Quartbänden bestehet und annoch in des wohlseligen H. von Liebeherr gewesenen Bürgermeistern zu Alt Stettin Pomm. Hist. Biblioth. befindlich ist, verdienet wegen des großen Antheils, so der selige Mann daran hat, mit angemerket zu werden. Es hat folgenden Titel:

Hortulus panegyricorum exequialium virtutibus incomparabilium superioris seculi (xvi) heroum, imperatorum, regum, electorum, principum, vt & nonnullorum pontificum, cardinalium, episcoporum aliorumque magni nominis virorum sacer ab illustriss. ac sereniss. Pomeranorum Duce PHILIPPO II. beatiss. memoriae quondam adornatus nunc autem propter summam tum iucunditatem tum vtilitatem, ab omnibus rei litterariae cultoribus, praesertim historiarum oratoriae toriaeque studiosis haud dubie percipiendam, reseratus & in V (Areas) s. Tomos distinctus, opera JACOBI FABRICII S. Theol. D.

(*) Sie starben 1630 beide in den großen Trübsalen, darunter Cößlin damals seufzete, und folgten sich innerhalb 10 Tagen.

(**) Dies Lied war damals ganz neu und das Jahr vorher von M. Mich. Altenburg, einem Prediger, der in dem damaligen dreyßigjährigen Kriege sehr viel gelitten, gemacht worden. Er hat damit auf die bey der Leipziger Schlacht den 7 Sept. 1631 von! der evang. Armee Igebrauchten Losung: GOtt mit uns, gesehen, s. Vogels Leipz. ann. ad h. a. f 452. Der seel. Spener liebte dies Lied so sehr, daß er es alle Sontage des Mittags nach der Mahlzeit sang, s. dessen Conf. Theol. P. vh. in der Vorr. p. 45.

(***) Ein gleiches wird von Eccard Usedom, Präsidenten des Wolgastschen Hofgerichts und Landvogt in Rügen gerühmet.

(†) Was Henn. Witte und Joh. Alb. Fabricius bey dieser Schrift für einen lächerlichen Fehler begangen, da sie geglaubet, daß solche von einem stettinschen Könige Benigna oder Bernim handle, hat der gründliche H. D. Oelrichs in seinem gepriesenen Andenken der Pomm. Herzoge Vorber. S. IX. angemerket.

**Freder** (Johann *). Seine Voreltern stammen aus dem berühmten Geschlecht der Freder her, welches in Danzig in so großem Aufsehen gestanden, er aber ist 1510 gebohren, sein Vater Herman Freder war hieselbst Burgemeister. — Als er vierzehn Jahr alt war, schickte ihn derselbe nach Wittenberg, und er war 11 Jahre lang ein Haus- und Tischgenoß des seligen Lutheri. Dies reichte ihm nun die schönste Gelegenheit dar, sich durch Handleitung der besten Lehrer und eigenen Uebung in öffentlichen Reden und Disputationen eine gründliche und ausgebreitete Gelehrsamkeit zu erwerben. — Nicht nur diese, sondern auch seine ausnehmend gute Aufführung waren ein Bewegungsgrund, daß der bekante und berühmte Justus Jonas sich mit ihm verschwägerte und ihm eine nahe Anverwandtin seiner Frauen, Namens Anna Falken, zuführete. — 1537 berief ihn der Magistrat zu Hamburg nicht, wie Jöcher saget, zum Correctorat an der Schule, sondern zum Lectore Theologiae secundario am Gymnasio. Zehen Jahre lang versahe er sein Amt zu Hamburg mit vielem Ruhm, und bekam 1540 bey obiger Stelle zugleich den Auftrag, den seligen Aepinus mit Predigen in der Domkirche zu unterstützen. Es ist aber falsch, wenn ihn einige deswegen einen Pastor bey der Domkirche nennen, welches ohne Ordination nicht hätte seyn können,

258	IV. Abth. Von gelehrten und sonst merkwürdigen Cößlinern.

die er in Hamburg niemals erlanget hatte, und deswegen 1547 der Streit erst anging. (s. Balth. Saml. Vorr.) Als 1546 Christ. Kettelhut, Pastor prim. zu Stralsund, mit Tode abgegangen war, wolte der Magistrat daselbst gerne Aepinum zum Pastor prim. haben, der zugleich Superintendent seyn solte. Wenn er aber selbst nicht wolte, so verlangte man, daß er deswegen mit seinem Gehülfen, dem Freder, handeln solte. Aepinus hatte keine Lust zur Veränderung, empfahl demnach Fredern mit den Worten: Sie würden kaum einen gelehrtern Mann als diesen bekommen, und so erhielt er 1547 die Vocation (s. am angef. Orte, Saml. I. S. 356). Ehe er von Hamburg wegging, bath er Aepinum, ihn zu ordiniren, selbiger aber schlug ihm solches ab, und also ging er nach Stralsund, ohne ordinirt und vom Landesfürsten confirmirt zu seyn. Anfangs waren seine Grundsätze von der Ordination noch sehr gemäßiget. Er behauptete, daß, wo man es haben könte, und der Gebrauch eingeführet sey, man die Ordination nicht verwerfen dürfe, nun ihm aber die Ordination von Aepino einmal versaget worden, verlange er solche nicht weiter, da es doch nur eine wilkürliche Ceremonie sey, und ein jeder, der nur rechtmäßig berufen und sonsten tüchtig sey, sein Amt ohne dieselbe rechtmäßig verwalten könne. Der eigentliche Grund aber war bey Fredern dieser, daß er dem Magistrat zu Stralsund gefällig seyn wolte, welcher die Inspection dortiger Kirche dem Wolgastischen Superintendenten nicht zugestehen wolte, und deswegen auch die Confirmation des Landesfürsten nicht nöthig hielt. Dies war nun eine Sache, die ohne Widerspruch nicht abgehen konte, und je weiter derselbe getrieben wurde, desto weiter ging auch Freder in seinen Hypothesen, daß er zulezt die Ordination für einen Aberglauben und Verstrickung der Gewissen ausgab, ohngeachtet er doch selbst andere ordinirte. Dies war die Quelle, aus welcher alle die widrigen Schiksale flossen, die Fredern hernach begegneten, und die wir nach der Ordnung erzählen müssen.

Er hatte nun auf besagte Weise sein Amt zu Stralsund ohne Ordination angetreten und kam nach Greifswalde, mit dem Vorgeben nach Colberg zu reisen, in der eigentlichen Absicht aber zu erfahren, was der Wolgastische Superintendent D. Kniepstrov zu seinem Unternehmen sagen würde. Kniepstrov war ein Mann, den so viel Menschenliebe,

als

als Friedfertigkeit neben der Wachsamkeit für seine anvertraute Kirche belebte. Er rath demnach Fredern recht wohlmeinend: Er solle mit ihm nach Wolgast gehen, daselbst wolle er bey dem Landesfürsten die Bestätigung seiner Vocation auswirken, und ihm alsdenn so gleich ordiniren, angesehen doch dieser Gebrauch in den auf dem Landtage zu Treptow bestimmten Kirchengebräuchen befohlen sey, und es sich für einen Lehrer nicht schicke, in allgemeinen Landessatzungen eigenmächtig eine Aenderung zu machen. — Allein Freder beruft sich auf die Protestation der Stralsunder, welche dem Wolgastschen Superintendenten keine Befugniß ihre Prediger zu ordiniren zugestehen wolten, und gehet unmittelbar nach Stralsund zurücke, woselbst er nicht nur als Pastor alle Ministerialhandlungen verrichtet, sondern auch als prätendirter Superintendens die Candidaten examiniret und ordiniret, die er an Kniepstroven hätte verweisen sollen.

Mitlerweile entstunden die Interimistenhändel, und Freder ergrif die Partey derer, welche behaupteten: Man solte das ganze Interim schlechterdings verwerfen, und hielt sich sehr über Kniepstroven und andere auf, welche einige Redensarten und Gebräuche, die das Interim vortrug, zu genehmigen schienen. Mit einem Worte, Freder war hierin cordater als andere Theologen, aber nicht behutsam genug, Privataffecten von seinem Eifer zu entfernen. Beides kam auch da zusammen, als er sich den Unwillen des Magistrats zu Stralsund zuzog. Er brauchte das Strafamt wider das Interim und einige zu Stralsund bemerkte Mißbräuche, ersteres war durchaus verboten, lezteres aber unangenehm, in beiden ging Freder zu weit, und wie er endlich einen unzeitigen Rath (**) ertheilte, ward er 1549 seines Dienstes erlassen. In solcher Verlegenheit wandte er sich nach Greifswalde, und ohngeachtet er Kniepstroven in den interimistischen Streitigkeiten viele harte Kränkung verursachet, war dieser doch so großmüthig, daß er ihn mit seiner ganzen Familie in sein Haus nahm, und bey dem Landesfürsten so viel für ihn bewirkte, daß ihm eine Professorstelle in Greifswalde und ein Stipendium zu 100 Gulden nebst freyer Wohnung zugestanden wurde, jedoch nur auf ein Jahr. — Als dies Jahr um war, suchte man Fredern anderweit unterzubringen, und hatte Vorschläge, ihn bey dem Domcapitel zu Cammin zu versorgen.

Wie es aber fehl schlug, war Kniepstrov wieder so edeldenkend, daß er ihm 1550 seine bisher mitverwaltete Superintendentur auf Rügen (\*\*\*) freywillig abtrat, wobey es so gefaßet wurde, daß er in den academischen Gebäuden zu Greifswalde freye Wohnung behielt und ein Lehrer dieser hohen Schule blieb. -- Dies alles aber verdankte Freder dem Kniepstrov gar zu schlecht, denn als er nunmehro Superintendent von Rügen war, bekam er seine alte Ordinationsgrillen wieder, daß er sich selbst nicht ordiniren lassen, und doch andere ordiniren wolte. — Es ist wahr, weil Freder wuste, daß die Insel Rügen unter dem Rotschildischen Bischofthum stand, so schrieb er an Palladium, und bath ihn, Kniepstroven zu übertragen, daß er ihn mit Auflegung der Hände ordinirte, der Bischof aber war auch eigensinnig, und wolte, daß Freder zu ihm kommen und die Ordination von ihm selbst holen solte. Diese Reise war Fredern damals unmöglich, und ihm an der Ordination so viel nicht gelegen, also blieb es, wie es war. — Kniepstrov unterließ inzwischen nicht, ihm brüderliche Gegenvorstellungen zu thun, richtete aber nichts aus. Freder ergrif gar die Feder und vertheidigte seinen Irrthum mit ziemlicher Heftigkeit, daher Kniepstrov genöthiget war, sich zu verantworten. Freder nahm ihm das so übel, daß er bey dem Herzoge klagbar wider Kniepstroven einkam. Der Herzog ließ die Sache zu Ukermünde untersuchen, und man fand billig, daß Freder nach gethaner Abbitte sich ordiniren lassen und der Kirchenordnung unterwerfen solte. — Nach wenig Tagen kam Freder dagegen ein, und bath, daß man auswärtige Erkäntniß einholen möchte. Es wurden demnach die Acten an die Theologische Facultät nach Wittenberg gesandt, diese billigte des Herzogs Verfahren, und rieth Fredern ein ewiges Stillschweigen aufzulegen, Freder aber wolte nicht, und also verlor er 1551 sowol die Rügianische Superintendentur als seine Profession in Greifswald. Aus Rache reisete Freder gerades weges nach Dännemark, um bey dem Rotschildischen Bischof die Wiedereinführung und Bestätigung in seiner Superintendentur zu suchen, und solche erhielte er, wobey einige behaupten wollen, daß er sich damals auch von Palladio ordiniren lassen. — Der Herzog konte dies nun wol freylich nicht mit gleichgültigen Augen ansehen, und doch konte auch Freder sein Verfahren aus dem Kielschen Vertrage von 1543 rechtfertigen, deswegen that der Her-

zog,

zog, als wenn er sich an die ganze Sache nicht kehrte, und Freder genoß noch so fünf Jahre lang die Einkünfte von Rügen und behielt seine Wohnung auf dem academischen Hause zu Greifswald, doch nicht die Profession. — Mitlerweile aber dauerten die Zänkereyen mit Kniepstroven immer fort. Er schickte keine Rügianische Candidaten an, sondern examinirte und ordinirte sie selbst, ja er beschuldigte ihn öffentlich, er wäre ein Interimist, Adiaphorist, Papist, und was mehr dergleichen Isten Kniepstroven nur schimpfen und kränken konten. — Kniepstro berief also 1551 einen Synodum nach Greifswald, worauf aber die Rüginischen Pastores nicht erscheinen wolten, und das Feuer wurde immer größer. H. Philipp, der so lange zugesehen, ward des Haderns auch müd und setzte eine Commission im Oct. 1553 zu Greifswalde nieder, diese bestand aus den vornehmsten Predigern verschiedener Städte und der Insel Rügen, wie auch dem Concilio academico. Diese ließ Fredern und Kniepstroven vor sich laden, und der gütige Herzog genoß die Freude daß zwischen beiden Theilen ein Vergleich gezeichnet und eigenhändig von ihnen unterschrieben wurde. — Freder aber konte und wolte nicht Friede halten, er gab vor, er sey bey dem Vergleich hintergangen worden, und könne ihn mit gutem Gewissen nicht halten, trat deswegen 1555 aufs neue mit Streitschriften hervor, Kniepstrov verantwortete sich zwar, ließ aber nichts drucken, sondern übergab seine Apologie dem Herzoge schriftlich, mit Bitte in der Sache nach Recht zu erkennen, oder ihm zu erlauben sich auch öffentlich zu vertheidigen. — Der Herzog sandte die Schriften beider Theile und eine umständliche Relation der ganzen Sache durch D. Jac. Runge an die Theologische Facultät nach Wittenberg, und diese fällete den 1 Sept. 1555 das Gutachten: „Es solte ein Synodus „zu Greifswalde zusammen beruffen und von demselben der Streit beygeleget werden", dem noch eine besondere Theologische Beurtheilung der Sache beygefüget war. Dieses letzte hielt der Herzog zurück damit nicht etwa jemand zur Partheilichkeit verleitet würde. — Der Synodus kam nun im Febr. 1556 zusammen, Freder aber reisete nach Stralsund und wolte durchaus nicht erscheinen, nichts destoweniger wurde die Sache in Ueberlegung und Untersuchung gezogen, da denn Kniepstrov den Sieg davon trug. Ohngeachtet nun schon Melanchthon und Eberus Fredern

1555 ermahnet hatten, sich vor diesem Synodo zu gestellen, dieser auch nochmals, nachdem die Sache schon in Untersuchung gezogen war, ihn mit recht freundschaftlichen und brüderlichen Ausdrücken dazu eingeladen, ja der Herzog selbst ihm sicher Geleit versprochen hatte, so blieb Freder doch zurücke, und dem Ebero und Melanchthon antwortete er in so beißenden und beleidigenden Ausdrücken, daß lezterer in einem Briefe (\*\*\*) an Rungen schreibet: Ante duos menses scripsit ad me rabiose FREDERVS, te & me praecipue lacerans, acerbitate orationis non vulgari, vsus sum mea philosophia, in qua non iam sum rudis tiro, id est TACVI. — Alles, was Freder thun wolte, bestand darin, sich schriftlich zu vertheidigen, daß er sich aber vor einem Greifswaldischen Synodo gestellen solte, könte er zum Präjudiz des Rotschildischen Bischofes nicht eingehen. — Solchergestalt wurde er contumaciret, und Knepstrov erhielt das Urtheil eines unschuldigen und wachsamen Lehrers. — Nach geendigtem Synodo kam Freder zwar wieder nach Greifswald, ließ sich aber nicht öffentlich sehen, wurde aber auch bald; nämlich im April 1556 als Superintendent nach Wismar berufen. Hier drohete er nun den Pommern gewaltig, H. Philipp aber veranlassete bey dem H. zu Meklenburg, daß ihm ein Stillschweigen geheißen wurde, wiewol er bekam auch hier bald neue Verdrießlichkeiten, welche ihm die Sacramentirer und Wiedertäufer verursachten, daß Chyträus (†) ganz recht hat, wenn er saget: FREDERVS aliquoties mutato loco semper posteriorem proximo in commodiorem expertus est. — Inzwischen hat ihm die Meklenburgsche Kirche doch viel zu danken, angesehen er die Generalvisitation derselben veranlassete und verrichtete, auch den äußern Gottesdienst in Ordnung brachte, gleichwie er auch vormals auf Rügen die Privatabsolution einführete, welche noch an den wenigsten Orten gebräuchlich gewesen war. Sein Ende erfolgte zu Wismar den 26 Sept. 1562, und weil seine Frau, ein Kind und drey Hausgenossen innerhalb 4 Tagen mit ihm zugleich sturben, hieß es, sie hätten Gift bekommen (††), es ist aber ein falsches Gerüchte gewesen. — Seine Schriften, welchen der Index libror. prohib. seine Empfehlung giebet, sind, so viel ich in Erfahrung bringen können, folgende:

Car-

Freder.

Carmen in laudem vrbis Hamburgi von 1315 Versen, welches in D. Fabricii memorab. Hamb. T. II. befindlich ist. Melanchthon und Justus Jonas, dem es dediciret ist, haben es mit ihren Vorreden, Stigelius aber mit einem Epigramma begleitet, denn mit Stigelio und Heinsio pflegte er in der Poesie um den Vorzug zu streiten.

Lob und Unschuld der Frauen, unter dem Namen J. Irendi, welches man fälschlich Chyträo beyzulegen pflegt.

Auslegung über den LXXIX Pf. mit Aepini Vorrede.

Er ließ auch des Aepini Auslegung des XVI Pf. 1544 zu Frankf drucken, wodurch er aber zu dem großen Streit wegen der Höllenfahrt Christi, den Aepinus veranlassete, mit Gelegenheit gegeben, s. Balthas. im Leben Garcdi.

Auch hat ihm unsere Kirche die drey schönen Lieder: Ich dank dir GOtt für all Wohlthat rc. — Meine Seele sol aus Herzensgrund rc. — und GOtt Vater in dem Himmelreich, welches die Litaney ist, zu verdanken. Sie sind ursprünglich niederdeutsch verfasset, hernach in dem Görlitzischen Gesangbuch hochdeutsch übersetzet (†††).

(\*) Man muß ihn sorgfältig von seinem Sohn Joh. Freder unterscheiden, der ihm zu Hamburg geboren und nachhero D. Theol. und Prof. zu Rostock gewesen. Wie wenig er mit dem Vater in Ansehung der Ordination einerley Meinung gehegt, kan man aus dem Briefe sehen, den uns Hr. Schelhorn in seinen Ergößlichkeiten B. I. geliefert hat.

(\*\*) Es war Stralsund mit Greifswalde der Meinung, das Interim anzunehmen, weil diese Lande dem Kaiser doch nicht Widerstand thun könten, sie beriefen sich auf den Vorgang anderer Städte des Römischen Reichs rc. — Hie widersetzte sich nun Freder mit der grösten Heftigkeit, und rieth vielmehr, daß die Stadt Stralsund sich mit Magdeburg wider den Kaiser verbinden solte. — Dies war damals, als in dem schmalkaldischen Kriege die Stadt Magdeburg nach dem Siege des Kaisers in die Acht erkläret und wegen ihres noch beharrlichen Widerstandes angegriffen wurde.

(\*\*\*) Von Veranlassung der Superintendentur auf Rügen s. den Tract. Nachr. wie es in Pomm. zur Zeit der Reform. mit Abschaffung des päbstl. Kirchenwesens eigentlich bewandt gewesen, und von Balthas. II. Samlung S. 364 f.

(†) S. SCHÜTZ in vita Chytraei L. III. p. 208. Dieser David Chytraeus D. und Prof. Theol. zu Rostock war ein Schwiegersohn des Joh. Frederi Fil. und hat unserm Freder bey Gelegenheit der Doctorpremotion des seel. Wigands eine Lobrede gehalten, welche unter der Samlung seiner übrigen S. 628. anzutreffen ist.

(††) So erzählet es uns ein alter Chronicant, Namens Lambert Alardus, in einer

Schrift,

Schrift, welche in den Balthasarschen monum. ineditis T. I. befindlich ist, mit folgenden Worten: Anno 1562 M Joh. Frederus Superint. Wismariensis venenato potu Hippocratico sublatus est cum vxore & liberis. —

(†††) Es würde mir zu weitläuftig geworden seyn, bey jedem einzeln Umstände dieser recht mühsam zusammen gesuchten Lebensgeschichte meine Quelle namhaft zu machen, ich will sie alle hier zusammen anführen, sie sind: von Balthaf. Samlung zur Pom. K. G. Melanchthons Briefe, Cramers K. H. der Collegen des Gymn. zu Stralf. Gratul. Epistel an den seel. H. D. Johan Wilhelm Löper, welche de rebus praesulum Sundensium Sec. XVI. handelt und 1751 heraus gekommen. C. T. Ragonis program. zur Promotion des Lic. Theol. Christoph Barfknecht. Dähnerts Pomm. Biblioth. ic.

**Fuchs (Samuel).** Er war den 27 Nov. 1589 hieselbst gebohren. Sein Vater hieß **Valentin Voß**. — Nachdem er den Anfang seines Studirens in hiesiger Stadtschule gemacht, bezog er das Gymnasium zu Danzig. Von da ging er auf die Universität Königsberg, welche er hernach mit Straßburg vertauschte, und von hieraus eine Reise durch Deutschland und Italien that. — Nachdem er solche vollbracht, wandte er sich wieder nach Königsberg und wurde daselbst 1617 Magister, 1618 aber Professor Eloquentiä, wobey er zugleich die Inspection über die Freytische erhielte, so er aber kurz vor seinem Ende freywillig niederlegte. — Er bekleidete seinen Posten mit vielem Ruhm, wie ihn den **MicrαL B. VI.** S. 296. einen feinen Poeten und statlichen Redner nennet. — **Lilienthal** im Erl. Preußen Th. I. S. 136. versichert, daß man noch zu seiner Zeit von seiner Beredsamkeit viel zu sagen gewußt. In der Poesie pflegte man ihn dem **Heinsius** zu vergleichen. — Er sol auch die schönen Emblemata angegeben haben, welche in der Börse zu Königsberg oben an der Decke zu sehen sind. s. ebend. Th. III. S. 486. — Den 1 April 1630 verließ er die Welt und hinterließ außer einigen Orationen und Dissertationen eine Didacticam Konigsb. 1612, Metoposcopiam & ophthalmoscopiam 1615, wonächst er auch etwas von der Physiognomie geschrieben. — Sonst war er willens, alle die kleinen Schriften zu samlen, welche von Stiftung der Academie an auf die hohe Landesherrschaft bey Trauer- und Freudenfällen auf dieser hohen Schule ans Licht getreten, es ist aber nur ein Theil davon zu Stande gekommen, unter dem Titel: Scripta acad. Regiom. in honorem Principum Borussiac. Regiom. 1628. 4to.

**Hannemann** (Joachim) war anfangs Collega am Gymnasio zu Elbing, und erwarb sich durch seine Geschicklichkeit vielen Ruhm. Nachhero bekam er 1630 den Ruf als Pastor zur Pfarre in Lenzen, 1643 aber zur Pfarre nach Neukirch in der Elbingschen Niederung, und starb 1656.

**Helwing** (Christian Friederich). Er ist den 19 Jan. 1725 gebohren, sein Hr. Vater Jacob Helwing war hieselbst der Brauer- und Kaufmannsgilde Verwandter, die Mutter Anna Friedelin, seel. M. Balthas. Friedels Diaconi zu Cörlin Tochter. Die göttliche Vorsehung entriß ihm diese Mutter in seiner zartesten Kindheit, da sie mit seinem folgenden Bruder entbunden wurde; und ihre Stelle ersetzte Fr. Anna Catharina Westphalin, deren Andenken ihm, wegen der von ihr genossenen Wohlthaten, jederzeit sehr ehrwürdig bleibet. — Den ersten Grund seiner Studien legte er in hiesiger Stadtschule, da er anfänglich der besondern Aufsicht des Rector Birkholz anvertrauet, nachhero aber dem Unterricht des Rector Jänken übergeben ward. Sein Talent und der rühmliche Fleiß, welchen Jänke damals noch an die Jugend wandte, machten ihn zu einem Schüler, der im Lateinischen, Griechischen, Hebräischen, Französischen, so wie in der Historie, Geographie, Rechenkunst, Mathematik, Poesie und den Anfangsgründen der Wolfischen Weltweisheit schon kein Fremdling mehr war. Mit einer so wohlgeordneten Grundlage schöner Wissenschaften empfing ihn zu Ende 1741 die Stolpische Schule, und der geschickte Rector Kühne an ihm einen Lehrling, der seiner Anweisung gerne zuvor arbeitete. — Beynahe hätte die nach geendigtem ersten schlesischen Kriege vorgenommene starke Werbung ihm einen rauhern Beruf angewiesen: allein er kam um Ostern 1743 glücklich auf die Academie nach Halle. Drey Jahre lang hörte er einen **Baumgarten**, **Knapp** und **Michaelis** in den Wissenschaften, welche ein Theolog hauptsächlich wissen muß, so wie ihn ein **Meier**, **Krüger** und **Wiedeburg** das anmuthige Feld der Weltweisheit, Mathematik, Naturkunde und Geschichte durchleiteten. Bey dem großen Fleiß, welchen er auf sein Studiren wandte, nahm er in seinem zweyten academischen Jahre noch eine täglich zweystündige Information in den obern lateinischen

IV. Abth. Von Gelehrten und sonst merkwürdigen Cößlinern.

Classen des dortigen Waisenhauses über sich. Dies war ihm ein wahrer Nutzen, der aber noch größer ward, als die Baumgartischen wöchentlichen Disputirübungen ihm den Weg zu einer nähern Bekantschaft mit diesem unvergeßlichen Lehrer bahneten, denn dies schaffete ihm die vortheilhafte Gelegenheit, selbst ein Hausgenosse dieses großen Gelehrten und als Hauslehrer der Baumgartischen Jugend erwählet zu werden, wobey er zugleich in der kostbaren Bibliothek dieses arbeitsamen Mannes hülfliche Hand leistete. — Um Ostern 1746 stunden ihm durch Vorsorge dieses seines Gönners zween Wege zur Beförderung offen, einer nach Achen jenseit des Rheins, der andere nach Meklenburg, an beiden Orten einen Führer vornehmer Jugend abzugeben. — Er erwählte den lezten, und kam nach Blumeno, woselbst er Hofemeister der jungen Herren von Oerzen wurde. Hier hatte er das Glück in ein Haus zu gerathen, wo Ordnung und Sitten ein Beyspiel der Nachahmung gaben, und der älteste seiner Untergebenen ihn in beständiger Uebung und Erweiterung seiner Erkäntnisse unterhalten konte, da er selbst schon einen guten Anfang in Sprachen und nützlichen Wissenschaften gemacht hatte. Als er inzwischen die Nachricht erhielte, daß sein Vater gestorben war, verging ihm die Lust, jemals in sein Vaterland zurück zu kehren, welche ehedem eben seine Wahl auf Meklenburg gerichtet hatte, um demselben etwas näher zu seyn. Halle war es jetzt allein, wo er sein Vergnügen zu finden glaubte, und dahin er sich zurück zu kehren entschloß, so gar mit der Hofnung, seinen beständigen Wohnsitz hieselbst aufzuschlagen, indem ihm die Arten der Beförderungen im Meklenburgschen gar nicht gefallen wolten. — Nach einem anderthalbjährigen Aufenthalt im Meklenburgschen, und einer Erlassung, die Merkmaale der besten Zufriedenheit begleiteten, kam er also um Michael 1747 wiederum in seinem geliebten Halle an. Das Baumgartische Haus ward wieder sein Aufenthalt, und die Lesung griechischer Profanscribenten, so wie die Erlernung der Englichen Sprache seine Beschäftigung. — Der nunmehrige H. Consistorialrath Suero in Magdeburg, der H. Consistorialrath Masch im Meklenburgschen und der H. D. Semler in Halle waren seine akademische Zeitgenossen, durch deren Fleiß der seinige wuchs; lezterer aber theilte mit ihm das Vergnügen sein Contubernal zu seyn. — Die göttliche Vorsehung wies ihm um Ostern

1748

1748 in Curland, Schlesien und dem Reich aufs neue annehmliche Stationen, und unter andern bey dem Reichsfreyherrn von Edelsheim in Hanau an. Ein Ort aber als Halle, der seiner Wißbegierde so weite Aussichten verschaffete, enthielt zu viel reizendes für ihn, als daß er nicht lieber alle diese Vortheile verleugnet und dafür die Correctorstation in der berühmten Gebauerischen Officin, auf Empfehlung und Rath des großen Baumgartens angenommen hätte. — Eine mehrmalige Durchlesung jedes Bogens, der aus den sieben Pressen dieser Officin kam, war demnach für ihn ein so lehrreiches, als in der Abwechselung angenehmes Geschäfte. — Halle solte es inzwischen doch nicht seyn, in welchem er die Früchte seines Fleißes ernten solte; ein Ruf zum Rectorat an das vortrefliche Gymnasium zu Lemgo entzog ihn überhaupt seinem Vaterlande, er folgte und ließ sich den 4 Sept. 1749 dies wichtige Amt, im Vertrauen auf göttlichen Beystand, anvertrauen, bey welcher Gelegenheit er sein erstes Schulprogramma schrieb:

De iis, quae ad LAVRENTII VALLAE vitam & fata pertinent. Und seine Antritsrede handelte: De reuelatae religionis veritatibus per historiam profanam optime firmandis. — Die Anzahl derer, welche nicht nur aus den lippischen Landen, sondern auch aus Bremen, Hameln, Hannover, Celle, Göttingen, Marburg ꝛc. seines Unterrichts hieselbst genossen, und nunmehr im Soldaten- und Bürgerstande wichtige Aemter bekleiden, sind lebende Zeugen, wie viel dieses Gymnasium seinen Bemühungen zu danken gehabt. — Seine vormalige Beschäftigung unter den Werkstätten gelehrter Schriften zog ihn in die Bekantschaft der berühmten Meyerschen Handlung, und auf diese folgte eine Bekantschaft der einzigen Erbin derselben, nämlich der Tochter H. Johann Heinrich Meyers, Jgfr. Margaretha Elisabeth, mit welcher er 1754 ehelich versprochen wurde; doch konte die Volziehung dieser Ehe wegen Absterbens seines Schwiegervaters nicht eher als den 15 Jan. 1755 volzogen werden. — Die schwachen Gesundheitsumstände seiner Fr. Schwiegermutter nöthigten sie hiernächst, den Entschluß zu fassen, sich gänzlich der Last ihres Hauswesens zu entschlagen, und solche nunmehro auf die Schultern ihres Schwiegersohns zu wälzen. Damit aber ihre Druckerey, und alle, welche darin künftig die Kunst erlernen möchten, auch nach ihrem Tode bey ihrer bisherigen Zünftigkeit erhalten würden, ließ sie ihn, nach vorher eingeholtem Consens der Leipziger Druckereygesellschaft, 1755 auf zwey Jahre zunftmäßig einschreiben und 1757 lossprechen und ihm durch ein ordentliches Postulat die Druckereyrechte ertheilen. Diese zwey Jahre dienten unserm H. Helwing, sich mit dem Inwendigen und Wesentlichen der Druckereyofficin, so viel möglich, bekant zu machen und den Verlag seiner Frau Schwiegermutter in Ordnung zu halten. -- Ein Geschäfte, da er in Auftrag derselben 1755 eine Reise nach Frankfurt am Mayn thun muste, um eine alte Handlungsirrung auszumachen und beyzulegen, gab ihm Gelegenheit in den Michaelisferien eine Reise nach Darmstadt, durch die Bergstraße, nach Heidelberg, Manheim, Worms, Mainz, Wisbaden, Biberich, und von da den ganzen Rheinstrom herunter über Rheinfels, Bon und Cöln nach Düsseldorf zu thun, von wannen er, nach ener den 1 Oct. auf dem Rhein vor Düsseldorf glücklich überstandenen großen Lebensgefahr, über Münster und Paderborn wieder nach Lemgo ging. -- Wie nun seine Fr. Schwiegermutter zu Anfang des 1757 Jahres den Entschluß faßte, ihm auf Ostern ihre ganze Handlung und Druckerey zu übergeben, so sahe er sich gedrungen, sein achtehalb Jahr mit vielem Segen geführtes Schulamt niederzulegen, welches er, so wie das bevorstehende Osterexamen, eine öffentliche Redeübung und seine letzte Schulrede: Von den Hindernissen einer wohleingerichteten Schule, durch eine Einladungsschrift ankündigte, welche die Frage abhandelte:

Welches sind denn die besten Schulen?

So beschloß er also den 28 März 1757 sein rühmlich geführtes Amt mit gegenseitigem Danke, wobey sein empfindliches Herz gar viel, noch mehr aber bey dem traurigen Falle litte, als er den 12 März 1759 seine geliebte Schwiegermutter, und mit derselben eine segnende Fürbitterin durch den Tod verloren hatte.

Meine Leser werden in dieser Erzählung die Fußstapfen besonderer Führungen entdecken, womit die göttliche Weisheit das Leben unsers Hrn. Helwing ausgezeichnet hat, er blieb aber noch zu einem merkwürdigern Auftritt ausersehen. Einmal war er, wie wir eben erzählet haben, von der Bildung edler Herzen und schöner Geister zu dem Geschäfte

schäfte übergegangen, die Arbeiten eines gelehrten Fleißes unter den Haufen derer zu vertheilen, deren Beruf die Ausübung einer edlen Kunst ist, und seine Handlung zum Lagerhause göttlicher und menschlicher Weisheit zu machen. Wobey ich nicht vergessen kan, daß er in so weniger Zeit das große und kostbare Vorhaben, die beliebte Lemgoer Bibelausgabe, nach Art der Cansteinschen Bibelanstalten, mit stehenbleibenden Schriften durchaus gießen und abdrucken zu lassen, grostenteils zum Stande gebracht, und mit deutschen Uebersetzungen der besten griechischen Schriftsteller seinem Verlage einen neuen Ruhm erworben. — Es schien aber zu wenig für ihn zu seyn, das Ruder einer der ansehnlichsten Buchhandlungen und Buchdruckereyen in Deutschland zu führen, es war für ihn noch das Ruder einer ansehnlichen Stadt vorbehalten, welches ihm gewiß sehr unerwartet kam. — Die beiden großen Armeen, nämlich die englisch alliirte und königl. französische stunden 1757 in dieser Gegend streitbar gegen einander. Erstere zog sich zurück, und so drang letztere den Wetterwolken gleich mit alle den Drangsalen und Schrecken, die ein feindliches Heer vor sich her senden kan, der Stadt Lemgo und diesem Lande entgegen. Wie nun in den Tagen dieser Trübsal die zween regierende Burgemeister der Stadt mit Tode abgingen, fiel am H. Dreykönig Tage 1758 die einmüthige freye Wahl der Bürgerschaft auf den Syndicum, Hrn. Johan Anton Benzlern, und unsern Hrn. Chr. Fr. Helwing, daß sie das Amt regierender Burgemeister übernehmen, und die dasiger Orten damit verknüpfte unter hochgräflich lippischer Landeshoheit auszuübende beträchtliche Jurisdiction in bürgerlichen, peinlichen, geistlichen und Policeisachen nunmehr versehen musten, wodurch für unsern arbeitsamen Gelehrten ein ganz neues Feld eröfnet wurde.

Jedoch ein Mann, der in der Philosophie, Mathematik, Reichshistorie, Antiquitäten und dem Rechte der Natur mehr als die Anfangsgründe kennen gelernet, konte sich durch anhaltenden Fleiß und mit der Zeit leicht eine Fertigkeit erwerben, die Gründe des allgemeinen Rechtes einzusehen, die besondern Rechte des Orts kennen zu lernen und solche bey einzeln Fällen richtig anzuwenden. Hier kam noch dieses hinzu, daß unser Herr Burgemeister an die Seite eines Collegen gerieth, der durch eine vieljährige Rechtserfahrenheit, eine rechtschafschaffene Gemüthsfassung und ein gefälliges Wesen bey demselben die Neigung zur Rechtsgelehrsamkeit nicht niederschlug, sondern vielmehr nach der unter beiden Collegen herschenden Freundschaft merklich und mit gutem Erfolge vergrößerte, zumal da pflichtmäßiger Eifer und Fleiß es an nichts ermangeln ließen, sich dieses alles zu Nutze zu machen und jede erlangte Kentniß der Rechte bey vorkommenden Fällen anzuwenden.

Ich muß abbrechen, da es schwer fällt, hier keine Lobrede zu schreiben, welches bey dem Verhältniß, in welchem ich mit diesem Gelehrten in Ansehung des Verlages stehe, einer ungleichen Auslegung könte unterworfen seyn. Alles, was ich noch hinzusetze, sollen die gelehrten Arbeiten seyn, welche diesen Cößliner eben so, wie sein guter Character bekant und berühmt gemacht, so daß die königl. deutsche Gesellschaft zu Göttingen ihn schon 1750 zu ihrem Ehrenmitgliede ernante, welcher er bey Gelegenheit einer schönen philosophischen Abhandlung

**Von der Vergessenheit**

seine Achtung bezeugete. Außer diesen bereits angezeigten Schriften hat seine Feder beschäftiget

1748

Eine Uebersetzung von Anton Ansbelms Abhandlung von den Denkmaalen, welche dem Mangel schriftlicher Aufsätze zu statten gekommen und zur Berichtigung der ersten Schriftsteller gedienet haben. — Sie stehet im II Th. der Zusätze zur allgem. Weltgeschichte. Halle 1748. 4.

1749

Eine kleine anonymische Schrift, französisch, wider den Verfasser des l'homme machine 1 Bogen. 12.

Uebersetzung einiger Briefe Lutheri aus dem Lateinischen. — Sie stehen im XXI Th. der Walchischen Ausgabe der Schriften Lutheri. Halle 1749. 4.

1750

Essai sur un nouveau Systeme des ames des bétes. Halle 1750. 8. acht Bogen, ist eine Uebersetzung der deutschen Schrift des Hrn. Prof. Meiers.

1751

Versuch einer Einleitung in die gesamte Moral. Halle 1751. 8. 5 B.

1752

## 1752

Vollendete er die Uebersetzung der Tablettes chronologiques de Mr. Abbé du Fresnoy. Sie kam unter Hrn. D. Baumgartens Aufsicht und mit dessen Vorrede heraus in II Theilen. Halle 1752. den ganzen Discours preliminaire vor dem ersten Theil von 11½ Bogen, und den ganzen 2ten Theil von 1 Alph. 8. B. hat er allein übersetzt.

Bey der moralischen und litterair Wochenschrift: Der Hagestolz, welche 1752 zu Erfurt in 8. heraus kam, war er des Hrn. Prof. Wedekinds zu Göttingen Mitarbeiter, und rühren unter andern von ihm die Stücke her, welche mit Fritz aus Westphalen unterzeichnet sind.

## 1753

Grenzen der philosophischen und theologischen Moral. Halle 1753. 8. 19. B.

Die Welt, eine periodische Wochenschrift nach dem Plan des Hagestolz. Erf. 1753. 8. Sie hatte die nämlichen Verfasser.

## 1753 = 1754

Westphälische Bemühungen, zur Aufnahme des Geschmacks und der Sitten, 24 Stück oder IV Th. 8. Der jetzige Hr. Prof. Hoffmann zu Dortmund war bey denselben sein Hauptmitarbeiter.

## 1756

Dicta ordinem salutis spectantia ad ductum Thesium Baumgartianarum, griechisch und hebr. Lemgo 1756. 8. 18 Bogen.

Außer diesen haben wir von ihm noch einige anmuthige kleine Gelegenheitsschriften, die wir, mit Vorbeplassung derer, so wir schon in der Erzählung selbst bemerket, noch anführen müssen. So kamen heraus:

1750 Die Lüderschen Verdienste, wodurch zugleich zu einer öffentlichen Disputir= und Rednerübung eingeladen wurde 4½ B.

1751 Meditationum philosophicarum Sectio prima, de Consectariis peccatorum internis, & in primis quoad facultatem animæ cognoscitiuam, quas — *Fr. Chr. Ruben* Rhema-Ravensbergensis d. V. Aug. publice defendebat, wodurch zugleich die Redübung des Hr. Subconrector Johan Heinrich Brockhausens angekündiget wurde. 3 Bogen.

1751

IV. Abth. Von gelehrten und sonst merkwürdigen Cößlinern.

1751 Gedanken von dem Adel des menschlichen Lebens, als eine abermalige Einladungsschrift zu einem Redneractus auf den 14 September. 2 Bogen.
1752 Meditationum philosophicarum de consectariis peccatorum internis lectio secunda, in primis qua facultatem animæ appetitiuam, quas-publice d. XX. Mart. defendit *Just. Conr. Mensching*, Borga-Hannover. 2 B. Zugleich wurde zu einem Redeactus eingeladen.
1752 Betrachtungen über das Neue im Tode. Bey Beerdigung Hrn. Burgem. **Jobst Heinrich Benzlers.** 2 B.
1752 Dissert. iuris naturalis de debita principis cura circa affectus malignos eosque occultiores compescendos, quam — — publice defendit d. XIV. Sept. *Jo. Wilh. Plage* Hornensis. Womit zugleich des Hrn. Subconrector Brokhausens Redübung angekündiget wurde 2½ B.
1753 Dissert. politico-moralis probans, fautorem, licet potentissimum, si sapientia caruerit, esse periculosum, quam — — publice d. IX. Apr. defendit *Jo. Alb. Herm. Heldmann*, Lemgoviens. Wodurch wieder zu einem Redeactus eingeladen wurde. 2½ B.
1753 Gedanken von der Glückseligkeit der Alten. Bey Beerdigung des Hrn. Burgem. **Vollrad Müllers.** 2 B.
1753 Diss. politico-moralis contra inuidentiam, quam — — publice d. XIV Sept. defendit *Christ. Lud. Dalwig*, Pyrmontanus. 2 B.
1754 Widersprüche im Urtheilen, insonderheit in Ansehung des obrigkeitlichen Standes, als eine Einladung zu einer öffentlichen Redübung. 2 Bogen.
1754 Meditationes philos. de religione christiana optimum fortunarum vsum docente, quas — — publice defenderunt *Albr. Wolfg. Dönch* Lauenhaga-Buckeburg. & *Justus Christoph. Koch* Berkela-Hanov. nebst einer Einladung zu einer Redübung. 2 B.
1755 Meditationes de bonorum operum indole, quas — *Balth. Jo. Conr. Koch* Berkela-Hanov. Wobey zu 43 öffentlichen Reden des obersten Classe eingeladen wurde, 3 B.
1755 Beantwortung der Frage: Warum Gott den Menschen die meisten künftigen Schicksale verberge? Als eine Einladungsschrift zu einer öffentlichen Redübung der obersten Classen. 2 B.

1756

1756 De certitudinis humanae criteriis pauca, quae ---- publico examini submittit *Conr. Dan. Schumacher*, Hamelensis. Bey welcher Gelegenheit gleichfals ein Redneractus gehalten wurde. 3 B.

*
* *

Nec facundia deserit haec nec lucidus ordo.
*Horat.*

**v. Heydebreck** (Bogislav), Erbherr auf Bizicker, ist den 6 Jun. 1645 auf dem Fürstlichen Hause zu Cößlin geboren. — Sein Vater Jac. von Heydebreck war H. **Bogislav** XIV. Landrath und Hauptmann zu Bublitz, nachhero Rath der Fürstin Anna von Croya in Vormundschaft ihres Hrn. Sohnes, worauf er erster Regimentsrath und Stiftsvogt im Stift Cammin, zuletzt Churf. **Friederich Wilhelms** Geheimderrath wurde. — Seine Mutter war Ilse **von Kleist**. — Als er auf Schulen einen guten Grund geleget, zog er mit seinem jüngern Bruder Jacob, der auch zu Cößlin den 19 Märtz 1647 geboren ist, in die Fremde. Nachdem aber derselbe den 17 Jun. 1667 zu Paris gestorben war, kehrte unser Bogislav im April 1668 wieder in sein Vaterland zurücke. — Weil er nun auf seinen weitläufigen Reisen die Welt gesehen, ward er erwählet, des H. Jacob von Curland Prinzen, **Carl Jacob**, durch Holland, England, Frankreich und Italien zu führen. — Die Familie bewahret noch die ihm von H. Jacob vorgeschriebene Reiseordnung, worin man unter andern die Vorschrift lieset: Daß sie kein Frühstück essen, und nicht Ball spielen sollten. — Der Prinz beschenkte ihn mit seinem und unsers Bogislav eigenen Bildnissen, so auch noch in der Familie aufbehalten werden. Sie sind auf kupferne Ovale eines Thalers groß mit Genever Punctirkunst schön gezeichnet. — 1670 erhielt er, da er noch auf dieser Reise war, die Bestallung als Churfürstlicher Cammerjunker, und darauf die Amtshauptmannstelle zu N. Stettin. — Seine aus Rom und andern Orten eingesandte Berichte, welche die Familie handschriftlich verwahret, verdienen gelesen zu werden, und zeugen von dem Nutzen, den er von seinen Reisen gehabt. — Er starb den 14 Nov. 1676.

**Hoevener** (Walther). Er wird allenthalben Coeslinensis genannt, nant, obgleich das Jahr seiner Geburt unbekant ist. — Er war I. V. D. und Licent. Decretalium, lehrete dabey als Professor Juris auf der Academie Greifswald in den ersten Jahren nach ihrer Stiftung. — 1467 und 1478 verwaltete er das Rectorat, und 1480 (*) war ihm ein gleiches zugedacht, woraus aber ihm so wol als der Academie ein großer Verdruß entstand. Denn als in diesem Jahre Joh. Meylof auf Michaelis sein erstes Rectorat ablegte, wolte er einen andern zum Nachfolger ernennen, es entstund aber von einigen Gliedern der Academie, denen das Wahlrecht zukam, ein heftiger Widerspruch, und selbige trenneten sich von dem ganzen Corpore, gingen in ein besonders Zimmer und erwählten unsern Hövener, die andern aber den, welchen Meylof ernant hatte (**). Weil nun Höveners Ernennung den Statuten zuwider lief, ward sie für ungültig erkläret, und dem andern die Ehrenzeichen des Rectorats eingehändiget. Nichts destoweniger behielt Hövener seinen Anhang, sein Rectorat aber blieb gänzlich ohne Activität und häufte ihm Schmach und Verfolgung. Diesen unnützen Zwiespalt zu ahnden, entzog H. Bogislav IX der Academie ihre Einkünfte auf ein ganzes Jahr, und erklärte seine besondere Ungnade gegen desselben Anstifter. — Ob dies nun gleich wieder beygeleget wurde, so war der Saame der Zwietracht doch schon einmal da, und als der M. Herm. Mehlberg 80 widerspenstige Lehrer und Studenten verjagte, gerieth die Academie in solchen Verfall, daß 1483 unter Segebergs Rectorat nur 8 inscribiret wurden. In diesen Unruhen bekam Hövener 1484 auf Ostern gleichwol wieder das Rectorat, daß er es aber damals, wie Hr. von Balthasar will, ein ganzes Jahr solte verwaltet haben, stimmt mit Georg Gerschows Verzeichniß der Rectoren nicht überein, als welcher nach ihm noch wieder Joach. Conrad, der auf Michael 1484 angetreten, und Lorenz Bokholten nennet, der es von Ostern 1485 bis Michaelis desselben Jahres geführet, und alsdenn ist Hövener zum vierten mal ordentlich als Rector bestellet, wenn wir jene unrichtige Wahl nicht mitzählen (***).

(*) Hr. Aug. von Balthasar führt in seinem 1741 geschriebenen Progr. zur Inauguraldisp. Hrn David Gottlieb Iken, S. 4. diese Begebenheit bey Höveners zweytem Rectorat des J. 1478 an, als Meylof das Rectorat niedergeleget: es ist aber ein Gedächtnisfehler, indem er S. 9. selbst ausdrücklich gestehet,

– **bey**, daß Johan Meplof erst 1480 zum ersten mal Rector geworden, und hinzu setzet: quam funestus academiae eius (anni 1480) fuit finis ob magnas lites & dissidia in noua electione Rectoris orta supra sub vita Hoveneri dicere occupani.

(**) Hr. von Balthasar nennet uns ben nicht, nach Gerschows Verzeichniß aber ist ihm Nic. Debelow gefolget, gleichwol wird dieser mit unter diejenigen gesetzet, welche 1480 Hövenern das Rectorat aufgetragen und Meplosen widersprochen, welches die Sache dunkel macht.

(***) Schriften hat man nicht von ihm, aber er hat Joh. Brügge Responsum iuris in causa capituli Razeb. contra Senatum Wismar. in puncto furti a presbytero Wismariensi perpetrati, welches T. I. Conf. ICtor, Germ, n, 37. ed. Frfrt, befindlich ist, mit abgefasset und unterschrieben.

**Hoppe (David).** Er war erst Prorector an der Kneiphoffschen Cathedralschule zu Königsberg, und hernach Prorector auf der Altstadt. Seine Schriften sind:
Bucolica sacra und
Parodiae in libros odarum & epodon Q. Horatii Flacci rebus sacris maximam partem accommodatae. Sie sind einer Ausgabe des Horaz, welche 1690 mit des Joh. Bond Erläut. in länglichem 12 zu Braunschweig heraus gekommen, beygefüget. – Er war auch Magister philosophiae.

**Kaykow (Israel).** Er war 1542 geboren, und stand bey dem H. Johann Friederich als Secretair und Kammerrath. – Seiner patriotischen Aufmerksamkeit haben wir es mit zu danken, daß die in gewisser Absicht so schöne Schrift des berühmten Joh. von Kitzscher in unsere Hände gekommen, welche den Titel führet: Tragicomoedia de Hierosolymitana profectione illustrissimi principis Pomeraniae Bogislai X, etc. – Es war diese Schrift 1501 zu Leipzig von Melchior Lottern gedruckt, lag aber beynahe 100 Jahr zu Frankfurt am Mayn als ein Ladenhüter im Staube begraben. Der herzogliche Protonotarius Anton Peterstorf aber lernete ihren Werth so kennen, als ihn schon Bugenhagen gekant hatte, welcher sie in seiner Erzählung dieser Geschichte zum Grunde geleget. Peterstorf brachte sie also nach Stettin, Israel Kaykow aber schoß die Kosten her, daß Joach. Rhete sie 1594 nicht nur drucken konte, sondern von Julin aus auch ein herzoglich Privilegium erhielte, daß niemand bey 100 rheinschen Gulden Strafe sich unterstehen solte, sie nach zudrucken rc. vergl. Dähnerts Pomm. Bibliothek I B. III. Th. S. 67 f. — Unser Kapkow erreichte ein Alter von 86 Jahren, und starb 1628.

**Klesmann** (Jacob Statius), Königlich Preußischer Rath zu Königsberg, stiftete daselbst zu der K. Canzeley Bibliothek ein schönes Legatum, und starb 1715.

**Lagus** (Gregorius) (\*). Er ist im Dec. 1586 geboren. Sein Vater hieß eigentlich Caspar Hase, welchen er mit dem griechischen Langohr Lagus vertauschte, die Mutter Dorothea von Hohenhausen, deren Mutter Dorothea von Svaven eine leibliche Schwester des ersten Lutherischen Camminschen Bischofs Bartholom. Svaven war. — Seine Eltern schickten ihn erstlich in die Colbergsche Schule und übergaben ihn dem Rector Hamel, nachhero bezog er das Danziger Gymnasium, und genoß des berühmten Keckermans Unterricht, wodurch er einen feinen Grund in allerley Wissenschaften legte. Von hier wandte er sich nach Greifswalde und Wittenberg, und ward am letzten Orte Magister. — Die göttliche Führung bestimmete ihm das Lehramt an der evangelischen Kirche zu Schönberg in Mähren, und er vermählte sich daselbst 1617 mit Jgfr. Esther, Hrn. Christoph Danielis, Bürgem. in Schönberg, Tochter, mit welcher er sechs Kinder gezeuget, wovon fünf in ihrer Jugend durch Feindes Hände umkommen, der sechste Daniel Lagus (s. von ihm Ephr. Praetorii Athenas Gedan. S. 86) ward hernach Prof. in Greifswalde und ward als Candidat bey Ableben seines Vaters von M. Plenen aus dem Pesthause genommen, damit er seiner Leiche folgen solte. — Als 1623 das Reformationswesen in Mähren angegangen war, muste er mit Weib und Kind ins Elend wandern, und kam nach Colberg. Man bestellete ihn sogleich zum außerordentlichen Sontag- und Freytagsprediger bey der H. Geist Kirche, bis er 1625 das Rectorat bey dem dortigen Lyceo erhielte. Seine Frau starb ihm an der Pest, und H. Ulrichs Witwe, die noch in ihrer Asche geliebte Hedewig, berief ihn 1631 zum Präpositus nach Neu Stettin (\*\*), woselbst sie ihren Witwensitz hatte. Seine Amtsführung (\*\*\*) und Gaben waren recht für das Herz dieser Fürstin. Sie konnte es nicht nur leiden, daß er Unarten des Hofes strafte, sondern

pflegte

pflegte ihm seine Wochenpredigten über die Psalmen mit eigener Hand nachzuschreiben. Endlich wolte sie die Kosten hergeben, daß er die höchste Würde der Gottesgelahrheit erlangen solte, er aber verbat es auf die anständigste Weise. — Als der M. Joach. Jasch zu Colberg verstorben war, erhielt er abermal den Ruf an diesen Ort zur Präpositur. — Die Herzogin so wenig als die Bürgerschaft waren mit dieser Veränderung zufrieden, er selbst bezeigte dazu eine schlechte Neigung. In seinem ersten Danksagungsschreiben für die Vocation, welches er an die Patronen erlassen, schreibt er: daß er eine zu schwache Stimme für solche große Kirche habe, und nichts auf sein Gesuch, sondern alles auf Hrn. Timäi Betrieb und Empfehlung geschehen. Hinter den Datum setzte er: Inter manendi & abeundi consilia DEUM serio precor, vt Dn. Patronis in mentem immittat, vt eum ad spartam suam vocent, quem ipse vocari vult. — So bald sein Abzug in N. Stettin ruchtbar wurde, säugete das Volk Haufenweise in des Bürgemeisters Haus, und setzten ihn zur Rede: warum er Lagum wolte ziehen lassen? Sie gingen hierauf selbst zu ihm und baten ihn flehentlich zu bleiben. Wie das alles nichts half, schrieb die Bürgerschaft an den Magistrat zu Colberg unterm 8 Nov. 1649 und bat von Lago abzustehen, weil sie durch seinen Abschied in die Gefahr gesetzet würden, unter Secticer und Rottengeister zu gerathen, da sie so nahe an der Polnischen Grenze wohneten ꝛc. — Der N. Stettinsche Magistrat gab eine Schrift bey Lago ein und warf ihm eine Simoniam mentalem vor, wenn er nach Colberg ginge, da er es bloß ob tranquilliorem & pinguiorem conditionem thäte ꝛc. — Joh. Schmiechel muste an den Cämmerer Pritzen schreiben, daß Colbe.g von Lago abstehen möchte ꝛc. — Dem aber der Magistrat antwortete: Es sey nicht mehr res integra und vocatio diuina, Hr. Lagus möchte sich auf bestimmete Zeit, den 16 Dec. einfinden ꝛc. — Er kam also gegen das Weynachtfest hieselbst an, führte aber sein Amt nur bis zum 27 Febr. 1652. Denn da er einmal des Abends nach der Kirche gehen wollen, um Beichte zu sitzen, thut er an der Ecke der Domstraße einen schweren Fall, nach welchem Schrecken er viele Anstöße und ein Viertel Jahr lang ein Schwelken des Magens gehabt, bis er in einem sechs und sechzigjärigen Alter die Welt gesegnet. Man hat von ihm:

Epi-

278   IV. Abth. Von gelehrten und sonst merkwürdigen Cößlinern.

Epigrammata ad proceres Pomer. epiſcopalis xenii loco 1619. 4.
Theſes phyſicae de ſermocinatione in forma diſp. reſp. Mart.
Lemichio 1627.
Proceſſus diaboli iudicialis aduerſus genus humanum.
Corona Principis f. oratio in funere PHILIPPI JVLII d. 6 Mai.
1625 in Lyceo Colb. recitata Dant. 4to. (†)

(\*)   Er ist mit einem andern Greg. Lago nicht zu vermengen, welcher Rector zu N. Stettin gewesen, und 1595 einen Tractat de Pomerania geschrieben, welchen Schöttgen im A. und N. P. S. 129 f. recenſiret.
(\*\*)  Daß er Präpositus zu N. Stettin, und nicht zu Neustadt gewesen, wie es im Jöcherſchen Lexico heißet, beweiſet Wocken in ſeinen Beytr. zur Pomm. Hiſtorie S. 72.
(\*\*\*) In einer geschriebenen Neu Stettinschen Chronik heißt es bey dem J. 1644 von ihm: Dieſes auch folgendes Jahr hat der Präpoſitus viel Verfolgung vom Satan gehabt, der großen Tumult angerichtet, deswegen auf der Kanzel Vorbitte geschehen, der Präpoſitus aber iſt nach Colberg berufen.
(†)   Es iſt ein Irrthum, wenn Schöttgen am angef. Orte, und Hr. Prof. Klude Pomm. Bibl. B. III. S. 7. dieſe Leichenrede einem andern beylegen wollen, da es gar nicht mit der Zeitrechnung übereinſtimmet.

**Lankavel (Lorenz)** war 1563 geboren, erſt Collega an der Schule in A. Stettin, nachhero ein ſehr beliebter Paſtor an der Gertruden-kirche daſelbſt, erreichte ein Alter von 74 Jahren, und ſtarb 1637. ſ. Micräl. B. V. S. 251. Crainer B. IV. S. 94.

(\*) Hr. Wendlandt, J. V. Cand. welcher eine handſchriftliche Nachricht von Cößlin hinterlaſſen, zählet uns auch Chriſtian Langen unter die gelehrten Cößliner. Er irret ſich aber, denn dieſer war zu Stettin geboren, und ſein Vater gleiches Namens daſelbſt Kaufmann.

**M. Ledebuhr (Caſpar)** „Einer von den vornehmſten Criticis „und Reſtauratoribus der hebr. Accentuation, ſtudirte zu Stettin, Kö-„nigsberg und Roſtock, beſahe die vornehmſten Univerſitäten und „Städte in Deutſchland und Italien, und kam ſowol in Bekantſchaft, „als Hochachtung aller Gelehrten. Er ſchrieb eine hebräiſche Diſſer-„tation über den 19 Pſalm, und machte die Paraphraſin über die 21 „letzten Pſalmen, welche Bohlius, Prof. zu Roſtock, angefangen hatte,
„aber

„aber darüber verstorben war. Zu Königsberg, woselbst er sich etliche
„Jahr docendo aufhielte, ließ er drucken: Grammaticam hebraicam.
„VIII. Disp. in Esaiam. Disp. in c. XI. XII. XIII. Jobi. Disp. de
„oraculo Jobi cum paraphrasi capitum XIII. XIV. XV. XVI. XVII.
„XVIII. XIX. Disp. de LXX septimanis Danielis. De nomine DEI
„tetragrammato. De accentuatione hebraica metrica. Carm. lat. heroicum
„de lauro poetica *Jacobi Volsii*. Tabellas in aliquot capp. Jesaiae.
„Catenam scripturae, in qua ratio accentuum exponitur (*). Diesen
„Tractat zum Druck zu bringen, reisete er 1647 mit krankem Leibe nach
„Leiden in Holland, allwo l'Empereur, Salmasius, Heinsius und
„Vossius den Druck beförderten. D. Wasmuth, Prof. zu Rostock und
„Kiel, welcher nachgehends die Lehre von den Accenten weiter bekant
„machte, hatte alles, sowol Regeln, als Exempel, aus dem Ledebuhr
„ausgeschrieben, damit dieser nicht sonderlich zufrieden war. Ueber-
„dem hat er viel Programmata, Obseruationes criticas und Explicationes
„verfertiget. Aber mitten in dem Lauf dieser herrlichen Arbeit wurde
„er von dem Magistrat zu Cößlin auf eine schändliche Art gestöret.
„Denn da seine Mutter gestorben war, und er nach Hause reisete, seine
„Erbschaft zu holen, so hatten inzwischen schon einige vom Rath
„alles zu sich genommen, in Meinung, Ledebuhr würde niemals wieder
„heim kommen. Als nun Ledebuhr das Seinige foderte, so ward er auf
„das infamste tractiret; worüber er sich so ärgerte, daß sein Verstand
„gänzlich geschwächet wurde. Als er nun in solchem elenden Zustande
„eben um die Mitte des 16 Sec. (**) starb, so konte er kaum so gut
„als ein armer Mann begraben werden, ohngeachtet er viele tausend
„Thaler rechtmäßiges Erbgut hinterließ, welches einige Personen vom
„Cößlinschen Rath behielten, und seine herliche Manuscripta, als eine neue
„Version der Psalmen, eine aufs neue ausgearbeitete Grammat. he-
„braicam, emendationem versionis V. T. piscatorianae, neu inven-
„tirte typos hebraicos, theils verbrant, theils zerrissen, damit sein Ge-
„dächtniß mit ihm untergehen möchte".

\* \* \*

So

So ist in dem Jöcherschen Gelehrtenlexico die Nachricht von diesem Manne abgefasset, die ich aus bloßer Unpartheilichkeit ganz hergesetzt. Ich stehe aber im geringsten nicht für die Richtigkeit dieser Erzählung, ich bekenne vielmehr, daß sie mir verdächtig vorkommt. Sie rühret von Hrn. Jänken her, der nicht gerne eine Gelegenheit vorbey ließ, dem Magistrat eins abzugeben. Es sey an der Sache so viel als immer wolle, so ist sie doch so gehässig vorgetragen, nicht anders als wenn Ledebuhr unter eine Räuberbande gefallen wäre. Bey Erzählung so ehrenrühriger Dinge hätte wenigstens einige Spur gegeben werden sollen, aus welcher Quelle sie hergeleitet worden. Archivische Urkunden waren es nicht, die waren, als Jänke dits schrieb, schon verbrant, und da eben dadurch der Erweis des Gegentheils unmöglich gemacht worden, könte man noch wol infamere Dinge von dem Magistrat in die Welt schreiben, wenn das bloße Sagen genug wäre, dazu aber Hr. Jänke nicht Glauben genug hat. -- Ich will nur noch anmerken, daß **Ledebuhr** den 3 Jan. 1585 geboren worden. Sein Vater hieß Samuel Ledebuhr, und war Seidenhändler zu Cößlin, starb aber und hinterließ Judith Cochs als Witwe, welche hernach den Bürgerm. Heinrich Schweder heyrathete. Es kan seyn, daß er nach seiner Mutter Tode mit diesem seinem Stiefvater der Erbschaft wegen in Zwist gerathen, hat man deswegen aber ein ganzes Collegium infamer Handlungen beschuldigen dürfen?

(\*) Es führet dies Werk eigentlich den Titel שלשלת הקבלה und ist 1647 gedruckt. Ludov. Capella hat ihm in seinen Commentariis & notis criticis in V. T. welche sein Sohn 1689 zu Amsterdam heraus gegeben, S. 793 f. widersprochen, und die Erfindung der Accente ins 5te Jahrh. nach Christi Geburt setzen wollen, seine Gründe sind aber theils sehr schwach theils unrichtig und hinlänglich widerleget. Ledebuhr nahm sich eigentlich Sam. Bohlen zum Vorgänger, und suchte, was derselbe angefangen hatte, zur Vollkommenheit zu bringen, weil er aber einige Dicta classica anders übersetzte, als man bisher gewohnt gewesen, und solches aus der Accentuation erweisen wolte, verminderte er die Liebhaber dieses Studii. -- An seiner Catena Scripturae hat er 8 Jahr gearbeitet. Löscher in tr. de causis L. Hebr. gedenket S. 343. dieser Arbeit mit vielem Lobe. S. *Wolfs* Biblioth. hebr. P. II. p. 500. Zu Bohlens Paraphr. Psalmorum hat er den Vorbericht geschrieben.

(\*\*) Soll XVII Sec. heißen. Es ist dies zwar ein Fehler, der nur aus Unachtsamkeit begangen worden, man sieht aber, mit wie wenig Sorgfalt, Nachdenken und Vergleichung aller Umstände dieser Artikel in die Welt hinein geschrieben worden.
                                                                 v. Lehn.

v. **Lehnsfeld.** Sein rechter Name hieß **Gottfried Lehman.** Er war den 10 Jan. 1664 zu Cößlin von bürgerlichen Aeltern geboren, und erwählte anfangs das Studiren, wozu er auch von dem Ristowschen Stipendio einen Zuschub erhielte. Seine zu Ausschweifungen geneigte Lebensart aber trieb ihn unter die Kaiserlichen Trouppen, woselbst er die Religion änderte und es bis zur Hauptmannsstelle brachte. Dieser Character machte ihn zum Edelmann, und ein Gut, das er sich kaufte, zum Herrn von Lehnsfeld. Er gehöret unter die merkwürdigen Cößliner, wie Damien unter die merkwürdigen Franzosen, sein Ende fand er auf dem Rabenstein. — Als er 1701 bey dem Castellischen Dragonerregiment stund, erhielt er die Wache bey dem wegen beschuldigter Verrätherey zu Wien gefangenen Fürst Ragoczy. — So groß die Gnade seines Kaisers gegen ihn war, so sehr mißbrauchte er das Vertrauen, welches derselbe in seine Treue setzte. Große Versprechungen auf beträchtliche Geldsummen, die er in Danzig von den Französischen Subsidien heben solte, fesselten sein Herz, daß er sich bereden ließ, dem gefangenen Fürsten zur Flucht beyräthig und behülflich zu seyn. Nach einigen fehlgeschlagenen und verborgen gebliebenen Versuchen bewerkstelligte er sein Vorhaben auf folgende Weise: Er befahl einstmals, da es schon finster geworden, dem Dragoner, welcher vor des gefangenen Fürsten Zimmer zur Wache stand, ein Licht anzuzünden, unter dem Vorwande, Briefe zu versiegeln. Der Dragoner wolte nicht, und sagte; er könne seinen Posten nicht verlassen, allein der Hauptmann sagte: Bin ich doch selbst Wache, und der gute Mensch ließ sich bereden sich zu entfernen. — Den Augenblick entwich Ragoczy aus seinem Arrest, begab sich in des Hauptmanns Zimmer, und von dannen in einem Dragonerrock, einen Mantelsack auf dem Puckel tragend, durch das Thor der Burg. Hier hatte der Hauptmann seinen Bruder, der Fähnrich war, bestellet mit gesattelten Pferden bereit zu seyn, und so kam Ragoczy mit einem Knecht und Pagen glücklich in Sicherheit. So klug dieser Streich für den Fürsten ersonnen war, so schlecht war er für den guten Lehman ausgedacht. Er ward das Opfer der Rache und den 24 Dec. 1701 auf öffentlichem Markt zu Wien enthauptet; sein Rumpf aber in 4 Theile zerhackt, und an den gemeinen Landstraßen aufgehangen. – Das für ihn bestimmt gewesene Blutgeld hat hernach sein Bruder, Leutnant bem Wensenschen Regiment Dragoner war, noch einige Jahre aus Danzig gehoben und verschwelget: s. Europ. Fama I. B. I. Theil S. 27. und Acta sämtlicher Schulbedienter zu Cößlin wider den Gch. R. von Schweder, Burgem. und R. und Präp. Schmid wegen Verfall ihrer Schule.

Lew (Andreas). Ueberhaupt muß ich bey dem Geschlecht der Lewen anmerken, daß es sich von einem Herman de Lowe herschreibet, der schon laut einer oben beygebrachten Urkunde von 1310 damals Magister ciuium gewesen. 1737 starb es mit Gabriel Lewen, den wir bald nennen werden, gänzlich aus. – Dieser unser Andreas Lew war anfangs Burgemeister zu Cößlin und nachher des H Cosimirs Canzler. St. 1602 Auf seinem Leichenstein in der Pfarrkirche steht folgende Grabschrift:

ANDREÆ. LEONIS. QVONDAM. CAN-
CELLARII. CASIMIRI. DVCIS. POMER: etc.
EPISCOPI. CAMINENSIS. etc. ET. EIVSDEM
CONIVGIS. ANNAE. PAPKIAE
HAC.TVMVLATVS.HVMO.PLACIDE.CVM.CONJVGE.DORMIT.
MAGNVS. AB. ELOQVIO. CLARVS. AB. ARTE. LEO
CONSILIO. ILLE. SVI. DIREXIT. PRINCIPIS. AVLAM
ET. PIVS. ET. MVLTIS. COMMODVS. ILLE. FVIT
QVANTVMVIS. AMBOS. PROPERANTIÆ. FATA. TVLERVNT
VIRTVTIS. TAMEN. EST. GLORIA. VIVA. SVPER
HOS. QVIA. TE. FIDIS. ANIMIS. IN. MORTE. VOCARVNT
HÆREDES. REGNI. FAC. PIE. CHRISTE. TVI
MIGRARVNT. AD. DEVM. ANNO.

M. D. C. II. VXOREM. VIII. MART.
DEFVNCT. MOESTISS. MARITVS
III. APRILIS. EST. SVBSECVTVS
AETATIS. SVAE. XLII.

Lew (Andreas), ist des vorigen Sohn, Obristlieutenant bey der Infanterie und Commendant zu Genua gewesen.

Lew (Hermann) war gleichfals des Canzlers Sohn, der ihm ein Jahr vor seinem Tode nämlich 1601 geboren worden. Er ward Fürstl. Protonotarius zu N. Stettin und starb 1669.

Lew (Joachim) des Canzlers Enkel, ward 1630 geboren und war I. V. L. nachhero Gräfl. Wolfsteinscher Rath, Lehnprobst und Oberpfleger der ganzen Graffschaft in Franken, st. 1700.

Lew (Christian), Herm. Lewen Sohn, hatte die Ehre, daß er von des H. Ulrichs Gemalin Hedewig aus der Taufe gehoben wurde, die ihm ihres Bruders Namen beylegte. Er ward nachher Bürgem. in Cößlin, und nahm, da er den 1 Jan. 1701 plözlich am Schlagfluß starb, Ehre und Ruhm mit sich ins Grab.

Lew (Gabriel), des vorigen Sohn, er wurde den 4 Oct. 1670 geboren, und hat 26 Jahre lang, nämlich von 1704 bis 1730 als Landrath, Condirector des Fürstenthums Cammin, Hofgerichts Advocat, und dirigirender Bürgem. zu Cößlin seinem Vaterlande sehr erprießliche Dienste geleistet. -- Zu Anfang besuchte er die hiesige Schule, und wandte sich 1690 von hier nach Tübingen. Seiner Mutter Bruder Gabriel Schweder, von dem wir bald mehr sagen werden, gab ihm hieselbst Tisch und Stube. 1693 hielt er eine Disp. cyclicam (wie es dort genant wird) de Feudis impropriis, und perorirte desselben Jahres, in Vollmacht der löblichen Juristen Facultät, öffentlich De Annatis, tanquam vnico illo remedio, quo sine magno subditorum incommodo, bellum gerendi neruus comparari queat. Darauf nahm er den 17 Aug. 1694 gradum Licentiati an, wozu er sich durch eine Disputation De clausula priuatoria Testamentis adiici solita legitimirte. 1695 kam er nach Cößlin und ließ sich in numerum advocatorum aufnehmen. 1704 ward

ward er Senator, 1711 Syndicus, 1723 Consul dirig. perpetuus, 1726 Landrath. Im Merz 1730 hatte er einen gar traurigen Anfall vom Schlagfluß, welcher alle Kräfte seiner Seelen angrif, daß er zu allen Verrichtungen untüchtig wurde. In solchem Zustande brachte er sieben Jahre zu, und starb als der letzte seines Stammes den 24 Märg 1737. — Von seinem und seiner Frauen Vermächtnis an das Schwederſche Stift, und was dem anhängig ist, werden wir unten im Zusammenhange das nöthige beybringen, wenn wir so wol von diesem, als dem Schwederſchen Fideicommiß unter Jacob Schweder und Michael von Schweder Bericht ertheilen.

Martini (Johann). Er war hieselbst 1558 geboren, bekleidete erst das Conrectorat, hernach das Rectorat an der Marienschule in Danzig. 1597 verband er sich Cathar. Paulen, M. Adrian Pauli, Past. an Pet. Pauli, Tochter. Er lebte 44 Jahre im Schulstaube, und starb 1629 als ein Greis von 71 Jahren, mit Hinterlaßung folgender Schriften:

Notae in officia Cic. Ged. 1599. 8.
Ciceronis de officiis L. III. in Tabulas redacti Rostoch. 1599 fol.
Grammatica Latina 1611. 8. recusa 1619. 1635. etc.
Compendium Rhetoricae 1614. 8.
Institutiones Rhetoricae ex Melanchthone & Audamaro Talaeo. Dant. 1614. 8. Sind nachher wieder aufgelegt.
Grammaticae graecae rudimenta Thorun. 1624. 8.
Joach: Harffii praelectiones in Virgilii Libros IV. Aeneidos. Dant. 1661. 8.

Micrälius (Johann). Sein Vater war der oben genante Joachim Lütkeſchwager oder Micrälius, Archidiac. zu Cößlin. Der 1 Sept. des 1597 J. war sein Geburtstag. Den Anfang seines Studirens machte er in der Schule seiner Vaterstadt, von hier ging er nach Stettin ins Pädagogium, und 1617 bezog er die Universität Königsberg. So viel Geschicklichkeit er im Disputiren blicken ließ, da er einmal den ganzen Tag de veritate transcendentali et physica disputirte, so beliebt war er er dem Churbrandenburgischen Secretair **Phil. Frenklingen**, der ihn gebrauchte die Gerichtsacten aus dem Deutschen ins Polnische zu übersetzen. — Königsberg vertauschte er hernach mit Greifswalde, und daselbst fand er Gelegenheit **Johan Puschen**, eines vornehmen Rathsherrn und Kaufmanns Sohn, auf seinen Reisen nach Hamburg, Rostock, Wismar und Lübeck zu begleiten, als er hierauf eine Reise in sein Vaterland gethan, ward er 1621 zu Greifswalde Magister, und 1622 bekam er die Stelle eines Führers bey den jungen Herren **Heinrich** und **Henning von der Osten**, die er nach Leipzig begleitete, und sie hernach über Wittenberg und Berlin, mit vieler Ehre, nach Hause brachte. Seine Hauptneigung ging immer auf den Unterricht junger Leute; deswegen wandte er sich 1623 nach Leipzig, woselbst er Collegia las. Nach einem Jahr, nämlich 1624, bekam er den Ruf als Professor der Beredsamkeit ans Stettinsche Gymnasium, und 1627 trat er das Rectorat bey der dortigen Rathsschule an, welches Amt er mit Ausschlagung aller angebotenen auswärtigen, und oft sehr vortheilhaften Beförderungen, bis 1641 verwaltete, da ihm das Rectorat des Pädagogii anvertrauet wurde. — Die Gnade des Schwedischen Hofes gab ihm so viel Aufmunterung als Vortheile, unter andern bekam er auf dessen Kosten 1649 die Doctorwürde zu Greifswalde und die Theologische Profession an gedachtem Pädagogio, welche er nebst dem Rectorat versahe. — Einen Umstand muß ich hier noch berühren, den niemand bisher angemerket hat. Als sich 1655 der Schwedische General-Plenipotentiarius **Johann Orenstierna**, welcher Kanzler der Academie Greifswalde war, bey der Königl. Armee befand, ernante er unsern Micrälius, daß er als Procancellarius den 22 Nov. dieses Jahres einer zwiefachen sollennen Doctorpromotion unter dem Rectorat des D. **Joh. Behrings** präsidiren muste. Es erhielten damals **Ludwig Jacobi**, **Bernh. Gosmann** und **Joh. Christoph Ottonis** in der Theologischen, **Daniel Hermann** aber und **Joh. Wedel** in der Juristischen Facultät die Doctorwürde. — Als er mit dem Schwedischen Gouverneur Lilienstrom nach Schweden reisete, bezeigte ihm die Königin **Christina** alle Königl. Gnade, welche sie mit reichen Geschenken begleitete. — Er hat sich dreymal verheyrathet, das erste mal 1627 mit **Sophrosyne**, des M. **Joa.h. Prätorius**, Prof.

IV. Abth. Von gelehrten und sonst merkwürdigen Cößlinern.

Prof. der Theologie und Archidiac. zu Marien in Stettin, Tochter: diese starb im ersten Kindbette. 1630 verband er sich mit Sophien, einer Tochter M. Dav. Reuzens, Superint. in Hinterpommern, aber auch diese verlor er um neunten Kindbette. Das lezte mal nahm er M. Mich. Heckens, Superint. in Prenzlau, Tochter, Catharinen. — Von seinen Kindern weiß ich njemanden als den Sohn Joachim zu nennen, der dem Vater große Hofnung machte. Man kan auch immer die sorgfältige Benennung der leiblichen Kinder für die Lebensbeschreibungen solcher Personen aufbehalten, die nur zur Körperwelt gehören, beyn Gelehrten ist es interessanter, die Kinder ihres schönen Geistes kennen zu lernen, und deren hat unser, mit einer recht ausgebreiteten Gelehrsamkeit versehene Micrälius sehr viele, dabey das Glück, daß die allermeisten sehr wohl gerathen, und noch, so wol in seinem Vaterlande, als auswärts, in großem Ansehen stehen, ja von dem Baustral (*) der Römischen Kirche, mit welchem sie dieselben bedrohet hat, einen noch schönern Glanz empfangen. Wir wollen sie nahmhaft machen. — Doch, daß wir auch nicht vergessen den Tag zu bemerken, da sie Waisen geworden. — Der dritte Dec. des 1658 J. ist der Sterbetag unsers berühmten Landsmannes, dem nach den ersten hundert Jahren ein Andenken gebührt hätte, wenn das rauhe Getöse des Krieges uns nicht geheißen hätte, mehr an das Gegenwärtige, als Vergangene zu denken. — Jezt folgen seine vornehmsten Schriften:

1616 Carmen heroicum de optima reip. forma ex libro penult. Polit. Aristotelis.

Es ist eine poetische Rede, die er in Stettin gehalten. Disp. de Uno & trino Praes. M. Practorio.

1618 Disp. metaph. de veritate transiendentali et physica Praes. M. Eilardi. Regiom.

1619 Disp. metaph. de intelligentiis Praes. M. Trygophoro Gryph.

Dispp. duae de bonis operibus Praes. D. Mascovio Gryph.

1620 Disp. de monarchia romano-germanica Praes. M. Trygophoro Gryph.

1621

1621 Difputatio de meteoris. refp. Joach. Micr.
Oratio de anima an fit tota in toto & in qualibet eius parte Gryph.
1623 Oratio de SS. Trinitate in der Pauliner Kirche zu Leipzig gehalten.
Difp. de matrimonio & materiis cognatis Praef. D. Henr. Höpfner Lipf.
1627 Oratio de ftatione Litteratis non deferenda in turbis publicis.
Eine Abschiedsrede, als er das Subrectorat am Pädag. niederlegte.
Oratio de vita hominum doctorum incomparabiliter beata.
Eine Antrittsrede, als er Rector bey der Schule ward.
Syntagma hiftoriarum mundi omnium a condito mundo ad aeram vsque Chrifti praefentem Stettin. 8.
In den erften 6 Jahren ward dies Werk dreymal aufgelegt, 1654 kam es vermehrter in 4 heraus, und 1702 ließ es Hartnaccius mit der Fortsetzung wieder auflegen.
1628 Encaenia fcholae Senatoriae renouatae. 8.
1629 Arithmetica & manuductio ad globi coeleftis & terreftris tabularumque geographicarum vfum recuf. 1646. 8.
1630 Syntagma hiftoriarum ecclefiae omnium ab initio mundi ad haec vsque tempora.
Dies Werk ist 1643 und 1657 in 8. 1660 aber in 8. und 4. wieder aufgelegt. 1699 gab es Hartnaccius mit der Fortsetzung zu Leipzig 4. heraus.
1631 Pomeris tragico-comoedia vna cum Parthenia Pomeridos continuatione 4.
1633 Agathander cum Sebafta vincens & cum virtutibus triumphans Pomeridos & Partheniae continuatio 4.
1635 Actus oratorius de paffione Dni. noftri I. C. 4.
1637 Difp. de juftitia & iure refp. Alb. Schnizky L. B. de Choltiz
1639 Sechs Bücher vom alten Pommerland recuf. 1723 4.
1641 Catechismusübungen in kurzen deutschen Fragen und Antworten nach dem Catech. Luth. mit Jac. Fabricii Vorrede 8.
1642 Oratio de morbis & remediis animorum,

Eine

IV. Abh. Von gelehrten und sonst merkwürdigen Cößlinern.

Eine Antrittsrede bey Uebernahme des Rectorats am Pädagogio.
1643 Decas difcurfuum ethic. ftilo Ariftot. 4.
1646 |Drama orat. apocal. de Michaele aduerfus Belialem eiusque focios pugnante & triumphante. 8.
1647 Politica Difpp. VIII. ftilo Ariftot. propofita 4.
Regia politici fcientia Difpp. XXXI. 4. recuf. 1655. 12. & 1702 Hamb. 4.
ęthnophronius f. dialogorum libri contra gentiles de principiis relig. chrift. 4.
1648 Demonftratio innocentiae D. Fabricii aduerfus M. Meierum cum hiftorica controuerfiae de vifionibus extraordinariis relatione 4.
Thefes philofophicae de methodo in difciplinis.
1649 Difp. philof. de inaudita philofophia Jo. Bapt. Helmontii 4.
Difp. inaug. de liberi arbitrii natura & viribus Praef. D. Volfchovio Gryph.
Difp. praelim. contra Heterodoxiam Calvinianam de conciliatione inter orthodoxos & Calvinianos fruftra hactenus tentata.
1650 Difputt. adverfus Heterod. Calvin. Decas I. Has fecutae funt Decas II. III. IV.
1651 Difp. polit. de fubiecto majeftatis 4.
1652 Tabellae hiftoricae ad millen. & fecularia regnorum & rerump. tempora diiudicanda neceffariae 4.
Judas f. Ethophronii continuatio contra Judaicos coeleftis veritatis deprauationes 4.
Erörterung des Abfals Hrn. Gerh. Grafen Truchfes von Wethaufen 4.
Antwortsfchreiben auf das Sendfchreiben des Er. Truchfes 4.
1653 Tertia Paraenefis ad Comitem Gerhardum Truchfes cum refut. Keddii Jefuitae 4.
Confilium theologicum quid de religione in comitiis germanicis praecipue confiderandum. 4.
Lexicon philolophicum 4. recuf. & auct. 1657. 1661.

1654

**1654** Oratio funebris in exſequias Bogislai XIV.
Oratio in exſeq. Caroli Ludovici com. palat. ad Rhenum.
Oratio fun. in obit. Jo. Nicod. a Lilienſtrom.
Sie ſtehet auch in Dähnerts P. Bibl. B. V. S. 207. abgebruckt.
Orthodoxia Lutherana in quaeſtionibus de ſalute hominum contra D. Bergium.
Judicii Keddiani contra Micraelium iniquitas, iſt deutſch geſchrieben.

**1655** Tract. de Copia rerum & verborum cum praxi continua praeceptorum rhetoricorum. 8.
Soliditas orthodoxiae Lutheranae contra Bergium. 4.

**1656** Progymnaſmata Aphthonii explicata & actibus progymnaſticis illuſtrata. 8.
recuſ. ſed. 1691. 12. ſub tit. Progymnaſmata Aphthoniana in vſum ſtudioſorum eloquentiae explicata.
Diatribe de Erhardi S. R. I. comitis recognitione eccleſiae vniuerſalis antiquae Viennae, 1652 facta.
Aſſertio doctrinae de Idiom. in Chriſto communicatione.
Monſtroſae opinionis P. Pererii, ſcript. galli de prae - Adamitis abominanda foeditas.

**1657** Plauſus ad potentiſſimum Sueciae Regem Carolum ex polonia cum victricibus armis reducem carmine her. expreſſus. 4.

**1658** Archaeologia ſ. Doctrina de ſcientiarum principiis. 12.
Tres aurei libri Ciceronis de officiis in theſes & quaeſtiones redacti. 12.
Libri IV. de Meſſia in Pentat. promiſſo. 4.

Außerdem hat man von ihm Obſeruationes in Helmoldi Chronicon Slauorum, welche T. III. p. 1907 der Monument. ined. rer. Germ. des Hrn. E. J. v. Weſtphalen befindlich ſind.

Hiernächſt hat er von 1642 an 207 Leichenprogrammata verfertiget, auch noch einige angefangene und nicht vollendete Werke hinterlaſſen, als den Ethnophronius conuerſus Achmetius & Photinus; nebſt einer Phraſeologia S. über das A. T.

*) Die heil. Congregation hat ihn in einem eigenen Decret, kraft Auctorität des Præfecti des Cardinal Spada von 10 Jun. 1658, und also in dem Jahr, da Micrälius gestorben, ins Register der Verdamten gesetzt. — Dieses Decret ist das 67ste unter denen, welche dem Röm. Index vom 1667. fol. beygefüget sind, und da stehet S. 268. unter denen da verdamten Schriften Jo. Micraelii Ethophronius tribus dialogorum libris, contra penultg. de principiis religionis christianae dubitationes. — El. de animae humanae mortalitate, — De DEO immortalis animae beatitudine. — Ei. de religione animam immortalem ad Deum aeternamque beatitudinem producente. Und eben dies ist nachher in dem Index von 1683. p. 159 eingerückt s. Dähnerts P. Bibl. B. II. S. 141.

## Müller (Johann Jacob).

Er war 1697 gebohren. Sein Vater Jonas Müller war zu Cößlin ein Bader, und dieser sein Sohn erlernte, nach einem in der Schule gelegten gutem Grunde, seines Vaters Profession. Weil er aber einen offenen Kopf und edle Ambition besaß, ergriff er das Studium theologicum, und ging nach Halle und Jena, von da aber nach Nürnberg, woselbst sein Vater gebohren war, und ihm eine gute Erbschaft zufiel — Als er wieder in sein Vaterland kam, trat er bey dem Hrn. Hofgerichtspräsidenten v. Suckow als Informator seiner Söhne in Condition. 1725 aber erhielt er das Pfarramt zu Strippo. — Er war ein sehr gelehrter Mann, geschickt in Unterweisung junger Leute, die er fast beständig im Hause hatte, ein besonders guter Mathematicus und Mechanicus, er und sein Schwiegersohn, Herr Pastor Schröner in Cordeshagen, arbeiteten mit an dem beliebten Starkischen Bibelwerk, und unter seinen Papieren wäre manches, das den Druck verdiente. — Nach einem langen Wittwerstande, den er nach Absterben Fr. Cath. Cothen führte, starb er 1752.

## Neufeld (Georg).

Wocken sowol als Prätorius nennen ihn einen Cößliner, muß aber mit seinem Sohn Georg Neufeld, dem Jöcher aus Versehen Conradum zum Vater gegeben, nicht verwechselt werden, welches weder Witte noch Prätorius saget, auf die er sich doch beziehet. Unser Georg Neufeld war 1584 gebohren, erst an der Catharinen und von 1628 an der Johannisschule Collega und Rector, nachhero von a 1630 Prof. am Gymnasio zu Danzig, woselbst er die schönen Wissenschaften lehrete, und nachdem er 43 Jahre lang den Ruhm eines so geschickten, als

als treuen Schulmanns behauptet hatte, starb er den 6 März 1655. — Schriften sind mir von ihm nicht bekant worden, deren hingegen sein obgenanter Sohn desto mehr hinterlassen. (s. Prätor. Ath. Ged.)

**Pauli (Johann).** Er ist nicht anders als aus einer Schrift bekant, die den Titel führet:
>Spicilegium prouidentiae diuinae atheis vltimarum dierum oppositum Rost. 1666. 4. 4 Bogen.

Sonst sind auch noch ein paar Leichenpredigten von ihm vorhanden.

**Plaster (Samuel).** Er ist im Junio 1618 hieselbst geboren, und war von 1638 bis 1670 Prediger zu Wartenberg im Colbazschen Synodo. — Man hat von ihm:

Christliche Erörterung des vermeinten gründlichen Discurses von Kriegen wider D. Fabricium. 1639.

Kurze Entdeckung und Hintertreibung des Irthums, welchen M. Jac. Stolterfoth in seiner Consideratione visionum apologetica ausgesprenget. Stettin 1646. 4.

Gründliche Gegenantwort auf die neulich ausgeflogene Antwort, damit M. Stolterfoth seinen Irthum zu vertheidigen sich vergeblich bearbeitet hat. Stett. 1646. 4.

**Reuter (Johann).** Er hat 1646 zu Stettin unter Micrälis eine philosoph. Diss. De Ente vno, vero & bono geschrieben und gehalten, nachhero an der Schlawischen Schule mit vielem Nutzen gearbeitet, von da er zum Pastor und Präpositus nach Publitz berufen worden, woselbst er auch gestorben.

**Rhode (Adam Heinrich)** muß mit einem andern, der aus Alt Stettin gebürtig gewesen, nicht verwechselt werden. — Er war ein Enkel des M. Adam Haniels, und den 19 April 1628 gebohren. 1650 ward er zu Greifswalde Magister, und behauptete diese Würde durch eine unter Batto gehaltene Disputation:

De omnipraesentia DEI in creaturis.

Wo er nachhero geblieben und wenn er gestorben, habe nicht erfahren können.

**Ruback (Adam).** Sein Vater gleiches Namens, D. Medicinae und Fürstl. Leibmedicus, war auch ein Cößliner, und den 19 Febr. 1586 geboren. — Unser Adam Ruback aber erblickte den 18 Jun. 1618 das Licht der Welt. — Stettin, Königsberg, Greifswalde, waren die Oerter, wo er seine schöne Wissenschaften einsammlete. Am letztern Orte ward er 1638 Magister, und las zu Rostock Collegia philosophica. Es stand eben darauf, daß er durch den Schwedischen Gesandten Joh. Oxenstierna 1641 zum Professor der Logik und Metaphysik am Stettinschen Gymnasio solte bestellet werden, als er von den Prälaten zu Cammin zum Archidiacono daselbst berufen und 1642 instituiret wurde. — 1647 ward er Präpositus, bekam zuletzt eine hitzige Krankheit, wobey das Haupt sehr litte, an welcher er auch den 3 Jan. 1659 verstarb. — Man hat außer einigen Leichenpredigten von ihm:

Disp. de usu notionum logicarum in mysteriis fidei, welche er unter Gerschovii Praesidio zu Greifswalde gehalten.

**Scheineman (David).** Er war den 18 Jun. 1628 geboren, sein Vater war Fürstl. Pommerscher Landrentmeister zu Cößlin. Zu Tübingen nahm er gradum Doctoris und Professionem juris an, woselbst er auch den 4 März 1676 verstorben, nachdem er verschiedene Dispp. und Schriften ausgefertiget, die mir aber noch nicht bekant geworden.

**v. Schliefen (Anton).** Lorenz von Schlief Bürgemeister in Cößlin und Cath. Zanderin waren seine Aeltern, von welchen er den 11 Jul. 1576 geboren wurde. — Der frühe Verlust seines Vaters wurde durch eine sorgfältige seinem Stande gemäße Erziehung seiner Mutter, so viel möglich, ersetzet, und Joach. Micrälius, der Vater des Johannis, von dem wir kurz vorher geredet, wurde sein Lehrmeister. — Im 14ten Jahre bezog er schon die Universität Königsberg, woselbst er drey Jahre lang mit großem Fleiß dem Studiren oblag, und sich 1593 bey H. Philipp II in Dienste begab. 1594 ging er, nach damaliger Kriegsverfaßung, mit zween Knechten in den Krieg und zählete sich zu der Esquadron Reuter, welche Johann von Zedlitz wider die Türken geworben hatte. — Sein gutes Verhalten und erstes Glück brachte ihn gleich

gleich in diesem ersten Feldzuge so weit, daß er schon das andere Jahr unter dem Obrist Rottwitz 6 Pferde commandirte. — Die Lust sich auch in andern Kriegsdiensten zu versuchen, bewog ihn nach drey Jahren, aus Ungarn wegzugehen und sich nach Liefland, von da aber nach Polen zu begeben, woselbst er unter Siegmund III Dienste nahm, als derselbe wider seinen Vaterbruder Carl, Herzog von Sudermanland, im Kriege befangen war. — Hier schien sich sein erstes Glück zu verändern, er ward gefangen, so bald er aber wieder loskam, trat er bey Hans von Treyden in Dienste, wo er zwar zur Fähnrichstelle rückte, aber das Unglück hatte, daß sein ganzes Commando zerstreuet wurde, und er sich mit Verlust seiner Pferde, Diener und Bagage nach Reval retten muste. — Er warb hierauf von neuen Leute für H. Carl von Holstein, unter dessen Leibregiment er Fähnrich ward, und nach Derpat zu liegen kam, woselbst er zwey Jahr verblieb: als aber der Poln. General Samoscius der Stadt alle Zufuhr abschnitte, gerieth er bey einem Ausfall in desselben Gefangenschaft. Sechzehn Monate dauerte dieser für einen jungen Officier sehr unangenehme Aufenthalt, bis ihn die Pom. Herzoge Barnim und Casimir vom K. Sigismund ranzionirten, inzwischen hatte er die leutseligste Begegnung des Generals Samoscius zu rühmen. Die Entlassung geschahe unter der Bedingung, nicht wider gegen die Polen zu dienen. — Er ging darauf nach Hause und warb 1603 für sein eigen Geld Soldaten, mit welchen er, unter dem Regiment des Baron Pozen, nach Oberungarn wider die Türken ging, er aber so wol als sein Obrister, hatten das Unglück in eine der traurigsten Gefangenschaft zu gerathen, sein hohes Alter zeigete noch die Maalzeichen von den acht und zwanzig pfündigen Fußeisen, die er tragen müssen, Brod und Wasser war ihm so sparsam zugemessen, daß er von den Almosen der türkischen Betler mit leben muste. — Er fiel also in eine tödtliche Krankheit, zum Glück machte der Kaiser nicht eher Friede, als bis alle Gefangene ausgeliefert waren. Wie er hierauf mit seinem Obersten nach Prag gekommen war, muste er auf Ordre Kaisers Rudolphi 300 Mann anwerben, mit welcher er die Vestung Comorra so lange befendirte, bis 1606 mit den Türken auf 20 Jahr ein Waffenstillestand errichtet wurde.

Die Mißhelligkeiten, welche hierauf zwischen Kaiser Rudolph und seinem Bruder Matthias wegen Ungarn und Böhmen entstunden, sezten unsern Schlieken in grosse Verlegenheit. — Sein edler Charakter erlaubte ihm nicht, wider seinen vorigen Herrn Parthey zu nehmen, die Klugheit aber rieth auch der Gefahr zu entgehen, welche das Gegentheil begleitete, er suchte also und erhielt seine Erlassung, gleichwol vertheidigte er noch die Stadt Pilsen zum Besten der Evangelischen Religion mit aller Tapferkeit.

Bald hätte das Alter und der Krieg das angenehme und reizende aus seinem Gesichte verdrängen sollen, daher war es Zeit, durch einen sauftern Auftrit seines Lebens diese Falten wieder aus einander zu legen, er entschloß sich zur Vermälung, Fräulein Anna, Hrn. Nic. Schwarzbergers auf Hersemersitz, Kaisers Rudolph gewesenen Cammerraths und Oberkriegscommissarii Tochter, war diejenige Person, welcher er Hand und Herze bot, und mit welcher er in einer sechs und zwanzigjährigen vergnügten Ehe drey Söhne und zwo Töchter zeugete.

Bald nach seiner Vermälung ging der dreißigjährige Krieg an, seine kluge Aufführung aber erhielt ihn so wol in der Gnade des Kaisers, als im Besitz seiner schönen Güter. Anfänglich vermied er sorgfältig eine Charge anzunehmen, wie ihn aber der Gouverneur von Böhmen, Carl Lichtenstein, zum Obristlieutenant seines Regiments begehrte, nahm er solches zwar an, sobald es aber wider seine Evangelische Glaubensgenossen gieng, legte er seine Bedienung nieder, und keine Versprechen, so vortheilhaft sie waren, konten ihn vermögen, ein Verfolger der erkauten Wahrheit zu werden, sondern er verfügte sich auf sein Gut Warensdorf.— Zu edel aber sich ganz dem Dienst des Kaisers zu entziehen, nahm er verschiedene Gesandschaften, so wol an die Stadt Nürnberg, als auf die beiden Landtage in Schlesien, über sich. -- 1627 wartete ein ansehnlicher Verlust seiner Güter und seiner Ruhe auf ihn, Großmuth und Gottesfurcht aber gaben sie willig zum Opfer der guten Sache hin; denn als der Verfolgungsgeist allen Evangelischen die Wahl zwischen dem Joch des Aberglaubens und der Räumung des Königreichs Böhmen, mit schnellem Verkauf aller liegenden Gründe, vorlegte, wählte unser Hr. von Schliefen lieber das lezte, veräußerte seine Güter um den dritten Theil ihres

Werthes, ging 1630 nach Zittau, hierauf nach Pirna und endlich nach Dresden, wo er ganzer 5 Jahre gewohnet. — Vor dieser Zeit hatte er, wie er noch in Böhmen war, Gelegenheit seinem Vaterlande einen Dienst zu leisten, welches er rühmlich that, denn da H. Bogislaf XIV wegen harter Belagerung der Stadt Stralsund eine Gesandtschaft an Kaiser Ferdinand II nach Prag abschickte, war er derselben so wol mit Rath als Geld behülflich, dieserwegen verschrieb ihn gedachter Herzog selbst nach Pommern und brauchte ihn bey den Stralsundischen Traktaten, worin er so viel glücklicher war, weil er ehedem selbst unter dem Wallenstein gedienet hatte, und noch bey ihm in Achtung stand. 1628 ernante ihn der Herzog zu seinem General und Geheimenrath und gab ihm das Amt Torgelow, für den Vorschuß, so er ehemals den Gesandten gethan, worüber er aber hernach vielen Wunder und einen schweren Proceß gehabt. — 1634 reisete er in seinen Privatangelegenheiten nach Prag, gerieth aber in die äußerste Gefahr. Denn weil Wallenstein damals zu Eger erstochen ward, zogen dessen Freunde ihn mit in Verdacht, nahmen ihn in Arrest, und er muste binnen 5 oder 6 Stunden sechszehn mal auf die Inquisition antworten. So gut er sich auch rechtfertigte, ward ihm doch auf Kaiserlichen Befehl die Tortur zuerkant, er erboth sich lieber freywillig zum Tode, und endlich erkante man seine Unschuld, daß er wieder nach Dresden gehen konte. Weil er hier aber vor den Verläumdungen seiner Feinde nicht sicher war, ging er nach Breslau, von da nach Thoren und endlich nach Danzig, wo er 1644 seine Gemalin verlor. Drey Jahr darauf machte ihn die Königin Christina zum Kriegsrath, und das folgende Jahr zum Schloßhauptmann zu Stettin. — In dieser Station erwies er der Stadt Danzig noch einen wichtigen Dienst, denn als 1649 der dasige Commendant, Christoph Hubald, die Stadt erst an Schweden, hernach an Polen verrathen wolte, und ihm solches entdeckte, so gab er zwar seiner Königin davon Nachricht, so bald er aber merkte, daß Hubald auch mit den Polen conspirirte, warnete er die Stadt, und entriß sie ihrem Verderben. — Den 7 Sept. 1650 beschloß er sein Leben, das 75 Jahre lang in Beschwerlichkeit und Ruhm seiner Verdienste sich getheilet hatte. s. Schöttgen Alt und N. Pomm. S. 448.) woselbst man auch von seinen Kindern Nachricht, so wie des H. Franz Kundschaft liefert, daß dieser Schlief zu Cößlin und von altem adlichen Geschlecht entsprossen.

Schwe-

**Schweder (Peter).** Das Jahr seiner Geburt ist nicht bekant, sein Vater aber Johann Schweder war Senator zu Cößlin. — Als Professor am Gymnasio zu Magdeburg stand er mit Luthern und Melanchthon in einer ganz genauen Freundschaft. — Ersterer schenkte ihm die lateinische Bibel, welche er zur Zeit seines Klosterlebens in die Hände bekommen, und daraus er das erste Licht der heilsamen Erkäntnis geschöpfet. Dies schöne Andenken war, wegen der von Luthero eigenhändig beygeschriebenen Anmerkungen, besonders schätzbar, und ward bis 1715 auf dem Rathhause zu Schlawe verwahret, zum Unglück erbat man es sich für die schwedersche Bibliothek nach Cößlin, da es denn 1718 mit derselben ein Opfer der Flamme geworden. — Unser Schweder vertauschte zulezt seine Station in Magdeburg mit einem ruhigen Aufenthalt in seinem Vaterlande, er begab sich nach Schlawe und heyrathete daselbst Burgemeister Ambrosii Mizlafs Tochter, und nach dessen Tode ward er selbst Burgemeister. — Er ist der Stifter der Schlawischen Linie in dem berühmten Geschlecht der Schweder, und starb den 1 April 1528.

**Schweder (Johann),** 1599 den 31 Aug. erblickte er das Licht der Welt. — Sein Vater **Heinrich Schweder** war hieselbst Burgemeister. — Nach volbrachtem Studiren und abgelegten Reisen nahm er 1628 zu Straßburg Gradum Doctoris an, worauf er 1629 zum Syndicus in Colberg, 1630 aber zum Hofgerichtsrath bestellet wurde. — Er heirathete des Kanzlers Andr. v. Bulgrin Tochter, und bekam 1653 die Stelle eines Directors des Consistorii, in welcher er den 25 Nov. 1667 verstarb.

**Schweder (Jacob),** des vorigen Bruder, geboren den 4 Febr. 1618. — Sein Vater starb ihm, als er vier Jahr alt war, die Mutter Gertrud Ducherowen hielt ihm hernach Hauslehrer, die er mit den Schulen zu Cößlin und Colberg verwechselte. Von hier bezog er die Gymnasia zu Stettin und Danzig, hernach die hohen Schulen zu Rostock und Sora in Dännemark. — Mit einem solchen Grunde seiner Wissenschaften trat er eine Reise nach Holland und Frankreich an, besahe Deutschland, und hielt sich wieder ein Jahr zu Leiden auf. — Endlich sich zog ihn 1647 das Verlangen seiner Mutter nach Hause. — Sein Vorhaben war inzwischen aufs neue nach Universitäten zu gehen und gradum Doctoris in vtroque iure anzunehmen; allein, wie das Glück seinem Bruder suchte, so wiederfuhr es auch diesem, denn 1650 ward er schon Canzler bey dem Herzog von Croya, 1665 aber Churfürstl. Brandenb. Geh. Rath und Burggerichtsdirector zu Naugarten, woselbst er auch den 19 Febr. 1686 sein rühmliches Leben beschloß. Sein Andenken bleibt Cößlin und seiner Familie ewig im Segen, denn er stiftete zween Monate vor seinem Ende, zu seinem und seines Sohnes Erst Bogislav Gedächtnis, ein Fidei Commissum, wovon wir in einer cößlinschen Geschichte nothwendig handeln und die Sache ausführlich erzählen müssen.

### Nachricht von dem Schwederschen Fideicommiß.

Das Vermögen, welches der seel. Canzler hinterließ, war 9186 rthl. 16 gr. baar Capital, und 1000 rthl. so er noch aus dem Fürstl. Croyschen Testament zu fodern hatte. — Diese ansehnliche Erbschaft solte seine Witwe, Gertrud Sophia v. Braunschweig, auf ihre Lebenstage, so lange sie nicht wieder heyrathete, geruhig im Genuß behalten, die Bibliothek aber sogleich Cößlin oder Colberg mit den dazu geschlagenen Einkünften verabfolget werden, welche Stadt zuerst für sie einen öffentlichen Ort einräumen würde. — Im Fall sie nun als Witwe mit Tode abginge, solten seine und ihre Freunde Gold, Silber, Juwelen, Betten, Leinen, Kleider und Hausgeräth, in zwey gerade Theile theilen, seine vorgenante Capitalien aber und die Bibliothek solten, als sein peculium quasi castrense, ne quidem vlla deducta falcidia vel trebell. unzerrissen und ungetheilet bleiben, und tanquam perpetuum agnationis & familiae Fidei Commissum zu seinem und seines Sohnes Gedächtnis beybehalten, die Zinsen davon aber auf studirende Jugend so wol und allermeist ex familia & agnatione, als andere fremde tugendliche Subjecta von guten ingeniis, wie auch auf Kirchen und Schulen, arme Witwen, Waisen, unausgesteurte unvermögende Jungfern, Hausarmen und dergleichen nothdürftige Leute verwandt werden, wie in einem beyzulegenden Anhange näher bestimmet werden solte. — — Dieser Anhang konte bey seinem Leben nicht hinzugethan werden,

IV. Abth. Von gelehrten und sonst merkwürdigen Cößlinern.

werden, daher geschahe solches den 29 Jan. 1691 von seiner hinterlassenen Witwe, in einer so genanten Erklärung obigen Testaments und festgesetzten Nachwillen. — Dieses Instrument gehet dahin, daß
1) Studirende aus ihrer Anverwandtschaft jährlich 40 rthl. und
2) eben so viel auch Studirende aus der Schwederschen Familie zu genießen haben solten.
3) Den Pfarrkirchen zu Colberg und Cößlin vermachte sie einer jeden jährlich die Zinsen von 1000 fl. der Kirche zu Naugarten aber von 500 fl. Pom. Capit.
4) Solten jährlich 40 rthl. für jede Schule zu Cößlin, Colberg und Stolpe bestimmet seyn, und die Hälfte davon den Lehrern derselben zufallen, die andere Hälfte aber zur Erhaltung der Schulgebäude verwandt werden. Auch empfingen
5) die Armenhäuser in diesen drey Städten jährlich 30 fl. zu gleichen Theilen.
6) Wurden 50 fl. zur Auszierung des Altars und der Taufe in der großen Kirche zu Colberg bestimmet. Ferner
7) für ihren elenden Bruder Felix und andere preßhafte Personen, sowol aus ihrer, als der Schwederschen Familie, so viel, als ihre Nothdurft erforderte, wonächst
8) der hiesigen Pfarrkirche noch ihre schwarze Leichendecke zugestanden,
9) wegen Erhaltung des Begräbnisgewölbes Vorkehrung gemacht, und
10) geordnet wurde, daß ihres seel. Eheherrn und Sohnes Bildnisse in der Bibliothek aufgestellet werden solten. --

Ueber diese Erklärung aber und so genanten Nachwillen entstand nach ihrem Tode ein weitläuftiger Proceß, welcher, vigore sent. vom 31 Oct. 1701 dahin ausfiel, daß die Schwederschen Erben in die Possession der sämtlichen unter dem F. C. begriffenen Capitalien, wie auch in dessen Direction confirmatorie gesetzet wurden. — Es ergriffen aber die Braunschweigischen Erben wider sothane Urtel ein abermaliges beneficium impugnatiuum, um obigen Nachwillen in Kraft zu erhalten. — Man fand aber von beiden Theilen für gut, unter einem Vergleich vom 21 März 1702 die Sache in der Güte aufzugreifen. Kraft dieses Vergleichs traten

ten die Schwederschen Erben ab intestato den Braunschweigischen cum plenaria directione ein Capital von 3500 fl. ab, welches als ein F. C. Schwederianum der Braunschweigischen Nachkommenschaft erhalten werden, und ihr der Abnutz desselben anheim fallen solte. — Die Legata aber, welche in dem Nachwillen den Kirchen ausgesetzt waren, wurden verworfen, da sie ex instrumento nulliter facto herrühreten ꝛc. — Dies war aber nicht hinreichend, die Streitigkeiten unter sämtlichen Erben zu heben, daher geriethen einige auf den Vorschlag, das Testament des seel. Schweders, weil ihm alle Solennitäten fehleten, aufzuheben, und alles gehörig zu theilen. Die mehresten aber drungen auf die Erhaltung dieses F. C. und errichteten den 26 Febr. 1726 einen neuen Vergleich, welcher gegenwärtig das Instrumentum normatiuum ist, auf welches die Verwaltung und Vertheilung des Schwederschen F. C. sich gründet, wie denn solches unterm 27 Jun. 1730 von Hofe aus bestätiget worden. — Es bestehet aus XVIII Abschnitten und einem Anhange. In den neun ersten Abschnitten wird das nöthige wegen der Administration geordnet, §. 10. handelt von der Bibliothek, den wir ganz hersetzen wollen:

„Als auch der seel. Testator verordnet, daß seine Bibliothek in „Colberg oder Cößlin asserviret, und von dem dazu vermachten Capital „vermehret werden solte; so ist, nachdem dieserhalb mit Burgemeister und „Rath zu Cößlin Proceß geführet worden, die Sache zwar verglichen, „und die Bibliothek auf dem Cößlinschen Rathhause gelassen, auch ansehn„lich vermehret worden, nachdem dieselbe aber bey letzterm Brande samt „dem Rathhause durchs Feuer gänzlich verzehret worden, so ist die Familie „anfänglich bey sich angestanden, eine neue Bibliothek wieder anzulegen „sondern ist willens gewesen, das dazu legitte Geld ad aeque pios vsus „anzuwenden, sonderlich da das neugebaute Rathhaus, indem es in ei„ner Contignation zwischen den Wohnhäusern stehet, der Feuersgefahr „mehr, als das vorige, unterworfen. Endlich aber ist doch auf ein und „anderer Zusprechen, und in Consideration, daß jetzo ein Hofgerichts„collegium daselbst angerichtet, durch eine öffentliche Bibliothek auch dem „Publico, und sonderlich denen, welche mit Büchern nicht versehen seyn, „gedienet werden könte, resolviret worden, eine neue Bibliothek zwar wie„der anzurichten, jedoch nicht eher, als bis Burgemeister und Rath zu

„Cößi-

IV. Abth. Von gelehrten und sonst merkwürdigen Cößlinern.

„Cößlin ein bequemes und gewölbtes Gemach außer dem Rathhause
„dazu wird haben anfertigen lassen. Weil es aber oft geschehen kan, daß
„der Administrator F. C. kein Gelehrter, oder doch kein vollkommener
„Kenner von guten Büchern ist, so sollen keine Bücher angeschaffet wer-
„den, als welche von zwey Agnatis, so studiret haben, oder da zwey gelahrte
„Agnati nicht vorhanden, wenigstens von einem Agnato und einem
„Cognato vor gut befunden werden, wie denn auch nicht lauter Juristi-
„sche Bücher, als welche mit der Zeit nur alte Glossen heißen, son-
„dern auch gute Theologische, sonderlich aber gute Historische Bücher und
„Acta publica, die das Alter angenehm machet, angeschaffet werden
„sollen." –

Der XI §. setzt dem Administrator 20 rthl. zur Correspondenz
aus, und in den folgenden wird das nöthige wegen der Repartition
festgesetzet, nämlich es ist bestimmet:

1) zur Bibliothek 500 rthl. Capital.
2) für einen studirenden Agnaten jährlich 100 rthl. desgleichen
3) für einen studirenden Cognaten jährlich 100 fl. beiden 4 Jahr lang zu genießen,
4) zween auf Trivialschulen sich befindende, einer ex agnatis und einer ex cognatis, sollen jeder jährlich 8 rthl. und das 6 Jahr lang genießen,
5) die Colbergsche und Naugartsche Kirche die Zinsen, jede von 333 rthl. 8 gr. Capital genießen,
6) ein Schulbedienter zu Cößlin, oder an einem andern Orte, nach Willkühr der Familie, jährlich 5 rthl. 8 gr. haben.
7) Auf arme, preßhafte und verunglückte Personen sollen jährlich 70 rthl. verwandt werden.
8) Unverheyrathete Jungfern ex agnatis & cognatis, wenn sie ausgesteuret werden, eine Agnatin 100 rthl. und eine Cognatin 100 fl. haben.
9) Einem Officier aus der Familie zu seiner Equipage, ist er ex agnatis 100 rthl. ist er ex cognatis 100 fl. gezahlt werden. Endlich
10) sind für verunglückte Kaufleute aus der Familie 500 rthl. Capital ausgesetzt, um ihnen damit unter die Arme zu greifen. Die

Die übrigen Abschnitte enthalten noch einige Einschränkungen und nähere Bestimmungen. — Der Anhang setzet die Zinsen von 500 fl. Capital für die Cößlinsche Kirche, Prediger und arme Schulkinder aus.

Mit diesem F. C. Schwederiano ist das Schwedersche Stift nicht zu verwechseln, davon wir gleich reden werden, es stehet aber, so wie das Lewsche Fideicommiß, dessen wir auch bald gedenken werden, immer unter einem Administrator. —

Die bisherigen Administratores F. C. Schwederiani und der nachhero damit verbundenen milden Stiftungen

1) Hr. Johan Lorenz Schweder, Cämmerer der Stadt Colberg von 1694 bis 1709.
2) Hr. Heinrich v. Schweder in Colberg von 1710 bis 1726.
3) Hr. Michael v. Schweder K. Preuß. Obrister von 1727 bis 1729.
4) Hr. Christoph Herman v. Schweder K. Preuß. Geheim. wie auch Regier. Kriegs und Domainenrath von 1730 bis 1741.
5) Von 1742 bis 1746 hat Hr. Philipp Ernst v. Schweder, ein Sohn des vorigen, die Administration gehabt; weil aber derselbe von der Familie nicht gehörig erwählet war, und sie ihn nicht dafür erkennen wolte, muste er 1747 die Administration abtreten an
6) Hrn. Matthias Heinrich Schweder, welcher sie noch verwaltet.

v. Schweder (Michael). Das Jahr seiner Geburt ist 1663. Sein Vater war Heinrich Schweder, Bürgem. zu Cößlin, welcher, nachdem er erst Judith Kochs, Samuel Ledebuhrs Witwe, zur Ehe gehabt, sich mit Dorothea v. Schliefen vermälet hatte, und von dieser ist unser Michael entsprossen. — Seine Jugendjahre widmete er mit Lobe dem Studiren, seine männlichen Jahre aber dem Soldatenstande, und begab sich zuerst in Holsteinsche Dienste, woselbst er bis zur Stelle eines Obristlieutenants heraufrückte. — Nachhero trat er als Obrister in K. Preuß. Dienste, und commandirte von 1709 bis 1712 die Königlichen Trouppen in Hamburg. Als diese bekanten Irrungen beygelegt waren, ward er nach Colberg in Guarnison versetzet, er suchte aber bald seine Erlassung und begab sich auf sein Gut Grünhof, welches er sich in
Hol-

IV. Abth. Von gelehrten und sonst merkwürdigen Cößlinern.

Holsteinschen gekauft hatte, um daselbst als ein Privatmann seine übrigen Tage zuzubringen. — Aus Liebe zu seinem Vaterlande aber änderte er diesen Entschluß und zog wieder nach Pommern. — Er hatte inzwischen noch eins und das andere wegen seiner Holsteinschen Güter in Richtigkeit zu bringen, desfals er sich genöthiget sahe eine Reise dahin anzutreten, es ward dies aber die lezte seines Lebens; denn, wie er in der Rükkehr begriffen war, übereilte ihn der Tod zu Berlin den 10 Sept. 1729 in einem Alter von beynahe 67 Jahren. — Er ist seiner Familie in dem Stück sehr verehrungswürdig geworden, daß er den alten verloschenen Adel (*) derselben wiederum hervorgesucht, und solchen 1706 vom Kaiser Joseph auf ihn und seine beiden Brüder Georg Gabriel (**) und Siegmund Herman (***) erneuren ließ. — Hiernächst ist er der Stifter des so genanten Schwederschen Stifts in Cößlin. — Ich glaube keine unangenehme Ausschweifung zu begehen, wenn ich das nöthige von diesem Stifte an diesem Orte beybringe.

### Nachricht von dem Schwederschen Stift.

Es hatte der seel. Hr. Obrister den 20 May 1728 zum Besten der Schwederschen Familie eine Disposition (†) gemacht, kraft welcher er 1000 rthl. aussetzte, daß davon vier Jungfern und Witwen aus der Familie ein bequemes Wohnhaus solte erbauet werden, zu ihrem Unterhalt widmete er die Einkünfte von allem seinem Acker, den er bey Cößlin besaß, mit Vorbehalt, daß jährlich davon 50 fl. an nothdürftige Hausarme solten vertheilet werden, da denn von diesen Einkünften doch noch 108 fl. zur Präbende übrig blieben. — Nach seiner Gemalin Charlotte Louise Schröderin (††) Tode solten diese Einkünfte noch mit 200 fl. von 4000 fl. Capital vermehret werden, so auch nachhero rühmlich geschehen ist. — Diese Disposition wurde durch eine Urtel des K. Tribunals in Berlin vom 2 Dec. 1732 in allen Punkten bestätiget, die Administration des Stifts aber dem jedesmaligen Administrator des Schwederschen Fideicommiß confirmiret. — Hierauf war nun die Familie unter Administration des Hrn. Geh. Rath Christoph Hermann von Schweder (†††) darauf bedacht, zur Erbauung dieses Stifts einen bequemen Ort in Cößlin anzukaufen, man konte aber keinen andern ausfündig machen, als den Stadthof, und nach vielem Wunder wurde es bey der K. Kriegs und Domainencammer endlich dahin gebracht, daß der Magistrat zu Cößlin 1734 diesen Platz abtreten muste. — Gleich im Herbste dieses Jahres machte man den Anfang die alten Gebäude abzubrechen, und da solches den Winter hindurch fortgesetzet wurde, konte man im März 1735 den ersten Grundstein legen, und 1737 wurde das Werk zu Stande gebracht. — Auf diesem Stift ist auch ein Zimmer für die Schwedersche Bibliothek angeleget worden, nachdem es nicht füglich geschehen können, daß auf dem Rathhause, oder sonsten von dem Magistrat ein feuerfestes Zimmer dazu angewiesen werden mögen. Es bestehet dieselbe aus Werken, die man nach dem Brande aus den dazugelegten Einkünften angeschaft, und denen, so man aus dem Lewschen Vermächtnis erhalten hat.

Vor der Hand, und bis das Capital mehr angewachsen, werden Jungfern und Wittwen von der Schwederschen Familie, und zwar der Linie, welche an das Schwedersche Fideicommiß berechtiget ist, darin aufgenommen. — Eine jede derselben bezahlt bey ihrer Aufnahme an das Stift ein kleines Capital zu 100 fl. und die erste, welche unter dem Namen einer Priorin die Aufsicht führet, erhält jährlich 50 rthl. die zweyte und dritte jede jährlich 40 rthl. die vierte und fünfte jährlich 33 rthl. 8 gr. — Jede Person hat eine eigene Stube, Kammer und Küche. Die beiden unter dem Hause befindlichen Keller brauchen sie gemeinschaftlich. Außerdem sind sie von bürgerlichen Auflagen befreyet.

### Nachricht von dem Lewschen Vermächtniß zu dem Schwederschen Stift.

Als man noch im Bau dieses Stifthauses begriffen war, nämlich den 21 Jan. 1736, vermachten der seel. Landrath Gabriel Lew und seine Frau Catharina Elisabeth von Schweder in einem Testamento reciproco ein Capital von 3333 rthl. 8 gr. dessen Zinsen nach beiderseits Ableben dazu angewendet werden sollten, daß zuförderst in diesem Stifte noch für vier Personen die nöthigen Zimmer aus- oder neugebauet würden, und wenn diese fertig, solten die 166 rthl. 16 gr. Zinsen ihnen

ihnen unter dem Namen der Lewschen Präbende dergestalt vertheilet werden, daß die erste empfinge 50 rthl, die andere 40 rthl, die dritte und vierte jede jährlich 33 rthl. 8 gr. Zu Erhaltung der Zimmer aber solten jährlich 10 rthl. ausgesetzt bleiben. — Die Personen, welche dazu genommen werden solten, müsten von des Stifters Aeltervater, dem Canzler **Andreas Lew**, oder denjenigen Schwedern abstammen, die an das Schwederische Fideicommiß berechtiget sind, jedoch solten so wol Cognati als Agnati Theil daran nehmen, und, wenn die nicht vorhanden, auch Fremde von gutem Herkommen nicht ausgeschlossen seyn. — Auch hier zahlet eine jede bey ihrem Eintritt 100 fl. und sind ihnen noch vor dem neuen Thore zween Gärten zum Gebrauch angewiesen, die sie allenfals vermiethen können. —

Die Folge der Zeit lehrte aber, daß es nicht anginge, diesen Lewschen Präbendatinnen in dem Schwederschen Stiftshause Raum zu schaffen, und ein neues Haus zu bauen, war noch unmöglicher, daher hat die sel. Landräthin Lewen, in ihrem den 11 Jan. 1751 errichteten Testament, oder so genanten Nachwillen, die Sache dahin geändert, daß diese Lewsche Präbendatinnen nach ihrer Bequemlichkeit in oder ausserhalb Cößlin wohnen können, und die zu Erhaltung der Zimmer ausgesetzte 10 rthl. unter sich theilen sollen. — Außer dem hat diese milde Stifterinn dem Stifte noch eine halbe Hufe Landes vermacht, deren jährliche Miethe den hiesigen Stadtpredigerwitwen, und zwar den dürftigsten, eingetheilet werden sol. — Ist solche nicht vorhanden, sollen andere arme Witwen und Jungfern aus der Familie diese Gelder haben.

(*) Die Schwedersche Familie ist ursprünglich vom schottischem Adel, woselbst sie vor 300 J. geblühet hat, durch Krieg aber genöthiget worden ihr Glück auswärts zu suchen, woraufsie sich, theils nach den Niederlanden, theils nach Dännemark, die Vorfahren unsers Schweders aber nach Pommern, und vorzüglich hieher nach Cößlin gewandt, woselbst sie immer die ansehnlichsten Ehrenstellen bekleidet haben. Dem ohngeachtet erlosch mit der Zeit das Andenken ihres ursprünglichen Adels, daß es daher unserm von Schweder allerdings zum Ruhm gereicht, wenn er solchen wieder hervorgesuchet. — Von der Niederländischen Linie trift man in Geschichten 1423 einen Bischof in Utrecht, 1444 aber einen Generalzeugmeister in Geldern an (f. Pontani Hist. Geldr. L. IX. p. 422. 424. 458. 439. 452. 462. 488) Ob aber der Jo. Suederi, der in einer Inclamischen Urkunde von 1275 (f. Pom. Biblioth. B. V. S. 218)

v. Schweder.

als Zeuge aufgeführet wird, mit zu der Familie gehöre, ist wol so leicht nicht auszumachen. --- Dies eine bemerke ich noch, daß man jetzt drey Linien der Schwederschen Familie zählet, nämlich die Schlawische, so von Peter Schwedern herstammet, und die Colbergsche und Cößlinsche, welche von seines Bruders, Johann, Nachkommenschaft entsprossen sind, und beyde Heinrich Schwedern zum gemeinschaftlichen Stammvater haben, der die Colbergsche Linie durch seinen Sohn Johann, die cößlinsche aber durch drey Söhne, Heinrich, Gabriel und Jacob ausgebreitet. -- Diese Colbergsche und Cößlinsche Linie hat Antheil an dem Schwederschen Fideicommiß, die Schlawische aber nicht.

(**) Dieser bewohnte sein Gut Todtenhagen, und hatte einen Sohn, Georg Friederich, welcher Lieutenant in Preußischen Diensten war, und der Campagne in Vorpommern, wie auch der Belagerung von Stralsund beywohnete. --1723 erhielt er seine Erlassung, und ging mit der ostindischen Flotte nach Batavia auf die Insel Java, von da er nach einigen Jahren als Capitain nach der Insel Ceylon commandiret wurde. Weil er sich aber schon zu Batavia mit eines reichen Holländers Witwe verlobet hatte, und diese, da er nach Ceylon ging, nach Holland zurück kehrte, folgte er derselben 1734, und lebte daselbst als ein Privatmann. -- Sein Bruder Bogislav Gabriel suchte als Major seine Dimission, und wohnet auf seinem Gut Datjo.

(***) Dieser war in Sächsischen Diensten Hauptmann, und blieb 1705 in der Bataille bey Fraustadt auf dem Wahlplatz.

(†) Der Bewegungsgrund, welchen er zu dieser milden Stiftung gehabt, verräth eine so edle Denkungsart, daß wir nicht umhin können, ihn aus dem Funtationsbriefe hieher zu setzen:

„Da ich mich öfters erinnert, wie ich meinen seel. Vater Hrn. Heinrich
„Schweder bey Antritt meiner Kriegsdienste angelegen, und inständigst ge-
„beten, die Testamenta, worin er auf gewisse Orte ein Capital von 3000
„rthl. oder 4500 fl. ein anders von 1333⅓ rthl. oder 2000 fl. und eins von
„6 Stücken Acker zu 676 Rthl. 16 grl. oder 1015 fl. die Summa 5010 rthl.
„oder 7515 fl. ad pias causas legiret oder vermacht, wieder aufzuheben und zu
„cassiren, solches auch geschehen und erfolget ist, und ich mir deshalb viele
„sorgliche Gedanken gemacht, überdem auch GOtt der Allmächtige mich al-
„lezeit so wunderlich geführet, und zum öftern aus großer Lebensgefahr, und
„insonderheit zu Wasser, da alle Hülfe menschlicher weise verloren geschie-
„nen, errettet, dafür ich ihn stets ohn Unterlaß zu loben und zu preisen habe,
„ich bey mir entschlossen, von demjenigen, so ich durch GOttes Segen erwor-
„ben, hiewiederum eine Stiftung zu machen ꝛc.

(††) Sie war eine Tochter eines Burgemeisters zu Crossen, und seine zweyte Gemalin. -- Die erste war eine geborne Larsen genant Blumenfeldin, wovon eine Tochter nachgeblieben, die als Witwe des Hauptmans Johan Paul von Hombold 1749 gestorben.

(†††) Dieser stammt eigentlich von der Colbergschen Linie her, weselbst sein Vater Herman Hof, und Consistorialrath war. -- Seine Verdienste sind der gelehrten Welt bekant genug, daher er auch das Glück genoß, den Adelstand seiner Vorfahren 1724 vom Kaiser Carl VI. und 1729 vom König Friederich Wilhelm auf seine Linie erneuert und bestätiget zu sehen.

IV. Abth. Von gelehrten und sonst merkwürdigen Cößlinern.

**Schweder (Gabriel).** J. V. D. Sacri Caesarei Palatii Comes, Hochfürstlich Würtembergischer fünf und funfzigjähriger Rath, bey dem Hofgericht zu Tübingen auf der Gelehrtenbank mehr, als funfzigjähriger erster Assessor, wie auch bey dasiger Universität Prof. Juris publ. & Placit. Feudalium ordinarius, Facultatis juridicae Antecessor und des gesamten Senatus Academici Senior. — Das ist der völlige Titel eines Mannes, der Cößlin gewiß Ehre macht. — Er ist den 18 May 1648 gebohren, sein Vater hieß **Gabriel** und war Kirchenprovisor in Cößlin, die Mutter **Catharina Cochen**. — Die ersten Gründe der Gelehrsamkeit holte er aus der Schule seiner Vaterstadt unter dem treuen Rector Stephani und ging 1664 von hier aufs Danziger Gymnasium, woselbst er noch in demselben Jahre unter dem D. und Prof. Physices Joh. Christ. Fromman eine diss. de Antere Martiniano, ipso die Martini zu Catheder brachte, welche 1683 zu Leipzig wieder gedruckt worden. Das folgende Jahr erwählte er zu Fortsetzung seines Studirens die Universität Jena, woselbst er 1667 de Usuris disputirte und sich nach Hause verfügte. Seine Wißbegierde aber zog ihn nach Tübingen, woselbst er 1673 nach abgelegter öffentlicher Disputation Licentiatus juris ward und sich in numerum Advocatorum recipiren ließ. -- Bald nach dieser betretenen Ehrenstuffe nämlich den 26 Jan. 1674 ließ er sich den Doctorhut auffsetzen, da er denn 1677 Assessor des dortigen Hofgerichts, 1681 aber Prof. extraord. ward, bis er 1685 diese Stelle, mit einem ordentlichen Gehalt zu bekleiden anfing. -- Bey seinem erreichten hohen Alter ist er zehen mal Academiae Rector gewesen. -- Kaiser Leopold machte ihn 1703 zum Comite Palatino, und 1716 erhielt er primum votum bey dem Hofgericht. — Sein Alter glich seinem Ruhme, denn er starb 1735 den 30 April als ein Greis von 87 Jahren, und konte sich rühmen, daß er drey Jubilaea publica, und fünf privata, die ihn selbst angiengen, erlebet hat. — Seine Schriften sind:

Introd. in jus publicum, welche schon zehen mal aufgelegt worden.

XLVI Disputationes, welche in zwey Vol. 1731 zu Eßlingen, curante Paulo Burgemeistero herausgegeben sind. -- Unter denselben ist diejenige die merkwürdigste, welche er 1703 de jure augustissimi Imperatoris in Ducatum Mediolanensem gehalten, und dem Kaiser Leopold so wohl

gefallen, daß er ihm die Comitivam Sacri Caef.-palatii ertheilet.
Commentarius de Praeeminentiis domus Auftriacae Tub.
1722. 4.
Einige Volumina, worin seine Confilia, tam publica, quam privata gesamlet sind.

Schweder (Andreas Johann), noch lebender sehr verdienter
K. Regierungsrath in Stettin. — Sein seel. Hr. Vater war Joh. Georg Schweder, Advocat in Cößlin. Den 22 Nov. 1706 erblickte er
das Licht der Welt, hatte aber das Unglück, daß während seiner Schul-
jahre die Stützen seiner irdischen Wohlfahrt, beide Eltern, verfielen. —
Inzwischen GOtt und sein Fleiß förderten ihn, daß er 1723 das Gymnasium zu Danzig mit Nutzen beziehen konte. Die Liebe, welche er auf
den seel. D. und Prof. juris Willenberg warf, zog ihn zur Erlernung
der Rechtsgelahrheit seinen Fleiß hauptsächlich anzuwenden. — Kaum
hatte er zwey Jahre lang die geschickte Anweisung dieses treuen Lehrers
genossen, so betrat er unter dessen Vorsitz 1725 den 8 Sept. die Catheder
und vertheidigte eine gelehrte Streitschrift: De poena post mortem durante, welche unter den herausgegebenen Exercitationibus Sabbatinis
befindlich ist. — Gleich das folgende Jahr hielt er den 5 Sept. eine diff.
de injuria, quae mortuis illata. — Und so verließ er unter segnenden
Glückwünschungen dies Gymnasium, von welchem er sich durch Polen über
Breslau und Leipzig nach Jena wandte, worauf er Halle besuchte und
so 1730 mit Ehren seine academischen Jahre beschloß. — Als er um Ostern
dieses Jahrs zu Hause kam, hatte er das Glück, in das Haus des wohlseel. Hrn. Hofgerichtspräsidenten von Suckow zum Hofmeister seiner
Söhne, gerufen zu werden. — Nachdem er zwey Jahre hieselbst ein
Lehrer der jungen Herrschaft, und ein aufmerksamer Schüler des gründlich gelehrten von Suckow gewesen, erhielt er 1732 den 1 April das Patent zur Advocatur bey diesem Hofgericht. — Worauf er sich den 10 Nov.
1734 mit des Hrn. Burgemeister Laurens in Treptow jüngsten Jungfer
Tochter vermälete, mit welcher er neun Kinder, als vier Söhne und
fünf Töchter zeugete, davon aber sieben in zarter Unschuld schon verstor-

ben find. — Seine große Geschicklichkeit, die er als Advocat in allen Fällen blicken ließ, erwarb ihm hier und bey Auswärtigen einen ungemeinen Ruhm, so daß Sr. Excellenz, der wohlseel. Hr. Generalfeldmarschal und Gouverneur zu Berlin, **Caspar Otto von Glasenapp**, als dieselben einen geschickten Rechtsgelehrten in einer sehr wichtigen Angelegenheit nöthig hatten, ihn von Cößlin aus nach Berlin entboten. Die Zufriedenheit, welche dieser Herr gegen sein Verhalten geheget, konte nicht deutlicher ausgedruckt werden, als daß er ihm außer einem ansehnlichen Geschenke, den Charakter als Hof = und Justizrath auswirkte, und da er es nicht vermuthete, das Patent vom 1 Jul. 1741 darüber zufertigte. — 1745 zog wiederum eine Trauerwolke über seinem Hause zusammen. Der zu frühe Tod seiner innigstgeliebten Gemalin und zwey ihr bald nachfolgende Kinder beugten sein Herz in tiefem Kummer. Von neun Kindern dieser vergnügten Ehe sind ihm jetzt nur zwey noch übrig, ein Sohn, Herr **Johann Gottfried**, welcher als Stadtsyndicus zu Greifenberg stehet, und Jungfer **Dorothea Friederica**, welche jetzt den Herrn Landsyndicus und Hofrath **Herr** zu ihrem Gemal erwählen wird. — 1747 wurde unserm Herrn Regierungsrath durch ein K. Patent vom 25 August Sitz und Stimme im Cößlinschen Hofgericht angewiesen, und 1748 vermälte er sich aufs neue mit des seel. Hrn. Burgem. Roth in Pyritz jüngsten Jungfer Tochter, welche er aber 1755 den 25 Dec. auch schon wieder durch den Tod verlohren, so wie die einzige mit derselben gezeugte Tochter auch bald nachgefolget. — 1752 geruheten S. K. Majestät ihn durch ein Patent vom 13 Febr. aus höchsteigener Bewegung an die Regierung nach Stettin zu versetzen. Inhalt dieses Patents solte er in den ersten Senat introduciret werden, den Rang nach seinem vorigen Patent in Cößlin haben, auch in Abwesenheit des :c. von Dewitz das Directorium führen, übrigens die verordnete Besoldung aus der Sportulcasse vorzüglich vor allen andern Räthen des zweyten Senats haben und verpflichtet werden :c. — Es ist aber nachhero eine Verwechselung vorgegangen, und er in den zweyten Senat introduciret. — Nachdem zu Wien erfolgten Ableben des Hrn. Vicepräsidenten v. **Dewitz** aber, da der Hr. v. Rammin dessen Stelle wieder erhielte, bekam er eine Stelle im ersten Senat, und wurde der Hinterpommerschen Lehnscanzley vorgesetzet. —

Den

Den 10 Februar 1760 suchte GOtt diesen würdigen Mann mit einer schweren Krankheit heim, wobey sein Gedächtnis so wol als seine Augen großen Schaden litten, welches ihn außer Stand setzte, die schwere Arbeit bey der K. Regierung mit gleicher Munterkeit weiter fortzusetzen. Der König befreyete ihn also aus besondern Gnaden davon, und ließ ihm wegen seiner Verdienste dennoch die Besoldung. — Drey Jahr vorher, ehe dies schwere Leiden über ihn ging, nämlich im Junio 1757 vermälte er sich zum dritten mal mit des wohlseel. Hrn. Senator und Kaufmann Voigts hinterlassenen Fr. Witwe, welche durch ihren angenehmen Umgang sein Kreuz erleichtert und ihm die Beschwerlichkeit seines Lebens versüßet.

Ein Trieb gerechter Hochachtung gebeut mir noch hinzuzusetzen, daß eine thätige patriotische Gesinnung, mit welcher er dies Werk befördert hat, mir die Pflicht der größten Dankbarkeit aufleget und den Wunsch in die Feder giebt, daß der GOtt seiner Jugend auch der GOtt seines Alters seyn, ihn mit seiner Kraft unterstützen, mit seinem Segen erfreuen und mitten im Leiden sich als den Hort seines Heils wolle finden lassen. Er so wol als sein ganzes vornehmes Haus sey ein beständiges Denkmaal seiner wohlthuenden Güte.

**Simonis (Daniel).** Sein Vater war der obengenante **Peter Simonis**, Archidiaconus zu Cößlin, die Mutter **Barbara Wockens**. — Er ist etwa ums Jahr 1640 gebohren. — Den Grund seiner Wissenschaften legte er in Cößlin und Colberg, und ergriff auf Universitäten das Studium medicum. Wie er aber zu Hause kam, fiel es ihm ein, für seinen kranken Vater einmal zu predigen, dies gieng gut, und besser, als er dachte, daher entschloß er sich ein Theolog zu werden, ging also noch einmal nach Universitäten, von da er 1662 wieder zurück kam. — Wir haben oben gehöret, daß sein Vater die Besorgung der Schloßkirche mit auf sich hatte, und da er sehr schwächlich war, muste sein Sohn ihn öfters mit Predigen unterstützen. — Einmal fügte es sich, daß er zu Ehren des Herzogs von Croya eine Predigt halten muste, welche 1665 unter dem Titel heraus ist:

IV. Abth. Von gelehrten und sonst merkwürdigen Cößlinern.

Fürstliche Gedanken des Durchl. und Hochgebornen Fürsten, Hrn. Ernst Bogislav Herzog zu Croya und Arschott ꝛc. 12. 7 Bogen.
Er hat sie demselben selbst dediciret, und bey demselben die Gnade erhalten, daß er erstlich zum Rektorat nach Rügenwalde berufen, und darauf des seel. Präpositus Pepelow Adjunctus geworden. Wie dieser starb, trat er als Pastor und Präpositus in dessen Stelle. — Man hat noch von ihm folgende Schriften:

Geduld der Heiligen, vorgestellet von Daniel Simonis ꝛc.

Eine Uebersetzung der Aeneid. des Virgils 1659. 12. Sie hat folgenden Titel, den ich hersetzen will, um seinen Geschmack in der Deutschen Litteratur kennen zu lernen, er ist volkommen Zesisch. — So lautet er: Der Frygier Aeneas, wi er nach Smärtzentfündlichen abläben seiner ädlen Kreusen, entslagung der trübsäligen Dido, mit der huldreichen Lavinie besäliget, izzo bey der libsäligsten deutschinne in beruheter annämligkeit befridet worden ꝛc.

Entwurf einiger Leichpredigten, Stettin 1672. 12.

Optica & catoptrica sacra qua luis auditoribus praeluxit annua methodo circa Evangelia Salemydonis Luc. I, 63. Er schrieb und sprach. Sed. 1679. 12. Es sind, wenn mans doch nicht rathen kan, Dispositiones zu Predigten, welche aus lauter Emblematen bestehen und öfters bis zum Lachen närrisch sind. Hiernächst war er willens noch heraus zu geben:

Vielvermögendes Gebät der Gerechten, vorgestellet durch Daniel Simonis Cosslino - Pomer. Pastorem Rugenwald. Pom. und desselbigen Synodi Churfürstl. Brandenburgischen Praepositum. Drexel. Trismegist. Christian. I. 2. c. 4. §. 1. Nos ipsi nobis saepe pessimo exemplo sumus. Es ist aber davon nur der erste Bogen gedruckt, das übrige noch im MS. vorhanden. — Ueber jedes Paar Seiten stehet ein Reim, als: Des Betens Kraft, So Nuzzen schaft. — Der Andacht Nuz, Ist GOttes Schutz ꝛc. Doch sind der Stil und Rechtschreibung so affectirt und kauderwelsch nicht, als in der Uebersetzung des Virgils.

Thoma (Paul). Er ward 1539 bey Wiederherstellung der Universität zum Prof. Philos. zu Greifswalde ernennet, es ist von ihm noch eine Genealogie der Pommerschen Fürsten in MS. vorhanden.

**Vogler** (Joachim). Die traurigen Lebensumstände dieses Unglückseligen können wir nicht besser erzählen, als wenn wir sein von ihm selbst verfertigtes und noch in der großen Kirche unweit der Kanzel befindliches Epitaphium hieher setzen:

Confiste parumper, quisquis es, qui transis, memoranda hinc reportabis, si patienter acceperis, quis & qualis fuerim. JOACHIMVS VOGLERVS fui, Patre *Joanne Voglero*, Rectore quondam hujus scholae, postmodum aulae episcopalis Advocato & vrbis nostrae Senatore, ex *Elisabetha Povölzen* Anno Christi 1592 procreatus. Augescente ingenii cultu academias Wittebergens. Heidelbergens. Argentoratens. adii inde Parisios delatus, postquam itineris aliquem fructum perceperam, ad meos redii, laete exceptus. Sed caue nimium stupescas, bienni post idem fatum, quod olim *Hermogenes*, imo atrocius passus, amissa ratione obbrutescere coepi, adeo, vt catenis vinctus, a consortio hominum semotus, sine vlla veste in aestu, durisque frigoribus annos XXVII vixerim. Tandem anno 1646 decrescentibus atrocibus morbi mei paroxysmis, verenda DEI maiestas, mei miserta, hanc gratiam praestitit, vt ex carcere squalido reductus, cum meis conuersari potuerim vbi transactis in humilitate & patientia annis XIII. anno 1659 vltimo Nov. carnis meae resurrectionem credens exspiravi. Haec, viator, pandenda posteris iudicata sunt. Abi iam seueritatis pariter & clementiae diuinae nunquam non humillime memor!

Du hast, o GOtt! zum Spiegel mich gemacht.

Wohl dem, der, wenn ers lieset, recht betracht.

(*) **Wendt** (Johan). Das Jöchersche Lexicon sagt uns, er sey ein Gelehrter und ein Cößliner, wo es aber nicht zuverläßiger ist, als dieses, daß er anfangs zu Cößlin Rector und Diaconus, darnach zu Colberg Prediger auf der Vorstadt gewesen, so müssen wir ihn wieder wegstreichen, denn das ist ganz gewiß nicht wahr. — Sonst sol er den 17 Sept. 1675 im 54 J. seines Alters gestorben seyn.

(*) Daß

312 IV. Abth. Von gelehrten und sonst merkwürdigen Cößlinern.

(*) Daß Hr. D. Quade in dem Leichenprogramma auf den M. Weßling einen gewissen Rector an der Stettinschen Schule Michael Ungarum fälschlich zum Cößliner mache, hat Hr. Zachariä in der Nachricht von der Rathsschule zu Stettin S. 34. Anm. (b) schon satsam gewiesen.

Wenn wir nun dies Verzeichnis zusammen nehmen, so finden wir, daß Cößlin dem Vaterlande so wol als auswärtigen Staaten, in allerley Ständen, Personen vom ersten Range und recht brauchbare Diener des gemeinen Wesens geliefert. — Hier sind erfahrne Kriegsofficier, verständige Canzler, getreue Räthe, gelehrte Professores und Lehrer auf hohen und niedern Schulen, berühmte Doctores der höhern Wissenschaften, Generalsuperintendenten und Präpositi, welche der Kirche GOttes im Seegen gedienet, und so viel andere entsprossen, deren Andenken noch immer verdienet gepriesen zu werden. — Man rechne die Standeserhöhung dazu, welche dem Geschlecht der Bohlen und der Schweder wiederfahren, so kan unsere Stadt allerdings stolz auf ihre Kinder seyn.

GOtt setze sie, wie ein Siegel, auf sein Herz, und lasse sie ein Denkmaal seiner Güte und eine Ursache seines Preises den Enkeln später Zeiten, durch viele folgende Jubelfreuden, bis an das Ende der Tage, werden! — Jerem. XXIX, 7.

Et de communi pars quoque nostra bono est.

Zusätze

## Zusätze und Verbesserungen.

**Zur II Abth.** p. 82. §. 19. Die Sache wegen der Münzgerechtigkeit der Stadt Cößlin ist noch einigem Zweifel unterworfen, daß zu Herzog Franz Zeiten hieselbst eine Münze gewesen, ist außer Zweifel. Cosmus v. Simmern giebt uns davon die Nachricht: „Jetzo haben „J. F. G. Herzog Franz eine Münze hieselbst aufgerichtet, worin „meist unter Dero F. G. Gepräge Silbergroschen geprägt werden." Man wil aber auch behaupten, daß schon vorher die Stadt selbst die Münzgerechtigkeit besessen, und ein Privilegium darüber gehabt, dieses aber so wenig als sonst eine beglaubte Nachricht davon aufzutreiben, ist mir bisher unmöglich gewesen, solte jemand dergleichen besitzen, würde er mich durch Mittheilung derselben und noch mehr dadurch verpflichten, wenn er mich hinter die Käntniß einer wirklichen Cößlinschen Münze hülfe. — Wo es wahr ist, daß außer dem Münzhause, dessen wir gedacht, auch ein anderes auf der Bergstraße gewesen, wie man behaupten wil, würde die Sache einigen Anschein gewinnen.

**Zur II Abth.** p. 109. §. 11. Klempzen und Cosmus v. Simmern leiten das Cößlinsche Sprichwort: Mußma Cößlin von Mausen oder Stehlen her. Ersterer sagt, es heiße Musnu Cößlin, letzterer aber spricht es aus Musum Cocslin, und erzählt uns davon folgende sehr unglaubliche Geschichte: „Aber, da der tolle Pöbel gesehen, „was hieraus werden würde, und ihnen die Reue ins Herz kam, „haben sie den Herzog frey los und ledig gelassen und um Verzei„hung gebeten, ehe denn Kriegs- und Landvolk heran kam. Der „Burgemeister aber, mit Namen Heidenreich, der sich, als ein „Rathgeber übel bewust, wolte dem Landfrieden nicht trauen, mau„sete des Raths Schatz und entwich gen Lübeck, dannenhero noch „das Sprichwort bey den Cößlinschen und in Pommern ist: Mu„sum Coeslinum. Dieser ist bald nachhero zu Lübeck gestorben, „und da solches daselbst dem Rath kund worden, und der Schatz „noch vorhanden, haben sie solchen zu sich genommen, und davon „einen festen Thurm gebauet, dem sie den Namen Musum Coeslin „gegeben. —

**Zur III Abth.** p. 153. §. 3. Die Geschichte mit dem gesackten Döring erzählet Cosmus v. Simmern mit der Veränderung: Daß die Prostitution dem Prediger Nic. Pannekock begegnet, weil er sehr auf das Branteweinschenken unter der Predigt geeifert, dessen sich dieser Döring auch schuldig gewust, und wie der Mensch die Narrheit in der Kirche angegeben, sey ein Bürger aus der Kirche gegangen und habe vier Zettel an die vier Kirchthüren geschlagen, des Inhalts: „Wer ein Liebhaber göttlichen Wortes sey, solle sich „nach der Mahlzeit in der Kirche einfinden, er habe ihm etwas zu „sagen." Hierauf sey eine große Menge zusammen gekommen, und Döring habe mit erscheinen müssen, welcher bey einem kurzen tumultuarischen Verhör gleich verstummet. Einige der Stadtältesten werden sogleich ins Kloster geschickt, woselbst eben der Rath bey dem Stiftscanzler in gewisser Angelegenheit versamlet war, mit Bitte, über diesen Frevler Gefängniß und Strafe zu erkennen: der regierende Burgemeister Ruback aber giebt die angeführte unweise Antwort. So bald die Stadtältesten solche bringen, gehet der Haufe zu Rath, was sie mit Döringen anfangen wollen, und indem fügt es sich, daß zween Rathsherren, Moritz Nitze und Otto Pumlow, durch die Kirche gehen, diesen stellen sie die Sache vor, und dieselben sagen, entweder im Scherz oder ganz ernstlich, ad saccum, ad saccum, worauf Döring sogleich in einen Sack gesteckt und ersäufet wird. Es heißt ferner: sein Körper sey ans Land getrieben und von den Hunden zerrissen und aufgefressen worden, so daß, als der Magistrat ihn suchen lassen, um ihn zu begraben, er nirgends zu finden gewesen.

Regi-

# Register.

## A
Aalfang in der Mühlenbach 31
Absagebriefe 99
Acker bey der Stadt 31
Ackerbau, ein Gewerbe der Stadt 53
Ackerhof bey Cößlin und dessen Weidegerechtigkeit 32
Adliche Geschlechter, welche im Cößlinschen Magistrat gewesen 60
Advocatie, Vogtey 18. 66. f.
Aduocati 66
Aemter, die unter das Cößlinsche Hofgericht sortiren 130
Aepinus 257. f. 263
Aerarium ciuitatis, der erste Fond dazu 16
Almucium, was es sey 141
Altar in der Pfarrkirche 181
Alter der Stadt, wird untersucht 3. f.
Amtsgemeine, aus welchen Dörfern sie besteht 191
Anbau der Städte in Pommern, wie er geschehen 13
Andreä, Nicol. 164
Anlage der Stadt, und ihre innere Einrichtung 21
Anlegung der Städte in Pommern, wie sie geschehen 13
Antiquitäten aus dem Pabstthum 34
Antoniusbrüder 152
Arianer, wer sie sind 213
Archidiaconi 170. f. 159
Arme Kasten 186
Artopoeus, Peter, dessen Leben und Schriften 239
Aufbauung der Stadt nach dem Brande 125. f.
Auferstehung der Todten, leugnet Pabst Clemens der VIII 167

## B
Balgereyen der Stadt Cößlin 98
Barsknecht, Christoph, dessen Leben 166. 190
Barsknecht, Fried. Christoph 246

Barsknecht, Otto Casimir 247
Bast, Dorf 28
Baster Markt ist nach Cößlin verlegt 65
Barthusewitzen 89
Bartkius, Martin 247
Baucollegium in Cößlin 126
Bauer, Joh. Mich. 218
Bauleute, deren Statuta 62
Bauordnung 62
Beblin 103
Becher, silberner, wird von jedem Rathsverwandten bey Antrit seines Amtes gegeben 59
Bedemünze 17. 113
Behnke, Martin 160. 186. 232. 247
Bela, ungarischer Prinz, 42
Belagerungen von Colberg 114. 119
Belgard 4. 6 wird belagert 8. 101. wird den Hinterpommern gelassen 8
Belgardsche Schulgewohnheit 35 Gedächtnistag 124
von Benkendorf, Major 114
Berg unser lieben Frauen 33 so dem Cholin 33
von Bessel 134
Bestätigung der Stadtprivilegien, von wem sie geschehen 20
Bibliothek, schwedische 29. verbrennet, 125. 299. 303
Bircum, was es sey 141
Block, Joh. 165. 218. 233
Boguphalus 5
Bork, Heinrich 112
Börnstein, dessen Fang 75
Bösel, Michael 225
Bogislaf, H. zu Pommern, schenket dem Kloster Belbug das Dorf Cossalitz 9
Bogislaf X wird von den Cößlinern gefangen genommen 109. f. spricht schlecht Latein 110.
Bohle, Frieder. dessen Leben 247
von Bonin, Georg, Bogisl. 129. f.

K 2 Borch

# Register.

Borchland 40
Bork, Benj. 220
Brauergilde 57 stiftet ein Legatum 218
Brauerkrone in der Pfarrkirche 185
Braunsforth 45
Brod, großes, giebt das Kloster jährl. dem Rath 59
Brösel, Joh. Chr. 226
von Bronikofsky 115
Brüche, geistliche 70
Brücken bey Cößlin, 23 die Cößlin halten muß 97
Bruno 44. 45
Bubalin 103
Bublitz 103
Buchheim, Joh. Georg 166
Buchner, Gottfr. 219
Buchwald, 39 f. wie er an die Stadt gekommen 16
Buckow, Kloster, wird verheeret 103. hat die Stadtmühle 94
Bürgerschaft tractiret den Magistrat 59 wird vom Magistrat tractiret mit Kringel und Nüssen 104
Bütow, Joh. dessen Leben und Schriften 188
Bugenhagen, Joh. 152. 156. 157. 224. 108. 101
Buldrian, Jürg. komt elend um 122
Bulgrine in Wusseken 89. 33
Burgacker, wird der Stadt geschenkt 19. 31
Burgenses, wer damit bezeichnet wird 15 heißen die Cößliner 19. 144.

## C

Cämmerey, Ursprung derselben 84
Calandsbrüderschaft in Cößlin 149
Calbius streitet der Stadt den Buchwald 40
Camerarii 58. 59 wenn ihrer zuerst gedacht wird 85
Cammer, Deputationscammer in Cößlin 134
Campus castrensis 8. 19. 40
Canonade, womit Gr. Tottleben die Stadt ängstigte 115

Canonici in Colberg haben Streit mit B. Fr. von Eichstädt 105
Canzeley, Herzogliche, in Cößlin 127 ihr Siegel 128
Capellane in Cößlin 159
Capelle auf dem Gollenberge 33
Capellen bey der Pfarrkirche 185. f.
Capitulation zwischen dem Graf Tottleben 2c 115. f.
Carith, Mart. stirbt plötzlich 151
Carpatische Gebirge 33
Casimir, H. ladet den Magistrat zu Gaste 6 vollendet den Schloßbau 28
Casimirsburg 28
Chefs der Cößlinschen Garnison 51. f.
Cholin 9. 11. 33
Christina, Königin 253
Chosin, sol Cholin heißen 11
Cistercienserorden, Nachricht von demselben 139
Civitas, was das Wort bedeute 14. 15
Cizow, Ambros. 153
Classification der Bürgerschaft 62
Clemens VIII Pabst, dessen schlechte Religion 167
Cluß bey Zanow 93
Cochenille, eine Art davon findet man an der Wurzel eines gewissen Krauts 39
Coch, Martin 248
Cörlin, Schloß, wird B. Ludwig von Eberstein abgenommen 107. f.
Cößlin ist eine Burgwyke oder Dorf 7 hat eine Burg 7. 8 ist nicht zuerst von Deutschen erbauet 8 wie es unter den camminschen Kirchensprengel gekommen 9 wenn es feine städtische Einrichtung erhalten 10
Cößliner verbrennen 8 Dörfer 103 gelehrte und merkwürdige 235. f.
Cößlinscher Vertrag 157
Colberg, Land, wird an B. Herman abgetreten 9 Grenzen desselben 10
Colberg, Stadt, beneidet die Cößlinsche Schiffahrt 55. 77
Colbergsche Belagerungen f. 4. 119
Colberger haben mit den Cößlinern Händel 104. 107
Coleman,

# Register.

Coleman, Pet. 188
Collationen giebt das Kloster dem Rath 143
Campagnien der Bürgerschaft 61 der Garnison 52
Confirmation der Stadtprivilegien 20
Conföderation zwischen Colberg und Cößlin 107 und mehrern Städten 107
Consules, wer so genant worden 58
Contributionsfreyheit der Stadt 17 älteste Contribution, welche sie sey 17 giebt Cößlin 112. 114. 119
Conniuium fraternitatis 149
Cosomen, ist nicht Cößlin 4. 5
Cossalitz 7. 9 tauscht B. Herman von dem Kloster Belbug 10
Creyse, die unter das Cößlinsche Hofger. sorti reu 130
Criminalsachen, die vors Stadtgericht gehören 69
Crüger, Lorenz 210. 249
Curcellai Ausg. des N. T. 216
Custalin ist der erste Name der Stadt 14
Cuzalin, wo es gelegen 4

D

Dames, Landbaumeister 125
Debel, Joh. Jac. 165
Debel, Joh. Christoph 225
Deep, alte 89 Fischerlager 91
Deputationscammer in Cößlin 134
Deutsche, wenn sie in Hinterpommern gekommen 8
Dlugossus 4
Dörfer, die zum Schloß gehören 29 die zum Amt Casimirsburg gehören 29 bey dem Cößlinschen Kloster gewesen 141
Doring, Dinnies, wird ersäuft 154. 314
Domainen und Finanzen des H. Bogisl. X werden in Ordnung gebracht 110
Dubislaf, Mart. 168
Duodecim Viri 61

E

Eberhardi, Joh. 164
von Eberstein, Ludwig, ihm wird das Schloß Cörlin abgenommen 107. f.

Eggert, Mich. empfängt ein Schreiben vom P. Clemens VIII. 167
von Eichmann, Bogisl. Heinrich 128
von Eichstädt, Fr. schenkt der Stadt das Dorf Jamund 86
Einkünfte der colbergschen Klosterjungfern 148
Einwohner in Cößlin ihre Zahl und Gewerbe 50. f.
Engelbrecht, Joh. 165
Epitaphium Ristouianum in der Pfarrkirche 200 Voglerianum 311
Erbauung der Städte in Pommern, wie sie geschehen 13
Erich Herz. von Niedersachsen wird von den Sundischen gefangen, wie er sich gelöset 180
Eventin 10
Exactio precaria 17. 113
Exemti, wer sie sind 69

F

Fabricius, Jac. 162 dessen Leben und Schriften 251. f.
Fabuenberg, woher er den Namen 35
Familie, schwederische, derselben Ursprung 304
Faust und Kolbenrecht 98
Fehdebriefe 99
Felbinger, Jerem. dessen Leben und Schriften 211 f.
Feldgericht in Cößlin 61
Feuersbrünste in Cößlin 115. 123. 124. 127
Feuerstellen in Cößlin 49. 50
Fidei Commissum Schwederianum Nachr. davon 297 Lewianum 303
Finanzen H. Bogislaf X werden in Ordnung gebracht 110
Fischerey hat Cößlin frey 17. 77. 78
Flemming, Carsten 112
Fontainen in Cößlin 25
Forellen in der Nestbach 31
Franz H. nimt calvinsche Lehrsätze an 161
Freder, Joh. Leben und Schriften desselben 257. f.
Freybeuter haben bey Cößlin ihren Sitz gehabt 35

Frie=

## Register.

Friede zwischen Cößlin und Colberg 104. f.
Friedrich Wilhelm König von Preußen, dessen große Gnadenbezeugungen gegen Cößlin 25. 125. f.
Friese, Dionys. 159
Fuchs, Sam. dessen Leben und Schriften 264
Fundationsprivilegium der Stadt 11. f.
Fuhrmann, David 164
Funkenhagen, Niederlage der Hinterpommern bey demselben 100. f. Parochialkirche daselbst 178

## G

Gabella emigrationis 81. 82
Gabesteller 194
Garnison in Cößlin 50. 51. 54
Garten, fürstlicher, zu Cößlin 28
Gassen der Stadt und ihre Namen 23
Gasthaus 194
Gedächtnistag in Belgard 124
Gefangenthurm in Cößlin 22
Geheimnisse zur Erläut. der Geschichte dieser Zeit, Urtheil über diese Schrift 52
Geistliches Gericht in Cößlin 18. 66. 71
Geistliche Brüche 70
Geldmangel der pommerschen Bischöfe 67
Geld, welches in Cößlin geprägt worden 83. 313
Gemein Herren 61
Georg Capelle 193
Gerichtsvögte 66
Gertruds Capelle 193 wird zum Pulverthurm gemacht 16
Gesichte und Offenbarungen, Streit darüber 253
Gewandschneiderzunft 57 stiftet ein Legatum 57
Gewitterschaden 123
Gift empfängt Debel 225 sol Joh. Freder empfangen haben 264
Glocken der Pfarrkirche 180
Gnesen, Bischof zu, 140
Gollenberg 33. Marienbild auf demselben 33. was es genutzet 8 der Gollenberg ist die Scheide zwischen Vor- und Hinterpommern 36 ob er Mineralien habe 38 was er für Vortheile liefere 39
Gorband 36. 37 komt an Cößlin 85
Gottesdienstl. Verfassung in Cößlin 137
Graue, Hans, Burgem. was er gethan und wie er gestraft 60
Groß, Christ. Superint. hat mit Felbing. Wunder 211. f.
Großwin, muß nicht für Cößlin ausgegeben werden 5. f.
von Grumbkow Fr. Wilh. 125. 131
Gustaph Adolph 113. 252. 256

## H

Hägerhufe, wie groß sie sey 16
Häger Sonnabend 65
Häuser, wie sie gebauet gewesen 26
Hakenhufe, wie groß sie ist 16
Hamel, Adam 161. 164. 186
Handlung der Cößliner 53
Hannemann, Joch. 265
Hanseatische Bund 77
Hartknoch 7
Hartmann 12. 13. 14
Hase, Gregor 276
Hartsch, Gottfr. Salomon 226
Haupt Joh. ist im Stadtwapen und Siegel 64
Heiler, Jacob 189
Heilge Geist Hospital 191. 192. Capelle 229. f.
Heinsius, Ulrich 166
Hennings, B. Privil. 66 ihm versagen die Colberger die Huldigung 106. wenn er gestorben 107
Heinrich Wachbolt, B. schenkt der Stadt Acker 31
Helwing, Christ. Fr. dessen Leben und Schriften 265
Herrmann, B. vertauscht einige Dörfer 10. 11. fundirt die Stadt 11. 12 schenkt der Stadt den Burgacker 19. ertheilet ihr mehr Privilegia 19. von

## Register.

von Heydebreck, Otto Heinr. auf Parnow 128. 129 Bogislaf 273
Heyse, Georg 164
Hildebrand, Barthol. 159. 243
Hinterpommern, Niederlage derselben bey Funkenhagen 100. haben die Gegend bis Belgard im Besitz 8. werden gedruckt 101
Högelsdorf 4
Höpner, Christ. Ludwig 168
Höwener, Walther 273
Hofgericht in Cöslin wird eröfnet 128
Hofhaltung der Fürsten, wie solche vor Zeiten eingerichtet gewesen 109
Hofprediger zu Cöslin 187. f.
Holzung hat Cöslin frey 17
Hoppe, David 275
Horn von Metall ist bey Cöslin gefunden 43
Hospital zum H. Geist 191 Otto Manowen 192. Kleinen H. Geist 192 St. Jürgen 193 St. Catharinen 194 Zanderische 194. Freters 194. Rubakische 194. Belowische 194. Knopsche 194
Hünenberg bey Cöslin 40
Hünengräber 43
Hufe, wie groß sie sey 16
Hufen, werden den Städten vereignet 14. Cöslin beygelegt 15 Zehn schenkt B. Herrmann dem Kloster 19. Acht behält er vor sich 19. 31
Hunnen, wie sie in Pommern gekommen 41. f.
Hunzfot, Ursprung dieses Worts 43

## J

St. Jacobs Capelle 192
Janke, Joh. David, dessen Leben und Schr. 221. f.
Jagd, behält B. Heinrich vor sich 37
Jagdgerechtigkeit der Stadt 79. wird gestritten 80
Jahrmärkte in Cöslin 64. 65

Jamensche See 30. 87l
Jamund 35. 86. 40
Jascones 87. 88. 105
Idispius, wer er sey 222
Ingbiram, Curt. dessen Entdeckung 142
Inscription, merkwürdige, in der Pfarrk. 183. am Rathhause 27. an der Statüe auf dem Markt 132
Interimistische Händel 259. 263
Immediatstadt ist Cöslin 16. 73
Immediatstädte haben das Recht der freyen Rathswahl 72
Johannis Enthauptungs Tag ist in Belgard ein Gedächtnistag 124
Johanns Kopf führt Cöslin im Wapen und woher 64
Johann Friedrich H. bauet das Schloß zu Cöslin 28
Jomsburg 35. 43
Jubiläa, deren hat einer acht erlebt 306
Judex perpetuus wird in Cöslin bestellt 70
Junkergasse, woher sie den Namen 25
Jungfernkloster in Cöslin gestiftet 138. 141. in Colberg, was die Cößliner für ein Recht daran haben 146. f.
Jus de non evocando hat Cöslin gehabt 66
Jus Patronatus des Magistrats in Cößlin 228. f. und ehemals in Wusselen 94
Justiz Burgemeister 70

## K

Kalandsbrüderschaft in Cöslin 149
Kanzel in der Pfarrkirche 184
Karpenteiche bey Cöslin 45
Karzenburger Heide 95
Kaykow, Israel 275
Keller in Cöslin 50
Kickel wird ausgerabet 96
Kickelryen 32
Kickerling 83
Kinder, wie viel vormals in Cöslin getauft 50. 51. gebiert eine Frau in 30 Monathen eilfe 226. hat einer drey und zwanzig 226

Kir

## Register.

Kirchen in Cößlin 179. f. in sechs wird einmal Gottesdienst gehalten 161
Kirchengeschichte von Cößlin 151
Kirchenvisitationen in Cößlin 178
Klappermann, wer er gewesen 197
Klefmann, Jacob Statius, 276
Klein, David, wird vom Gewitter erschlagen 124 Nicol. 153. 159. 196
von Kleist, Ewald, Georg 129
Kleist, Jürg. 110
Kleist, Pribislaus 152
Kleist, ein Dorf, darin hat Cößlin ein Theil gehabt 91
Kloster in Cößlin 28. 138. 141. wird von dem Magistrat genau beobachtet 142. 33
Klosterjungfern haben Zwiespalt mit dem Magistrat 22. 144. in Colberg ihre Einkünfte 148
Klosterkirche 138
Klosterdörfer 141
Kloster in Colberg, was Cößlin für Recht daran hat 146
Klosterkirche in Colberg 148
Kniepstrow 258. f.
Knochen, große, bey Cößlin gefunden 43
König, Inman. dessen Leben und Schr. 163
Krammärkte in Cößlin 64
Kreyse, die unter das Cößlinsche Hofgericht sortiren 130
Krone, sehr große, in der Pfarrkirche 185
Krüge, sind am alten Tief gewesen 90
Krüger, Jacob 160 Lorenz 210. 249

## L

Labesius, Jac. Pastor zu Kerstin 153
Lachsforellen in der Nestbach 31
Lagus, Greger, 276
Lamberti, Jacob 162
Landbufe, wie groß sie sey 16
Landtag zu Treptow 156
Landtage, was Cößlin für Recht darauf habe 73. f.
Lange, Joach. dessen Leben 219

Lange Berg bey Cößlin, daselbst hat Jomsburg gestanden 35
Lankavel, Lorenz 278
Lauenburg und Bütow, was die besonders haben 131
Ledebuhr, Casp. dessen Leben und Schriften 278
Legata werden gestiftet 57. 198. 199. 217. 291. 302
Lehmann, Gottfr. 281. f.
von Lebnsfeld 281. f.
Lehnsverbindung des Hauses Pommern an das Haus Brandenburg 10
Lehnträger der Stadt ist der Syndicus 75
Lemgoer Bibelanstalten 269
Lemgosche Buchhandlung 267
Lew, Martin 165. 218. 233 Andreas 282. 283. Herman 283. Jochim 283. Christian 283. Gabriel 283
Lewin, Landräthin, stiftet ein Legatum 199. 303. f.
Lewsche Vermächtnis zum schwederschen Stift 303
Lichtkrone, große, in der Pfarrkirche 185
Lige, große, der Städte 107
Lode, Simon 113
Lowe, Herman, Stammherr der Lewen 144. 282
Lübsche Recht in Cößlin 65
Lütke Hane, Erzählung einer Begebenheit von ihm 110
Lütteschwager, Joch. dessen Leben 160.230

## M

Machaeropoeus, Georg 162
Magistrat in Cößlin 58. f. wird mit Frau und Kindern vom H. Casimir zu Gaste gebeten 60
Mansus, was er bedeute 16
Manteufel, Erasmus, B. 152. 156. 157
Marggrafenspel 31. 38
Marienkirche in Cößlin 179. 228 Bild auf dem Gollenberge 8. 33
Marinus de Fregeno vel de Trigo B. 108

Mark.

## Register.

Mark, wie viel sie ist 85
Marktplatz in Cößlin ist schön 27
Martini, Jacob 160. 232. Johann 284
Martinsingen der Schule 197. 198
Maskow 92.
Marquard 12. 13. 14. 143
Maßfreyheit im Buchwalde 39
Mauren der Stadt Cößlin 21. 22. 28
Melanchthon, Phil. dessen Schreiben für Artopoeum 242. Klage über Fredern 262
Membra Senatus, wie viel ehedem gewesen 59. sind vornehme Leute 60
Menschenliebe, ein schön Beyspiel derselben 125
Messerschmid, Georg 162.
Mestovin U. H. in Hinterpomm. 101. was nach dessen Tode erfolget 36.
Meyer, Joh. Heinr. in Lemgo, wer dessen Buchhandlung übernimt 267
Meyeringen 95 f.
Micrälius, Johann 284 f.f. verwaltet das Procancellariat in Greifswalde 285 wird angeführet 15. 100. f. f.
Micrälius, Joach. 160. 292. 232
Möllnsche Wasser im Jamenschen See 89
Monstranz, so gefunden worden 34
Mordgeschichte vom Gollenberge, was davon zu halten 35.
Mowker 92
Mühlen, welche die Mühlenbach treibt 31. Nachricht von den Cößlinschen Mühlen 93. 16. 18
Mühlenteich 31
Mühlenbach 30. 31. Streit deswegen 78
Mühlenkorn 142 f.
Müller, Joh. Jacob, dessen Leben 290 von Mönchow, Henning Franz 128 f.
Münzgerechtigkeit der Stadt 82. 313
Musaea Cößlin, Musaeum Coslin 109 f. 313.

## N.

Name der Stadt Cößlin 14. dessen Bedeutung und Ableitung ist ungewiß 5
Nesebach 30
Nest, was eigentlich darunter zu verstehen 89. 90. Fischerlager 91
Nestbach 30. 31
Neufeld, Georg 290
Neutralitätsconvention der Stadt mit den Jaschonen 105
Nicolai Capelle 55. 192
Niedermühle 95
Nisäus, Gottfr. 164.

## O.

Ober- und Niedergericht in Cößlin 65
Oelmarkt, woher es den Namen 65
Oelrichs D. 10. 66. 113. bemerket einen lächerlichen Fehler einiger Gelehrten 257. versieht Jänkens herausgegebenes Leben Bugenhagens mit Zusätzen c. 234
Offenbahrungen und Gesichte, Streit darüber 253
Official, wer er gewesen 69
Oppidum, was das Wort bedeute 15
Orbäre, Orbäde 17. 113. 145
Orden, der preußische, wird Pommern gefährlich 11
Orgel in der Pfarrkirche 184
Osiander, Andr. Nachricht von ihm und seinen Lehrsätzen 240. 245. 246
Overschläge, wo die sind 32. 37.

## P.

Pabsthum in Cößlin 197 f. f.

## Register.

**Packhaus** haben die Cößliner an dem See gehabt 56
**Palladius**, Bischof zu Rothschild 260
**Palmbach**, rußischer General 114.
**Pannekoke**, Nicol. 153. 159
**Papier**, Alter desselben 142
**Patropassianer**, wer sie sind 213
**Paulus a Rhoda**, 239. 241
**Pauli**, Johan 291
**Pestzeiten** in Cößlin 121
**Pfarren**, die zum Cößlinschen Synodo gehören 178
**Pfarrkirche** in Cößlin 179. 228 In Jungfreuhagen 178
**Pferde** sind mit Menschen zugleich begraben 44.
**Philipp II Herzog**, Schrift 256
**Photinianer**, wer sie sind 213
**Planken** dienen Cößlin statt Mauren 21
**Plaster**, Sam. 255. 291
**Plebanus** 140
v. **Podewils**, Decanus 138. Adam rettet H. Bogislaf X das Leben 111.
**Polnische Scribenten** sind in der Pommerschen Geschichte nicht sicher zu brauchen 6
**Pontanus**, Isaac 7
**Präbenden**, Lewsche 304
**Präpositus**, wenn dieser Name aufgekommen 158
**Presbyteri** 140
**Preußischer Orden** wird Pommern gefährlich 11
**Principal**, wer er gewesen 69
**Privilegia B. Hermans** 11 f. f. 19
**Privilegia der Stadt** sind bestätiget 20
**Proconsules**, wer so genant worden 58
**Provisores** der pior. corp. in Cößlin 194. des Colbergischen Klosters 146
**Puddemsdorf** 86. 93
**Pulverthurm** 16. 22

**Putkammer**, sollen von den Zaschonen herstammen 88

## Q.

**Quartiere** der Stadt 23. f.
**Quetitsch**, Christ. 220

## R.

**Rackitt**, Kriegsrath, Judex perpetuus 70
**Raduske** 19
**Ragoczy**, wird durch den Hauptmann von Lehnsfeld aus dem Gefängnis entführet 281
**Rang** der Stadt Cößlin unter den übrigen Städten 73.
**Rangordnung** der Prediger 159. der Bürgerschaft 62
**Raschmacher** erhalten einen Vorschuß 126
**Rath**, E. E. zu Cößlin 58. 60
**Rathsversamlung**, wie solche vordem eingerichtet gewesen 59
**Rathsglieder** sind vornehme Leute gewesen 60
**Rathhaus** 27
**Rathswahl**, Recht der freyen 72.
**Raubnest**, ist die Gegend um Cößlin vor Alters gewesen 35
**Receveur** vor Cößlin 26
**Rechte** und Freyheiten der Stadt 63 f. f
**Reformationsgeschichte** von Cößlin 151
**Regimenter**, die zu Cößlin in Garnison gestanden und deren Chefs 51. f.
**Reguläre Bauart** in Cößlin 26
**Rehm**, plattdeutscher, auf die Schulen 227
**Reinke**, Joh. 168. 219.
**Rennbahn** ist im Fürstlichen Garten gewesen 28

# Register.

Repkow, Dorf, darin hat Cößlin ein Theil 91.
Revers des Magistrats an die Bürgerschaft wegen der Priesterwahl 164. ertheilet Joh. Fr. dem Magistrat wegen Durchbrechung der Mauer 28
Reuter, Johan 291
Rhode, Adam Heinrich 291
Richardi, Joh. Friedr. 169
Richter, M. Dan. 169
Riesen, sollen die Hunnen gewesen seyn 42
Ristowsche Epitaphium 200. Legatum 198
Ritterzehrung fodern die pommerschen Hofjunker 110
Rivestal, Bened. 153. 159. 196
Rodeste 18. 19
Roikow, Peter 159. 170
Romanzof, russischer General 120
Rothe Krug 16. 93
Rothe Wachs im Stadtsiegel 64
Ruback, Adam 292. Jacob 154
Rübner 169
Rügenwalde mißgönnet den Cößlinern die Schiffahrt 56
Ruel, was wegen dessen Wahl declariret worden 73
Runge, Joh. Fr. 226
Ruagius, Jac. wird von P. Clemens VIII gelobet 167.

## S

Seburgum 90.
Stalipe hat Gorband und einen Theil des Gollenberges besessen 36. 37
Schäfer, Christ. Joh. 169
Scharmützel bey Cößlin 115
Scheineman, David 292
Schernak, Mich. Andr. 167
Schiffahrt der Cößliner 53. f. f. Recht an derselben 76
v. Schlieffen, Anton 292. 104
Schloß in Cößlin 28. eingeweihet 187. 191
Schmeling, Henning, wird von den Cößlinern todt geschlagen 109
Schmidt M. Christ. 167. 191
Schmorrenhäger Gasse, woher sie den Namen 25
Scholastie, Andr. 189.
Schomaker, Andr. 8. 180. 110. 109
Schüler zu Cößlin richten auf dem Gollenberge eine Fahne auf 35
Schützengilde 23. 57.
Schulen in Cößlin 195. f. f. 230. Beschaffenheit derselben zu catholischen Zeiten 195
v. d. Schulenburg, Werner 100. 110. 112
Schulz, Christ. 217
Schuten, waren Fahrzeuge der Cößliner 53. 54
v. Schwartz, Prof. 6. 13. 15. 140
Schweden hausen übel 114
v. Schweder, Siegm. Herm. 302. 305. Georg Gabriel 302. 305. Michael 301. Christoph Herman 302. 305
Schweder, Jacob, stiftet ein Legatum 199. 296. Peter 296. Johan 296. Gabriel 306. Andr. Joh. 307. Matthias Heinrich 194.
Schwedersche Familie, Ursprung derselben 304. wird in den Adelstand erhoben 303
Schwantz, Peter, Weywode 36
Schwert, großes, bey Cößlin gefunden 43
Schweinsthal 95. f.
See, Jamensche 87. 88. 30.
v. Sellentin, Reut. 115
Senate des Hofgerichts 128
Sendgericht, was es gewesen 18. 66. 71. 72
Siegel der Stadt 63. der Fürstl. Bischöfl. Canzley 128
Silbergroschen werden in Cößlin geprägt 313

# Register.

Simonis, Peter, 164. 189. Daniel 309
Singechor in Cöslin 197
Singe Currende der armen Schüler 197
Socinianer 211 f.
v. Somnitz, Matth. Döring 128
Spinnhaus ist zu Cöslin gewesen 23
Spruth, Joh. hat den Jamenschen See inne 88
Stadtadel, woher er entsprossen 100
Stadtältesten 61
Stadtgüter 84 f. f.
Stadthof in Cöslin 29
Stadtkathen 93
Stadtmühle 94
Stadtsiegel 63
Stadtzeichen 64.
Stadtwapen 27. 64
Städte, ihre Erbauung, wie sie geschehen 13. welche zu Ende des XII Jahrhunderts in Pommern gebauet worden 7. 9. die unter das Cöslinsche Hofgericht sortiren 131
Stände, in welche die Cöslinsche Bürgerschaft eingetheilet wird 62
Stargard, Land, wird von H. Barnim I dem B. Conrad III. vertauscht 9
Statüe, König Friedrich Wilhelms, auf dem Cöslinschen Markte 131. 132
Statuta der Stadt Cöslin 62. der Bauleute 62
Stephani, Casp. 216
Sterbequartal, woher solches den Rathsherren gelassen wird 59
Steuerfrey besitzt Cöslin seine Güter 16
Stift, das Schwedersche, Nachricht von demselben 29. 302
Stolterfoth, Jac. 255
Strafe der Cösliner wegen H. Bogislaf X 112. Dörings 155. Schmelingen 109
Strafgefälle, wenn sie berechnet werden 70
Stralsund erbauet sehr wohlfeil ein Rathhaus 180
Strand wird an Cöslin verkauft 88. 90

Strandgerechtigkeit der Stadt 75
Striker, Benjamin 169
Suave, Barthol. wird Bischof 157
Substituti 140
v. Suckow, Christoph Friedrich 128 f.
Syndicus ist der Stadt Lehnträger 150
Synodus, Cöslinscher 150. 178. wenn er aufgekommen 161.

## T.

Tabelle der Cöslinschen Prediger 170. f. f. Schullehrer 202. f. f.
Tafel, kunstreiche, in der Pfarrkirche 182
Taufe daselbst 182
Teiche bey der Stadt 22
Testament des seel. Buchners, ein merkwürdiges 219
Testament, neues, übersetzt Felbinger 215. f. Curcellaei Ausgabe desselben 216
Theure Zeiten in Cöslin 123
Thore der Stadt 23
Thorheit, Cöslinsche 109. 313
Thurm auf der Capelle des Gollenberges wozu er gedienet 34. der großen Kirche 180. über dem Schloß 28.
Thürme in der Stadtmauer 22
Tibbe, ein Prediger zu Kerstin, hat 23 Kinder 226
Tief, laufende, wo es erst gewesen 55. 89. Fischerlager 91
Titel des Magistrats 61. des Hofgerichts 128
Todesfall, besonderer 122
Torf, wenn und wo er zuerst bey Cöslin gestochen 32
Tottleben, Graf, rußischer General, verbrennet die Cöslinschen Vorstädte 114 f.
Tractementen zwischen dem Rath und der Bürgerschaft 59. 104. zwischen dem Rath und Kloster 59. 143

Tra=

# Register.

Traunicht, Traurnicht 43. 46
Trenkner, Balthas. Ludwig 168
Tuchhautsberg 105.

## U.

**V**ertrag, Cößlinscher 157
Verzage nicht o Häuflein klein,
Nachricht von diesem Liede 257
Usedom, Eccard 257
Uhr in Cößlin 181
Vicarie, was es sey 185
Vicarii 140
Viehmärkte in Cößlin 64
Viehzucht ist ein Gewerbe der Stadt 15. 53
Virtelsmänner 61
Visitationen der Cößlinschen Kirche 178
Ungarus, Mich. 312
Unglücksfälle der Stadt 113. f. f.
ein ganz besonderer 122
Unsterblichkeit der Seele leugnet P. Clemens VIII. 167
Vogler, Johann 210. Joch. 311
Vogtey 18. 66
Volsian, Jac. 210. 217
Vorjagd bey Cößlin 79. 81
Vorstädte werden abgebrant 115.

## W.

**W**aaren, womit die Cößliner vordem gehandelt 54
Wachs, rothe, im Cößlinschen Stadtsiegel 64
Wälle und Graben bey der Stadt 22
Wagenseil, Joch. Balthas. 225
Wahlrecht im Magistrat kömt Cößlin zu 72. haben alle Immediatstädte 72
Waldow, Adam 165
Wallenrod, Conrad, leidet in Cößlin einen Schimpf 105
Wapen der Stadt 27. 64
Wasserbehälter vor Cößlin 26
Wasserleitungen in Cößlin 25
Wehr, sol nicht in der Nestbach angelegt werden 30. in der Mühlenbach 31
Wend, Joh. 311
Wenden haben die Gegend biß Belgard im Besitz 8. werden gedruckt 101. kriegen Schläge 100. haben die Burg Cößlin gebauet 8
Wendland, Nachricht von dessen Cößlinschen Historie, siehe in der Vorrede.
Wensen, Obrister 51
Werner, Preußischer General, verjagt die Russen 120
Werner von der Schulenburg 108. 110. 112
Wetterich, Georg Christ. 168
Weyber, Martin, wird Bischof 158
Winterfischerey mit dem grossen Garn auf dem Jamenschen See 78
Wohlfeile Zeit in Cößlin 122
Wohlfeil zu bauen ist vor Alters gewesen 179 f.
Würbelländer, und woher ihr Name 32
Wusseken, daran hat Cößlin Theil 91
Paul Bulgrin aus Wusseken wird auf seiner Walfahrt aus Spanien nach dem Gollenberg verwiesen 53

# Register.

Wusekische See, Wasser 89. 90
Wusekische Herrschaft behauptet die Strandgerechtigkeit 76

## Z.

Zehenden, ein Recht der Stadt 81

Ziegeley 95
Ziegelscheunen sind sieben bey Cöslin gewesen 22
Zucquer, Kriegsrath 125
Zwickerus, Urtheil von ihm 215.

## E N D E.

Bey der Durchblätterung sind folgende Fehler bemerket, welche der Leser gütigst verbessern wird.

| statt | Seite | lies |
|---|---|---|
| Bartuin | an verschiedenen Orten | Barnim |
| Crolew | 30 | Crolow |
| Marggrafenhof | 31 | Marggrafenhof |
| Landwey | 39 | Landweg |
| Jacz | 52 | Jeez |
| Lisa | 52 | Falsa |
| monastern | 103 | monasterii |
| Großcanthur | 105 | Großcomthur |
| poterunt | 113 | poterant |
| des Staats Joh. Heinr. L. | 129 | des Staatsministers Joh. Heinr. L. |
| Daben | 165 | Daber |
| Peter Kollow | 159. 170 | Peter Rolkow |
| Domselow | 190 | Banselow |
| המקרא | 280 | המקרא |
| Zorn | 209 | Christian Zorn. |

Die etwa, sonderlich in den letzten Bogen, noch nicht bemerket seyn möchten, werden leichte zu entschuldigen und selbst zu verbessern seyn.

www.ingramcontent.com/pod-product-compliance
Lightning Source LLC
Chambersburg PA
CBHW031851220426
43663CB00006B/582